U0463166

CSSCI CNKI 来源

文化产业研究

29辑

主编/顾江

副主编/姜照君　郭新茹

支持单位：
京大学长三角文化产业发展研究院/
京大学文化和旅游研究基地/
省文化产业研究学会/
大学商学院

南京大学出版社

图书在版编目(CIP)数据

文化产业研究. 29 辑 / 顾江主编. — 南京 : 南京
大学出版社，2022.6
　ISBN 978 - 7 - 305 - 25595 - 3

　Ⅰ. ①文… Ⅱ. ①顾… Ⅲ. ①文化产业－世界－文集
Ⅳ. ①G114 - 53

中国版本图书馆 CIP 数据核字(2022)第 055807 号

出版发行　南京大学出版社
社　　址　南京市汉口路 22 号　　　　　邮　编　210093
出 版 人　金鑫荣

书　　名　**文化产业研究 29 辑**
主　　编　顾　江
副 主 编　姜照君　郭新茹
责任编辑　范　余

照　　排　南京南琳图文制作有限公司
印　　刷　江苏凤凰数码印务有限公司
开　　本　787×1092　1/16　印张 29.25　字数 508 千
版　　次　2022 年 6 月第 1 版　2022 年 6 月第 1 次印刷
ISBN 978 - 7 - 305 - 25595 - 3
定　　价　88.00 元

网　　址　http://www.njupco.com
官方微博　http://weibo.com/njupco
官方微信　njupress
销售热线　025 - 83594756

学术支持单位

南京大学长三角文化产业发展研究院

南京大学文化和旅游研究基地

江苏文化产业研究基地

江苏省文化产业学会

南京大学商学院

目　录

CONTENTS

学术前沿

技术人文:从疫情期间中国5G融媒应用谈起[*]

技术人文:从疫情期间中国 5G 融媒应用谈起 *

段　鹏　王一淳

摘　要:在疫情防控要求的影响下,人们线下的交往活动逐渐减少,取而代之的是线上学习、远程办公、虚拟游戏等线上融媒应用的博兴。5G 融媒技术发展并未受到疫情阻碍,相反恰是在特殊时期被广泛应用,成为人们日常生活中空气般的存在。由此,对人和技术之间关系的追问显得尤为紧迫。本研究梳理新冠肺炎疫情期间我国融媒体应用概况,聚焦优质融媒应用,从时间、空间、身体三个维度总结特殊时期人与 5G 融媒技术有机互动融合路径,在数字时代开拓理解技术的另一种理论视野。

关键词:技术;新冠疫情;5G;媒体融合

　　柏拉图(Plato)在《普罗塔哥拉篇》中讲述了一个古希腊神话故事:在某一时期,世上只有神而没有生物,由神明创造各种各样的生物,埃庇米修斯(Epimetheus)和普罗米修斯(Prometheus)是一对负责给生物们赋予特质的兄弟。埃庇米修斯给生物分配能力,普罗米修斯则检查分配是否合理。埃庇米修斯在为生物分配特质和能力时,赋予柔弱的昆虫翅膀使它们能敏捷地躲避危险,赋予庞大的动物锋利爪牙等保护性装置,总的来说是严格遵循"取长补短"做法,防止任何一种生物由于自身缺陷进入绝境。但当埃庇米修斯开始为人分配时,所有能力已分配给动物,人只有孱弱的身体却生来没有任何巢穴和防身性器官。因此,普罗米修斯只得偷来火种、技术等等以保证人不会因自身天生的孱弱而灭亡。

　　尽管是神话故事,但其中的隐喻切实存在:由于自身生存能力较弱,人倚赖技

＊　基金项目:国家社科基金重大项目"智能化背景下全媒体传播体系建设的理论与实践路径研究"(20ZDA058)和 2020 年度国家语委重点研究项目"中华优秀传统文化国际传播力研究"(ZDI135－142)的阶段性研究成果。

术存于世间。但在探讨人与技术之关系时却不乏批判声音：马克思（Karl Heinrich Marx）对技术持保留态度；波兹曼（Neil Postman）认为技术垄断了文明，并重新定义人们观念中的宗教、艺术、家庭、政治、历史、真理、隐私和智识，以使人们的定义适应这个时代的技术要求①；马林诺夫斯基（Malinowski）更是将机械技术视为人类为自己掘好的坟墓。② 尽管学界长久以来持有对技术的批判，将技术视为敌托邦，认为正是技术束缚或阻碍着人的自由发展。但随着技术与人泛在化、全时空化地有机融合，技术与人之间严丝合缝的壁垒也在不断被渗透、打破、融合。自新型冠状肺炎疫情暴发以来，人民生命健康安全受到极大威胁。为防控疫情，人们在物理空间中的聚集大幅减少，转而增加的是线上空间中人与人、人与物、物与物、物与人之间的沟通。健康码、5G 红外传感测温、各类云上沟通等 5G 融媒技术使得人们的位置信息、健康信息、浏览信息、轨迹信息等要素融为一体。在这里，"融为一体"已不单指信息的相融，也包含信息与人在思维层面的相融、信息与技术在传播层面的相融，甚至是人与技术在身体层面的相融。本文梳理疫情期间我国较为突出的 5G 融媒应用技术，试把握特殊时期人与技术的有机互动融合路径。

一、进入时间：媒介内容对生活时间的占据

新冠肺炎疫情是自新中国成立以来医疗卫生体系接受考验最大的一场重大突发公共卫生事件，疫情不仅影响着我国人民的生命健康安全，也对人们日常生活的方方面面造成了影响。对疫情期间居家隔离的人们而言，电脑、手机、平板等移动终端中的媒体内容成为占据人们日常时间的重要装置。自疫情暴发以来，处在特殊时期的人们对新闻信息的渴求度较高，新闻媒体也在疫情期间扮演了极其重要的社会扩音器的作用。全新的融合媒体形态、话语调距方式、多元传播手段使公众获知相关信息的同时，进入并占据了人们的生产生活时间，其中一些融媒体形式较为突出。

（一）慢直播

疫情暴发后，我国迅速采取医疗卫生方面相关措施，此时的公众对于新闻信息的需求主要集中在对疫情态势和防疫进展相关信息方面。另外，由于疫情期间难

---

① 波兹曼. 技术垄断：文明向技术投降[M]. 蔡金栋，梁薇，译. 北京：机械工业出版社，2013.
② 马林诺夫斯基. 自由与文明[M]. 张帆，译. 北京：世界图书出版公司，2009.

以辨别信息真实度的各类消息较多,公众更为渴望主流媒体或权威机构提供的信息。以往的直播形态中,无论是画面、解说、剪辑还是视频包装,都带有媒体出于画面美观呈现的考量,但在 2020 年 1 月 27 日中央广播电视总台央视频客户端开设的疫情 24 小时专栏中,媒体对武汉火神山、雷神山两个医院建设现场的直播方式颠覆了以往媒体惯有的直播形态。央视采取"慢直播"形式,24 小时全时段无间隔地呈现施工画面,开播三天内就拥有了超 2 亿次的浏览量,也一度在网络上掀起网友"云监工"潮流。同时,为给观众提供更为真实的画面体验,随后慢直播中增加了全景 VR 模式,减少了由空间距离带来的间隔感,以沉浸、自主的观看方式,立体、直观地了解火神山、雷神山医院的建设进展。在人们以往的媒介习惯中,一段没有事件前后经过及精心设计讲解的视频,无疑是对观众注意力和电视台播出时间的浪费。但疫情期间的慢直播,以伴随式的角色进入人们的注意力时间,在分享疫情防控进展的同时也慢节奏进入时间并缓解了人们的精神压力。

(二)短视频

大量调查数据显示,在人们足不出户的疫情防控时期,短视频浏览占据了人们手机使用时间的绝大部分。短视频是内容生产、平台运营与发布等多方面元素的有机融合体,通过协作多种类型的符号节省了时间、经济与人力成本,并依靠大数据算法提供的精准推送和个性化定制服务将优质内容传播给用户。同时线下的短视频生产大多为 PGC+UGC 模式,平台中的普通用户模仿学习爆款视频进行内容创作与分享,因此平台短视频大多具有较强的风格特色和标志性。依靠 5G 信息传播技术,人们快速地加载视频、获得流畅的观看体验,以至于难以感受时间的流逝。疫情期间,短平快的短视频也有效地满足着公众渴望获取新信息的心理,无论是主流媒体还是自媒体,都在视频平台中传播着有关疫情的最新消息。在谣言四起的疫情时期,短视频中的科普类视频使得用户能够有效获取疫情防范相关科学知识,发挥了辟谣、科普、科学防控、有效宣传的重要作用。如快手、微博、抖音、腾讯微视等短视频门户将流量转化为力量,开设如"疫情知识官"等专题,规模化、体系化地输出科普类视频,成为官方声音的扩音器和疫情期间用户获取重要信息相对短平快的渠道,也有效提高了公众甄别虚假新闻能力和个人卫生防护能力。也正是在观看短视频了解疫情信息和防范措施的时间中,人们将获取信息视为对时间流逝的心理补偿,短视频也悄无声息地成为人们媒介使用时间中的重要构成部分。

(三) Vlog

Vlog(视频网络日志)全称为 video blog 或者 video log,是 blog 的变体,Vlog 以短影像的方式将文字、相片、视频、音频等形式融为一体,成为新颖的互联网内容传播方式。Vlog 事实上是短视频众多形式中的一种,此处将其单独列举是因为 Vlog 与慢直播在媒介内容设计上有类似的时间节奏理念。利用 Vlog 进行融媒体传播,是传统媒体在内容创作中进一步融合 PGC 和 UGC 的探索,"用户生产内容专业媒体把关"为传统媒体的内容生产注入了新的活力。[1] 随着疫情发展阶段的不同,人们对新闻报道需求的方面也有所改变。不同于疫情刚爆发时人们对特殊时期新闻报道的渴求,在紧张的情绪中人们逐渐接受 Vlog 这种深入现场并以柔软方式讲述故事的全新报道形式。同时,Vlog 不同于传统报道形式之处也在于生产者的广泛化,各个来自防疫工作一线、病患本人等 UGC 生产力量加入疫情新闻报道生产线中。《战疫 Vlog:与口罩和消毒液度过的一天一夜》《战疫 Vlog:仙桃境内,村与村之间的路被堵了》《战疫 Vlog:抢建黄冈版"小汤山"的志愿者们,他们心里是有希望的》等 Vlog 作品疫情期间播放量在封面新闻站内均以千万计,经其他平台转载后全网点击量共计超 5 亿,条均播放量 1 000 万。主流媒体人民日报开设"疫"线 Vlog 专题,以小见大,将疫情期间的医护人员、普通市民的小故事作为视频内容,凭借其带给观众的强烈情感共鸣多次获得 10 万＋的浏览观看量。上述 Vlog 不仅在一定程度上发挥着类似新闻报道的功能,也以慢生活、慢讲述、慢叙事的柔软方式进入人们的生活实践。

二、融入空间:远程技术对物理距离的消解

同一空间下,新型冠状病毒具有较强的传染性,因此区隔空间是疫情防控较为基础的手段。在物理空间区隔开来的情况下,技术如何实现人在信息层面的联结?在疫情居家隔离期间,人们与外界隔绝的时间越多,其所感受到的孤独和创伤也就越多。在生产生活的现实需求和人际交往需求的双重作用下,人们利用技术跨越物理空间区隔,模拟往常一样的生活场景和交往情境。普遍而言,疫情期间我国 5G 融媒技术对空间的融入主要体现在医疗卫生与教育办公方面。

(一) 医疗卫生:技术与公共空间相融

疫情防控工作中我国作为人口大国需依靠相应技术手段对人口健康情况与流

---

[1] 网信办. 疫情期间的融媒体传播特点分析[EB/OL]. (2020 - 03 - 09). http://www.cac. gov.cn/2020 - 03/20/c_1586243832219116. htm.

动路线进行调查与监测。新冠肺炎疫情的症状主要包括超过 37.5℃ 的异常人体体温，一般来说对病患进行逐个手动测温是常见的医疗监测手段，但在特殊的疫情时期，需要监测体温的对象不仅仅是病患，也包括身在公共空间的大流量人群。5G 红外测温系统集 5G、生物识别、热成像、视频智能分析于一体，不同于单支测温枪逐人测温，它提供了大面积检测覆盖范围，其红外细密温感探测器能够同时对同一空间 10 米范围内的多人进行扫描检测并以视频画面形式呈现，能够以较快速度测量人群体温并报告异常，同时将测量误差控制在正负 0.3℃。对于被检测体温的人群而言，5G 红外测温使得人们无须逗留同一空间，便可安全无感地通过检测，也不易由于逗留和聚集时间过长而增加疫情聚集性交叉感染的可能。对于检测体温的工作人员而言，5G 红外测温凭借其快速查找和追踪功能可以帮助工作人员迅速排查人群中的异常状态，且无须工作人员物理接触他人，设备 24 小时全时段、无死角检测在减轻工作人员负担的同时也降低了工作人员的感染风险。高新兴科技集团股份有限公司则研发了我国第一款用于测量体温的巡逻机器人"千巡警用巡逻机器人"，该机器人在新冠疫情期间被广州、武汉、天津、北京、上海等城市在车站机场、公园广场、医院社区等公共空间广泛应用。千巡警用巡逻机器人上共搭载 5 个高清摄像头，能够在红外线 5 米范围内快速、一次性测量 10 个人的体温并将测量误差控制在正负 0.5℃。同时，千巡警用巡逻机器人能够对经过人员是否佩戴口罩进行识别，一旦发现未戴口罩人员，将启动疫情防控系统，通过内置语音播报系统提醒人员佩戴口罩。结合了 5G 技术的红外测温突破了传统测温的线路束缚，高速回传的数据和灵活便利的测温方式能够满足不同场景下的测温需求。可以说，在我国新冠肺炎疫情阻击战中，5G 融媒应用已融入大部分公共空间中，节约人力资源的同时提高了防疫效率。另一方面，是技术对物理空间区隔的消解。以"5G 远程 CT"为例，与普通远程会诊相比，"5G 远程 CT"可以接入医院的 PACS 系统，把 CT、核磁、超声、各种 X 光机等医学影像设备产生的原始数据，通过 5G 网络传输出去，让不在同一物理空间但在虚拟空间中远程在线的医生"真正"看清病人的 CT 影像。① 当前一张医学 CT 图像的数据大小以 GB 为单位计算，远程手术中视频直播的画面精度更是达到 8k，在图像的远程传输过程中任何微小的数据损耗或丢失都有可能造成现实医疗过程中的误诊或操作失误。而在新冠疫情期间，

---

① 新华网. 5G 医疗事半功倍：中国联通 5G 网络在全国多地数次保障远程会诊［EB/OL］.（2020 - 02 - 28）. http://www.xinhuanet.com/info/2020 - 02/28/c_138826807.htm.

病患的原始 CT 影像医疗数据依托带宽高、延时低、连接广的 5G 网络技术在不同空间下高速传递，使得同一位病患可以得到来自不同地区专家提供的诊断与治疗意见。

（二）教育办公：技术与私人空间相融

一般情况下，疫情时期人们选择线上居家教育或远程居家办公的原因，一方面在于特殊时期居家能够保障个人生命健康安全，另一方面也在于保证正常的生产生活秩序。传统课堂在疫情影响下转向了线上教学，疫情期间我国线上教学的主要形式包括了免费向公众开放的 MOOC 教学、付费课程以及大中小学校因居家隔离政策而采取的多种形式线上课程等。MOOC 线上教育的博兴一定程度上得益于 5G 融媒应用的快速发展，人工智能、大数据以及个性化推荐算法一方面使得平台能够迅速捕捉用户的学习需求，另一方面也使得用户在精准学习时收获海量课程内容素材。同时也有一些付费在线课程融合直播、大数据、人工智能、AI、VR、AR 等技术于一体。付费在线课程多采用"直播＋无限次回放"的产品模式，而 5G 给在线教育带来最直观的变化就体现在直播上，超高清、低时延可以在跨越物理空间区隔的同时，让学生及时在家也能够获得极好的课堂时间体验。5G 技术同时也支持了 AI 技术进入线上课堂，如创客匠人利用 AI 智能语音测评技术识别用户上传的个人音频，改变了以往口语线上课程需等待真人教师逐条听语音的模式，提高了用户的学习效率。从融媒应用角度而言，5G 技术赋能线上教育主要体现在对数据容量和传递效率的提高，而 AI 技术的进入则大幅度改善虚拟课堂互动感和提高教育效率，技术与硬件间的结合不断拓宽教育融媒应用的发展道路，使得人们在自己的私人空间中也能拥有社会化的学习场景。5G 融媒同样在人们居家远程办公时发挥了重要作用。同样出于疫情防控的目的，疫情期间线上办公类应用软件快速发展。一些企业与线上办公平台达成合作，线上办公平台巨大的流量彰显着疫情期间办公领域对 5G 融媒应用的巨大市场需求。远程办公能够最大限度地利用信息化技术降低感染风险，并在疫情期间提高人们的生产效率，对于我国互联网基础设施而言，5G 信息传播技术的普及将有利于提供全时空化、全场景化、全移动化的远程办公条件。人们居家期间通过利用网络和办公软件实现了远程办公，保障正常生产工作秩序的同时，最大限度上减少了人与人之间在同一公共空间中的接触，依靠技术将办公场景移入私人空间。

三、延异身体:当技术成为个体的一部分

事实上,人的身体一直与媒介产生着功能性的互构。① 疫情期间作为技术系统的各类"码"也与人从"自创生"走向了"共创生"。② 疫情防控工作中,5G 红外测温为疫情监测与检测提供了极大的技术支持,健康码、行程码类融媒体应用也在疫情溯源工作中发挥了重要作用。为保证人们日常生活、工作生产达到精准、可续、有序,2020 年 2 月 7 日,深圳率先成为有"码"城市,推出的"深 i 您健康码"上线仅半月注册用户量累计超 800 万。时隔 4 天,浙江省杭州市正式推出健康码出行模式,实行"绿、黄、红"三色健康码的动态管理模式,绿码人员凭码通行,黄码人员则需进行为期 7 日的隔离,隔离期内连续 7 日健康打卡二维码将转为绿色,红码人员则必须进行为期 14 天的隔离,经过 14 天的健康打卡后方可转为绿码。杭州市健康码不仅与企业复工网络平台进行信息对齐,还通过在支付宝等 App 中加入申报健康码端口以便利市民在线申领,上线首日访问量高达 1 000 万,两周内累计发放5 047 万张,也逐渐落地至全国其他省市地区。全国各地陆续推出以公民个人真实实际数据为基准并通过网上自行申报经后台审核后生成的公民个人健康二维码。健康码成为新冠疫情期间我国公民在个人所在地的通行电子凭证,覆盖交通枢纽、市内交通、居民社区、办公写字楼、医疗场所、大型商超等多种公共场所,如温州市、杭州市健康码上线看病买药功能,更为精准地掌握市民个人健康数据。全国各省市区本地健康码称呼略有不同但功能类似,如北京市北京健康宝、天津市津心办天津健康码、上海市随申码、重庆市渝康码等,都结合各地不同情况需求为疫情防控提供了技术支持。截至 2021 年 3 月 23 日,我国基本实现了全国范围内健康码的"一码通行"。以往的媒介技术中,人对技术的进入仅是影像、画面、文字等文本内容的进入,但在技术高度发达的今天,人们的位置、身体等一系列信息也进入技术系统,并与系统高度互动。

健康码使得个人健康状态被媒介呈现,然而在疫情期间个人的行程轨迹则是疫情监测体系中更为关键的一环。新冠肺炎不同于其他普通流行病,其致病病毒新型冠状病毒具有极强的传染性,若与病患处在同一空间中则有被感染的风险,因

---

① 段鹏,李芊芊. 叙事·主体·空间:虚拟现实技术下沉浸媒介传播机制与效果探究[J]. 现代传播,2019(4):89-95.

② 孙玮,李梦颖. "码之城":人与技术机器系统的共创生[J]. 探索与争鸣,2021(8):121-129,179.

此对病例和疑似病例的流动轨迹调查成为疫情防控重要工作。通信大数据形成卡是由工信部中国信息通信研究院联合三大电信运营商推出的个人跨区域流动轨迹调查系统,系统运用来自我国三大电信运营商即中国电信、中国移动、中国联通的通信大数据,提供覆盖全国16亿手机用户的行程查询服务。用户只需提供个人手机号和验证码,则可在全国一体化政务服务平台小程序中直接获取自己的行程信息,小程序中可查询用户14天之内经过的国内城市(停留4小时以上)或境外国家(地区)。目前在全国一体化政务服务平台中,个人通信大数据形成卡信息已被纳入防疫健康码系统中,两个信息平台的信息互通不仅利于避免瞒报误报、提高信息精准度,也进一步便利了用户操作和疫情防控工作。疫情特殊时期,健康码、行程码等人们在通过不同"关卡"时务必出示的媒介,已然成为人们身体的一部分,这一媒介的存在与否事实上影响着人身体位置的移动方向,如同电子义肢般延异了人们的身体。

四、余论

5G融媒技术不仅优化了人们疫情期间的日常生活,也为疫情防控、复工复产、扩大消费、保障安全等工作提供了坚实的技术保障。5G技术的开发与持续发展并未被不断蔓延的疫情所阻碍,相反恰是在疫情期间,5G技术在智慧医疗、智慧教育、智慧交通、智慧城市和工业互联网领域被不断开发应用,如疫情期间的线上会议、远程医疗、5G红外线测温传感、无人配送、边缘计算等应用都依靠5G技术的大带宽、广连接、低时延的技术特性给特殊时期的人们提供极大的安全保障和有力帮助。疫情拉开了人与人之间的物理距离,但强化了人们在线上空间中的联结需求①,也使得技术从时间、空间、身体三个层面加强了与人的联结。可以说,疫情防控的特殊时期,技术为人们塑造了全新的数字时空和数字身体。技术不再如以往一样,以二元形式弥散在人以外,而是以功能为桥梁渗透进入人和社会本身,重构了人们的生产生活。同时也应当注意,当技术与人的融合深度达到极大程度时,个人隐私、数据伦理等方面又应如何得到关照?未来技术世界将至,对发展的考量已不应囿于浅层的技术思考,更应把握其与人本身的关系,在我国5G融媒技术飞跃发展的同时,不缺失对技术的人文关怀思考。

---

① 段鹏. 疫情应急体系下高校线上教学运行机制研判[J]. 中国高等教育,2020(9):13-15.

作者简介

段　鹏(1974—　),北京人,媒体融合与传播国家重点实验室(中国传媒大学)常务副主任,中国传媒大学副校长、教授、博士生导师。研究方向为传播学理论、媒体融合、智能媒体等。

王一淳(1997—　),黑龙江哈尔滨人,中国传媒大学传播研究院博士研究生。研究方向为智能媒体、媒介生存性等。

The Relation Between Technology and Humans：China's 5G Media Applications amid COVID – 19

Duan Peng　Wang Yichun

Abstract：In order to achieve effective prevention and control of COVID – 19，people are substituting online communication activities for offline ones，thus giving rise to online media applications such as distance learning，teleworking，and virtual games. COVID – 19 has catalyzed the widespread use of 5G media technology rather than impeding its development. 5G media technology has formed an integral part of people's daily lives. In such a context，the necessity of studying the human-technology relationship has been amplified. Hence，this paper outlines China's 5G media applications during COVID – 19 pandemic，focuses on high-quality media applications，and summarizes the interaction and integration path of humans and 5G media technology in the three dimensions of time，space and the body，with a purpose to provide a new theoretical perspective on technology in the digital age.

Key words：technology；COVID – 19；5G – media convergence

从"人、货、场"到"社群、数据、体验"
——基于场景重构的新型书店智慧营销模式研究*

吴 帆 徐 剑

摘 要:传统书店的生存状况与未来发展一直受到出版业的广泛关注,然而当前其整体经营窘境并未得到较好改善。"多抓鱼"从网络二手书店起步,借助电商平台积累的优质用户资源,通过重构书店的场景元素,不仅打造了新型书店经营模式,还在疫情期间吸引了诸多粉丝,实现了业务营收的持续增长。通过从"人"到"社群"构建信任度、从"货"到"数据"提升效率性、从"场"到"体验"营造归属感,多抓鱼书店形成了场景重构下"虚拟与现实交融、电商与实体联动"的智慧营销模式。未来,基于"社群、数据、体验"的三位协同闭环模式将成为数字经济下新型书店持续健康发展的重要途径。

关键词:场景重构;智慧营销;书店转型;多抓鱼

一、引言

如何破解传统书店的发展困局无疑是出版产业当前发展所面临的一道难题。除电商平台的冲击外,实体书店经营成本上涨、受众数字化阅读趋势流行、书店经营模式陈旧等因素的共同影响,也让寻找传统书店的解困之术并非易事。因此,在当前城市文化产业的变革与整合过程中,作为曾经重要文化地标的实体书店逐渐

---

* 基金项目:上海市社科规划项目"基于国潮新消费的中华老字号品牌重塑与创新研究"(2020BGL022)的阶段性研究成果。

成为城市发展中的"累赘"①;与此同时,新冠疫情的出现对原本已发展受阻的实体书店可谓是雪上加霜。数据显示,受疫情影响,2020 年初停业的实体书店占比达 90.7%,99% 的实体书店没有正常收入。② 在这样不利的市场环境下,2017 年起步于互联网电商的"多抓鱼"二手书交易平台却逆势而行,于 2019 年 10 月在北京朝阳区电影产业园开设了"多抓鱼"线下书店,一举进军实体书店的经营市场从而形成线上平台和线下空间整合联动的商业版图。通过主营二手图书连带二手服装及配饰,"多抓鱼"线下书店迅速成为年轻人趋之若鹜的网红打卡地。在北京地区取得良好市场效果后,"多抓鱼"公司于一年后即 2020 年 10 月,在上海时尚网红地标安福路开设了"多抓鱼"全国第二家实体书店,继续拓展其线下图书销售市场。

"多抓鱼"书店的成功经营与以往书店的经营模式并不相同。早期,"多抓鱼"以线上图书买卖作为抓手切入二手市场并得以极速发展,通过解决二手交易中各个环节的痛点,帮助"有价值的好东西"流转起来。作为定位小众细分市场的闲置品交易平台,其成立仅一年便声名鹊起,在短时间内收获 170 万用户并成交 200 余万册书籍。借助其线上平台上积累的平台资源,"多抓鱼"将用户、数据、体验等营销理念,通过场景重构的方式,实现了线上线下书店虚实空间的成功联动。虽然"多抓鱼"二手销售的经营方式并不能完全复制,但其新型书店整合场景要素进而实现场景重构下的智慧营销运作模式,不仅切合了当前数字时代营销市场的发展趋势,而且能够为我国传统书店的未来发展提供良好的经营思路。

二、场景营销视角下的传统书店经营现状与问题

围绕"场景"所展开的营销学、传播学等的学科研究近年来涨幅明显,一方面场景相关理论能够为认识当前极速变革的社会提供多样化视角,另一方面,场景理论的高度抽象化能为各学科提供深刻的认知维度。实体书店的场景研究目前关注场景营销视阈下实体书店场景资源的盘活与重构,进而通过借助空间场域实现多维度传播关系的互联。如有学者试图通过"书店+"的形式构建生活场景、社交场景和职能场景,延伸实体书店的产业价值链。③ 然而,这样的场景建构仍是一种以线下空间为基础的场景建构。在此,我们有必要先对场景的概念及相关要素进行理

---

① 夏德元,宁传林. 城市空间实体书店的功能再造与价值回归[J]. 编辑学刊,2020(1):36-41.
② 刘婧婷. 后疫情时,实体书店如何转型破局[EB/OL]. (2020-06-05)[2021-06-29]. 新华网,http://www.xinhuanet.com/book/2020-06/05/c_139115803.htm.
③ 魏旭. 场景传播视域下的实体书店转型策略[J]. 现代出版,2020(1):85-87.

论化梳理。

(一) 场景及其要素

场景(Context)是"人与周围景物的关系总和"①,包括"空间环境、实时状态、生活习惯及社交氛围"②等要素,是"重构社会关系的重要推手"③。作为一种文化空间,场景具有四个鲜明的特点:① 特定的空间范围;② 明显的实体;③ 特定的对象或人群;④ 特色的活动。这些特点蕴含了场景的功能以及所传递的价值与文化。④⑤ 在全球媒介化社会,由无处不在、无远弗届的全球网络所构成的电子空间(即线上世界),日益成为人们生活和工作的重要场域,与现实空间(即线下世界)共同构成了一个全新的"混合场景"。这样的混合场景,并不是静态固定的,而是流动可型可塑的,它改变了时空相位,重构了生活图谱,也强化了场景新的时代意义。当前,融媒体时代的到来使场景的意义愈加明显,罗伯特·斯考伯曾预言,"未来25年互联网将进入场景时代"。未来,场景将渗透于内容生产与传播的各个环节,成为媒介传播的核心要素。⑥ 当我们用场景化视角看待现代数字生活时,场景常常与虚拟现实双重世界的表现行为相关,其成为一种思维方式与能力体现,并利用虚拟网络与实体空间来实现个体相连,诠释传统生活方式与新消费主张相融下的价值取向与情感归属。

在这种场景元素互动过程中,我们需要关注彼此之间的连接关系,进而催化元素间的强连接效应。美国社会学家马克·格拉诺维特从互动时间、情感强度、亲密程度以及互惠行动四个维度,将弱连接与强连接进行区分,其对我们理解场景元素的关系提供了较好的理论视角,进而为理解实体书店场景元素间彼此的依赖关系

① SCOBLE R, ISRAEL S Age of context:Mobile, sensors, data and the future of privacy [M]. North Charleston, USA:Creat Space Independent Publishing Platform, 2013.

② 彭兰. 场景:移动时代媒体的新要素[J]. 新闻记者,2015(3):20-27.

③ 喻国明,梁爽. 移动互联网时代:场景的凸显及其价值分析[J]. 当代传播,2017(1):10-13, 56.

④ CLARK T N Urban amenities:Lakes, opera, and juice bars:Do they drive development? [M]//The City as an Entertainment Machine Volume 9. NY:Elsever JAI Press,2003,9:103-140.

⑤ SILVER D, CLARK T N. The power of scenes:Quantities of amenities and qualities of places[J]. Cultural Studies, 2015,29(3):425-449.

⑥ 斯考伯,伊斯雷尔. 即将到来的场景时代:移动,传感,数据和未来隐私[M]. 赵乾坤,周宝曜,译. 北京:北京联合出版公司,2014.

提供帮助。①

（二）数字时代场景重构下的智慧营销

数字时代的场景营销，基于"人、货、场"等要素的重构而演化为智慧营销。智慧营销是指通过数字信息与计算机技术应用，建立起实时、精准、高效的智能化品牌管理体系，基于业务场景的重构革命，为品牌与顾客间的关系营销提供全域性的解决方案。智慧营销的内在作用机理，是通过数字智能化手段，洞察不同用户心理对应的行为差异。只有建立用户心理与场景之间的有效连接，才能在营销中最大限度发挥"场景"价值，"洞察用户，智触内心"是场景重构下智慧营销的核心所在。

场景重构下的智慧营销主要有三个特征，一是情景依赖；二是移动化和个性化；三是智能化适配和连接。② 当前，人们开始关注移动互联环境下的场景构建及场景分析，从而给消费者创造智能化、客户化的产品和服务体验，并将其上升到营销战略的高度。数字时代的智慧营销改变了传统营销由企业或品牌内部发起营销活动的经营流程，是"自内而外"到"自外而内"的理念转换。智慧营销的本质是"智能互联"（intelligent connection），是品牌和用户间通过数字智能化而实现永续相连的能力，包括感知力、记忆力、学习力、自适力以及行动决策力。它契合了"移动连接时代"的运作逻辑。场景涵盖了基于时间与空间的"硬要素"，以及基于行动与心理的"软要素"。③ 场景重构下的智慧营销模式其实就是一场争夺场景的软硬兼施的品牌差异化竞争，其核心根本与终极使命依然是构建并夯实品牌核心资产、树立品牌个性鲜明的形象标志、倡导品牌独特的文化价值主张、扩展品牌在目标群体中的美誉度与影响力。

（三）场景营销视角下传统书店经营现状及问题

后现代社会文化的表征之一便是由"空间"到"场景"的维度转向。在数字技术的普及过程中，实体空间与虚拟空间的彼此融合趋势是无法忽视的场景问题。实体书店一方面是社会文化的承载者，同时具有城市文化发展的历史脉络和底蕴，进而在知识社群的基础上形成了独有的书店文化。然而，当前更多关注的实体书店场景仍是以实体空间为基础的经营模式，这样的运作模式一方面无法整合相应的

① GRANOVETTER M S. The strength of weak ties：A network theory revisited[J]. Sociological Theory,1983,1(6)：201－233.

② 于萍. 移动互联环境下的场景营销：研究述评与展望[J]. 外国经济与管理,2019,41(5)：3－16.

③ 彭兰. 场景：移动时代媒体的新要素[J]. 新闻记者,2015(3)：20－27.

场景资源,另一方面容易忽视社会发展过程中非实体场景元素的变化,使实体书店的发展无法健康持续,也难以适应市场和受众需求的变化。我们需要思考如何结合并发挥传统实体书店的场景特质而不单单是在其空间特征的基础上打造合适的城市文化地标。

考虑到传统实体书店场景营销所面临的问题,出版学界也在不断尝试提供新的解决方式。有学者将实体书店的场景特征抽象为"融合时空场景""跨时空场景"和"泛时空场景",进而探究实体书店作为知识生产空间的"主导价值"和"创新价值",认为需要充分认识实体书店的场景要素,探索其中人与非人的纠缠关系、自由与控制的二元关系,为探寻人与城市这个社会关系经典话题思考的新起点发现更多可能。[①] 学者万安伦等将场景重构应用到实体书店的发展中,并提出,应通过线下线上双轨道的拓展形式来打造实体书店的融合场景,即关系营销场景、技术购物场景以及生活服务场景。[②] 然而,单就某种类型的场景打造策略无法实现场景整体要素间的彼此勾连、如何实现书店线上线下全域场景中各个要素的彼此联动、进而形成书店虚实场景营销的良好闭环体系,是当前书店经营亟待解决的问题。

三、基于场景重构的"多抓鱼"新型书店智慧营销模式

在笔者发起的关于"上海市二手书店受众群体情况"的调查项目中,通过发放相关问卷,我们了解了受众对于"多抓鱼"书店的认知、态度和行为。在回收有效问卷546份的基础上,发现同时光顾"多抓鱼"实体书店和网络书店的人占比为62.31%,99%的受众愿意将"多抓鱼"书店推荐给他人。"多抓鱼"究竟具有何种品牌特性进而获得如此高的受众满意度和受众黏性? 从场景重构的视角看,"多抓鱼"是如何做到线下线上的有机联动进而实现其实体书店良好的经营效果?

(一)"多抓鱼"书店的品牌理念

"多抓鱼"书店主体经营二手图书,目标读者精准定位于热爱纸质书的文艺青年。"多抓鱼"名字源于法语 Déjà vu,是"似曾相识"的意思,这份对旧物旧事的羁绊之情,体现出品牌独特的价值主张与文艺调性。"给书一个好归宿"十分契合文艺青年消费群体的断舍离生活观以及惜物消费观。书店通过对品牌调性的打造,

---

① 张萱.场景融合·社群激活·"实验场"——城市传播视域下实体书店作为知识生产空间的价值研究[J].东岳论丛,2021,42(4):131-138.

② 万安伦,季小涵.场景重构:后疫情时代实体书店的破局之道[J].中国编辑,2021(2):51-56.

清晰传递品牌形象、价值诉求与情感共鸣，聚拢更多同道之人。

"每一本书都值得被更多的人读到，把读过的书传递下去，就好像看到知识再传播下去，每传递一次，书上就多了一份人情味"。"多抓鱼"具有鲜明的品牌差异化特质：纯净、简单，充满怀旧气质与浪漫情怀，契合新生代年轻群体，尤其是都市知性女性的生活态度及消费理念。当消费不再是单纯为了满足基本需求的时候，充满探索乐趣、易于分享的消费体验就变得尤为重要。对于年轻人来说，虽然省钱或者回血是他们选择二手商品的原因，但比起物质获得，更吸引他们的是在二手市场中寻觅宝藏的过程，是透过"旧物"看到曾经发生在某个人身上的真实故事，是体验祖辈传下来"古董"中的传奇历程，这种阅读时与作家或另位读者的隔空神交，让每一本有故事的二手书变得独一无二，也让"多抓鱼"的品牌精神与特质得以发扬与沿承。"多抓鱼"书店正是这样一种空间："在这个有限大小的空间中，有着充满多元属性的物品、二手物赋予的丰富故事性，更重要的是来自不同文化背景、生命历程的使用者们的汇集。"

在一次投资分享会上，"多抓鱼"创始人猫助提到："多抓鱼"的营销任务聚焦在三个方面：一是培育爱书文青社群对"多抓鱼"的"信任度"；二是提升优质书品交易的"效率性"；三是营造线上线下联动体验的"归属感"。由此所对应的便是智慧营销的三大要素，即场景重构下的"人、货、场"新范式。

"人"是营销主体，也是智慧营销的原点与重心。就"人"展开分析，探讨买卖双方的驱动力、期望值、体验感与满意度分别是什么，双方为何能对立统一、共建彼此信任的文化社群。

"货"是交易的载体。数字信息及计算机技术发展，令货品交易背后的数据生成与采集、挖掘与应用成为可能。从"货"引发思考，探讨交易过程中真正买卖的是什么，该如何解决货品标准化与匹配性的效率平衡性问题。

"场"是身心的归属。场景是一种连接方式，也是一种价值交换和生活表达。时间和空间是场景构建的两大维度，在营销主"场"的任务，便是探讨如何以虚拟现实产生联动，以时间空间融汇演绎，从而塑造品质生活。

（二）"多抓鱼"书店场景重构下智慧营销的特征

1. 从"人"到"社群"，构建"信任度"

《砺石商业评论》在研究企业商业模式时指出，世界上最好的商业模式都是基于信任。作为二手书店，"多抓鱼"采用买断式再循环服务，构建以"信任"为基石的闲置品交易平台，通过买卖双方的互信互利，解决信息不对称的困扰，避免对交易黑洞的担忧,形成正循环发展的飞轮效应。"多抓鱼"聚焦高净值的图书品类,对书店中的商品质量、价格、折损等方面制定规范标准,为用户提供"包真、包退"服务,满足用户对"撮合交易,也担保交易"的需求,提供用户的是"自由交易空间",也是"规范规范交易空间"。

　　社群,是指以社交媒体为载体,"原子式"的独立个体基于共同的兴趣爱好聚集与重组,形成了彼此间由某种社会关系绑定的群体。数字社交媒体充当人们情感交流的纽带,用户在网络空间中基于兴趣爱好和共同话题构建社群,从中获得心理认同与情感共鸣。这种虚拟式神交具有天然情感联动性,在人与人的社交关系基础上构建情感交往,从而凝聚社群认同感,增强黏性。社群形态能够从互动时间、情感强度、亲密程度以及互惠行动四个维度为场景的强连接提供有效支持,作为社交媒体纷繁交织网格中的节点,这种基于"共同兴趣爱好"的缘分建立起来的社团人群相互拥有强烈的价值认同感与情感关联度。并在此过程中组成了最好的社群动力机制:自组织、自媒体、自传播,是自上而下更是自下而上。社群组织对图书出版业的营销价值体现在降低经营成本与增强读者黏性两个方面。"多抓鱼"借助社交媒体,让书店与读者直接对话,双方实现了传受合一的角色互换,从而降低沟通成本。同时,通过微博、微信、抖音、小红书等社交媒体所建立的社群组织,出于志趣相投来推动阅读行为的社交化。当前"多抓鱼"采取三种社群营销模式:第一,第三方垂直类自媒体,粉丝基数大且活跃度和忠诚度高;第二,头部大 V 意见领袖,定位清晰,内容涉猎广泛,影响力大;第三,官方自媒体平台矩阵,主要把控信息发布,引导社群成员积极互动、增强社群黏性。

　　书籍作为十分个人化且具长尾性的物品,以书为媒的社交平台不仅交换商品更是交流心情。从诞生起就在强调自身社区属性的"多抓鱼",以充满诚信的社区氛围不仅大大降低买卖双方在二手货品的交易摩擦,某种意义上来说,更是聚拢三观统一的年轻群体构建价值共鸣的精神家园,且伴随着年轻人对"多抓鱼"的关注度和使用率越来越高,更蜕变为年轻人沟通交流的平台,其社交属性也就愈发明显。在"多抓鱼"社群,通过感知书店中一件件商品背后的真实故事及有趣生活片段,用户很容易建立比"交易"更为重要的"交流"和"交情",在这样的实体空间既能淘到想要的东西,还可能通过其线上平台找到气味相投的人。同时,"多抓鱼"网络上注册用户中买卖身份重叠度超过 70%,基于对平台的信任而聚拢,其能够反馈到线下实体空间,进而构建线下社群生态,稳固用户群体,并提升转化率,产生更强的信任感,真正体现社群的凝聚力。

2. 从"货"到"数据"，提升"效率性"

"多抓鱼"书店作为二手书交易空间，不只是完成交易的功能性角色，更是参与交易的主导型角色，借助庞大的客户数据库，实现了线上线下数据的关联打通。它的底层架构是"多抓鱼"为私域流量所搭建的数据平台，包括线上移动 App、微信小程序以及线下实体店。其中关键链接点是图书 ISBN 码，无论线上还是线下，随时随地"微信扫一扫，就能查书价"，每一本在"多抓鱼"书店流转的图书，都成为一串有迹可循的数据，为二手书买卖提供价格依据、为供应链库存进行精益调配、为读者阅读体验设计最佳服务流程。

借鉴亚马逊书店的经营模式，"多抓鱼"线下书店也十分善用自身的平台数据。"多抓鱼"基于线上二手书交易而收获的数据，有几百万条内容条目，根据线上平台的评分、标签、品相、动销等数据信息，都为线下书店的买卖价格、库存周转、市场供需等提供有效的经营依据。"多抓鱼"每年根据图书需求热度[①]排名，有鲜鱼榜与咸鱼榜，还有作家榜的高温指数与冰点指数，可即时反应"多抓鱼"的书目供需关系。基于大数据进行合理库存管理是"多抓鱼"的核心优势，能应对读者意向变化及时做出反应，在图书的回购、库存与陈列等做到适销对路。同时，"多抓鱼"通过线上线下的货品需求变化，整体调控货品供求结构，调剂市场需求不足的冷门书，更好满足用户的个性化需求。如果说一本全新的图书是刚出道的新星，那么一本"多抓鱼"的二手书便是不断运行的行星，承载经年累月的故事，在天地万物之间流动，是数字化"物语"的一种。

3. 从"场"到"体验"，营造"归属感"

书店商业场景是文化生产与消费的聚集空间，文化设施密集、文化氛围浓厚，要把书店打造成为文化社群聚集和文化消费活跃的物理空间与社会空间，注重以读者为中心的体验式场景设计，才能激发人们的阅读消费，探寻文化归属。当实体书店与网络电商基于社群开展运维时，优势在于书店凭借自身文化价值影响力构建基于私域流量的高黏合度的文化社群，线上社群为实体书店带来流量转换增量，实体书店则融合多元经营加固流量价值增长。由此，文化跨地域、跨阶层、跨族群而扩展全新的文化部落空间，"以图书为媒，从阅读出发"，营建美好生活的文化空间。

基于二手书买卖的交易场景，"多抓鱼"在线上网店与线下实体店开启新零售联动模式，其策略是"多抓鱼"品牌经营一以贯之的"始于'颜值'，忠于'品质'，富

---

① 需求热度＝(全年销量×销售效率＋到货提醒×到货提醒打开率)/搜索转化率。

于'想象'"。新型书店的转型往往始于"颜值"。一家有特色的书店,往往带着鲜明的属地文化色彩以及空间美学氛围,具备成为城市文化地标的潜力。① 同时,文化产业需要特别注重人文关怀、艺术氛围和情感体验的空间设计与场景营造,拥有可以温暖人心的内生力量,这便是由书店的"品质"所决定的,忠于"品质"才是书店生存与发展的长久之计。"二手知识,一手惊喜"。书架摆布的错落有致、鱼编服务的亲和友善,淘书的趣味乐在其中,"多抓鱼"的实体书店,随处都在引发读者的阅读"想象"。书品是按独特形式分类摆放的,社科或工具读物归为"物质的书",文史或绘本类则被称为"精神的书";"稀缺性的书"是指外文原版书籍以及印刷精美的摄影集,与二手黑胶唱片放在一起。伴着古典背景音乐,大大的落地窗有阳光照进来洒在充满故事的书架上。与好书的不期而遇,让人沉浸在美好生活的意外惊喜之中。

图书以外,"多抓鱼"致力于激活实体店的学习能量场,与各出版机构、文化单位、高校研究院等联合策划,举办文化展演、学术讲座、书友沙龙等文艺活动,为读者的物质生活、精神生活、社交生活提供文化艺术空间。在一周年庆之际,"多抓鱼"举办"阅读是一座随身携带的避难所"主题展览活动,现实的苦涩与幻想的美妙在阅读中获得共生,二手书赋予的丰富故事性,将来自不同文化背景却志趣相投的"渔民"汇聚在一起,是多么神奇的生命体验。

商业场景的价值来自情感体验,这种愉快体验驱动了人们的消费欲望。从生产性向消费性与体验性转变,推销的不仅是产品,更是一种特殊情景以及生活方式,商业场景的经营目的更接近于社群式的情感体验。克拉克认为,"不同场景蕴含着不同的文化价值取向,这些文化价值进而吸引不同的人群来进行文化实践与文化消费,最终创造经济价值"。从文化视角解释场景,是与文化有关的活动和便利设施的综合,场景中隐藏着自我表达与生活方式的深度链接。②

(三)基于场景重构的"多抓鱼"书店智慧营销模式建构

"万物皆媒"时代的到来,基于现实和虚实场景的连接成为人类社会数字化生存的重要方式。③ 以特定的时空环境为基础,并与实时状态、生活惯性及社交氛围

---

① 三石.书店革命:中国实体书店成功转型策划与实战手记[M].哈尔滨:黑龙江教育出版社,2016.
② 张铮,于伯坤.场景理论下我国文化产业园区的发展路径探析[J].出版发行研究,2019(11):33-37,27.
③ 万安伦,季小涵.场景重构:后疫情时代实体书店的破局之道[J].中国编辑,2021(2):51-56.

紧密联系,成为传统行业转型与营销升级的关键因素。① 传统营销的"人、货、场"是指用户、产品和平台,而空间元素重构下则是"场景复兴,万物互联"②,在虚实联动的新零售场景下,"人、货、场"三要素各司其职又相互协同,形成数字时代场景重构下的智慧营销机制与模式。以"场"为中心的个性化精准信息服务,以及以"景"为中心的景观化呈现和沉浸式体验。③ 当前,"多抓鱼"书店以线下实体书店和线上虚拟书店为场景基础,围绕社会、数据和体验的场景元素重构,实现了书店实体与虚拟场景的强连接。这样的强连接表现在持久的互动时间、高度的情感维系、亲密的互动行为和彼此受益的关联行动。

图 1 是基于场景重构的"多抓鱼"书店智慧营销模式,其显著特征是融会贯通的完整性,通过从"人"到"社群"构建信任度、从"货"到"数据"提升效率性、从"场"到"体验"实现归属感。三要素相互影响、平衡牵制、整体协同,进而实现线下实体书店和线上虚拟书店的强连接,提升场景营销的总体效果。在此基础上,"多抓鱼"拥有行之有效的经营策略。具体而言,"多抓鱼"书店经营首先有明确的流量入口,将纸质书作为售卖商品,强化了纸质书的获客能力、传阅特性和流通效用,同时扩展线上网店的连贯服务,弥补由纸质书体量限制带来的传载性不足,打通线上线下两个流量入口,并将一次性图书买卖流量转变为长期性的闲置物品流转存量。其次"多抓鱼"书店具备良好的导流方式。二维码是我国普及率最高的信息识别技

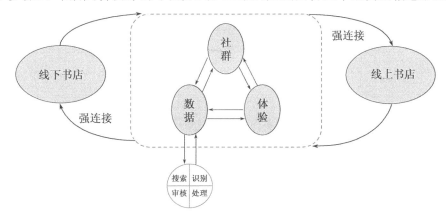

图 1 基于场景重构的"多抓鱼"书店营销模式图

① 彭兰. 场景:移动时代媒体的新要素[J]. 新闻记者,2015(3):20 - 27.
② 吴声. 场景革命:重构人与商业的连接[M]. 北京:机械工业出版社,2015.
③ 梁旭艳.空间视角下的场景传播研究[M].北京:中国社会科学出版社,2019.

术,也是"多抓鱼"的主要导流方式。纸质书上独有的 ISBN 码,为移动设备扫码提供可行性,符合读者的使用习惯,对技术要求不高,对书本内容、排版也没有影响,切实可行且经济高效。第三是用户转化。用户通过扫码入会,建立基本会员档案;在经历一系列动态行为数据追踪后,数据库中的用户标签画像更为清晰,从而能为用户提供更加个性化、定制化和公众化的服务,进而促进转化率的提升,这样的会员档案也为线下的书店经营和线下社群活动提供了数据支持。第四是跨景衍生。用户的消费行为都带有一定的场景暗示,可推断其生活场景、预测行为动向,从而建立社区与读者的连接,提供衍生服务体验,产生可持续性长久互动。"多抓鱼"从二手书拓展到二手服饰的闲置交易,便是基于用户数据行为画像在商业衍生的尝试。

值得我们关注的是,在这样的书店营销模式下,线上书店和线下书店是一种相互促进不分伯仲的虚实空间,传统营销往往从商品的角度来审视零售终端,而普通的网络营销则通常以流量为导向,追求订单的成功数量。书店的经营不同于一般的消费品经营,不能一味追求经济效益最大化,也不能固步自封,苦守自身的一亩之地。数字时代的书店发展需要积极拥抱技术、研究受众,打造独特的书店文化,使其成为城市文化发展历程中不可或缺的一部分。对线下实体书店实现强连接而言,要充分发挥其在用户体验中的文化空间优势,实体书店空间是充满消费符号的文化价值混合体,同时其也超越了物理意义的空间,成为人情体验与时空关系的综合体。吸引消费群体并将他们关联在一起的,不仅是实体商品,更是场景所蕴含的特定情感关联与文化价值取向。一个能够激发消费者购买欲的场景空间必然是一个具有巨大生产性能量的社会空间。[①]当消费者对场景空间产生兴趣之后,才会进一步去了解场景所提供的产品或者服务,并与之产生关联。而对于线上虚拟书店来说,其强连接主要表现为社群的构建和数据的获取与处理,移动互联网时代赋予了场景新的内涵,即企业通过大数据和定位技术深入挖掘消费者的需求和痛点,形成用户画像,消费者通过移动终端与现实空间进行即时互动,从而实现企业的精准营销。移动互联网时代的营销,需要在关注技术要素的同时,强化营销中的体验、情感、社交等要素,形成适用于文化产业的场景营销的策略方式。[②]

———————

①　亨利·列斐伏尔. 空间与政治[M]. 李春,译. 上海:人民出版社,2015.

②　范嘉逸. 实体书店的场景营销构建要素研究[J]. 社会科学前沿,2020,9(12):1944 - 1949.

四、数字时代书店未来发展的场景特征与趋势

数字时代,以往传统的静态书店实体空间已经和当前虚实结合的社会空间转向难以适配。如何融入数字网络宏大的社会经济体系中、充分发挥虚拟现实联动的时空想象和文化魅力,是书店今后发展的重要根基。当前,实体书店行业自身也打破了图书陈列和卖场的空间定位作为城市中新型的公共空间,书店的属性与价值都在被重新定义①,未来基于场景重构的新型书店经营将会有何种发展特征和发展趋势,值得我们进一步思考。

(一)"多抓鱼"模式的潜力和可持续性实践

诚然,"多抓鱼"线上和线下书店结合的智慧营销方式取得了不错的效果,然而,其线下实体书店成立时间不过二年有余,其线上的书店经营也未超过五年时间。对"多抓鱼"公司来说,其还是一个正在成长的初创型企业。从"多抓鱼"的发展历程看,其本质是一家科技公司,在大数据算法技术的支持下,其核心是选品和定价,通过建立数据库,根据市场供求关系来实现买卖双方交易。作为数字经济的先行者,"多抓鱼"以创新姿态逆势于线上线下联动的图书新零售,通过场景重构的智慧营销探索,以数据驱动下"构筑品牌社群、注重阅读体验"为营销核心,形成"业态整合＋场景融合"的策略路径,为当代数字生态下的文化产业发展与价值创新,提供范例研究与现实践行。因此,"多抓鱼"书店的"互联网"思维,正是当下很多传统书店经营过程中所缺少的。不论是线上书店到线下书店的延伸,抑或是线下书店到线上书店的延伸,不同的路径都应以互联网思维为核心,抓住"社群""数据"和"体验"的三维度协同,实现虚拟和现实空间的闭环发展模式。可以预见,这样的基于场景重构的智慧营销方式,能够促进书店行业整体的可持续发展。

(二)书店未来发展的场景特征与趋势

1. 互联网思维:数据驱动场景

数字信息技术的突破创新改变着网络生态与实体经济的格局,这是传统书店无法忽视的市场现状。当网络流量红利随着跑马圈地的终结,线上线下无缝连接的新零售业态以精耕细作的态势促进了智能产业 4.0 新经济业态的发展。直播带货、社群团购、粉丝经济、云上逛街等新兴经营模式,不断刷新产业升级新高度。

---

① 张萱. 场景融合·社群激活·"实验场"——城市传播视域下实体书店作为知识生产空间的价值研究[J]. 东岳论丛,2021,42(4):131-138.

"世界的本质是数据"①。大数据作为一种生产要素业已广泛应用在社会生产与人们生活的各个领域。消费者数据经常是离散无序的,但背后却是存在着隐形的商业逻辑和营销规律,营销人员面临的挑战是如何将数以百万计比特或字节组成的海量数据,转化为营销关系管理中所必需的信息生产力。对书店经营来说,要打破传统营销流程壁垒,以动态数据分析为基础,着重于以人工智能、机器学习、营销云计算、物联网等为科学依据来进行营销决策,而非仅依靠个体经验的主观评判,这便是数据驱动场景的主要过程。数据智能化的营销应用主要体现在对目标用户的标签画像及行为洞察、商品宣传的算法推荐、消费者互动与社群管理,也包括甄别现有顾客与潜在顾客的价值并提供针对性的功能利益。出版业尤其是书店行业需要像有声书产业一样,拥有属于自己的"科技"公司,而不是一味落后于网络经济的发展,这既是自身发展的必然要求,也是适应当代数字经济的必然需要。

2. 社交化沟通:分享皆共鸣

当前信息的传授双方更趋平等,书店的经营要重视买卖双方均衡竞合的关系。通过搭建社交平台,既能了解用户需求,也能实现书店和用户间的顺畅交流以及平等对话。未来的书店发展,需要充分发挥场景的社交效应,通过鼓励用户分享,引发用户共鸣。分享是一种典型的传播行为,尽管分享的动机可能因人而异,但是分享对信息的传播具有良好的促进作用。信息的分享不是无条件的,作为人际交往和社群认同的必要投资,它同时意味着回馈或对回馈的预期。社交媒体的活跃度不仅取决于分享的活跃度,也取决于回馈的活跃度。② 未来新型书店通过搭建平台,提供催生社群的有效路径,实现受众相互分享、平等对话的社交强连接,将"关系"+"内容"打造成社群内交流的主要形式,让阅读的热爱成为社群生活的共同信仰。

3. 无缝式流通:连接皆效能

未来书店应通过提供线上线下的服务促进纸质书的流通。线上通过移动网络平台以及后台数据运算,用数字经济逻辑演绎消费社会中闲置物品交易互利;线下布局书店,集中在对线下供应链的整合、对运营成本的优化以及对消费体验的提升,促进书店市场的整体升级。高流量、高效率、相对低营运成本的线上线下联动模式,将图书交易置于虚拟与现实间自由切换、双轨并行、取长补短,通过数字化手

① 维克托·迈尔·舍恩伯格. 大数据时代[M]. 盛扬燕,等,译. 杭州:浙江人民出版社,2013.
② 杨剑锋. 论分享:社交媒体时代的分享与传播[J]. 新闻知识,2016(4):3-5.

段的降本、增效，实现线上线下流量的相互引导与转换，将不同的虚拟现实场景关联起来，循序渐进引入产业链各个利益相关者，打造一条精准连接用户的流通全链路。

4. 多渠道打通：虚实皆体验

要明确书店自身的场景要素及其影响因素，构建虚拟现实多维场景的智慧营销机制与模式，在现有的营商环境中，洞察特定目标读者群体，搭建交换（易）平台，挖掘流量数据，融合时空场景，设计互动体验，通过优化场景营销模式，实现书店虚拟与现实交融、电商与零售并重的经营格局。要强化与不同企业、不同平台的合作，进而构建图书的交易服务，通过线上与线下交互、点对点的精细化服务进行全程无缝隙的体验管理，与消费者共建全方位的情感关联。举例来说，实体店购书环境舒适体验好，但逛实体店的买书客流量小；微信小程序与 App 平台选购图书方便迅捷，但递书到家往往时间滞后，因此新型书店还可通过与快递公司的深入合作，以专业化、流程化的递送服务，将场景进行高度连接。以读者体验为核心理念，通过人物、时间、空间和仪式这四大场景要素的有序管理，保障各个要素发挥恰如其分又相互协同的作用，引领读者融入场景互动与对话中，创建虚拟现实相连的场景体验，提升读者对书店的情感归属与文化认同。

参考文献

[1] 夏德元,宁传林.城市空间实体书店的功能再造与价值回归[J].编辑学刊,2020(1)：36－41.

[2] 刘婧婷.后疫情时,实体书店如何转型破局[EB/OL](2020－06－05)[2021－06－29].http://www.xinhuanet.com/book/2020-06/05/c_139115803.htm.

[3] 魏旭.场景传播视域下的实体书店转型策略[J].现代出版,2020(1)：85－87.

[4] SCOBLE R, ISRAEL S. Age of context：mobile, sensors, data and the future of privacy[M]. North Charleston, USA：Creat Space Independent Publishing Platform, 2013.

[5] 彭兰.场景：移动时代媒体的新要素[J].新闻记者,2015(3)：20－27.

[6] 喻国明,梁爽.移动互联网时代：场景的凸显及其价值分析[J].当代传播,2017(1)：10－13,56.

[7] CLARK T N. Urban amenities：Lakes, opera, and juice bars：Do they drive development? [M]//The City as an Entertainment Machine Volume 9. NY：Elsever JAI Press, 2003,9：103－140.

[8] SILVER D, CLARK T N. The power of scenes：quantities of amenities and qualities of places[J]. Cultural Studies，2015,29(3)：425 - 449.

[9] 斯考伯,伊斯雷尔. 即将到来的场景时代:移动,传感,数据和未来隐私[M]. 赵乾坤,周宝曜,译. 北京:北京联合出版公司,2014.

[10] GRANOVETTER M S. The strength of weak ties：A network theory revisited[J]. Sociological Theory,1983,1(6)：201 - 233.

[11] 于萍. 移动互联环境下的场景营销:研究述评与展望[J]. 外国经济与管理,2019,41(5):3 - 16.

[12] 张萱. 场景融合·社群激活·"实验场"——城市传播视域下实体书店作为知识生产空间的价值研究[J]. 东岳论丛,2021,42(4):131 - 138.

[13] 万安伦,季小涵. 场景重构:后疫情时代实体书店的破局之道[J]. 中国编辑,2021(2):51 - 56.

[14] 三石. 书店革命:中国实体书店成功转型策划与实战手记[M]. 哈尔滨:黑龙江教育出版社,2016.

[15] 张铮,于伯坤. 场景理论下我国文化产业园区的发展路径探析[J]. 出版发行研究,2019(11):33 - 37,27.

[16] 吴声. 场景革命:重构人与商业的连接[M]. 北京:机械工业出版社,2015.

[17] 梁旭艳. 空间视角下的场景传播研究[M]. 北京:中国社会科学出版社,2019.

[18] 亨利·列斐伏尔. 空间与政治[M]. 李春,译. 上海:人民出版社,2015.

[19] 范嘉逸. 实体书店的场景营销构建要素研究[J]. 社会科学前沿,2020,9(12):1944 - 1949.

[20] 维克托·迈尔·舍恩伯格. 大数据时代[M]. 盛扬燕,等,译. 杭州:浙江人民出版社,2013.

[21] 杨剑锋. 论分享:社交媒体时代的分享与传播[J]. 新闻知识,2016(4):3 - 5.

作者简介

吴　帆(1975—　),江苏苏州人,上海交通大学上海交大—南加州大学文化创意产业学院副教授。研究方向为文化产业创新、文化品牌管理。

徐　剑(1976—　),江西南昌人,上海交通大学媒体与传播学院教授。研究方向为城市文化发展。

The Shift from "People, Product and Scene" to "Community, Data and Experience": On the Smart Marketing Model of New Bookstores Based on Scene Reconstruction

Wu Fan　Xu Jian

Abstract: Traditional bookstores have been struggling to stay afloat despite publishers' wide attention to their survival and development. Déjà Vu, however, continues to thrive by starting with a second-hand bookstore both online and offline. It has innovated a business model by reconstructing bookstore scene elements based on high-quality user resources accumulated by its e-commence platforms, gained in popularity amid the pandemic and seen continuous revenue growth. With the trust earned from "community", improved efficiency in "data", and a sense of belonging built in "experience", Déjà Vu has devised a smart marketing model featuring "virtuality-reality integration and a linkage between e-commence platforms and physical stores" based on reconstructed scenes. The closed-loop of "community, data and experience" is expected to be a key approach for the sustainable growth of new bookstores in the digital era.

Key words: scene reconstruction; smart marketing; bookstore transformation; Déjà Vu

知识产权保护一定有利吗[*]

——基于社会福利视角的分析

张苏秋

摘　要：知识产权保护被认为是促进技术进步和增加社会福利的重要举措，厘清知识产权保护对社会福利的作用机制，对促进社会稳定、提高居民生活水平与实现共同富裕意义重大。研究发现，知识产权保护对于社会福利而言，是否是一种帕累托改进，受多种条件的限制。知识产权保护同时具有福利溢出和福利挤出两种效应，知识产权保护是利是弊就取决于两种效应孰强孰弱。当溢出效应大于挤出效应时，知识产权保护有利于促进社会福利提高，否则，知识产权保护不能增加社会福利。且当市场存在超额需求或随着时间的推移，知识产权保护最终会阻碍社会福利最大化。

关键词：知识产权保护；福利效应；帕累托改进；溢出效应

一、引言

社会福利问题真正关乎普通居民的生活福祉，是衡量美好生活的重要指标。从社会福利视角考察知识产权保护的利与弊，就是要检验知识产权保护这一事件对整个经济社会而言，是否是一次帕累托改进。而关于知识产权保护作用的研究可以分为三类：第一，认为知识产权保护能够激励创新、抑制盗版、利大于弊（Neil，1996；Maureen，2000；姚颉靖和彭辉，2011；龙小宁和王俊，2014；杨林燕和王俊，2015；王翔宇等，2021）；第二，认为知识产权保护限制自由竞争，不利于技术创新，弊大于利（许春明，2008；陈本铿，2021）；第三，采取折中态度，认为需要采取一定的

---

* 基金项目：国家社科基金艺术学重大项目"5G时代文化产业新业态、新模式研究（20ZD05）"和国家社科基金艺术学后期资助项目"文化金融理论与实践（20FYSB048）"的阶段性研究成果。

知识产权保护措施,但又不赞成过严厉的知识产权保护(王华,2011;陈晓林和陈培如,2021)。可见,知识产权保护的利与弊究竟孰高孰低,目前还没有定论。不同的研究视角,得出不同的结论。

从经济学视角看,知识产权保护的两大作用是为创作者提供激励和促进贸易(Lévêque et al.,2004)。实际上,知识产权保护是实现版权经济的前提。高海涛和张志林(2008)从版权的经济性质出发,探讨版权经济的特征,认为版权经济具有利益性、主体性、外延性和关联性。Benjamin 等(1974)提出文档共享会降低版权价值,因为版权拥有者丧失了在版权经济中的价格歧视权。Towse(2006)将版权和文化经济联系在一起,认为文化经济提供了"标准"版权经济学的另一种观点。版权既会提高创作者的积极性,提高创意产品的供给;又会增加创作新产品的成本,减少供给。因此,从保护原创作者的经济利益出发,知识产权保护十分必要。Nelson(1959)和 Arrow(1962)最早指出知识存在溢出效应,创作者难以获得创意的全部收益,从而寻求版权保护。毕竟盗版者对原创产品的经济价值没有任何贡献,也即盗版者对信息产品的原创作者有负面作用(Novas & Waldman,1984;Johnson,1985),而在知识产权保护下,只要复制信息的边际成本小于原创的边际成本,知识分享就对原创作者有益(Benjamin & Kormendi,1974;Besen & Kirby,1989;Varian,2000)。

持折中态度的研究则提出"最优知识产权假说"。认为知识产权保护确实能够促进技术创新,但过于严厉的保护将降低创新的速率(王华,2011)。韩玉雄和李怀祖(2003)通过构建技术扩散模型,分析模仿创新机制下的知识产权保护,发现追随国的知识产权保护应保持在一个适当的水平,过度保护将导致领先国和追随国福利水平降低;张军荣(2021)指出传统知识产权保护在发展中国家具有从过度保护到合理收缩的发展倾向;顾振华和沈瑶(2015)认为在国际贸易中,知识产权保护加强时,实施保护制度的发展中国家的社会福利会降低。

另外,定量分析占知识产权保护研究文献的比例有限。主要是在研究知识产权保护对国际间贸易影响时,考虑知识产权保护设定模仿门槛的中间效应(Maskus & Penubarti,1995;王林和顾江,2009;庄子银,2009;郭春野和庄子银,2012);或者是对知识产权保护影响经济发展的研究,通过计量经济方法,构建实证模型检验不同地区知识产权保护与经济发展的关系(Falvey et al.,2004;刘勇和周宏,2008;许春明,2008;张苏秋,2016)。

总之,现有的文献主要集中于肯定知识产权保护的必要性与可行性,而对知识产权保护的负面作用研究较少,特别是缺少定量分析知识产权保护的社会福利问题。本文将分别从理论分析和实证检验两个方面,阐释知识产权保护对社会福利的影响机制。主要创新有三点:第一,从经济理论尤其是社会福利视角,构建模型,采用实证分析方法,全面剖析知识产权保护对社会福利影响的利与弊。不论对厘清知识产权保护的动机,还是对解决知识产权保护利与弊的争议都意义重大。第二,通过构造数理模型与实证,厘清了知识产权保护对单个经济体内社会福利影响的挤出和溢出两种效应,并且考虑了存在超额产品需求情况下的知识产权保护问题,这对知识产权保护的经济效应研究是一个补充。第三,本文研究的是单个经济体内知识产权保护的福利效应,这区别于以往考虑两个经济体贸易中的知识产权保护问题,更有利于为一个地区内部制定适当的知识产权保护制度提供参考。

二、数理模型分析

(一) 基本模型

将市场上的同类产品区分为高质量与低质量两种,且两种产品分别存在垂直差异(质量)和水平差异(数量)。差异取决于企业的创新水平,而创新水平又取决于研发投入,研发投入则取决于知识产权保护水平。

产品消费市场上,消费者的效用函数采用 Sutton(1997)和 Symeonidis(2003)效用形式:

$$U = Q_H + Q_L - \frac{Q_H^2}{u_H^2} - \frac{Q_L^2}{u_L^2} - \lambda \frac{Q_H}{u_H} \frac{Q_L}{u_L} + I \qquad (1)$$

式中:Q_H、Q_L 分别表示对高质量产品和低质量产品的消费量,u_H、u_L 表示两种产品的质量;I 表示对标准产品的消费;λ 为水平差异系数,其值越大则水平差异越小,且水平差异的大小决定着知识产权保护福利挤出效应的大小。根据式(1)可以得到需求函数和逆需求函数:

$$\frac{Q_i}{u_i} = \frac{2u_i(1-p_i) - \lambda u_j(1-p_j)}{4-\lambda^2} \qquad i、j=H、L, i \neq j \qquad (2)$$

$$p_i = 1 - \frac{2Q_i}{u_i^2} - \frac{\lambda}{u_i} \frac{Q_j}{u_j} \qquad i、j=H、L, i \neq j \qquad (3)$$

式中 p_i 为产品 i 的价格。

本文的研究侧重于分析知识产权保护的作用,因而不考虑运输等市场交易成本以及与知识产权无关的生产投入成本。则消费者剩余可以表示为：

$$C_s = U - p_H Q_H - p_L Q_L - I \tag{4}$$

供给侧，第一，对高质量产品的生产者而言，较低质量产品生产者要多研发投入；第二，无知识产权保护时，低质量产品具有后发优势，可以在模仿中创新。则有：

$$u_L = \theta u_H \qquad 0 \leqslant \theta \leqslant 1 \tag{5}$$

式中：θ 大小代表着知识产权保护强度，在两项选择市场上，知识产权保护力度越强，$\theta \to 0$；知识产权保护力度越弱，$\theta \to 1$。Q 值越小、垂直差异越大，其值的大小决定着知识产权保护福利溢出效应的大小。那么，高质量产品生产者与低质量产品生产者的利润函数分别为：

$$\pi_H = p_H Q_H - x \tag{6}$$

$$\pi_L = p_L Q_L \tag{7}$$

为清晰地分析不同市场需求下知识产权保护对社会福利的影响，我们将分析分为两个阶段。在第一个阶段假定市场上只存在一个消费者，在第二阶段可以引入 m 个消费者，考虑有效需求大于供给的情况，即 $m \to \infty$。

（二）均衡分析

1. 有知识产权保护

在知识产权保护下，生产两种质量产品的市场相当于两个分割独立的市场，两个厂商各自以利润最大化为准则进行生产。结合式（7）和式（3），根据利润最大化的一阶条件，可得均衡时的产出与价格为：

$$Q_H = \frac{u_H^2 \left(1 - \frac{\lambda Q_L}{u_H u_L}\right)}{4}, \quad p_H = \frac{2Q_H}{u_H^2} \tag{8}$$

$$Q_L = \frac{u_L^2 \left(1 - \frac{\lambda Q_H}{u_H u_L}\right)}{4}, \quad p_L = \frac{2Q_L}{u_L^2} \tag{9}$$

知识产权保护下的分割市场，两种不同质量的产品的生产近似于独立，水平差异较大，$\lambda \to 0$。那么，社会福利就是两种产品厂商利润与消费者剩余之和：

$$W = \frac{5(u_H^2 + u_L^2)}{16} + I - x \tag{10}$$

2. 无知识产权保护

如上文所述,在没有知识产权保护时,低质量产品具有后发优势,会成为免费乘车者,获得高质量产品研发的溢出效益。此时,交易市场变成一个古诺模型,市场信息的透明最终会导致产品价格完全由市场需求决定,两种产品生产商通过调整各自的产出参与市场竞争。则市场均衡时的产出和价格为:

$$Q_H^* = \frac{u_H^2}{6} \tag{11}$$

$$Q_L^* = \frac{\theta u_H^2}{3\gamma} \tag{12}$$

$$p = \frac{1}{3} \tag{13}$$

结合式(5),可以得到无知识产权保护下的社会福利函数:

$$W = \frac{5u_H^2}{24} + \frac{(4\theta\lambda - 1)u_H^2}{9\lambda^2} + I - x \tag{14}$$

比较存在知识产权保护和不存在知识产权保护两种情况下的社会福利函数,不难发现:

第一,当知识产权保护的溢出效应很小时,加强知识产权保护下的社会福利要高于没有知识产权保护时的社会福利。即,市场上高质量产品与低质量产品的垂直差异较大,θ很小时,加强知识产权保护有利于提高整个社会的整体福利。一方面,知识产权保护力度的加大,有利于高技术产品维持垄断利润,而高质量产品与低质量产品的垂直差异大,产品间创新溢出的作用较小,高质量产品生产商获取垄断利润的同时,不会影响低质量产品生产商的生产利润,对整个社会而言,知识产权保护是一种帕累托改进;另一方面,这也意味着,在有重大技术突破的项目上采取知识产权保护是必要的。所谓重大技术突破,泛指熊彼特式的创造性破坏,可以直观地理解为高技术产业领域的技术进步。重大技术突破最重要的特征在于能够严格区分出高技术产品与低技术产品,使两者的价格替代弹性近乎零。这样,原本产品市场被分割为高技术产品市场与低技术产品市场,价格歧视的同时,消费者实现多元选择,社会福利提高。

第二,当知识产权保护的溢出效应较大时,只有当知识产权保护的挤出效应控制在一定范围内的情况下,加强知识产权保护的社会福利才高于不采取知识产权保护的社会福利。否则,不论其挤出效应过大还是过小,有知识产权保护的社会福利总是小于没有知识产权保护的社会福利。比较式(10)和式(14),只要 θ 值很大,$\lambda \in \left(\dfrac{2}{5}, \dfrac{2}{3}\right)$ 时,加强知识产权保护不利于整体社会福利的提高,否则,加强知识产权保护有利于社会整体福利的提高。因为,知识产权保护的福利挤出效应越小,意味着产品市场上,加强知识产权保护有利于提高高质量产品的市场利润,而不降低低质量产品的市场利润,知识产权保护行为是一种帕累托改进。知识产权保护的福利挤出效应越大,加强知识产权保护力度越能体现高质量产品的效用,虽然难以实现帕累托最优,但能够提高整体社会福利。现实经济中,当消费者对高质量产品的消费需求较高时,更可能出现这一情况。

3. 超额需求情况

为分析方便,令交易市场上同时存在 m 个消费者,当消费需求超出供给时,$m \rightarrow \infty$。此时,在有知识产权保护的情况下,社会福利函数为:

$$W = \frac{5m(u_{\mathrm{H}}^2 + u_{\mathrm{L}}^2)}{16} + I - x \qquad (15)$$

与一般情况相比,社会福利函数仅仅是多个交易双方福利的数学加总。与此不同,在超额需求情况下,高质量产品生产商与低质量产品生产商的竞争策略将会改变,因为此时不存在争夺市场的问题。这意味着在社会福利函数中,水平差异系数与溢出效应系数发生了质的变化。从福利函数看,两种效应对社会福利函数的构成均没有影响,是否存在知识产权保护已经变得无关轻重。这意味着,在市场存在超额需求的情况下,知识产权保护有利有弊已经不是问题,如何最大化社会整体福利,关键在于提高产品供给的质量和数量。

三、理论机制

知识产权保护的福利效应取决于溢出效应和挤出效应的相互作用,而两者的作用强度随时间的推移而彼此交替,通过影响生产者垄断利润和消费者剩余起作用。社会经济发展中,社会福利由生产者剩余与消费者剩余共同构成。前者由产品价格和生产的边际成本决定;后者由消费者需求曲线和产品价格决定。而任意产品经济系统中,创新所有者或知识产权拥有者为生产者,而其余均为消费者,包括一般消费者和同行业模仿竞争者。

假设存在一个完全竞争的产品市场(在非知识产权保护下,同类厂商很容易自由进入竞争市场),产品 i 的初始价格为 p_0,成本为 c_0。如图 1 所示,消费者的需求曲线是一条斜向右下方的直线 D,在知识产权产生之前,生产者以 $p_0 = c_0$ 的价格生产并出售 q_0 单位的 i。此时,生产者剩余为 0,社会福利等于消费者剩余,即图 1 左图所示 A 部分。

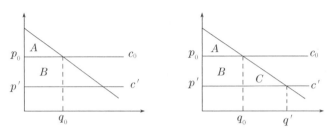

图1　知识产权经济的社会福利效应解析

（1）社会福利溢出效应。如图 1 中右图所示,在非知识产权保护下,生产者的技术革新或研发创新的信息将迅速传递到市场上,产品的价格也会迅速调整为 p'（$p' = p_0 - r = c'$）。不难看出,此时社会福利会增加至 $(A + B + C)$,但生产者剩余仍然只有 0。这意味着,在非知识产权经济下,任何生产者都不会有创新的动力。知识产权保护有利于提高社会福利。市场出清下的社会福利是帕累托最优。

（2）生产者垄断利润。在知识产权保护下的一般情况,某个生产者通过技术革新或研发创新能够降低成本至 c',而均衡价格仍然保持在 p_0 水平,则该生产者可以获得 B 部分的剩余,这是由短期的垄断所带来的收益。且生产者在知识产权保护下每单位产品可获得的收益是 $r = c_0 - c'$,社会福利将增加至 $(A + B)$。此时,市场已经不是完全竞争。知识产权保护有利于提高生产者福利,而消费者福利不变。

（3）消费者福利挤出效应。在知识产权保护下,考虑有超额需求即供给侧不足的情况。与（2）类似,消费者福利将降低。换言之,在此情形下,生产者具有垄断势力,其供给标准是边际收益等于其边际生产成本。面对超额需求,生产者会采取"饥饿营销",限定供给以获得完全的垄断利润,最后成交量小于 q',则社会福利小于 $(A + B + C)$。这样的后果是挤出消费者剩余,图中的 A 部分将不复存在,知识产权保护不利于社会福利最大化。

综合（2）、（3）,知识产权保护下的社会福利效应包括私人福利递增和福利溢出递减两部分。若不存在（3）的情况,知识产权保护的社会福利效应表现为短期促进,长期抑制;反之,则知识产权保护的社会福利效应取决于消费者剩余减少部分与生产者利润增加部分孰高孰低,但不利于实现帕累托最优。

四、实证检验

(一) 样本选择和数据来源

通过计量回归,以中国 1985—2014 年时间序列为样本进行实证检验,包括发明专利、实用新型专利和外观设计专利三个样本。认为发明专利与实用新型专利具有上文所述的创造性破坏的特征,是具有重大突破的知识产权;外观设计专利往往体现在产品美学方面的创新,对产品的实际功能影响较小,认为是不具有重大突破的知识产权。且三个样本计量回归互为补充,有利于检验计量回归结果的稳健性。

原始数据主要来自国家知识产权局和中国经济与社会发展统计数据库。社会福利水平的原始数据借鉴欧阳葵和王国成(2014)的研究结果,以城镇居民收入差进行测算的基尼系数、泰尔熵指数、变异系数、功利主义阿金森指数、纳什—阿金森指数和罗尔斯不平等指数,及其对应的社会福利水平。2008 年以后的社会福利数据采用一阶自回归预测。

(二) 变量与模型设定

实证的目的是检验知识产权保护对社会福利的影响。因此,变量设定时重点考虑知识产权保护与社会福利水平的衡量,同时兼顾解释变量之间共线性与内生性问题。具体变量设定如下:

被解释变量为社会福利水平。以每年地区收入水平分组数据分别计算基尼系数、泰尔熵指数、变异系数、功利主义阿金森指数、纳什—阿金森指数和罗尔斯不平等指数,再将计算结果代入简化的社会福利函数得到社会福利数值,用来衡量该时期社会福利水平。

$$W = \mu(1-\eta) \tag{16}$$

式中 μ 和 η 分别代表居民效用水平和社会不平等指数。

解释变量为知识产权保护力度。分别采用历年发明专利受理数、实用新型专利受理数和外观设计专利受理数来衡量。当年受理的专利数越多,则知识产权保护力度越大。

除此以外,考虑到回归的稳健性和偶然性,引入人均国内生产总值和社会保障水平作为控制变量。其中,社会保障水平用社会保障支出在财政支出中的占比来衡量,表示政策因素对居民社会福利的影响;人均国内生产总值则表示宏观经济发展水平与居民收入水平对福利的影响。

根据上文分析,知识产权保护的社会福利效应并不清晰,溢出效应与挤出效应相互作用的过程此消彼长,这导致知识产权保护对社会福利的影响存在非线性特征。因此,在计量模型设定时采用非线性形式,并引入解释变量的二次项:

$$\ln W = \alpha + \beta_1 x + \beta_2 x^2 + \beta_3 pgdp + \beta_4 sp + \varepsilon \tag{17}$$

式中:$\ln W$ 是社会福利水平的对数,用 $\ln j$、$\ln tai$、$\ln cv$、$\ln ua$、$\ln na$、$\ln raks$ 表示;知识产权保护力度 x 分别用 e、f、g 表示;ε 为随机扰动项。

(三)平稳性检验与协整检验

为防止回归分析时,时间序列因具有共同的时间趋势而出现伪回归,对各变量时间序列进行平稳性检验,结果如表 1 所示。

表 1　序列平稳性检验

序列	检验类型(C,T,S)	ADF 检验值(p 值)
$\ln j$	$(C,0,1)$	$-3.0910(0.0390)$ **
$\ln tai$	$(C,0,1)$	$-3.1160(0.0370)$ **
$\ln cv$	$(C,0,1)$	$-3.0350(0.0440)$ **
$\ln ua$	$(C,0,1)$	$-3.0430(0.0430)$ **
$\ln na$	$(C,0,1)$	$-3.3370(0.0230)$ **
$\ln raks$	$(C,0,1)$	$-3.1110(0.0370)$ **
$\ln ipp$	$(C,0,1)$	$-4.2680(0.0020)$ ***
$\ln sp$	$(C,0,1)$	$-3.9690(0.0050)$ ***
$\ln pgdp$	$(C,0,1)$	$-3.2870(0.0270)$ **
$\ln e$	$(0,0,0)$	$-3.3040(0.0020)$ ***
$\ln f$	$(0,0,0)$	$-4.4080(0.0001)$ ***
$\ln g$	$(0,0,0)$	$-5.3240(0.0000)$ ***

注:"***""**"分别表示 1% 和 5% 的显著性水平下通过检验;(C,T,S) 分别表示检验模型的截距项、趋势项和滞后阶数。其中 ipp 是知识产权保护指数。

表 1 中,滞后阶数由 SIC 准则确定。从平稳性检验的结果看,各个时间序列的平稳性较好,各序列经过一次差分就达到平稳。在此基础上,进行协整检验。从协整检验的结果看(表 2),知识产权保护与社会福利之间确实存在长期均衡关系。

表 2　协整检验

变量	dln j	dln tai	dln cv	dln ua	dln na	dln $raks$
dln ipp	14.416 0* (0.072 0)	15.495 0* (0.078 0)	14.004 0* (0.083 0)	14.065 0* (0.081 0)	15.495 0* (0.051 0)	15.839 0** (0.046 0)
dln e	14.713 0* (0.065 0)	13.448 0* (0.099 0)	15.372 0** (0.022 0)	15.325 0** (0.023 0)	15.313 0* (0.053 0)	11.826 0 (0.165 0)
dln f	22.327 0*** (0.004 0)	24.200 0*** (0.002 0)	23.213 0*** (0.003 0)	23.472 0*** (0.003 0)	27.252 0*** (0.001 0)	22.418 0*** (0.004 0)
dln g	15.296 0 (0.053 0)	18.761 0** (0.016 0)	17.299 0** (0.027 0)	17.913 0** (0.021 0)	23.639 0*** (0.002 0)	17.749 0** (0.022 0)

注:"＊＊＊""＊＊""＊"分别表示 1％、5％和 10％的显著性水平下通过检验;d 表示一阶差分。

(四) 实证检验结果

各样本回归结果均通过显著性检验,说明计量模型的设定比较合适。样本回归检验结果中,发明专利保护和实用新型专利保护对社会福利有显著的促进作用,而外观设计专利保护对社会福利的影响并不显著。各控制变量确实对社会福利影响显著,且可以发现,经济发展水平、居民收入水平以及社会保障政策均对社会福利水平有着显著促进作用。

第一,知识产权保护对社会福利的作用具有不确定性。从发明专利和实用新型专利两个样本看,不论是用何种社会福利指标还是知识产权保护力度指标,知识产权保护力度一次项系数均为正,表明知识产权保护力度增加确实能够显著提高社会福利水平,但外观设计专利样本的回归结果,解释变量系数并不显著,不能判定知识产权保护对社会福利有促进作用。结合上文的设定与分析可以认为,对具有重大创新的发明和实用新型技术的知识产权保护的社会福利溢出效应较大,知识产权保护能显著促进社会福利增加;而对不具有重大创新的外观设计的知识产权保护,可能其社会福利挤出效应较大,保护力度越大,越是妨碍了创新的正反馈效应的发挥,不利于社会福利的增加。

第二,知识产权保护对社会福利的促进作用具有时效性。在解释变量回归系数显著的检验结果中,知识产权保护力度二次项回归系数为负,如表 3 所示。这意味着,即使是在发明专利和实用新型专利样本中,虽然知识产权保护能显著促进社会福利的增加,但这种促进作用随着时间的推移越来越小,最后可能反而会阻碍社会福利的增加。显然,不论是什么样的发明,永久性的知识产权保护不会被社会消费,也不会对社会福利有任何促进作用。这意味着,知识产权保护的社会福利效应同时表现为溢出和挤出。社会福利能否增加,取决于知识产权社会福利溢出效应和挤出效应孰高孰低。开始阶段,知识产权保护的社会福利溢出效应大于挤出效应,加大知识产权保护力度有利于社会福利增加,随着时间的推移,溢出效应的边际作用递减,最终不利于社会福利的增加。

表3 各样本回归检验结果

发明专利

变量	$\ln j$	$\ln tai$	$\ln cv$	$\ln ua$	$\ln na$	$\ln raks$
e	2.004 0** (0.901 0)	2.417 0** (0.884 0)	2.375 0** (0.949 0)	2.389 0** (0.923 0)	2.463 0*** (0.656 0)	2.053 0* (1.108 0)
e^2	−1.781 0 (2.382 0)	−3.783 0 (2.260 0)	−3.475 0 (2.426 0)	−3.587 0 (2.359 0)	−4.705 0*** (1.654 0)	−2.134 0 (2.875 0)
$pgdp$	0.000 1*** (0.000 0)	0.000 1*** (0.000 0)	0.000 1*** (0.000 0)	0.000 1*** (0.000 0)	0.000 1*** (0.000 0)	0.000 1*** (0.000 0)
sp	3.705 0*** (0.683 0)	5.170 0*** (0.800 0)	4.881 0*** (0.820 0)	5.009 0*** (0.810 0)	5.668 0*** (0.732 0)	4.695 0*** (0.904 0)
Constant	6.623 0*** (0.028 0)	6.813 0*** (0.025 0)	6.785 0*** (0.023 0)	6.810 0*** (0.024 0)	6.807 0*** (0.026 0)	6.565 0*** (0.020 0)
Obs	30	30	30	30	30	30
R^2	0.994 0	0.994 0	0.995 0	0.995 0	0.994 0	0.995 0
变量	$\ln j$	$\ln tai$	$\ln cv$	$\ln ua$	$\ln na$	$\ln raks$
F	998.800 0	4 791	5 116	4 978	4 143	9 761

实用新型专利

变量	$\ln j$	$\ln tai$	$\ln cv$	$\ln ua$	$\ln na$	$\ln raks$
f	2.714 0** (1.290 0)	2.858 0*** (0.991 0)	2.931 0*** (1.014 0)	2.911 0*** (1.004 0)	2.353 0** (0.901 0)	2.296 0* (1.315 0)
f^2	−2.982 0 (2.916 0)	−4.392 0* (2.191 0)	−4.313 0* (2.248 0)	−4.358 0* (2.222 0)	−4.237 0** (1.956 0)	−2.461 0 (2.949 0)
$pgdp$	0.000 1*** (0.000 0)	0.000 1*** (0.000 0)	0.000 1*** (0.000 0)	0.000 1*** (0.000 0)	0.000 1*** (0.000)	0.000 1*** (0.000 0)
sp	4.266 0*** (0.803 0)	5.747 0*** (0.706 0)	5.442 0*** (0.701 0)	5.573 0*** (0.701 0)	6.318 0*** (0.700 0)	5.382 0*** (0.775 0)

(续表)

实用新型专利						
变量	$\ln j$	$\ln tai$	$\ln cv$	$\ln ua$	$\ln na$	$\ln raks$
Constant	6.571 0 *** (0.029 0)	6.761 0 *** (0.026 0)	6.732 0 *** (0.026 0)	6.757 0 *** (0.026 0)	6.766 0 *** (0.026 0)	6.520 0 *** (0.035 0)
Obs	30	30	30	30	30	30
R^2	0.994 0	0.994 0	0.994 0	0.994 0	0.993 0	0.994 00
F	2 055	3 369	3 314	3 331	4 113	1 904

外观设计专利						
变量	$\ln j$	$\ln tai$	$\ln cv$	$\ln ua$	$\ln na$	$\ln raks$
g	0.435 0 (1.009 0)	1.438 0 (1.109 0)	1.358 0 (1.068 0)	1.421 0 (1.080 0)	1.385 0 (1.162 0)	0.648 0 (1.012 0)
g^2	3.640 0 (3.010 0)	−0.678 0 (3.302 0)	−0.122 0 (3.179 0)	−0.418 0 (3.215 0)	−1.897 0 (3.435 0)	2.552 0 (2.967 0)
$pgdp$	0.000 1 *** (0.000 0)	0.000 1 *** (0.000 0)	0.000 1 *** (0.000 0)	0.000 1 *** (0.000 0)	0.000 1 *** (0.000 0)	0.000 1 *** (0.000 0)
sp	4.758 0 *** (0.916 0)	5.746 0 *** (1.029 0)	5.499 0 *** (0.988 0)	5.590 0 *** (1.000 0)	6.240 0 *** (1.081 0)	5.621 0 *** (0.891 0)
Constant	6.630 0 *** (0.018 0)	6.818 0 *** (0.023 0)	6.791 0 *** (0.022 0)	6.816 0 *** (0.023 0)	6.812 0 *** (0.025 0)	6.570 0 *** (0.019 0)
Obs	30	30	30	30	30	30
R^2	0.995 0	0.994 0	0.995 0	0.995 0	0.992 0	0.995 0
F	967.700 0	1 231	1 246	1 266	1 189	1 071

注:"＊""＊＊""＊＊＊"分别表示 10%、5% 和 1% 显著性水平下通过检验,括号内为稳健标准差。

(五)稳健性检验

知识产权保护的衡量,更为普遍使用的是 RR 指数和 GP 指数,但这两个指数只考虑立法强度,没有考虑执法强度。韩玉雄和李怀祖(2003)、许春明(2008)等对 GP 指数进行了扩展,加入执法强度。结合相关文献,在我国学者韩玉雄和李怀祖(2003)提出的包含立法和执法指标而构建的知识产权保护指数(ipp)上扩展计算,为本文的实证增加一个稳健性检验,但囿于数据的完整性,样本区间为 1985—2012 年。

从稳健性检验的回归结果(表4)可以发现,知识产权保护指数对社会福利指数的影响较为显著。其中,一次项系数均为正,而二次项系数为负。这也进一步证明了,知识产权保护最初是有利于提高社会福利的,但随着时间的推移,这种促进的边际作用逐渐减小,知识产权保护力度的加大最终又会阻碍社会福利的增加。

表4 稳健性检验结果

变量	(1)	(2)	(3)	(4)	(5)	(6)
	$\ln j$	$\ln tai$	$\ln cv$	$\ln ua$	$\ln na$	$\ln raks$
$\ln ipp$	0.019 0** (0.007 0)	0.031 0*** (0.007 0)	0.030 0*** (0.007 0)	0.030 0*** (0.007 0)	0.033 0*** (0.007 0)	0.016 0** (0.008 0)
$\ln ipp^2$	−0.002 0 (0.002 0)	−0.004 0* (0.002 0)	−0.004 0* (0.002 0)	−0.004 0* (0.002 0)	−0.005 0** (0.002 0)	−0.001 0 (0.002 0)
$\ln pgdp$	0.001 0*** (0.000 0)	0.000 0*** (0.000 0)	0.001 0*** (0.000 0)	0.001 0*** (0.000 0)	0.001 0*** (0.000 0)	0.001 0*** (0.000 0)
$\ln sp$	0.670 0*** (0.090 0)	0.706 0*** (0.089 0)	0.690 0*** (0.087 0)	0.695 0*** (0.088 0)	0.743 0*** (0.095 0)	0.813 0*** (0.096 0)
Constant	1.885 0*** (0.005 0)	1.908 0*** (0.005 0)	1.905 0*** (0.005 0)	1.908 0*** (0.005 0)	1.906 0*** (0.005 0)	1.879 0*** (0.005 0)
Obs	28	28	28	28	28	28
R^2	0.992 0	0.993 0	0.994 0	0.993 0	0.992 0	0.992 0

注:"*""**""***"分别表示10%、5%和1%显著性水平下通过检验,括号内为稳健标准差。

五、结论与启示

研究结果表明,知识产权保护对于社会福利而言,是否是一种帕累托改进,受多种条件的限制。但可以定论的是,知识产权保护同时具有福利溢出和福利挤出两种效应,知识产权保护是利是弊就取决于两种效应孰强孰弱。当溢出效应大于挤出效应时,知识产权保护有利于促进社会福利提高,否则,知识产权保护不能增加社会福利。且当市场存在超额需求或随着时间的推移,知识产权保护最终会阻碍社会福利最大化。

本文的研究对完善知识产权保护、提高社会福利、实现共同富裕有着以下启示。

第一，建立知识产权创新水平考核制度，分类实施知识产权保护措施。通过知识产权考核，合理区分各项知识产权的创新程度，按照有无重大创新分类，分别实施不同力度的知识产权保护。对具有重大创新的知识产权加大保护力度，保护创新者垄断利润，激励技术创新；对不具有重大创新的知识产权弱化保护，鼓励其参与市场竞争，发挥市场正外部性。目的是增强知识产权保护社会福利的溢出效应，减小其挤出效应。

第二，做好知识产权保护市场调研，确定知识产权最佳保护年限。通过上文分析以及实践经验，知识产权保护法所规定的法律保护年限还值得商榷。不论是从促进技术进步，还是提高社会福利看，知识产权保护实践并非越久越好。知识产权保护激励创新、带来垄断利润的同时，不利于知识共享和劳动分工；挤出效应大的情况下，还不利于社会进步与社会福利的增加。因此，有必要重新审核知识产权法律保护年限，扩大知识共享水平。

第三，完善知识产权保护氛围，增加自主创新激励措施。以多样化的知识产权保护措施替代单一式的行政法律处罚方式，以更加灵活的激励机制替代惩罚机制，即通过多样化知识产权保护鼓励知识创新、鼓励多元化产品研发，从而能够降低边际创新成本、刺激居民消费需求。只要市场存在短暂的超额需求，加强知识产权保护就能促进社会福利水平的提高。

参考文献

[1] ARROW K J. Economic welfare and the allocation of resources for invention[M]//The Rate and Direction of Inventive Activity: Economic and Social Factors. Princeton: Princeton University Press, 1962.

[2] BENJAMIN D K, KORMENDI R C. The interrelationship between markets for new and used durable goods[J]. Journal of Law and Economics, 1974, 17: 381 - 401.

[3] BESEN S, KIRBY S. Private copying, appropriability, and optimal copying royalties[J]. Journal of Law and Economics, 1989, 32: 255 - 273.

[4] FALVEY R, FOSTER N, GREENAWAY D. Imports, exports, knowledge spillovers and growth[J]. Economics Letters, 2004, 85: 209 - 213.

[5] JOHNSON W R. The economics of copying[J]. Journal of Political Economy, 1985, 93: 158 - 174.

[6] LÉVÊQUE F, YANN M. The economics of patents and copyright[M]. Paris: The

Berkeley Electronic Press，2004.

[7] MASKUS K E, PENUBARTI M. How trade-related are intellectual property rights [J]. Journal of International Economics，1995,39(3):227 - 248.

[8] RYAN M. Cyberspace as public space:A public trust paradigm for copyright in a digital world[J]. Oregon Law Review，2000,79:647.

[9] NETANEL N W. Copyright and a democratic civil society[J]. Yale Law Journal，1996,6:283.

[10] NELSON R R. The simple economics of basic scientific research[J]. Journal of Political Economy，1959,67:297 - 306.

[11] NOVAS I E, WALDMAN M. The effects of increased copyright protection: An analytical approach[J]. Journal of Political Economy，1984,92:236 - 246.

[12] SUTTON J. One smart agent[J]. Rand Journal of Economics，1997,28:605 - 628.

[13] SYMEONIDIS G. Comparing cournot and bertrand equilibria in a differentiated duopoly with product R&D[J]. International Journal of Industrial Organization，2003,21:39 - 55.

[14] TOWSE R. Copyright and artists: A view from cultural economics[J]. Journal of Economic Surveys，2006,20(4):567 - 585.

[15] VARIAN H R. Buying, sharing and renting information goods[J]. Journal of Industrial Economics，2000，48:473 - 488.

[16] 陈本铿. 国际贸易中的知识产权壁垒研究——评《知识产权保护与对外出口及投资》[J]. 广东财经大学学报，2021(6):1 - 2.

[17] 陈晓林,陈培如. 知识产权保护与对外直接投资逆向技术溢出——基于南北产品周期模型的分析[J]. 国际贸易问题,2021(11):157 - 174.

[18] 郭春野,庄子银. 知识产权保护与"南方"国家的自主创新激励[J]. 经济研究,2012(9):32 - 45.

[19] 高海涛,张志林. 版权经济相关概念和性质探讨[J]. 北京印刷学院学报,2008(1):1 - 4.

[20] 顾振华,沈瑶. 知识产权保护、技术创新与技术转移——基于发展中国家的视角[J]. 产业经济研究,2015(3):64 - 73.

[21] 韩玉雄,李怀祖. 知识产权保护对社会福利水平的影响[J]. 世界经济,2003(9):69 - 77.

[22] 刘勇,周宏. 知识产权保护和经济增长:基于升级面板数据的研究[J]. 财经问题研究,2008(6):17 - 21.

[23] 龙小宁,王俊.中国司法地方保护主义:基于知识产权案例的研究[J].中国经济问题,2014(3):3-18.

[24] 王华.更严厉的知识产权保护制度有利于创新吗[J].经济研究,2011(2):124-135.

[25] 王林,顾江.发展中国家的知识产权保护与经济增长——基于跨国数据的实证分析[J].世界经济研究,2009(5):48-51.

[26] 王翔宇,叶玉瑶,Nicholas A. Phelps,等.贸易保护与知识产权影响下中国电子通信产业参与全球分工的时空演化[J].地理研究,2021(12):3399-3419.

[27] 许春明.中国知识产权保护强度的测定及验证[J].知识产权,2008(1):27-36.

[28] 姚颉靖,彭辉.版权保护与文化产业创新能力的灰色关联分析[J].首都经济贸易大学学报,2011(2):31-37.

[29] 杨林燕,王俊.知识产权保护提升了中国出口技术复杂度吗[J].中国经济问题,2015(3):97-108.

[30] 张苏秋.版权资源的经济增长效应及其作用路径——基于版权经济解释的定量分析[J].广东财经大学学报,2016(1):60-69.

[31] 张军荣.传统知识"产权"保护的现状、争议与路径选择[J].图书馆建设,2021(12):1-12.

[32] 庄子银.知识产权、市场结构、模仿和创新[J].经济研究,2009(11):95-104.

[33] 欧阳葵,王国成.社会福利函数与收入不平等的度量——一个罗尔斯主义视角[J].经济研究,2014(2):87-100.

作者简介

张苏秋(1989—   ),江苏南京人,中国传媒大学人类命运共同体研究院副教授。研究方向为文化产业,媒介社会学。

Is Intellectual Property Protection Bound to be Beneficial?
— Perspective on Social Welfare

Zhang Suqiu

Abstract: Intellectual property（IP）protection is essential to promote technological progress and social welfare. Identifying the action of IP protection on social welfare helps to enhance social stability, improve living standards and attain common prosperity. According to this thesis, whether IP protection creates a Pareto improvement in social welfare is subject to many constraints. IP protection possesses both spillover and crowding-out effects on welfare, and whether or not IP protection is beneficial depends on the dominant effect. When spillover outstrips crowding-out, IP protection is conducive to the promotion of social welfare. Otherwise, it cannot increase social welfare, and when the market has excess demand, it will progressively hinder social welfare maximization.

Key words: intellectual property protection; wealth effect; Pareto improvement; spillover effect

国际文化产业研究领域文献分析
——来自国际引文数据库 Scopus 的证据

姚　远　周成效　沈东婧

摘　要：以文化产业研究领域国际发文为大数据分析基础,从文献分析视角进行可视化知识图谱呈现,并从文献发表年代、国家、机构、主题、引用数量、国际合作、内容等维度进行深入剖析,梳理研究热点、前沿和演进规律,探讨主题方向和发展趋势。结果显示,国际文化产业研究从 20 世纪 80 年代兴起,近十年来国际发文呈现出蓬勃发展态势。英国、美国、澳大利亚、法国、意大利等国家是文化产业发展较早且具有较大影响力的国家,中国、韩国、印度尼西亚等国家在近十年中成为该研究领域的新生力量。从累计发文数量看,英国稳居全球第一,中国位居全球第二;从 2018 年开始,中国已成为国际发文数量最多的国家,但其影响力有待提升。笔者建议中国学者应关注发表论文质量以及国际影响力的传播;研究方向应从政策研究转向应用实践的系统性研究;及时总结和挖掘国内文化产业领域的重大实践成果,形成具有中国特色的文化产业发展理论,让中国文化产业成为中国软实力和文化自信的重要象征。

关键词：文化产业;文献分析;可视化知识图谱

一、引言

文化产业,即生产和经营文化产品、提供文化服务的企业行为和活动,包括演出业、影视业、出版业、报业、网络业、娱乐业、广告业、咨询业、策划业等行业。[1]英国最早将文化产业定义为创意产业,指那些出自个人的创造性、技能及智慧和通过对知识产权的开发生产创造潜在财富和就业机会的活动,主要包括出版、音乐、表演艺术、电影、电视和广播、软件、广告、建筑、设计、艺术品和古董交易市场、手工艺品以及时装设计等 13 个行业。[2]我国《国家"十一五"时期文化发展规划纲要》中明确了文化产业的重点领域,包括影视制作、出版、发行、印刷复制、广告、演艺、娱乐、文化会展、数字内容和动漫产业。[3]2018 年中国国家统计局在《文化及相关产业分类(2018)》中进一步完善了文化及相关产业的定义,是指为社会公众提供文化产品和文化相关产品的生产活动的集合。[4]学界对于文化产业的概念虽没有一个统一的说法,但各种定义之间具有共识和互补性。[5]世界各国在关于文化创意产业的研究及实践过程中对相关产业的定义与称谓一般都是在结合各自不同的发展侧重和现实国情基础上的实践总结,包括了内容产业、创意产业、和版权产业。[6]

　　20 世纪以来,全球文化产业发展迅猛。据美国商务部的统计,1996 年美国文化产业出口首次超过传统行业,位居所有出口产品之首。欧洲各国文化产业各有所长,突出的有法国、英国、德国、奥地利等,其中法国文化基础设施齐全,特别是图书出版业和电影业,在欧洲文化市场上具有重要地位;英国的表演、音乐艺术业、文化艺术品的产业结构多样化,形成了大型商业公司和小型团体共存的局面;德国的图书出版业是其文化产业的重要支柱;奥地利音乐大师的故居成为其文化产业中比较突出的经济增长点。亚洲国家中日本文化产业以娱乐观光、游戏业为主,动漫产业最突出,被称为"动漫王国";韩国文化产业在亚洲当属后起之秀,电影、电视剧也以高水平和民族特色而被业界称之为"韩流"。[7]近20 年,我国在文化产业方面也加强布局,2012—2018 年文化产业增加值占 GDP比重呈现逐年增加趋势,2019 年文化及相关产业占 GDP 的比重为 4.5%,国家"十四五"规划[8]强调了要繁荣发展文化事业和文化产业,提高国家文化软实力,实施文化产业数字化战略,加快发展新型文化企业、文化业态、文化消费模式。

　　本文以文化产业领域国际发文为大数据分析基础,从文献分析视角,进行可视化图谱呈现,并从文献发表年代、国家、机构、主题、引用数量、国际合作、内容等维度进行深入剖析,梳理研究热点、前沿和演进规律,结合文献探讨研究主题方向和发展趋势,希望能为文化产业相关学者研究提供相对客观的分析和参考。

二、数据来源及工具方法

　　本文以国际引文数据库 Scopus 作为检索数据来源。Scopus 是爱思唯尔出版社于 2004 年推出的文摘引文数据库。截至 2021 年 7 月,收录全球 7 000 多家出版商的 24 971 余种同行评议期刊、63 万多种系列丛书以及 1 亿多篇会议文献,收录数据量年均增长率约为 8%,文献学科类型涉及自然科学、医学、社会科学和生命科学。Scopus 是全球最大的文摘和引文数据库,以 Scopus 收录的文化产业研究领域引文数据进行分析,可以展现该领域全球发展现状及趋势,为相关研究提供可靠的证据。

本研究检索关键词包括 cultural industry、creative industry、content industry、copyright industry,文献类型包括学术论文、评论、专著等学术产出,检索时间为 2021 年 9 月 29 日。检索结果原始数据为 4 199 篇,经数据清洗筛选后,纳入 3 875 篇。

本文综合利用 Python、OpenRefine、Excel、VOSViewer 等工具进行数据清洗、整理、统计及可视化分析。采用发文量统计分析国际发文数量变化、采用发文量排名分析各国在该领域的发展趋势、采用知识图谱可视化方法绘制国家共现聚类图、国家总被引热力图、发文机构共现聚类图、关键词共现聚类分布图,直观地展示该领域的研究现状和发展趋势,判断该领域研究的主题结构和方向。同时通过对文献内容的分析,深入解析国际文化产业在不同时间阶段,研究主题随时间的变化情况。

三、国际文化产业文献分析结果

(一)国际发文数量呈现阶段性特点

图 1 显示,国际发文数量从 1980 年至今不断呈现整体递增态势,尤其在近十年中,发文数量呈现快速爆发式增长。由此可见,全球各国在文化产业领域的重视程度在不断加强,文化产业是 21 世纪的朝阳产业,文化产业的研究也受到了学者们的广泛关注。

图中的国际发文数量还呈现出阶段性的特点,根据发展的趋势可以大致分为三个阶段:1980—1999 年为文化产业研究的起步阶段,文化产业研究发文更多是与大众文化和社会问题相关;2000—2010 年为文化产业研究的发展阶段,起初的几年每年发文数量为几十篇,文化产业的研究处于缓慢增长时期,但随着全球文化产业开始集群化发展,文化产业及相关研究进入了发展时期,全球文化产业发文数量也开始显著攀升,2010 年达到第一个高峰发文数量为 191 篇。2011 年至今为文化产业研究的快速增长阶段,全球各国都在大力发展文化产业,把文化力作为国家综合国力的重要标志,文化产业相关的发文数量保持快速爆发式增长态势,2020 年发文量达到历年最高为 418 篇。

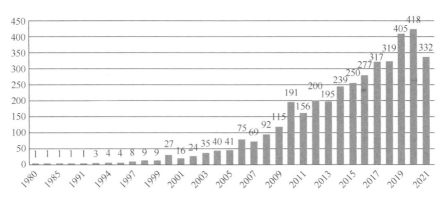

图1 文化产业领域国际发文数量分布

从发文期刊学科分类来看，文化产业相关研究散布在马列社科、管理学、经济学、法学、社会学、电子科学、民族学等不同的学科领域，这也说明了文化产业发展具有很强的交叉融合性。

（二）累计发文量国家排名显示中国已居全球第二

图2为文化产业领域国际发文国家排名变化（显示前20位），图中显示从1999年至今参与国际发文的国家数量逐年递增，2001年仅有22个国家参与国际发文，2011年增加到53个，2021年参与国际发文的国家数量已增加至91个。英国从1987年开始在该领域发表文献，至今累计发文730篇，多年来稳居全球第一；中国从1999年开始在该领域发表文献，累计发文490篇，排名呈逐渐攀升趋势，

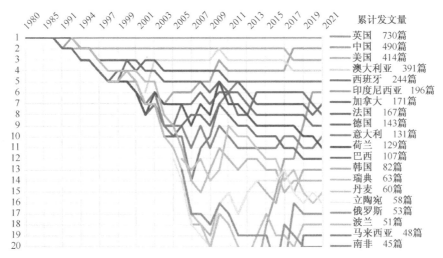

图2 文化产业领域国际发文国家排名变化（显示前20位）

2018 年起超过美国、澳大利亚,跃居全球第二;美国从 1991 年开始在该领域发表文献,累计发文 414 篇,多年来位居全球第二,但从 2018 年起被中国超越,排名位居第三。其他较早在该领域发表文献的国家有加拿大(1980 年)、日本(1983 年)、巴西(1985 年),其中日本累计发文数量 30 篇,位居全球第 30 位。图中亦可看到加拿大、法国、德国、荷兰、巴西、瑞典等西方发达国家在该领域参与发表文献均较早,但其排名呈逐渐下降趋势,而西班牙、印度尼西亚、韩国、俄罗斯、马来西亚等国家起步较晚,其排名呈上升趋势。

(三)发展中国家、新兴经济体发展迅猛

近十年来,文化产业发展迅猛,越来越多发展中国家、新兴经济体参与到文化产业领域的研究与实践中。图 3 为文化产业领域近十年国际发文量与前十年增长倍数比较的国家排名(显示前 20 位)。由图可知,中国、西班牙、印度尼西亚、意大利、韩国等国家在近十年中成为文化产业发展的新生力量,并且呈现出越发强劲的影响力。中国在 2001—2010 年发文总量仅 47 篇,而在 2011—2020 年发文总量达 383 篇,近十年数量比前十年增长了 7 倍,其中 2018 年、2020 年、2021 年(截至检索日)当年的发文数量已居全球第一。西班牙在 2001—2010 年发文总量 21 篇,2011—2020 年发文总量达 205 篇,增长了近 9 倍,发文总量已跃居全球第五,实力

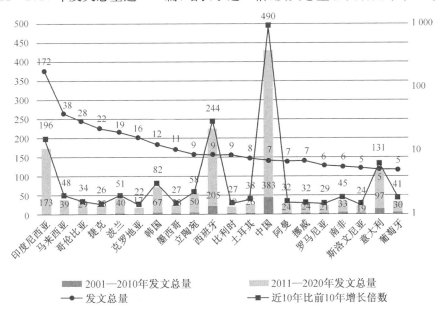

图 3　文化产业领域近十年国际发文量与前十年增长倍数比较国家排名(显示前 20 位)

不容小觑；印度尼西亚在 2001—2010 年发文总量仅 1 篇，而在 2011—2020 年发文总量达 173 篇，增长量达 172 倍，发文总量已跃居全球第六，其发展势头迅猛，未来可能继续上升。

（四）国际合作图谱显示中国全球影响力较低

图 4 为文化产业领域国际合作发文国家共现聚类图，图中显示了 91 个发文国家中有国际合作的国家数量为 67 个，节点大小代表发文量的多少，292 个连线粗细代表合作强度，8 个颜色代表所属聚类，其中英国、澳大利亚、美国节点较大且位于图谱中央，表明其全球影响力较大，英国与美国、加拿大、荷兰合作最为密切，中国与法国、英国、美国也有密切合作，但其全球影响力仍然较低。

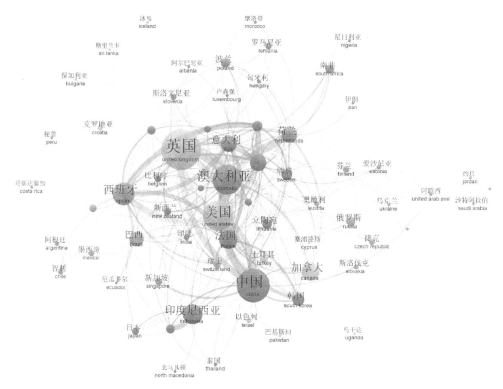

图 4　文化产业领域国际合作发文国家共现聚类图

图 5 为文化产业领域国际合作发文国家总被引热力图，图中显示了各国总被引频次的差异，英国总被引高达 15 928 次，远超全球其他国家，其后为美国总被引 9 771 次，澳大利亚第三为 7 536 次，中国发文量虽居全球第二，但总被引仅为 2 897 次，位居全球第四，且与排名前三的国家有显著差距。

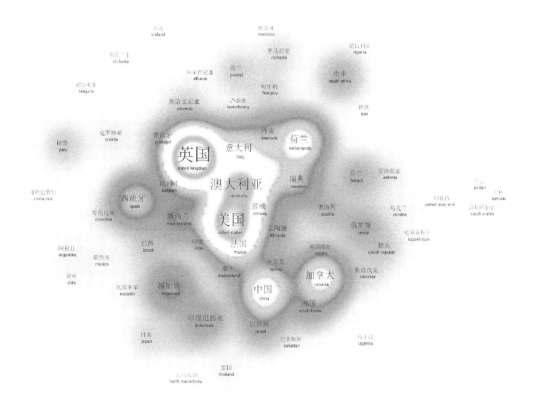

图5　文化产业领域国际合作发文国家总被引热力图

（五）发文机构以澳大利亚、英国高校实力最强，中国香港高校表现突出

图6为文化产业领域国际合作发文机构共现聚类图，由图分析可显示研究机构之间的合作关系，以及产出成果较多、较具影响力的研究机构。图中显示按发文量3次及以上有合作的机构为201个，9个颜色代表所属聚类，即基本形成9个比较大的合作研究团队，其中以澳大利亚昆士兰科技大学、英国利兹大学、荷兰阿姆斯特丹大学等为核心研究机构。澳大利亚昆士兰科技大学乃全球艺术、媒体与设计领域教学和研究的引领者，成果产出位居全球首位，发文93篇，被引达2 644次，且与其他机构的合作非常密切，国际合作机构数达到16个；英国被视为创意文化产业的发源地和世界时尚之都，文化产业相关研究产出也在全球领先，英国的利兹大学、伦敦政治经济学院的发文量分别位列二、三名，国际合作机构数都为12个；荷兰阿姆斯特丹大学、丹麦哥本哈根商学院，发文量也较为突出。另外，澳大利亚墨尔本大学、澳大利亚伍伦贡大学、英国伦敦国王学院、加拿大多伦多大学、英国南安普顿大学发文量也挤入全球前10名。中国机构中，香港的高校发文量表现较

突出,如香港大学、香港中文大学、香港城市大学、香港理工大学、香港浸会大学等发文量排名进入全球前80,其中香港城市大学的国际合作强度最高,国际合作机构达到10个,香港大学发文影响力最大,被引量达352次。中国武汉理工大学、北京师范大学、中山大学、南京大学等发文量表现也较突出,同样进入全球排名前80。

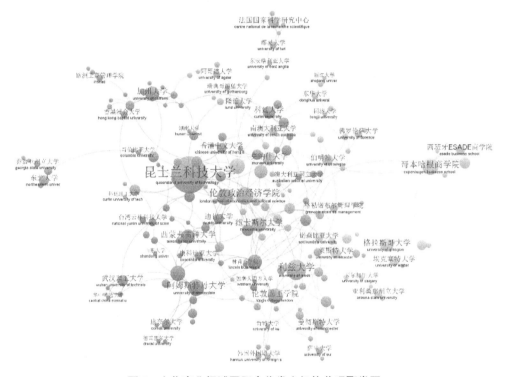

图6 文化产业领域国际合作发文机构共现聚类图

(六) 国际发文主题呈现 8 个聚类方向

图7为文化产业领域国际发文关键词共现聚类分布图,图中显示了频次10及以上的345个关键词聚类节点,经人工筛选保留了223个关键词聚类节点,4 707条连线,总连接强度8 736,其中8个聚类较为明显。图中的节点与连线颜色由蓝变红,代表节点所关联的论文年代由远及近。8个较为明显的聚类可以理解为经过时间的演变,围绕某个主题方向进行的系统研究,对主题所包含的关键词进行解读,可以看到该主题方向的重点。

由于在所有关键词中"文创产业"(含文化创意、文化产业、创意产业等同近义词)在大量文献中出现,其节点显著大于其他关键词,为更清晰展示文化产业细分

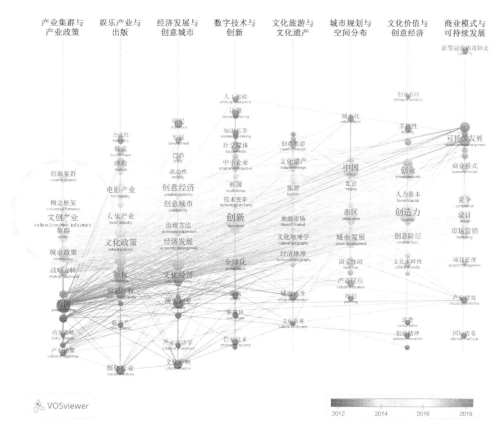

图 7　文化产业领域国际发文关键词共现聚类分布图

领域主题关键词,已隐藏"文创产业"节点,以虚框圆表示。图中 8 个较为明显的细分聚类主要为:第一个聚类围绕产业集群与产业政策展开,该研究主题内容还包括城市经济、城市更新、区域经济、英国等关键词;第二个聚类围绕娱乐产业与出版展开,该研究主题内容还包括文化资本、全球化、艺术、视频游戏等关键词;第三个聚类围绕经济发展与创意城市展开,该研究主题内容还包括经济活动、文化影响、创意阶层等关键词;第四个聚类围绕数字技术与创新展开,该研究主题内容还包括数字版权管理、数字内容、技术发展、数字媒体、可持续发展等关键词;第五个聚类围绕文化旅游与文化遗产展开,该研究主题内容还包括城市文化、创意旅游、价值创造、文化旅游等关键词;第六个聚类围绕城市规划与空间分布展开,该研究主题内容还包括工业区位、城市设计、城市发展、中国等关键词;第七个聚类围绕文化价值与创意经济展开,该研究主题内容还包括文化传统、合作、文化价值、再生、创造性工作等关键词;第八个聚类中出现的最新关键词为新冠疫情,在新冠疫情的影响下,商业模式与可持续发展也成为各国关注的焦点,该研究主题内容还包括竞争、设计、创业方向、文化资源等关键词。

全球各国研究主题的侧重各不相同,英国、美国、加拿大、日本及欧洲各国侧重于产业集群与产业政策研究;新西兰、新加坡、爱尔兰侧重于娱乐产业与出版方面的研究;澳大利亚、荷兰、印度尼西亚、巴西侧重于经济发展与创意城市的研究;韩国、印度则侧重于数字技术与创新方面的研究;南非、土耳其侧重于文化旅游与文化遗产方面的研究;德国侧重于城市规划与空间分布方面的实践研究;中国在产业集群与产业政策、城市规划与空间分布以及文化旅游与文化遗产方向均有较多发文。

从关键词中也可看出,全球文化产业领域发文采用最多的研究方法按发文量依次为聚类分析、空间分析、实证分析、定性分析、问卷调查、理论研究、网络分析、案例研究、比较研究、回归分析、经济分析、话语分析、算法研究等。

(七) 不同时间阶段研究主题内容变化

为更清晰地了解国际文化产业在不同时间阶段发文主题的变化,笔者还就不同时间阶段发表的具有代表性的论文进行了研究和分析。在 1980—1999 年间,国际文化产业领域发文主要集中于文化城市、文化生产、电影业、文化设施、表演艺术业、音乐艺术产业、文化艺术品产业等,此阶段发文被引次数最高的一篇文章题名"Economies of signs and space"[9],被引用频次达 3 327 次,作者 Lash 等认为由于这些文化的创造者(在经济上或称之为文化厂商)需要更多的创意、资讯、动力、弹性、非阶层性的特质,同时又必须更倚赖地方资源和网络体系,任何规模的文化生产者都必须建立在"创新密集"的基础上。另一篇引人关注的文章名为"The cultural industries production system:A case study of employment change in Britain,1984—1991"[10]是有关文化产业就业的地域特征,作者 Pratt 研究结论是英国的文化产业就业主要集中在伦敦和英国东南部地区,总体来看文化产业就业在伦敦和英国东南地区的增长速度要大于英国的整体增速,显示了英国文化产业就业的集中效应。

从 20 世纪 90 年代始,研究人员对创意产业的研究逐渐表现出极大的热情,文化产业重点从艺术的展示延伸到艺术的创造,随之"创意产业"一词自 1994 年在澳大利亚一份题为"创意国家"的报告中首次使用。[11]"创意产业"尽管是一个相对较新的领域,但在各种商业、决策科学、经济学和管理期刊等发表了许多关于创意产业的文章,数据样本中提到"创意产业"一词的文章有近 800 篇,其中最早涉及"创意产业"的文章是 1999 年发表于《International Journal of Cultural Policy》的 "Risky business: The independent production sector in Britain's creative industries"一文[12]，作者 Bilton 指出英国最早出现对创意产业的定义集中在"知识产权"的概念上，根据这个定义，唱片公司、网站设计师、影视制作公司都从事买卖创意和信息的业务。同期发表的"A perspective: The role of identifiers in managing and protecting intellectual property in the digital age"一文[13]，作者 Hill 探讨了来自创意行业的权利持有人如何与技术专家合作，设计创作标志符及其相关元数据，用于管理版权内容，以防止未经授权的复制、标志符的删除，从而控制和限制欺诈性使用。

通过高被引核心文献看，Jamie Peck 于 2005 年发表了"Struggling with the creative class"一文[14]，该论文对当时流行的"创意阶层"和"创意城市"的概念进行了批判，认为创意产业对城市的嫁接不会干扰城市本身的运行方式和正统理念，而且创意产业的流行弱化了现代城市中根深蒂固的政治取向，该文被引达到 1 492 次。另一篇奠基性文献是 Andy C. Pratt 于 2008 年发表在期刊 Geografiska Annaler: Series B Human Geography 上的"Creative Cities: the Cultural Industries and the Creative Class"一文[15]，该论文进一步阐明创意、文化和创意产业之间的关系，并将文化产业作为连接生产、消费、制造和服务的关联因素，以获得更好的文化产业运行效果，该文被引次数达到 388 次。

在创意文化产业的传播过程中，数字技术全方位进入文化领域，使得其传播速度得到了很大程度的提升。2016 年初，李克强总理在《2016 年政府工作报告》中提出"数字创意产业"概念[16]，同年 12 月，国家发改委出台《"十三五"国家战略性新兴产业发展规划》[17]，数字创意产业首次被纳入我国国家战略性新兴产业发展规划。从发文样本中看，20 世纪 90 年代开始"数字技术"与文化相关产业相融合的发文量开始攀升，1997 年"New digital technologies, work practices and cultural production in Ireland"一文，首次研究了爱尔兰媒体在新数字技术带来的机遇中，广播政策的变化、新型文化产业的结构和劳动力，2016 年"数字创意产业"的概念开始出现在研究论文中，与其相关的数字媒体生产、数字艺术、网页/界面/体验设计、应用开发、扩展现实和游戏等文献呈现增长。2021 年 Patrickson B. 最新发表的"What do blockchain technologies imply for digital creative industries?"一文[18]探讨了在 5G、超级计算、传感网、区块链等新技术及经济社会需求的协同驱动下，这些新兴技术可能会以何种方式颠覆数字创意产业。

四、结论与展望

（一）主要结论

国际文化产业的发展从 20 世纪 80 年代兴起，经过 40 年的发展，呈现出蓬勃发展的态势，尤其近十年来国际发文数量逐年攀升，呈现爆发式增长态势。英国、美国、澳大利亚、法国、意大利等国家是文化产业发展较早且具有较大影响力的国家，中国、韩国、印度尼西亚等亚洲国家在近十年中成为全球文化产业领域发展的新生力量，并且呈现出越发强劲的国际影响力。从累计发文数量看，英国稳居全球第一，中国位居全球第二；但从 2018 年开始，中国已多年成为国际发文数量最多的国家。

澳大利亚昆士兰科技大学、英国利兹大学、荷兰阿姆斯特丹大学是文化产业领域国际核心研究机构；而在中国机构中，香港的高校表现较突出；武汉理工大学、北京师范大学、中山大学、南京大学则是中国大陆表现突出的机构。从研究热点来看，产业集群与产业政策、娱乐产业与出版、经济发展与创意城市等是各国研究发展的热点方向。

（二）展望

文化产业具有交叉融合的学科特点，其发展受到全球政治、经济、文化乃至流行性疾病的影响，也与全球各国自身发展中相关政策因素密切相关。国际文化产业的蓬勃发展势不可挡，发展中国家、新兴经济体积极参与到国际文化产业研究与实践中，发挥积极力量的趋势越发明显。

但是从研究中也可发现，国际文化产业研究中新理论、新热点的形成，多数由欧美等国家兴起和引领；中国虽已成为国际文化产业领域发文数量最多的国家，但影响力还有很大提升空间。究其原因，笔者认为主要在于中国在文化产业领域研究起步较晚，研究方法、思想体系还在逐步形成过程中；中国学者虽在文化产业研究领域的国际期刊发表了较多研究成果，但是语言体系、核心观点还未成为国际文化产业领域的主流观点。

从文化产业国际发展趋势出发，笔者建议国内学者应重点关注几个方面问题：第一，国内文化产业研究的高水平成果应及时发表在国际高水平期刊上，关注发表论文数量的同时更应重视发表论文的质量以及国际影响力的传播；第二，国内文化产业研究的方向应从以政策研究为主转向以文化产业应用实践的系统性研究为主，在国家政策的引领下，扎实推进数字文化产业等具有国家重要战略意义的产业发展实践;第三,善于总结和及时挖掘国内文化产业领域的重大实践成果,从文化产业发展的自身规律出发,形成具有中国特色的文化产业发展理论,运用国际文化产业语言体系形成文化产业国际话语权,让中国文化产业成为中国软实力和文化自信的重要象征。

参考文献

[1] 刘心一. 近十年文化产业国外研究进展及相关启示[J]. 贵州师范大学学报(社会科学版),2013,6:149‐153.

[2] 安迪·C. 普拉特. 文化产业:英国与日本就业的跨国比较[M]. 林拓,译. 世界文化产业发展前沿报告. 北京:社会科学文献出版社,2004:21.

[3] 新华社. 国家"十一五"时期文化发展规划纲要[EB/OL]. (2006‐09‐13)[2021‐12‐15]. http://www. gov. cn/jrzg/2006‐09/13/content_388046. htm.

[4] 国家统计局. 关于印发《文化及相关产业分类(2018)》的通知——附件:1. 文化及相关产业分类(2018)[EB/OL]. (2018‐04‐23)[2021‐12‐15]. http://www. stats. gov. cn/tjgz/tzgb/201804/t20180423_1595390. html.

[5] 安宇,田广增,沈山. 国外文化产业:概念界定与产业政策[J]. 世界经济与政治论坛,2004(6):6‐9.

[6] 杜禹含. 景德镇陶瓷文化创意产业园的发展现状与对策[D]. 景德镇:景德镇陶瓷大学,2019.

[7] 李希凤. 国外文化产业发展的基本状况[J]. 消费导刊,2009,12(24):227.

[8] 中共中央关于制定国民经济和社会发展第十四个五年规划和二〇三五年远景目标的建议[EB/OL]. (2020‐11‐03)[2021‐11‐16]. http://www. gov. cn/zhengce/2020‐11/03/content_5556991. htm.

[9] LASH S, URRY J. Economies of signs and space [M]. London: Sage Publications,1994.

[10] PRATT A C. The cultural industries production system: A case study of employment change in Britain, 1984—1991[J]. Environment and Planning A, 1997, 29(11):1953‐1974.

[11] Australia Department of Communications and the Arts. Creative nation: common wealth cultural policy[EB/OL]. (1994‐10‐30)[2021‐11‐16]. https://webarchive. nla. gov. au/awa/20031203235148/http://www. nla. gov. au/creative. nation/contents. html.

[12] BILTON C. Risky business: The independent production sector in britain's creative industries[J]. International Journal of Cultural Policy,1999,6(1):17‐39.

[13] HILL K. A perspective：The role of identifiers in managing and protecting intellectual property in the digital age[J]. Proceedings of the IEEE，1999，87(7)：1228－1238.

[14] PECK J. Struggling with the creative class[J]. International Journal of Urban and Regional Research，2005，29(4)：740－770.

[15] PRATT A C. Creative cities：The cultural industries and the creative class[J]. Geografiska Annaler：Series B Human Geography，2008，90(2)：107－117.

[16] 李克强. 政府工作报告(全文)[EB/OL]. (2016－03－17)[2021－11－16]. http://www.gov.cn/guowuyuan/2016－03/17/content_5054901.htm.

[17] 国务院. 国务院关于印发"十三五"国家战略性新兴产业发展规划的通知[EB/OL]. (2016－12－19)[2021－11－16]. http://www.gov.cn/zhengce/content/2016－12/19/content_5150090.htm.

[18] PATRICKSON B. What do blockchain technologies imply for digital creative industries？[J]. Creativity and Innovation Management，2021，30(3)：585－595.

作者简介

姚　远(1988—　)，江苏无锡人，中国科学院上海生命科学信息中心馆员。研究方向为古籍数字化整理研究、学科情报咨询。

周成效(1978—　)，上海人，中国科学院上海生命科学信息中心副研究馆员。研究方向为学科情报咨询。

沈东婧(1979—　)，上海人，中国科学院上海生命科学信息中心研究馆员。研究方向为学科情报咨询、数字资源建设、古籍整理研究等。

Literature Analysis on International Cultural Industry Research Based on Research Output from Scopus

Yao Yuan   Zhou Chengxiao   Shen Dongjing

Abstract：The paper bases its big data analysis on international publications in the field of cultural industry research and presents visualized knowledge maps from the perspective of literature analysis. The research progress, hotspots, future topics and trends are analyzed from dimensions of the publication year, country, institution, subject, citation, international cooperation and content. As the results suggest, international cultural industry research began in the 1980s and has boomed in the past decade. The United Kingdom, the United States, Australia, France, and Italy are leaders in the cultural industry and enjoy greater influence. China, South Korea and Indonesia have emerged as new forces in this area over the last decade. In terms of the cumulative number of publications, the UK maintains its first place in the world, followed by China; China has been the largest contributor of world publications since 2018, but its influence remains to grow. The paper suggests that Chinese academics should focus more on improving the quality of publications and expanding international influence. Domestic research should shift away from policy research towards systematic research of application practice. Efforts should be made to summarize and explore significant practical achievements in the domestic cultural industry in time, with the purpose of developing cultural industry theories with Chinese characteristics and make China's cultural industry a symbol of its soft power and cultural confidence.

Key words：cultural industry; literature analysis; visualized knowledge map

文化消费

Z世代国潮品牌消费的文化认同研究

张海燕　鲁超楠

摘　要:作为国潮品牌的主要消费群体,Z世代有着全新的生活态度和消费理念。对于Z世代而言,消费不仅是物质精神需求的满足,更意味着个性表达和价值主张的实现,对国潮商品的选择即是对文化价值和文化意义的选择,其实质则是身份识别与社会认同的实现过程。因此,Z世代国潮消费过程天然地伴随着品牌消费与文化认同的相互作用以及文化认同的生产与再生产。研究发现,无论是从文化符号、文化身份以及文化价值的角度来看,还是从Z世代群体对国潮品牌认知、情感倾向和行为偏好的综合测量来看,Z世代群体都表现出了对国潮品牌和国潮文化的认同。Z世代群体国潮文化认同的建构需要从多个维度出发,以丰富国潮文化符号为前提,以建构国潮文化身份为动力,以重塑国潮文化价值和意义为根本,以凝练新国潮文化理念为内核,环环相扣,逐层推进。

关键词:Z世代;国潮品牌;符号消费;文化认同

一、引言

民族品牌的振兴是提升国家文化软实力的重要手段,而国潮品牌的兴起则被视为国民文化自信的重要标志。2018年,运动品牌李宁在纽约时装周上以"悟道"为主题的大秀,正式将"国潮"一词带入大众视野,自此国潮成风。从天猫的"国潮行动",到人民日报的"有间国潮馆",再到由国家工业和信息化部联合中国工艺美术产业创新发展联盟等多家单位共同发起的"国潮创新生活设计大赛",国潮运动可谓是一路高歌猛进,势不可挡。有关研究数据显示,从2009—2019年,中国品牌关注度从38%提升至70%。[①] 在市场资本、社会需求和相关政策等的协同助推和

---

① 数据来源:人民网研究院,百度·百度国潮骄傲大数据[EB/OL].(2019-09-24)http://baijiahao.baidu.com/s? id=1645445245212899211&wfr=spiden&fm=pc.

相互加持下,国潮运动成为承载民族品牌振兴和传统文化创新重任的时代风向标。

Z 世代是指在 1995—2009 年出生的伴随着互联网、智能手机、即时通信等科技产物长大的一代。根据国家统计局的数据计算,我国 1995—2009 年出生的人口(Z 世代)总数约为 2.6 亿,约占 2018 年总人口的 19%。[①] Z 世代有着全新的生活态度与消费理念,他们热衷自我表达,追求身份认同和社会认同,因此更加注重商品与服务的文化符号价值及非物质功能。国潮品牌的时尚性、艺术性与实用性和 Z 世代的物质精神需求以及心理情感倾向度不谋而合,因此 Z 世代也就顺理成章地成为国潮品牌的消费终端动力。随着媒介技术对当代社会的不断渗透,对当下生活的不断介入,我们已然进入德波所描述的景观社会,而我们的消费内容也由单纯的物质消费向符号消费转变,文化与符号已经成为当代商品附加值的重要来源。在此社会背景下商品与服务的消费不再是简单地满足人们的物质需求,同时也在进行着更为复杂和隐秘的文化价值的生产与意义的流通。

Z 世代作为国潮品牌的主要消费群体,他们有着全新的消费理念和生活态度,注重商品与服务的品牌调性与文化符号功能,热衷自我表达,追求身份认同和社会认同。对于 Z 世代而言,消费更意味着个性表达和价值主张的实现,对国潮商品的选择即是对文化价值和文化意义的选择,其实质则是身份识别与社会认同的实现过程。因此,Z 世代国潮消费过程天然地伴随着品牌消费与文化认同的相互作用以及文化认同的生产与再生产。Z 世代在国潮品牌消费中所呈现出的行为特征与文化认同是促进国潮品牌可持续发展所需考量的重要维度,探究 Z 世代在国潮品牌消费过程中的文化认同生成与作用机制有助于合理引导 Z 世代群体形成健康向上的文化消费观,助推民族品牌和本土文化的振兴与繁荣,进而实现中华传统文化的创造性转化与创新性发展,进而提升全体国民的文化自觉和文化自信。这是本研究的意义与价值所在。

二、文献回顾

(一)关于国潮品牌的相关研究

广义的国潮是对中华优秀传统文化产生广泛认同的当代社会风尚(肖潇、赵铁伦,2020),也是由持久、开放的文化群体所引导的,与年轻人的生活方式紧密结合的大众文化(金文恺,2020)。狭义的国潮最初指特定的品牌,即由中国本土设计师

---

① 数据来源:企鹅智库发布的《Z 世代消费力白皮书》(2019)。

创立的潮流品牌,是具有鲜明特色的小众文化代表(清华大学文化创意发展研究院,2019);也有学者认为,国潮是指中国本土品牌及带有中国特色的产品所引领的时代消费潮流(李红岩、杜超凡,2019)。由此可见,无论是广义的国潮概念还是狭义的国潮概念,都包括了中国传统文化、当代生活美学以及广泛的市场接受度三重内涵。因此我们认为,国潮品牌就是以民族品牌为依托、以当代日常生活的审美需求为导向、以中国特色文化符号为生产要素、以广泛的市场认可度与接受度为目标,并且其旗下商品能够在消费过程中实现价值与意义的双重流通的文化创意品牌。国潮品牌的兴起是中国制造升级,国人消费能力提高,文化自信提升,政府、媒体、企业共同行动的表现,也是社会发展需求与产业资本流动共同作用的结果(姚林青,2019)。国潮商品具有经济效益与社会效益的双重效用,国潮商品的兴起不仅折射出供给侧的新气象,点燃了消费的新需求(胡宇齐,2019),更是当代青年的文化认同与个性表达。普通品牌转型为国潮品牌可以丰富品牌的文化意义,在促进市场拓展与流量变现的过程中进一步提升品牌价值(胡蔚,2019)。

(二) 关于 Z 世代的研究

随着 Z 世代逐渐走上社会舞台,越来越多的研究者将其作为关注对象。有关 Z 世代的研究最早出现在 2000 年左右,目前有关 Z 世代的行为特征研究是学界关注的重心。Z 世代作为伴随着互联网和智能手机成长起来的一代,与之前的千禧一代相比,呈现出许多不同的特征,他们是网生代,生活环境更加富裕,更加注重灵活性,更加追求自我感受的满足(张颐武,2020);他们是网络的原住民,习惯于通过网络展示自我,具有更加多元的价值观;他们兴趣丰富,痴迷社交,爱好游戏,酷爱音乐,喜欢线上学习,也逐渐成为养生爱好者;他们创造潮流,盲盒,虚拟偶像,手帐,他们让这些新生事物成为时代的潮流。在消费中,他们既注重体验和数据,也偏重兴趣社群,更用实际行动践行着"颜值即正义",他们从自我的角度出发,在消费中社交,也在消费中建构自我认同。Z 世代具有人以群分的社交取向和个性鲜明的参与意识(高菲,2020),为兴趣付费的 Z 世代不再具有明显的品牌忠诚度。在工作中,他们更加倾向于将生活与工作融为一体,在工作中获得满足感的同时,也将工作视为生活的一部分。总之,Z 世代是伴随网络发展成长的一代,他们在多重文化价值交融的背景下建构起自我价值观与自我认同,在接受多元文化的过程中也建构出多重亚文化形态。

(三) 文化认同的研究

从文化认同的概念来看,目前学术界关于文化认同概念的界定并不统一,但基本内涵存在一致性,主要体现为主体与文化统一性的确认以及主体与主体身份确认两个方面(张全峰,2018)。从主体与文化统一性确认的角度来看,文化认同是文化主体进行的文化选择。文化认同是一种关于文化的意识,是文化主体对于特定文化观念的认可以及对于特定文化的情感归属。从主体身份确认的角度来看,斯图亚特·霍尔(2000)提出,"文化身份"是"一种共有的文化",集体的"一个真正的自我",是共同历史经验和共有文化符号的反映,提供了变幻的历史经验之下稳定不变和具有连续性的意义框架。由于文化认同定义的广延性以及文化内容的繁杂性,目前并未形成较为成熟的文化认同测量指标体系,但已有研究者从民族文化认同测量、组织文化认同测量、单一类别文化认同测量等方面进行了初步探索。与文化认同的内容与层次类似,文化认同的测量大致涉及认知、情感与行为等维度,在这种较大的维度下可以细分为不同的测量指标。有关民族文化认同的测量发展相对较为成熟,目前已经存在的量表包括 SL-ASIA 量表(Suinn et al,1987)、MEIM量表(Phinney,1992)、EIS 量表(Umaña-Taylor,2004)、MEIM-R 量表(Phinney and Ong,2007),涉及的测量维度包括 exploration、commitment、resolution、affirmation 等,对民族文化认同的测评结构包括对文化符号认同、文化身份认同、文化价值认同等(王沛、胡发稳,2011)的测量。对非遗产品文化认同的测量包括文化自尊、情感承诺、群体归属、产品认知等维度(黄益军、吕庆华,2017);对中医药文化认同的测量包括中医药文化认同认知维度、情感维度以及行为维度(潘小毅等,2019)。综上所述,对于文化认同的测量大多处于认知、情感、行为的结构框架下,测量维度涉及文化符号、文化价值、文化身份等,这为本研究的文化认同量表编制提供了参考借鉴。

三、研究假设、数据来源与变量测量

(一)研究假设

Z 世代群体在国潮品牌消费中形成了文化认同,该文化认同具体包括文化符号认同、文化身份认同、文化价值认同以及综合观念认同四个层次,而且四个层次之间存在相互作用和互相影响关系。

(二)数据来源

本研究所用数据来源于网络问卷调查,调查时间为 2021 年 1 月 9 日—2021年 1 月 28 日,面向的对象为 Z 世代群体,即出生于 1995 年(包含)之后、2009(包含)年之前的青少年群体。本研究共计收回问卷 502 份,其中有效问卷 479 份,无效问卷 23 份,问卷有效回收率为 95.42%,使用 SPSS26 统计工具进行了数据分析。

(三)变量测量

本研究将 Z 世代在国潮消费中形成的文化认同分为文化符号认同、文化身份认同、文化价值认同以及综合观念认同四个内容层次,在认知、情感以及行为的结构性框架下设计了 62 个问题变量,以便对 Z 世代在国潮品牌消费中所形成的文化认同的不同内容层次进行测量。

四、Z 世代国潮品牌消费中文化认同内容层次分析

(一)文化符号认同分析

从 Z 世代群体对国潮品牌中的文化符号设计风格认知的角度来看,54.7% 的人认为国潮品牌中的文化符号属于传统设计,是对传统文化符号的利用;59.71% 的人认为国潮品牌中的文化符号属于现代设计风格,是现代社会文化潮流的体现;68.48% 的人认为国潮品牌中的文化符号属于传统与现代设计的融合,是传统文化符号对现代文化潮流的再适应。与此相对应,从情感偏好的角度来看,更能获得 Z 世代群体认可的也是传统与现代相融合的设计风格,约占总体比例的 67.01%,偏爱另外两种设计风格的占比略低,分别为 51.77% 与 49.48%。同时,在购买行为倾向中,Z 世代群体也表现出了相同的偏好,即更加偏爱传统与现代设计相融合的设计风格(占比为 67.43%),其次是现代设计风格(占比为 53.24%),传统设计风格受欢迎程度最低(占比为 47.81%)。对传统与现代设计相融合的选择意味着 Z 世代群体已经意识到国潮品牌中的文化符号不是简单地对传统文化符号进行模仿与复制,而是传统文化要素与现代社会情境交互的产物。

从国潮品牌文化符号的意义认知情况来看,仅有 10.23% 的样本表示十分了解国潮品牌文化符号的意义;36.53% 的人表示比较了解;27.35% 的人表示不确定;18.58% 的人表示比较不了解;7.31% 的人表示十分不了解国潮品牌文化符号的意义。从情感偏好的角度来看,不同于在认知中所表现出的不确定性,Z 世代群体高度认可国潮品牌文化符号的意义。有 418 人表达了对于国潮品牌文化符号意义的喜欢,约占总体比例的 87.27%,仅有 61 人认为自己不喜欢国潮品牌文化符号背后的意义,约占总体比例的 12.73%。从行为偏好的角度来看,77.24% 的人表示他们愿意主动了解国潮品牌文化符号的意义;76.41% 的人表示他们愿意主动传播国潮品牌文化符号的意义。从国潮品牌文化符号的意义了解途径来看,各个

途径之间并没有呈现出明显的差异。依据选择人数,由高至低对其进行排序为观看广告(51.57%)、购买商品(45.93%)、观看讲解(44.47%)、自主理解(41.54%)以及朋友介绍(26.3%)。从情感偏好的角度来看,在上述各个途径之中,Z 世代群体更加偏向购买商品(50.52%)、观看讲解(48.23%)以及观看广告(47.39%)三种,偏爱自主理解或是朋友介绍的则较少,分别占总体比例的 37.37% 和 22.55%。

调查数据表明,最容易被 Z 世代群体识别与认可的是来源于传统古典神话、传统新生设计以及汉字情怀表达领域的文化符号;由于国民童年记忆符号要素较难提取、地域文化要素辐射范围较小、经典潮牌知名度不高等原因,这些国潮品牌文化符号在 Z 世代群体中的认知程度略低于前三种;虽然 Z 世代群体对于国民童年记忆类文化符号的认知度与喜爱度都并不突出,却对此类的国潮商品表现出了较强的购买意愿。Z 世代群体对于国潮品牌文化符号所传达的意义的认知不够清晰准确,并不是所有的国潮品牌文化符号意义都能获得 Z 世代群体的共鸣。尽管如此,国潮品牌文化符号的意义也已经在 Z 世代群体中形成了一定的影响力,Z 世代群体对于国潮品牌文化符号的意义十分感兴趣,是国潮品牌文化符号的潜在受众,更是国潮品牌商品的潜在购买者,对国潮品牌文化符号及其意义有着较强程度的认同。Z 世代群体通过购买商品、观看讲解这两种途径了解国潮品牌文化符号意义的意愿的占比高于其实际选择的途径,因此,国潮品牌应该在国潮商品的可及性以及相关意义讲解方面进一步深入,从而提升 Z 世代群体对于国潮品牌文化符号意义的认知程度与认同水平。

(二)文化身份认同分析

国潮品牌消费并不是简单意义上的物质消费,而是一种伴随着意义生产以及意义解码的符号消费过程,因而也是文化身份建构与强化的过程。本研究从认知、情感以及行为的维度出发,考量 Z 世代在国潮品牌消费过程中是否形成了文化身份认同。在文化身份认知维度,共包含"我具有多种文化身份""购买国潮商品是建构自我身份的一种方式""我是国潮品牌的忠实消费者""我既是国潮品牌的消费者也是国潮品牌的创造者""国潮品牌消费者的身份对我很重要"五个测量题项,各题的平均分值分别为 3.65(±0.982)、3.56(±0.996)、3.45(±1.058)、3.37(±0.999)以及 3.44(±1.055),这表明 Z 世代群体对有关国潮品牌消费文化身份认知处于中等偏上的水平,整体上可以认识到自身与国潮相关的文化身份。与文化身份认知相对应,在文化身份情感维度,共包含"我认可我的多种文化身份""通过购买国潮商品建构自我身份可以使我感到自豪""作为国潮品牌的忠实消费者使我感到自豪"

等题项,各题的平均分值分别为 3.73(±0.927)、3.50(±0.976)、3.54(±0.971)、3.55(±1.021)、3.58(±1.005),即与国潮相关的文化身份认同在整体上可以为 Z 世代带来正向的情感体验。在文化身份行为维度,共包含"我愿意拥有多重文化身份""我愿意通过购买国潮商品来建构自己的文化身份"等题项,各题的平均分值分别为 3.75(±0.923)、3.56(±0.940)、3.62(±1.003)、3.61(±0.928)、3.61(±0.955),各题项的平均分均略高于文化身份认知、文化身份情感的平均得分,即 Z 世代群体愿意通过实际行动来建构与国潮相关的文化身份。总体来看,Z 世代群体在文化身份认同维度的总平均分为 53.52(±11.54),处于中等(45)偏上水平,整体上认同自身与国潮相关的文化身份。

调查数据显示,Z 世代群体基本上认同自己是"国潮品牌消费者"这一称谓,并且愿意通过消费行为去践行这一身份;与此同时,他们对于自身是"国潮品牌创造者"这一称谓的认同程度较低,但愿意通过与国潮品牌互动等形式去建构国潮文化身份。这一结果包含双重含义:一是 Z 世代群体对于自身文化身份的敏感度较高,能够准确认识自身文化身份,并通过行为去践行;二是 Z 世代群体对于自身文化身份的包容性很强,乐意接受自己具有多重文化身份,并且愿意去建构新的文化身份。

(三) 文化价值认同分析

文化价值是一种文化现象或是文化内容的关键所在,对文化价值的认同也是对某种文化现象或是文化内容认同的核心维度。本研究将国潮品牌的文化价值细化为"促进民族品牌复兴与转型升级""促进多元群体间的包容与创新""促进传统文化创新表达"等测量指标进行统计分析。在文化价值认知维度,从"我认为国潮品牌的发展可以促进民族品牌的复兴与转型升级"等角度,依次对上述指标进行测量,各题项所得平均分分别为 3.85(±0.906)、3.82(±0.860)、3.85(±0.843)、3.80(±0.883)、3.78(±0.877)、3.78(±0.902)、3.80(±0.844)、3.83(±0.888)。上述数据表明,整体上 Z 世代比较认同上述国潮文化发展的价值。在文化价值情感维度,通过"国潮品牌发展可以促进传统文化的保护与传承的说法可以增强我对传统文化复兴的信心""国潮品牌的发展可以更好地满足国人精神需求的说法可以增强我对现代文化建设的信心"以及"国潮品牌的发展可以促进民族品牌的复兴与转型升级的说法可以增强我的民族自豪感"等题项进行测量。各题项的平均得分分别为 3.79(±0.924)、3.76(±0.910)、3.80(±0.876)、3.77(±0.880)、3.81(±0.906)、3.80(±0.883)、3.85(±0.861)、3.81(±0.882),均处于中等偏上水平,即在情感维度,上述文化价值可以为 Z 世代群体带来正向的情感体验,Z 世代整体上认同上述国潮品牌发展过程中的文化价值。在文化价值行为维度,共包含"我愿意通过购买国潮商品来促进民族品牌的复兴与转型升级""我愿意通过与国潮品牌的互动来促进传统文化的创新表达"以及"我愿意通过传播国潮商品的文化意义来促进多元群体间的包容与创新"等题项,各题项的测量平均得分分别为 3.75(±0.910)、3.81(±0.910)、3.75(±0.828)、3.80(±0.831)、3.85(±0.928)、3.78(±0.907)、3.81(±0.855)、3.79(±0.883)。上述数据说明,Z 世代整体上愿意通过购买国潮商品、与国潮品牌进行互动以及传播国潮商品文化意义等方式来促进上述文化价值的实现。综合认知、情感以及行为来看,Z 世代群体在文化价值维度的平均得分为 91.26(±16.920),处于中等(72 分)偏上水平,因此可以认为整体上 Z 世代对上述文化价值持认同态度。

调查数据表明,具有国潮商品购买经验的 Z 世代群体对于国潮文化的认同程度更强,这就意味着国潮品牌消费的价值从一定程度上来说可以促进国潮文化认同的产生。国潮品牌消费最显著的特征之一就是通过国潮文化符号赋予国潮商品以文化意义,使得原本仅具有物质功能的商品同时也能满足人们的文化精神需求,如此,国潮品牌消费天然地就是符号消费。在符号消费的话语体系中,当商品被消费时,它们不再是生产意义上的商品,而是一系列可以进行内部交换的符号系统,指向的是人的价值需求与情感满足以及意义世界的建构。这就意味着,国潮品牌的消费过程,也是意义和快感的流通过程,对于国潮商品的选择即是对文化意义的选择。在消费过程中,选择某一种文化意义的前提是对于这一意义的认可,对于为兴趣付费的 Z 世代而言,更是如此。因此,国潮品牌的消费过程与 Z 世代国潮文化价值和意义是一种双向建构的过程。

(四)综合观念认同分析

"国潮"作为一个新兴汉语词汇,至今仍未形成较为明确的概念定义。对现有定义进行归纳总结,本研究通过"国潮指中国本土品牌及带有中国特色的产品所引领的时代消费潮流"等题项来测量 Z 世代群体对国潮概念的认知情况。上述各题项的平均得分分别为 3.80(±0.929)、3.80(±0.905)、3.85(±0.876)、3.87(±0.886)、3.86(±0.895)、3.82(±0.885),即对于上述概念 Z 世代均持认同态度,但认同程度有强弱。在 Z 世代看来,国潮更多的是一种商业现象,而非一种文化现象,是一种以传统文化为主题的商品崛起的品牌现象,而非一种被广泛实践的消费潮流。在对待国潮品牌商品的情感的维度,共包含"我喜欢以国潮为主题的商品"等六个题项,各个题项的平均得分分别为 3.75(±0.884)、3.70(±0.922)、3.70(±0.963)、

3.77（±0.874）、3.26（±1.249）、3.56（±1.273）。数据表明，Z世代群体对于国潮品牌总体上持有正向的情感态度，相比于普通商品，他们愿意购买国潮商品，也愿意尝试购买未曾购买过的国潮商品，更加认可由国潮品牌发展带来的正向效果。汇总来看，Z世代群体在综合观念认同维度的平均得分为44.74（±7.354），处于中等（36）偏上水平，即对于与国潮品牌相关的观念，Z世代在整体上持认同态度。

综合上述分析可知，Z世代群体在国潮品牌的消费过程中形成了对国潮文化的认同，具体表现为对国潮文化符号、文化身份、文化价值以及综合观念的认同。从国潮文化符号认同的维度来看，Z世代群体更加偏爱传统与现代相融合的设计风格，更喜欢传统古典神话类、传统新生设计类以及汉字情怀表达类的文化符号；也十分愿意主动去了解与传播国潮文化符号的意义；从国潮文化身份认同的维度来看，Z世代愿意通过购买国潮商品来建构自己的文化身份，也愿意不断强化自身与国潮相关的文化身份；从国潮文化价值认同的维度来看，Z世代群体认可国潮品牌发展的文化价值，并且相信消费国潮商品可以增强其对传统文化复兴的信心，也能增强其民族自豪感；从国潮综合观念认同的维度来看，Z世代目前更偏向于认为国潮品牌的兴起是建立在传统文化资源基础之上的品牌现象，与此同时，他们并不认为国潮商品的发展是对传统文化的破坏，他们相信国潮品牌的发展可以促进传统文化的保护与传承。

五、Z世代国潮品牌消费中文化认同内容层次的内在关系分析

上文明确了Z世代在国潮品牌消费中所形成的文化认同的四个内容层次，此部分接着分析这些内容层次之间的内在逻辑关系，即这些内容层次间是怎样相互作用、相互影响的。

（一）文化认同层次间相关分析

对本研究问卷所涉及的问题进行因子分析，在文化符号认同、文化身份认同以及综合观念认同维度均分别只提取出一个因子，在文化价值认同角度提取出文化现实价值认同以及潜在价值认同两个因子。分析各个因子之间的相关关系，数据表明，Z世代国潮文化认同的不同层次间均存在较为显著的正向相关的关系。其中，文化价值认同（包括现实价值及潜在价值）、文化身份认同以及综合观念认同两两之间的相关系数均较高，文化符号认同与其他认同层次之间的相关系数则较小，分别为0.096、0.125、0.127以及0.164，相关程度较弱。这意味着，Z世代群体在国潮品牌消费过程中所形成的文化价值认同、文化身份认同以及综合观念认同之

间具有密切的相互影响、相互形塑的关系,文化符号认同亦与上述三者相关,但彼此的相互影响较弱。

表 1　文化认同层次间相关分析

变量		文化符号认同	文化身份认同	文化价值认同		综合观念认同
				现实价值	潜在价值	
文化符号认同			0.096**	0.125**	0.127**	0.164**
文化身份认同		0.096*		0.655**	0.635**	0.727**
文化价值认同	现实价值	0.125**	0.655**		0.500**	0.707**
	潜在价值	0.127**	0.635**	0.500**		0.780**
综合观念认同		0.164**	0.727**	0.707**	0.780**	

注:" * "" ** "分别表示在 0.05 和 0.01 级别(双尾),相关性显著。

(二)文化认同层次间回归分析

在明确各个文化认同层次之间存在相关关系之后,通过建立多元线性回归方程的形式,本研究对 Z 世代在国潮消费过程中形成的文化认同层次之间的关系进行了进一步的探索。

在表 2 中,共包含了 3 个多元线性回归方程模型,以系统地检验文化身份认同以及文化价值认同对综合观念认同的影响。模型 1 分析了 Z 世代群体在国潮消费过程中所形成的文化身份认同对其在此过程中形成的综合观念认同的影响。根据相关系数来看,两者之间存在明显的正相关关系,此模型中,F 值为 464.666($p <$ 0.01),意味着对国潮文化身份的认同程度会显著影响其对综合观念的认同,R^2 为 0.493,表明对文化身份的认同程度可以解释因变量 49.3% 的方差。模型 2 引入了文化潜在价值认同这一变量,分析了文化身份认同以及文化潜在价值认同是否会对综合观念认同产生影响。结果表明,综合观念认同与文化身份认同以及文化潜在价值认同之间均存在正相关关系,两者可以解释综合观念认同 64.1% 的方差,与模型 1 相比,对于方差的解释力增加了 14.8%,这可以视为"文化的潜在价值认同"这一要素对模型所增加的影响力。模型 3 综合分析了上述三者对于综合观念认同的影响,结果表明,上述三者与综合观念认同之间呈现正相关关系,F 值为 542.073($p <$ 0.01),虚拟假设被否定,R^2 为 0.774,即三者共同作用可以解释综合观念认同 77.4% 的方差。与模型 2 相比,模型 3 对于因变量方差的解释力增强了 13.3%,这可以解释为文化现实价值认同对模型所增加的影响力。综上所述可

知,Z世代对于文化身份及文化价值的认同均会影响其对综合观念的认同,三者共同作用可以解释综合观念认同77.4%的方差。

表2 预测综合观念认同的线性回归模型及结果

变量	模型1	模型2	模型3
文化身份认同	0.702** (0.33)	0.459** (0.32)	0.117** (0.33)
文化价值认同(潜在价值)		0.455** (0.32)	0.638** (0.28)
文化价值认同(现实价值)			0.465** (0.28)
F	464.666**	425.872**	542.073**
R^2	0.493	0.641	0.774

注:显著度"*"表示$p<0.05$,"**"表示$p<0.01$,括号里为标准误差。

六、总结与讨论

国潮文化符号是国潮文化的载体,也是Z世代群体得以接触、了解、认同国潮文化的第一道门槛,因此强化Z世代群体的国潮文化认同需要以丰富的国潮文化符号为前提。国潮文化只有以国潮文化符号的形式展现出来,Z世代群体才有可能去深入了解其内在含义,建构认同。国潮文化作为传统文化对现代社会再适应的一种形式,现代社会对传统文化继承与发展的一种结果,具有十分丰富的内涵,与之对应的是纷繁复杂的文化符号,即国潮文化生而庞杂,天生包含形式多样的文化符号。目前Z世代所接触到的国潮文化符号,无论是在类别还是在形式上都仍存在较大的发展空间,强化或是引导Z世代群体的国潮文化认同建构,需要进一步丰富国潮文化符号的类别与形式,不仅需要拓展国潮文化符号的发展领域,承载不同的文化内容,还需要丰富国潮文化符号的呈现形式,提升国潮文化符号的质量,以进一步扩大国潮文化符号在Z世代群体中的影响力,促进Z世代国潮文化认同的建构。对于Z世代群体而言,国潮品牌消费过程既是文化认同建构过程,也是张扬个性、区分自我与他者的过程。认识自我、建构自我的独特身份是国潮品牌消费的内在动力。在当前消费社会的背景下,"我买什么"与"我是谁"之间具有难以分割的紧密联系,所以Z世代群体国潮文化认同的建构与引导需要以建构国潮文化身份为动力。另外,除国潮文化忠实消费者、国潮文化创造者的身份之外,可供Z世代群体选择的文化身份还有国潮文化爱好者、国潮文化传播者等。上述文化身份均与Z世代群体国潮文化认同的建构过程相伴相生,国潮文化爱好者是国潮文化意义解读的重要来源,国潮文化传播者是国潮文化影响力得以扩大的重要助力,这些身份均会对 Z 世代群体国潮文化认同的建构产生重要影响。

国潮品牌的兴起与流行是中国经济发展的显性特征,国潮文化的生产与消费是中国社会发展的必然趋势,两者互为表里,成为满足当代年轻群体物质与精神需求的重要途径。"国潮"意味着,中国传统文化要素在当代年轻社会群体中被重新接受与认可,形成了一种"爱国风、用国风、传国风"的潮流。随着 Z 世代群体逐渐成为国潮消费的主力,越来越多的民族品牌将传统文化要素经过再次生产加工,转换为品牌文化内涵,从而促进民族企业的提质增效和转型升级,实现品牌增值的同时也使得国潮消费成为一种社会风尚和文化现象。Z 世代群体在国潮品牌消费过程中,不仅回答了我认可何种文化内容及形式的问题,同时也回答了我是谁与我不是谁的问题。对我是谁的界定反过来又是 Z 世代群体选择购买何种国潮文化商品的过程,因此国潮文化身份的建构既是 Z 世代群体表达个性的外在形式,也是其建构国潮文化认同的内在动力。这种内在动力外化为表现形式即是 Z 世代群体对于国潮品牌商品的选择,也正是在这种选择过程中,Z 世代群体完成了对国潮文化价值和意义的重塑以及对新国潮文化理念的认知和体悟。

参考文献

[1] 肖潇,赵轶伦. 国潮盛世 国韵潇湘——2020 年湖南卫视春节联欢晚会的国风情境营构[J]. 当代电视,2020(3):56 - 58.

[2] 金文恺."国潮"视域下主流话语传播语态的变革[J]. 传媒观察,2020(4):56 - 62.

[3] 清华大学文化创意发展研究院. 国潮研究报告[R]. 北京,2019(11):1.

[4] 李红岩,杜超凡."国潮"传播视域下的民族文化推广——基于对统万城文化的考量[J]. 社会科学家,2019(6):137 - 144.

[5] 姚林青."国潮"热何以形成[J]. 人民论坛,2019(35):132 - 134.

[6] 胡宇齐."国潮"点燃消费新需求[N]. 中国消费者报,2019 - 06 - 07(004).

[7] 胡蔚."国潮"涌动彰显文化自信[N]. 中国旅游报,2019 - 11 - 20(003).

[8] 张颐武."Z 世代"的冲击力[N]. 北京日报,2020 - 06 - 29(010).

[9] 高菲. Z 世代的短视频消费特征分析[J]. 新闻爱好者,2020(5):40 - 42.

[10] 王沛,胡发稳. 民族文化认同:内涵与结构[J]. 上海师范大学学报(哲学社会科学版),2011(1):101 - 107.

[11] 张全峰. 唯物史观视域中的文化认同研究[D]. 北京:中共中央党校博士学位论

文,2018.

[12] 斯图亚特·霍尔. 文化身份与族裔散居//文化研究读本[M]. 罗刚,刘象愚,译. 北京:中国社会科学出版社,2000.

[13] SUINN R M, RICKARD-FIGUEROA K, LEW S, et al. The suinn-lew Asian self-identity acculturation scale:An initial report[J]. Educ Psy-chol Measurement,1987,47(2):401.

[14] PHINNEY J. The multigroup ethnic identity measure:A new scale for use with diverse groups[J]. J Adoles Res,1992,7(4):156.

[15] UMAÑA-TAYLOR A J, YAZEDJIAN A, BÁMACA-GÓMEZ M. Developing the ethnic identity scale using Eriksonian and social identity perspectives[J]. Identity,2004,4(1):9.

[16] PHINNEY J S, ONG A D. Conceptualization and measurement of ethnic identity:Current status and future directions[J]. J Counseling Psychol,2007,54(3):271.

[17] 黄益军,吕庆华. "非遗"产品文化认同的内涵、维度及影响因素——基于 NVIVO 的质性分析[J]. 太原理工大学学报(社会科学报),2017(3):38-44.

[18] 潘小毅,官翠玲,陈建华,等. 中医药文化认同量表的设计与开发[J]. 时珍国医国药,2019,30(4):1015-1019.

作者简介

张海燕(1974—),山东临沂人,西南大学国家治理学院教授,重庆文化产业(西南大学)研究院执行院长,西南大学公共文化研究中心研究员。研究方向为文化艺术理论与文化产业管理。

鲁超楠(1995—),河南濮阳人,西南大学国家治理学院硕士研究生,重庆文化产业(西南大学)研究院兼职研究员。研究方向为文化产业创意管理与乡村文化治理。

On the Cultural Identity of Guochao Brands Consumption in Gen Z

Zhang Haiyan   Lu Chaonan

Abstract: As the major consumption force of Guochao brands, Generation Z (aka Gen Z) has redefined life attitudes and consumption concepts. Gen Z views consumption as a means to attain material and spiritual satisfaction and realize individual expression and value proposition. Consumption of Guochao commodities is a choice of cultural values and cultural meanings, and, in essence, the realization of identity recognition and social identity. Therefore, the interplay between brand consumption and cultural identity, as well as the production and reproduction of cultural identity, is a natural part of Gen Z's consumption. The study found that Gen Z has a positive response to Guochao brands and cultures, whether in terms of cultural symbols, cultural identity and cultural value, or in the comprehensive measurement of Gen Z's cognition, emotional tendency and behavioral preference to Guochao brands. Gen Zers should build their Guochao cultural identity in multiple dimensions with the premise of enriching Guochao's cultural symbols. Motivated by such a goal, they shall make it their basic mission to reshape Guochao cultural value and significance. Based on the core of refining the concepts of new Guochao cultures, this mission will be accomplished gradually.

Key words: Generation Z; Guochaobrands; symbolic consumption; cultural identity

移动支付促进我国居民文化旅游消费机制研究*

——基于 CFPS 的实证分析

王 冉 陈 璐 李 妍

摘 要:"国内大循环"对于发展数字经济提出了更多期待,互联网发展改变了传统金融模式,数字金融正快速融入经济社会各领域的发展,成为一股重要的发展力量,其对居民文化和旅游消费的影响已经显现。本文基于中国家庭社会调查数据库(CFPS 2018)的微观调研数据,构建中介效应模型,实证分析了移动支付的使用对我国居民家庭文化和旅游消费水平的影响及机制。研究发现:① 使用移动支付能够显著提高我国居民家庭的文化和旅游消费水平,采用工具变量法解决内生性问题后得到的结果依然稳健。② 机制分析发现,移动支付主要通过提高居民家庭收入和降低不稳定预期来促进文化和旅游消费,家庭收入的中介效应明显。③ 异质性分析发现,移动支付显著促进有移动上网习惯的居民的文化旅游消费,对无移动上网习惯的居民的文化旅游消费促进效应不显著;居民文化旅游消费存在城乡差异,移动支付显著促进了城市居民的文化旅游消费,对农村居民的文化旅游消费的促进效应不显著。本文对于研究数字经济如何提高居民精神文化消费水平提供了一定的微观证据,为提振文化旅游消费进而促进"国内大循环"战略实施提供参考。

关键词:互联网金融;移动支付;文化旅游消费;CFPS 数据

一、引言

居民文化和旅游消费需求程度代表了我国发展型消费的需求状况,是全社会

---

* 基金项目:国家社科基金重点项目"健全现代文化产业体系和市场体系研究"(20AZD065)的阶段性研究成果。

消费升级与否以及人民美好生活实现与否的重要体现。十九大报告明确指出我国社会主要矛盾发生了历史性转变,经济发展进入了新常态,我国经济总量已经稳居世界第二,但投资、出口受阻,经济由主要依靠投资、出口拉动转变为主要通过内需消费拉动。为鼓励居民消费,我国出台了系列政策,在收入水平提高和国家政策支持下,居民消费水平有了显著提高。为增强人民群众的获得感、幸福感,提升文化和旅游消费质量水平,2019 年 8 月,国务院出台《关于进一步激发文化和旅游消费潜力的意见》(国办发〔2019〕41 号),旨在推动全国居民文化和旅游消费规模,使之保持快速增长态势,持续增强对经济增长的带动作用。文化和旅游产业是典型的消费驱动型产业,2020 年受新冠肺炎疫情影响,居民文化和旅游消费降幅较大,文化和旅游产业发展严重受挫,促进居民文化和旅游消费是加快恢复文化和旅游业发展的重要举措。在全球新冠肺炎疫情仍然严峻的背景下,文化和旅游消费对"零接触""安全距离""科学防护"提出了新要求,对电子支付、无接触支付的需求旺盛。互联网金融的发展满足了疫情之下的无接触支付要求,大大便捷了居民的文化和旅游消费活动,实现在线消费体验、在线预定以及微信、支付宝无纸币支付功能,成为推动消费恢复与增长的重要金融支撑。相关研究指出,移动支付对城乡居民的消费促进作用均有显著提升(卫彦琦,2021),能够有效释放农村居民家庭的消费潜力,促进消费升级(陈战波等,2021)。研究中国综合社会调查(CGSS 2017)数据、中国家庭追踪调查(CFPS 2018)数据均发现,有移动支付家庭的文化和旅游消费远高于无移动支付家庭。[①] 但其影响机制目前仍处于"黑箱"状态,目前学术界缺少关于移动支付对居民家庭文化和旅游消费影响机制及效应的研究。对移动支付的文化和旅游消费效应和异质性效应的分析有助于进一步指导城乡居民对互联网金融产品的使用及其文化和旅游消费行为,为互联网金融支持文化和旅游消费及文化和旅游产业发展提供科学指导。

二、文献回顾

20 世纪 90 年代末始,文化和旅游消费逐渐得到学术界关注,1997 年,《消费经济》期刊编辑部与湖南师范大学经济与管理学院联合举办了首次旅游消费学术研讨会,征集并发表了数篇关于旅游消费的学术论文,此后,涌现出大量关于旅游消费及其影响因素的研究。基于传统消费及其影响因素向旅游消费需求及旅游消费

---

① 数据来源:笔者根据中国家庭追踪调查(CFPS 2018)12 531 份有效问卷计算整理所得。

影响的迁移,一种对旅游消费影响因素的探讨遵从一般消费影响因素的理论框架,从微观影响因素和宏观影响因素展开。微观影响因素主要有旅游产品价格、消费者收入水平、相关商品价格、旅游者偏好、旅游者对旅游产品价格的预期等因素(牛利民等,2008),宏观方面的影响因素研究主要基于凯恩斯的绝对收入假说、杜森贝利的相对收入假说、莫迪利安尼的生命周期假说、弗里德曼的持久收入假说以及理性预期学派的前向预期消费理论展开(谷慧敏、伍春来,2003)。

在一般消费影响因素的研究基础上,学者们逐步扩展与深入对旅游消费影响因素的研究,涌现出大量研究成果。从旅游者开展旅游活动所需的收入因素、时间因素、旅游动机的角度以及外界经济、技术、政治、社会文化等角度实证分析影响旅游消费的因素。基于旅游者收入因素对其旅游消费的影响的实证研究相对较多,也认为收入水平尤其是可支配收入是影响旅游消费的首要因素(刘文彬,2009;周文丽、李世平,2010),但不同来源的收入对旅游消费的影响存在差异,主要表现在工资性收入对居民旅游消费支出的影响的差异性方面。第一支研究认为,工资性收入对我国农村居民出游率有促进效应,且贡献最大(杨勇,2015;李进军、孙月,2020);第二支研究认为,工资性收入对出游率的影响效应小于转移收入、财产性收入等(邓涛涛等,2020);第三支研究指出,基本工资收入、金融类和非金融类财产性收入的影响不显著(张云亮、冯珺,2019)。时间因素方面主要探讨了休假制度对旅游消费的影响(王莹、徐东亚,2009),表明休假天数对旅游消费具有显著的正向作用。旅游动机研究方面,魏翔等(2020)研究发现,家庭出游意愿作为一种典型的内生性预先保证,能显著提高家庭出游行为与超额旅游消费行为发生的概率、扩大家庭旅游消费规模。在外部影响因素的研究中,政策因素、经济因素、社会文化因素、技术因素均不断取得新进展,技术进步的研究热点集中在高铁技术、互联网技术、自媒体技术、数字金融等方面。刘赟(2021)研究发现,自媒体短视频传播与青年旅游消费意愿之间存在显著的相关性;张宇等(2019)研究了高铁对旅游消费的影响,发现高铁对部分地区的旅游消费有促进作用,而对大多数城市而言,高铁或许只是作为城市的"过道",未能发展成为拉动其旅游消费增长的"引擎"。罗蓉等(2020)实证分析发现互联网使用对居民旅游消费具有正向促进效应;黄文胜(2020)研究发现数字普惠金融对入境旅游消费具有显著正向影响。

随着互联网的普及,网络经济迅速发展,移动支付成为支撑网络经济发展的重要部分。学术界对网络经济及移动支付方式对消费、经济社会发展的影响的关注持续升温,从目前的研究看,学者对移动支付发展及其对经济、消费的影响有两种观点。① 支持积极态度的观点,认为移动支付的便捷性能够改善与提高居民的消费(郑英隆,2012;丁伟,2013),进一步可以优化居民的消费结构,增加居民的发展型及享受型消费(陈一稀、李纳,2014;张蓉,2020)。② 支持消极态度的观点,主要表现为对网络经济的差体验性、移动支付的资金非安全性、农村网络硬件设施的落后、居民的债务加重以及不良贷款增加等方面的担忧,例如易行健、周利(2018)研究发现数字普惠金融的发展确实增加了家庭的债务收入比;孙凤(2021)指出长期使用移动支付消费信贷会导致消费者的消费欲望增加、消费逐渐超出正常范围,欠下的"债务"越来越多,最终陷入"恶性循环";高孝平(2015)研究认为,互联网金融的快速扩展冲击了传统的金融体系,加之我国缺乏监管互联网金融的法律法规,影响了金融市场的稳定。

从已有关于文化旅游消费、移动支付对消费的影响的研究可以看出,旅游消费及其影响因素的研究是一个持续性主题,学者们不断扩展与深化对其的研究,随着互联网技术、数字金融的发展,出现了互联网使用与居民旅游消费关系的实证研究和数字普惠金融与入境旅游消费的关系的研究。移动支付与消费水平提升、移动支付与消费升级的研究成果也不断出现,并在研究中提出需要防范可能的风险。但缺乏基于居民家庭文化旅游消费的微观数据,对数字金融、移动支付与居民家庭文化旅游消费关系的研究,已有研究为开展移动支付与居民家庭文化和旅游消费关系的研究提供了实证分析基础与理论支持。因此,本文在已有关于移动支付促进了居民消费升级等相关研究的基础上,运用中国家庭追踪调查(CFPS 2018)数据,实证分析互联网金融"源头"之一的第三方支付的重要形式移动支付与居民家庭文化旅游消费的关系,为进一步优化居民家庭文化旅游消费及针对性开发文化旅游产品提供理论与实践指导。

三、理论机制与研究假设

互联网金融有广义概念和狭义概念,广义的互联网金融既包括作为非金融机构的互联网企业从事的金融业务,也包括传统金融机构通过互联网开展的金融业务;狭义的互联网金融仅指互联网企业开展的、基于互联网技术的金融业务。① 本文的研究范畴为狭义互联网金融,包括互联网支付、互联网货币基金、互联网信贷、

---

① 数据来源:《中国金融稳定报告 2014》,中国人民银行,2014 - 04。

互联网保险、互联网投资理财和互联网征信。① 互联网金融的不同产品类型分别通过满足消费者支付的便捷性、财富的增值性和货币的保障性促进其文化旅游消费。

（一）便捷支付，信用消费，提高居民文化旅游消费频率

与传统金融相比，互联网金融的第三方在线支付（移动支付）功能大大便捷了居民的支付环节，居民通过手机移动支付完成文化旅游产品的购买。目前自由行成为一种广受欢迎的新兴旅游模式，在众多在线旅游平台的产品供给下，旅游者通常选择在线购买交通票（火车票、机票等）、景点景区门票等各项文化旅游产品，形成了一种"线上购买，线下体验"的旅游消费模式。自新冠肺炎疫情以来，在线预约参观成为各旅游景区景点的主要门票销售及接待模式，在线支付几乎成为唯一支付方式。消费者通过在线观看朋友圈分享的热门旅游目的地及在线文化消费产品，较容易产生消费需求及冲动消费心理，加之便捷的移动支付，克服了购买文化旅游产品的支付障碍。在线支付平台一般提供网贷（例如花呗、银行信用卡），扩大了消费者的预算约束线，心理上更容易产生当期消费，因此在文化旅游消费者时间、身体等条件允许的情况下，购买活动即可达成。在当前网络环境下，消费者的社交活动，尤其是网上社交活动（例如微信朋友圈、抖音视频分享等）成为促使其完成在线购买文化旅游产品的重要推动因素。在当前全民抖音的背景下，消费者为了能够发布有较强吸引力的视频，往往选择拍摄旅游活动场景下的视频，追逐"网红景点"或积极打造"网红景点"。因此，在便捷支付手段、网络信贷平台、完成网络社交活动的加持下，文化旅游消费活动较容易完成。据此，提出假设1。

假设 1 移动支付行为能够显著促进我国居民文化旅游消费支出。

（二）在线理财，收入增加，扩大文化旅游预算约束线

互联网金融的普惠金融属性为居民提供了便捷的投资理财渠道，2013年以来出现的余额宝、财付通、零钱通等互联网货币基金产品成为居民零散理财的首选，此外平台提供债券、股票等互联网投资理财产品，其利息高于银行存款收益，且存取方便。居民通过手机App操作，每日均能看到到账的利息收入，在一定程度上增加了居民的收入。收入是决定居民文化旅游消费的重要因素，加上文化旅游消费支付由线下转到线上，消费可获得性提高，居民增加的利息收入往往会成为促使

① 数据来源：郭峰，王靖一，王雪，等.北京大学数字普惠金融发展指数［EB/OL］.（2021 - 05 - 07）.http://idf.pku.edu.cn/yjcg/zsbg/513800.htm.

其购买的重要因素,在消费者"心理账户"中利息收入属于货币增值部分,是非劳动获得的收入,该部分收入更容易用于满足精神生活的文化旅游消费活动。据此,提出假设2。

假设2 移动支付行为能够增加居民"心理账户"收入,提高我国居民文化旅游消费水平。

(三)网络保险,安全保障,激发文化旅游消费意愿

在互联网使用越来越频繁的当下,居民通过在线学习、交流,可以了解到更多的关于互联网金融保险的知识,一方面在心理上降低对不确定性的恐惧感,提高接受新事物的能力;另一方面也可以通过便捷地购买基本人身保险、财产保险,增强安全体验。尤其是当下流行的旅游保险业务,居民在出行前可以自行购买旅行意外险,费用一般为1元,保额较高的保险一般不超过20元,例如在"去哪儿"网等旅行网站购买机票、火车票时一般会提供人身意外保险、延误险选项,消费者可以根据自己的需要选择性购买。有了可选择性的旅游出行保险,消费者外出旅游的愿望更为强烈,心理上更为放松,文化旅游消费也更为频繁。因此,提出假设3。

假设3 移动支付行为显著提高居民保险可得性,激发文化旅游消费意愿。

四、研究设计

(一)数据来源

实证分析数据来源于北京大学中国社会科学调查中心中国家庭追踪调查(CFPS),该调查是一项全国性、大规模、多学科的社会跟踪调查项目,样本覆盖25个省(市、区),样本规模为16 000户,调查对象包含样本家户中的全部家庭成员,调查问卷有社区问卷、家庭问卷、成人问卷和少儿问卷四种主体问卷类型,本文重点关注移动支付对家庭文化旅游消费支出的影响,因此数据来自家庭问卷和成人问卷,根据指标数据的规范性进行剔除,最终保留12 531个样本。

(二)指标选取

被解释变量。被调查城乡居民家庭文化旅游消费支出水平(主要指过去12个月被调查家庭的文化旅游支出情况[①]),将旅游消费划分为总量和结构两个维度,

---

① FP502"文化娱乐支出(元/年)"过去12个月,包括购买书报杂志、看电影看戏等,您家用于文化娱乐的支出是多少? & FP503"旅游支出(元/年)"包括旅游的交通费、食宿费、景点门票等,过去12个月,您家的旅游支出是多少?

本文对居民旅游消费的刻画分为移动支付能否促进家庭旅游消费、文化和旅游消费的增加以及能否提升旅游消费在家庭文化和旅游消费的比重。总量方面用城乡居民家庭旅游消费总支出、文化和旅游消费总支出刻画,结构方面用城乡居民家庭旅游消费支出占家庭文化和旅游消费支出的比重刻画。

核心解释变量。移动支付,即电子支付,是指利用无线通信技术让居民能够通过使用手机等终端进行货物、服务和账单支付交易的一种支付方式,分为近场支付和远程支付。旅游消费的支付分为出行前的在线支付和旅游过程中的现场支付,移动支付的出现将极大地便利旅游者的旅游活动。根据 CFPS(2018),能够体现居民移动支付使用频率的问题为"QU705 一般情况下,使用互联网络进行商业活动(如使用网银、网上购物)的频率有多高?",该问题包括了居民使用互联网络进行近场支付和远程支付两种方式,该题项按照使用频率设置"从不"到"几乎每天"七个选项,能够较好地体现居民的移动支付频率。

控制变量。根据已有对家庭文化旅游消费的影响因素的研究,本文的控制变量包括家庭户主特征、家庭特征、家庭经济特征等变量,其中户主特征包括户主年龄、户主幸福感、户主受教育程度指标,家庭基本特征包括家庭规模、是否拥有汽车、家庭健康观念指标,家庭经济特征变量选取家庭经济水平、是否理财、户主是否工作等指标。已有研究表明,家庭成员受教育程度(以户主为基本参考)越高,意味着家庭文化资本积累越多,家庭旅游消费支出可能越高(罗蓉等,2020),但也可能有负向影响(魏翔等,2020);家庭人口规模对旅游消费支出的影响方面的主要观点是一般人口越多越不利于家庭成员外出旅游(张云亮、冯珺,2019);对于家庭收入水平,一般认为家庭收入水平越高家庭旅游消费支出水平也较高(杨勇,2015),同时家庭收入水平也作为中介变量,讨论其在移动支付与家庭文化旅游消费支出中发挥的效应。各指标的含义及描述性统计特征见表1。

表 1   变量描述性统计结果

变量	变量说明	样本量	均值	标准差	最小值	最大值
移动支付	互联网商业活动的频率(次)。从不=0;几个月一次=1;一月一次=2;一月 2—3 次=3;一周 1—2 次=4;一周 3—4 次=5;几乎每天=6	12 531	1.07	1.853	0	6
旅游消费	旅游支出/(元·年)	12 531	1 539.534	5 883.129	0	200 000

(续表)

变量	变量说明	样本量	均值	标准差	最小值	最大值
文化和旅游消费	旅游消费＋文化消费	12 531	1 843.771	6 222.578	0	200 500
旅游消费占比	旅游消费/ 文化和旅游消费	5 567	0.528	0.425	0	1
户主年龄	户主年龄影响 家庭旅游消费	12 531	51.041	15.134	16	96
户主幸福感	赋值 0—10, 表示幸福感强度	12 531	7.384	2.236	0	10
户主受教育程度	根据受教育层次, 赋值 1—7	12 531	3.418	1.424	1	7
城乡	城市＝1;农村＝0	12 531	0.515	0.5	0	1
家庭规模	家庭成员数量	12 531	3.607	1.902	1	21
是否有汽车	有汽车＝1;无汽车＝0	12 531	0.296	0.457	0	1
健康观念	家庭保健支出	12 531	470.78	2 938.301	0	160 000
经济水平	家庭总收入	12 531	85 768.86	186 000	84	160 000
是否理财	理财＝1;不理财＝0	12 531	0.06	0.238	0	1
是否工作	有工作＝1;无工作＝0	12 531	0.561	0.496	0	1
网络社交	重要程度赋值 0—6	12 531	2.293	2.766	0	6
交通支出	日常交通支出	12 531	1 348.759	2 724.262	0	75 000
是否移动上网	是＝1;否＝0	12 531	0.463	0.499	0	1

(三) 模型构建

本文建立分析移动支付对家庭文化旅游消费支出影响的中介效应模型,引入收入变量作为中介变量,并引入工具变量做 2SLS 分析。首先建立移动支付对家庭收入影响的模型(1),然后建立移动支付对家庭文化旅游消费影响的模型(2),最后将两变量纳入模型(3),形成完整的中介效应模型。

$$\ln income_i = \alpha_0 + \alpha_1 epay_i + \alpha control_i + \varepsilon_i \qquad (1)$$

$$\ln tour_i = \gamma_0 + \gamma_1 epay_i + \gamma control_i + \varepsilon_i \qquad (2)$$

$$\ln tour_i = \beta_0 + \beta_1 epay_i + \beta_2 \ln income_i + \beta control_i + \varepsilon_i \qquad (3)$$

式中:$\ln income_i$ 为第 i 个居民家庭收入水平,$\ln tour_i$ 为第 i 个居民家庭的年旅游消费支出、年文化和旅游消费支出及旅游消费占比,epay$_i$ 为核心解释变量使用移动支付的频率,control$_i$ 为系列控制变量,ε$_i$ 为随机扰动项,β$_0$、β$_1$、β$_2$ 为待估参数。模型中,若 α$_1$、γ$_1$、β$_1$、β$_2$ 均显著,则存在中介效应。

五、实证结果及分析

(一)总体回归结果与分析

对变量进行共线性检验,平均 VIF 值为 1.37,最大值为网络社交重要程度变量,为 2.10,其余变量的 VIF 值均小于此数值,远小于 10,因此认为各变量之间不存在共线性,进一步分别进行移动支付与家庭收入影响效应回归、移动支付对家庭旅游消费的影响效应、移动支付与家庭收入对家庭旅游消费的影响效应回归、移动支付对家庭文化和旅游总消费的影响效应、移动支付与家庭收入对家庭文化和旅游总消费的影响效应、移动支付对家庭旅游消费占比的影响效应、移动支付与家庭收入对家庭旅游消费占比的影响效应等回归分析,回归结果见表 2。表中 M(1)、M(2)…M(7)表示模型(1)、模型(2)……模型(7)。M(1)呈现了核心解释变量移动支付对家庭收入水平的影响,回归系数在 1% 的水平下显著,表明居民的移动支付习惯能够促进家庭收入水平,这一研究结论与杨少雄等(2021)得出的移动支付对居民收入具有正向影响的结果一致。因此,移动支付可能直接促进居民家庭文化和旅游消费,也可能通过促进居民家庭收入间接促进居民家庭的文化和旅游消费。M(2)为移动支付对居民家庭旅游消费的直接促进效应,回归系数在 1% 的水平上显著,户主特征变量及家庭规模变量对旅游消费的影响均显著。M(3)为移动支付与家庭收入对家庭旅游消费的影响,两者系数显著,表明家庭收入在移动支付对家庭旅游消费影响中具有部分中介效应。M(4)和 M(5)是检验家庭收入在移动支付促进家庭文化和旅游总消费中的中介效应,回归结果显示具有部分中介效应。M(6)和 M(7)是检验家庭收入在移动支付促进家庭旅游消费占比中的中介效应,回归结果支持存在部分中介效应的结论。回归结果还报告了户主特征及家庭特征变量对家庭文化和旅游消费及旅游消费占比的影响。户主年龄对家庭旅游消费具有显著的正向影响,而对家庭文化和旅游总消费的影响不显著,原因可能为年轻群体闲暇时间的缺乏,旅游消费一般需要充足的时间,年龄较长者尤其是退休老人的时间一般较充足,对旅游消费的促进效应较大。家庭是否理财对家庭文化和旅游消费、旅游消费的影响也较显著。以"家庭保健支出"作为家庭健康观念的代理指标,而注重健康的家庭更关心身体,对于保险的关注度也更高。因此,用此指标作为家庭保险的代理变量,回归结果显示,注重健康保健、保险的家庭,其文化和旅游消费水平相对较高。

表 2 移动支付与家庭文化旅游消费回归分析结果

样本量	M(1)	M(2)	M(3)	M(4)	M(5)	M(6)	M(7)
	家庭收入	旅游消费	旅游消费	文化和旅游消费	文化和旅游消费	旅游消费占比	旅游消费占比
移动支付	0.046 *** (0.009)	0.071 *** (0.018)	0.047 *** (0.018)	0.076 *** (0.018)	0.051 *** (0.018)	0.012 ** (0.005)	0.009 * (0.005)
家庭收入			0.487 *** (0.053)		0.536 *** (0.05)		0.055 *** (0.012)
户主年龄	0.003 ** (0.001)	0.009 *** (.003)	0.006 ** (0.003)	0.002 (.003)	−0.001 (0.003)	0.004 *** (0.001)	0.003 *** (0.001)
户主幸福感	0.045 ** (0.018)	0.099 ** (0.043)	0.080 * (0.041)	0.044 (0.041)	0.022 (0.039)	0.009 (0.011)	0.007 (0.011)
户主受教育程度	0.135 *** (0.014)	0.171 *** (0.032)	0.124 *** (0.031)	0.216 *** (0.03)	0.159 *** (0.029)	0.022 *** (0.008)	0.016 ** (0.008)
家庭规模	0.082 *** (0.011)	−0.022 * (0.022)	−0.054 ** (0.021)	−0.013 (0.02)	−0.05 ** (0.02)	−0.02 *** (0.006)	−0.02 *** (0.006)
是否有汽车	0.381 *** (0.034)	0.367 *** (0.078)	0.173 ** (0.075)	0.548 *** (0.075)	0.328 *** (0.074)	0.121 *** (0.02)	0.099 *** (0.021)
家庭健康观念	0.152 *** (0.014)	0.281 *** (0.032)	0.205 *** (0.031)	0.326 *** (0.03)	0.241 *** (0.03)	0.039 *** (0.008)	0.03 *** (0.008)
是否理财	0.308 *** (0.04)	0.436 *** (0.082)	0.289 *** (0.080)	0.443 *** (0.082)	0.287 *** (0.079)	0.047 ** (0.02)	0.031 * (0.021)
是否工作	0.212 *** (0.046)	−0.061 * (0.1)	−0.155 * (0.098)	0.008 (0.093)	−0.1 (0.092)	−0.02 (0.025)	−0.031 (0.026)
是否城市户口	0.228 *** (0.041)	0.526 *** (0.09)	0.458 *** (0.087)	0.469 *** (0.085)	0.373 *** (0.082)	0.034 (0.024)	0.024 (0.024)
常数项	8.588 *** (0.15)	3.598 *** (0.322)	−0.713 * (0.560)	3.216 *** (0.320)	−1.311 ** (0.533)	−0.018 (0.084)	−0.5 *** (0.135)
N	2031	1270	1270	1270	1615	1615	1615
R^2	0.411	0.264	0.319	0.227	0.349	0.101	0.111

注:"***""**""*"分别表示在 1%、5% 和 10% 的水平下显著,括号内为稳健标准误。

（二）内生性检验

上文的计量回归模型中可能因内生性问题而使回归结果存在偏误,文章通过使用工具变量的方法来解决,参考陈战波(2021)、韩永(2019)等的工具变量选择方法,最终确定居民"是否移动上网"为工具变量。"是否移动上网"这一变量满足工具变量的两个基本要求,一是居民使用移动支付离不开移动网络,二是居民文化旅游消费支出不会显著影响其是否移动上网,两者不存在必然的逻辑关系,满足外生性要求,2SLS 回归结果见表 3。DWH 报告结果在 1% 的水平上拒绝模型不存在内生性的原假设。从第一阶段的回归结果看,F 值为 115.71,大于其 10% 显著性水平下的临界值(16.38),工具变量的 T 值为 5.25,可以判断出不存在弱工具变量的问题。从模型第二阶段的回归结果可以看出,移动支付对三者的边际效应分别为 0.105、0.083 和 0.03,在 10% 的水平上显著,并且在数值上都要高于前文基准模型回归的估计值。由此可以看出,2SLS 回归的结果进一步说明移动支付对家庭文化旅游消费支出具有显著的促进作用,该回归结果与基准回归结果保持一致,再次验证了居民使用移动支付的频率能够显著提高其文化旅游总消费。

表 3　移动支付与家庭文化旅游消费:工具变量回归

样本量	第一阶段回归	第二阶段回归		
	移动支付	旅游消费	文化和旅游消费	旅游消费占比
工具变量: 是否移动上网	1.835*** (0.126)			
移动支付		0.105** (0.052)	0.083* (0.053)	0.03** (0.014)
户主特征变量		控制	控制	控制
家庭特征变量		控制	控制	控制
一阶段 F 值	115.71			
一阶段工具变量 T 值	5.25			
N	2 031	1 270	1 615	1 615
R^2	0.411	—	—	—
DWH 检验 F 值		199.30	255.22	255.22

注:"***""**""*"分别表示在 1%、5% 和 10% 的水平下显著,括号内为稳健标准误。

（三）异质性分析与稳健性检验

1. 异质性分析

城乡二元结构影响居民的文化旅游消费,城镇居民和农村居民对旅游的消费需求不同,移动支付主要依托互联网技术,居民是否使用互联网尤其是是否进行移动上网是其能否享受移动支付带来的数字红利的关键。因此,居民的移动支付使用行为对居民旅游消费的影响可能会在城乡居民和居民的移动互联网使用之间存在差异。基于城乡差异和居民是否移动上网进行异质性分析,回归结果见表4。从异质性分析结果看,移动支付能够显著促进城镇居民旅游消费支出,但对农村居民旅游消费支出的影响不显著,这可能与长期以来的居民旅游消费习惯有关。对城镇地区的居民来说,旅游消费可获得性较强且具备一定的旅游消费经验,移动支付手段在其旅游消费中起到了"锦上添花"的效果,促进了其旅游消费;农村居民知识文化水平相对较低,加之接触移动支付的时间不长,使用不顺畅,因此其对旅游消费的促进效应尚不明显。本文还基于居民是否移动上网做分类回归,考察有移动上网习惯和无移动上网习惯居民中移动支付对其旅游消费的影响效应,发现有移动上网习惯的居民旅游消费水平较无移动上网习惯的居民高 3.4%。可见,移动上网是居民进行移动支付的前提,帮助居民学会并使用移动支付进行旅游消费,需要首先调动居民进行移动上网,加强居民线上活动,养成移动上网及移动支付习惯。

表 4　移动支付与家庭文化旅游消费异质性检验结果

变量	M(1)	M(2)	M(3)	M(4)
	城镇	农村	无移动上网	有移动上网
移动支付	0.047** (0.021)	0.050 (0.042)	0.125 (0.099)	0.034* (0.020)
户主特征变量	控制	控制	控制	控制
家庭特征变量	控制	控制	控制	控制
常数项	−0.337* (0.616)	−0.300* (1.135)	−1.033* (1.034)	−0.604* (0.609)
N	1 007	263	323	947
R^2	0.083	0.088	0.092	0.115

注:"**""*"分别表示在5%和10%的水平下显著,括号内为稳健标准误。

2. 稳健性检验

通过增加新变量对回归结果进行稳健性检验,增加的新变量有居民网络社交变量和居民家庭创新潜力变量。居民通过微信等各种形式的网络社交媒体开展网络社交活动,能够扩大信息来源,同时也能够了解朋友圈的旅游活动信息,增加居民的旅游信息来源,这些旅游信息又能够激发居民的旅游热情,促使其产生旅游欲望及现实旅游需求。因此,一般认为网络社交频繁的居民旅游消费水平相对较高。通过增加网络社交因素再次回归,发现移动支付对居民旅游消费支出、文化和旅游消费支出及旅游消费支出在家庭文化和旅游消费支出中的占比的影响显著。家庭具有较强的创新能力及接受新事物的能力和愿望,移动支付越有利于家庭文化旅游消费行为的发生,家庭出行频繁程度标志着家庭了解外部世界、获取外部信息的强度,也是家庭创新能力的重要来源,用家庭的交通花费代指家庭的出行频率及创新能力,加入该变量进行回归,发现移动支付对居民旅游消费支出、文化和旅游消费支出及旅游消费支出在家庭文化和旅游消费支出中的占比的影响依然显著。

表5 稳健性检验结果

变量	M(1)	M(2)	M(3)	M(4)	M(5)	M(6)
	增加网络社交因素			增加家庭创新潜力因素		
	旅游消费	文化和旅游消费	旅游消费占比	旅游消费	文化和旅游消费	旅游消费占比
移动支付	0.054*** (0.013)	0.084*** (0.012)	0.014*** (0.003)	0.049*** (0.014)	0.077*** (0.013)	0.014*** (0.004)
网上社交	0.025** (0.01)	0.023** (0.01)	0.004* (0.003)			
交通花费				0.15*** (0.02)	0.194*** (0.019)	0.029*** (0.006)
常数项	−0.331 (0.339)	−0.6** (0.293)	−0.44*** (0.08)	−0.994** (0.415)	−1.459*** (0.365)	−0.542*** (0.103)
N	3 590	5 567	5 567	2 254	3 413	3 413
R^2	0.278	0.291	0.098	0.304	0.325	0.105

注:"***""**""*"分别表示在1%、5%和10%的水平下显著,括号内为稳健标准误。

六、研究结论和政策建议

文化和旅游消费是重要的发展型消费,居民文化和旅游消费水平的提高是其美好生活需要得到有效满足的重要体现。扩大居民文化和旅游消费规模、提升文化和旅游消费总体水平是提振我国经济发展以及实现国内大循环的重要一环。影响居民文化和旅游消费水平提升的因素是多方面的,而依托互联网技术发展快速成长的互联网金融的发展是促使居民将潜在文化和旅游消费转变为现实文化和旅游消费的重要技术推动因素。本文基于中国家庭社会调查(CFPS 2018)的微观调研数据,实证分析互联网金融中的移动支付对居民家庭文化和旅游消费水平的影响及机制,结果显示:① 基本回归模型显示。移动支付作为当前居民普遍采用的支付方式,因其具有便捷支付的属性,能够为居民提供快速的支付服务,加之在线销售活动的普及,居民在线可获得消费品的概率提升,尤其是文化消费品、优惠组合的旅游产品,对居民具有强大的吸引力,因此在线支付方式能够显著提升我国居民的文化和旅游消费水平,对旅游消费比重的提升的促进作用依然明显。② 中介效应模型显示。居民使用移动支付的频率能够显著促进居民家庭收入水平,这与当前普遍存在的在线借贷、在线理财等业务密切相关,使用移动支付频率较高的家庭对于借贷、理财、保险等知识的了解更多,金融、保险等的可获得性增强,在"心理账户"收入扩大以及安全保障能力提升的前提下,居民开展文化和旅游消费的愿望更强烈,进而能够显著提高居民的文化和旅游消费水平,对弹性更大的旅游消费的促进效应也较大。③ 异质性分析显示。移动支付与居民文化和旅游消费的关系存在是否移动上网以及城乡结构上的差异。居民移动上网是其开展移动支付活动的基础,因此移动支付能够显著促进有移动上网习惯的居民的文化和旅游消费,对无移动上网习惯的居民的文化和旅游消费的促进效应不显著。在城乡差异方面,移动支付显著促进了城市居民的文化和旅游消费,而对农村居民的文化和旅游总消费的促进效应不显著。原因是户主年龄较大的群体中,城市居民普遍具有接触与使用在线支付的能力,而农村居民由于受教育水平等的限制,在线支付使用存在一定困难,较难通过自身能力习得在线支付技能,需要外界的帮助方能获得。研究结果还显示,居民参加网上社交等活动也能够提高居民的文化和旅游消费,此时移动支付对居民文化和旅游消费的促进效应依然稳健;日常交通花费是体现居民接触新事物的一个指标,居民日常交通消费对家庭的文化和旅游消费具有促进效应,此时移动支付与家庭文化和旅游消费的关系仍稳健。在使用工具变量法检验后,发现本文的核心结论依然成立。

基于以上分析及结论,本文得到以下政策启示:① 加快城乡移动网络全覆盖,鼓励网盲居民养成上网习惯。网络空间已经成为与现实空间同等重要的空间载体,人们的生活及各类信息共享大部分在网络空间进行,当前我国城市地区几乎完成网络全覆盖,各城市唯一不同的是 3G、4G、5G 的差异,而未来 5G 也将在各城市实现全覆盖;相比城市,农村地区并未完全实现移动网络全覆盖,部分地区仍存在信号差的问题。提高居民旅游消费的第一步是赋予居民了解世界的信息渠道,因此移动网络的使用尤为重要,在此基础上帮助城乡网盲居民学习使用网络平台获取信息,了解世界,激发其旅游消费欲望。② 加强在线支付平台监督,确保居民网络资金使用安全。居民不敢轻易使用在线支付的主要原因是担心资金的使用安全问题,由于较少接触各类支付 App,还有一部分居民文化水平相对较低,对在线支付的学习使用不充分,甚至无人对其进行培训,在心理上产生恐惧,不敢也不愿接受在线支付,因而"数字鸿沟"潜在风险较大。为避免数字化时代的"数字鸿沟"问题出现并加深,在监管层需要严格监管在线支付平台的运营及管理,并积极宣传,消除安全隐患,确保居民资金安全。③ 鼓励居民开展在线文化旅游消费,降低居民文化旅游消费成本,提高消费及出游频率。新冠肺炎疫情改变了文化旅游消费模式,在线文化消费较为普遍且较易发生,在线预约参观游览也成了主要模式,若居民无法完成在线预约购票,极有可能被新模式下的文化旅游活动排除在外,其旅游消费权利更是难以得到保障。而在线预约并完成支付避开了传统旅游中间服务商,极大地降低了居民的旅游成本,有利于提高居民旅游消费频率,使其获得更多的旅游消费经验,进而有可能让旅游消费成为刚性消费。④ 增强居民购买在线理财产品意识,增加居民收入,激发潜在旅游需求。在居民的心理账户中,投资性收入比劳动性收入更易于用于弹性较大的消费,因此在银行利息下调的当前,银行等机构积极与基金托管机构合作,同时鼓励居民购买理财产品,一方面增加居民的利息收入,扩大居民投资性收入账户资金,进而促使居民扩大文化旅游消费支出;另一方面也加快资金的流动性,实现多重效益。

参考文献

[1] 卫彦琦.移动支付对居民消费的异质性效应——基于对新冠肺炎疫情冲击的实证[J].商业经济研究,2021(12):50-53.

[2] 陈战波,黄文己,郝雄磊.移动支付对中国农村消费影响研究[J].宏观经济研究,2021(5):123-141.

[3] 牛利民,杨开福,朱道静.影响我国旅游消费的经济因素分析[J].资源开发与市场,2008(9):858-860.

[4] 谷慧敏,伍春来.中国收入分配结构演变对国内旅游消费的影响[J].旅游学刊,2003

(2):19 - 24.

[5] 刘文彬. 我国城乡居民的经济收入与旅游消费关系的定量分析[J]. 统计与决策,2009
(10):92 - 93.

[6] 周文丽,李世平. 基于凯恩斯消费理论的旅游消费与收入关系实证研究[J]. 旅游学刊,
2010(5):33 - 38.

[7] 杨勇. 收入来源、结构演变与我国农村居民旅游消费——基于 2000—2010 年省际面板
数据的实证检验分析[J]. 旅游学刊,2015(11):19 - 30.

[8] 李进军,孙月. 家庭旅游消费的收入效应研究——基于 CFPS 数据[J]. 商业经济研究,
2020(8):73 - 76.

[9] 邓涛涛,胡玉坤,杨胜运,等. 农村家庭收入来源、家庭特征与旅游消费——基于中国家
庭追踪调查(CFPS)数据的微观分析[J]. 旅游学刊,2020(1):47 - 62.

[10] 张云亮,冯珺. 中国家庭收入来源差异与旅游消费支出:基于中国家庭金融调查
2011—2015 年数据的分析[J]. 旅游学刊,2019(5):12 - 25.

[11] 王莹,徐东亚. 新假日制度对旅游消费行为的影响研究——基于在杭休闲旅游者的调
查[J]. 旅游学刊,2009(7):48 - 52.

[12] 魏翔,潘禹,王明康,等. 主观意愿能撬动旅游消费吗? ——以家庭旅游中的"预先保
证"行为为例[J]. 经济管理,2020(12):168 - 183.

[13] 刘赟. 自媒体短视频传播对青年群体旅游消费意愿的影响研究[J]. 商业经济研究,
2021(10):80 - 82.

[14] 张宇,朱成李,李春美. 高铁对旅游消费行为的影响——基于四川市场的分析[J]. 商
业经济研究,2019(13):152 - 155.

[15] 罗蓉,彭楚慧,李勇辉. 互联网使用会促进家庭旅游消费吗? ——基于"两阶段消费者
意愿—行为转换理论"的分析[J]. 消费经济,2020(5):57 - 67.

[16] 黄文胜. 数字普惠金融发展对入境旅游消费增长的影响分析[J]. 商业经济研究,2020
(12):165 - 168.

[17] 郑英隆. 基于关系网络的电子商务创新与消费行为变革[J]. 中国流通经济,2012
(10):91 - 98.

[18] 丁伟. 移动支付与便捷消费[J]. 中国金融,2013(1):32 - 33.

[19] 陈一稀,李纳. 互联网金融下第三方支付的发展及对策建议[J]. 新金融,2014(8):
50 - 54.

[20] 张蓉. 移动支付发展对农村居民消费升级的影响机制分析[J]. 商业经济研究,2020
(22):133 - 137.

[21] 易行健,周利. 数字普惠金融发展是否显著影响了居民消费——来自中国家庭的微观

证据[J].金融研究,2018(11):47－67.

[22] 孙凤.互联网消费信贷为何偏爱年轻人[J].人民论坛,2021(6):64－66.

[23] 高孝平.网络经济对居民消费影响分析[J].人民论坛,2015(7):94－96.

[24] 杨少雄,孔荣.数字金融市场参与改善农户收入了吗[J].华中农业大学学报(社会科学版),2021(5):180－190,200.

[25] 陈战波,黄文己,郝雄磊.移动支付对中国农村消费影响研究[J].宏观经济研究,2021(5):123－141.

[26] 韩永,李成明.移动支付促进家庭医疗健康消费支出了吗[J].金融与经济,2019(9):50－56.

作者简介

王　冉(1990—　),山东单县人,南京大学商学院博士研究生,江苏文化产业研究基地助理研究员,伊犁师范大学讲师。研究方向为文化旅游经济。

陈　璐(1997—　),江苏南通人,南京大学商学院博士研究生,南京大学长三角文化产业发展研究院助理研究员。研究方向为文化产业经济学。

李　妍(1999—　),河北刑台人,南京大学商学院硕士研究生。研究方向为文化产业经济学。

On the Mechanism of Mobile Payment Promoting Chinese Residents' Culture and Tourism Consumption
—An Empirical Study Based on CFPS

Wang Ran　Chen Lu　Li Yan

Abstract：The digital economy is of great significance for boosting the domestic market. Advances in Internet technologies have changed traditional financial models. Digital finance has emerged as a vital impetus to development as it integrates quickly into socioeconomic and other spheres and its impact on residents' culture and tourism consumption are discernible. Based on CFPS 2018 data，this paper constructs a mediation model and empirically analyzes the action of mobile payment on Chinese households' culture and tourism consumption and its mechanism of action. Research shows：① The adoption of mobile payment can significantly increase Chinese households' expenditure on culture and tourism，and the results obtained by addressing endogeneity with the instrumental-variables approach remain robust. ② Mobile payment，according to mechanism analysis，taps consumption potential in culture and tourism mainly by increasing household income and reducing unstable expectations. The mediation effect is manifest in household income. ③ Heterogeneity analysis suggests，that mobile payment significantly stimulates the culture-tourism consumption potential of residents in the habit of browsing the Internet with mobile devices but has no such significant stimulation for those with no such habits. In terms of culture and tourism consumption，a difference exists between urban and rural residents. Promoted by mobile payment，urban residents see a considerable increase in their expenditure on culture and tourism，whereas rural residents do not. This paper gives some microcosmic support for research into how the digital economy improves residents' spiritual and cultural consumption and provides a reference for boosting the domestic market by stimulating consumption potential in culture and tourism.

Key words：Internet finance; mobile payment; culture and tourism consumption; CFPS data

家庭文化资本对青年观影行为影响的实证研究[*]

家庭文化资本对青年观影行为影响的实证研究[*]

王亚楠　　宋浩凯

摘　要:本文通过对 675 名青年进行问卷调查,尝试在文化资本的理论框架内,设计了影响青年观影行为的量化研究方案,验证原生家庭文化资本决定论在青年观影行为中的适用性,得出以下研究结论:① 家庭身体文化资本与客观文化资本对青年的艺术类电影选择偏好产生了统计上显著的正相关性。② 文化资本的三个维度对青年国产电影选择偏好均未产生统计上显著的相关性。③ 青年所处的区域与其国产电影的选择之间存在统计上显著的相关性。也就是说,小镇青年的确更为偏好国产电影,但是这并不是由于其文化资本积累水平或者审美品位决定的,而是由于"小镇"的经济发展水平相对落后、相对匮乏的文娱产品供给,限制了小镇青年文化消费的选择范围。

关键词:小镇青年;文化资本;观影行为

一、问题的提出

中国电影市场高速发展的背后,是量质背离、高票房低口碑的争议。在 2012 年《泰囧》成为我国首个票房突破十亿的国产电影之后,2012—2019 年,我国电影市场的观影人次年均复合增长率达到 25.5%。2019 年,"中国电影市场已经成为全球市场的第二大票仓"①。令人担忧的是,不少高票房的电影口碑不佳。比如 2017 年上映的《前任三》的票房达到了 15.7 亿,但豆瓣评分仅为 5.5 分。无独有偶,2018 年春节档上映的《捉妖记 2》在获得 20 亿票房的同时,豆瓣评分仅有 5 分,

━━━━━━━━━━

* 基金项目:上海市哲学社会科学规划青年课题"在沪青年流动群体的新媒体互动及影响研究"(2019EXW005)的阶段性研究成果。

① 艺恩. 2019 年电影市场趋势及贺岁档前瞻[EB/OL]. (2020 - 05 - 09). http://www. endata. com. cn/Market/reportDetail. html? bid=8edb7866 - 0cac - 4046 - a076 - f9fd2e2adad8.

低于近 10 年豆瓣电影评分的平均值(6 分)。有人将国产电影质量较低的原因归罪于这些电影的主要观影群体。观影群体的来源数据似乎支撑了这种判断:根据猫眼电影专业版的数据统计,标注想看《前任三》的观众有 67% 来自三、四线城市;而三、四线城市居民为《捉妖记 2》也贡献了 81% 的电影票房。如何解释小镇青年的观影选择频繁与低质量国产电影不期而遇? 影响青年的观影选择的因素是什么?

　　本文通过文献综述发现,目前关于青年观影行为影响因素的研究存在以下两个方面的问题,一方面,由于个人观影行为由个人审美品位决定,是一个较为抽象的命题,目前大多关于青年观影行为的研究,都是基于研究者的自我感知,并没有实证分析或数据支撑来证实研究结论。许多研究仅通过定性分析,就将青年所在地域与其观影选择相联系,这种研究方法与研究结论缺乏科学性与客观性。另一方面,根据布尔迪厄提出的文化资本理论,个人审美品位的形成与其原生家庭的文化资本有非常重要的关系。青年的观影选择由本人的审美趣味决定,那么其观影行为的差异是否也与其原生家庭的文化资本积累程度之间的差异存在一定的联系。鉴于此,本文以青年对国产电影的观影品位为研究对象,创新设计了测度青年观影品位的指标体系,采用问卷调研和实证分析方式,将"缺席"的青年,纳入研究的框架内,探讨青年成长原生家庭的文化资本积累对其观影品位的影响路径和机制,试图回答究竟是青年所在地域还是原生家庭文化资本决定了其观影品位。

二、理论背景与研究假设

　　学者们从青年原生家庭所具备的文化资本情况,探讨家庭小环境对青年审美品位的影响。"文化资本"是布尔迪厄提出的一种独特的资本形式,意指"消费主体先天拥有或者后天习得的兴趣、审美、习惯、品位和生活方式等文化禀赋和文化能力,是影响消费主体文化消费临界抉择的重要因素"①。文化消费的完成依赖于消费者个人的"习性、嗜好和品位",实质上是消费者对文化艺术的"解码能力",而这种解码能力源于消费主体的"文化资本"积累,这一存在状态也涵盖了欣赏和理解文化产品的机制,那就是它们需要被明白和理解,才能得到欣赏或购买。根据布尔迪厄的定义,青年的家庭文化资本可以分为身体文化资本、客观文化资本、制度文

---

① 　皮埃尔·布尔迪厄. 全球化与文化资本[M]. 武锡申,译. 北京:社会科学出版社,2005.

化资本三种形态(Richardson,1986)。身体文化资本体现为内化于人精神和身体中的性情倾向,如内化的语言、技能、情趣、行为、知识系统等;客观文化资本是以文化商品的形式体现的文化资本,包括图书、书籍、词典、工具等家庭拥有物;制度文化资本是通过某种制度确认而得到的资本,例如学校、政府机关等权威机构授予的具有社会价值的职业证书、学术证书、奖励证书等。家庭文化资本主要通以上三个维度来影响青年的观影品位。具体的影响机制如下:

身体文化资本体现为青年原生家庭的家风与文化氛围,例如,父母及共同生活家庭成员的文化水平与艺术素养及文化消费习惯,这些构成了个人成长的"软文化环境",可以通过影响青年的文化消费品位与审美趣味,影响其成年后对于观影类型的选择。客观文化资本构成了青年审美趣味形成过程中能够直接接触的文化消费实体形态,构成了个人审美趣味形成的"硬环境",通过影响青年的文化消费习惯,影响其成年后的观影行为。制度文化资本的本质是内化于个人的文化积淀的外显,也在一定程度上决定了个人所处的社会圈层,根据布尔迪厄的理论,个人的文化消费选择与审美品位与其所在的社会阶层有直接的联系。因此,制度文化资本可以通过影响个人所处的文化消费圈层影响其观影选择。

基于以上分析,本文试图进一步通过实证数据回归法论证青年的原生家庭文化资本是否影响了其观影的审美品位,提出以下三个研究假设:

假设 1 原生家庭积累的身体文化资本正向促进青年对高艺术价值电影的观影选择;

假设 2 原生家庭积累的客观文化资本正向促进青年对高艺术价值电影的观影选择;

假设 3 个人拥有的制度文化资本正向促进青年高艺术价值电影的观影选择。

三、研究设计

本文的数据来源于华东政法大学传播学院"在沪青年流动群体的新媒体互动及影响研究"课题组于 2020 年 3—4 月进行的青年文化消费与媒体使用现状调查。问卷内容包括青年个人与家庭的基本情况、文化生活、观影情况等,采用网络问卷的调查形式,调查对象共 1 034 人,经逻辑检验和缺失数据处理,有效样本数为675 人。

（一）变量测度方法

1. 青年观影行为的测度

第一，艺术类电影偏好。通常来说，文艺片比商业片的艺术价值和审美品位更高。基于此，本文以"相对于商业电影，您更喜欢观看文艺么"为题项，设置从不喜欢到非常喜欢的 0—5 分的李克特量表，测度研究样本中的青年对文艺电影偏好度的差异，进而作为度量青年观影行为的代理变量。

第二，国产电影偏好。基于当前关于青年观影选择与国产电影质量之间的争论，本文以"您经常会选择观看国产电影"为题项，设置从完全符合到完全不符合的 0—5 分的李克特量表，测度青年对国产电影的选择情况。

2. 文化资本的测度

根据现有文献内容，设置以下问题作为身体文化资本、客观文化资本与制度文化资本的测度变量。

（1）身体化文化资本测度

布尔迪厄认为"身体化的文化资本是经家庭、学校教育内化为个人精神与身体一部分的文化知识、文化技能和文化修养"[①]。根据布尔迪厄的定义，身体文化资本的形成与家庭文化环境关系密切，且这种家庭的影响更多体现在青少年时期身体文化资本存量通过父母的文化参与、家庭文化氛围的构建以及父母与子女的互动等行动将文化资本传递给子女，实现文化资本的家庭积累和代际传递。

基于此，本文参考李毅、谭婷（2019）[②]的研究方法，应用李克特量表，构建 1—5 的连续型变量，通过测度被调查者 14 岁之前，他本人及与其同住的亲属文化活动参与情况、被调查者父母及与其同住的亲属阅读与写作习惯三个维度的问题，度量被调查样本家庭的身体文化资本积累程度。

（2）客观化文化资本测度

文化资源占有程度的高低对青年观影品位的形成有至关重要的作用。文化资源占有的程度更多地表现为家庭经济资本对文化资本的支持程度，即为客观文化资本的形式。客观文化资本主要通过以图书、艺术品等"影子教育"的方式提高子

---

① BOURDIEU P. Distinetion：A social critique of the judgment of taste［M］. Cambridge：Harvard University Press，1984.

② 李毅，谭婷. 家庭经济资本和中小学生阅读兴趣的关系：家庭文化资本的中介作用［J］. 心理与行为研究，2019（4）：520 – 528.

女的审美趣味。本文参考仇立平等(2011)①的研究方法,以被调查对象 14 岁以前家中是否有某些类别的物品作为客观文化资本的主要衡量指标,根据调查对象的选择情况将"是""否"选项分别赋值 0、1,加总后得到连续变量。

(3) 制度化文化资本测度

文化资本主要通过自为性体验与自觉性学习两种方式获得,即是"在人们对此还未形成意识的早期就全面展开了,它是通过年幼时期的家庭体验获得的"以及"从较晚的时期开始,以一种系统的、速成的学习方式进行"。② 因此,学校的文化活动一方面是青年文化资本再积累的空间与场域,另一方面也构成了青年文化消费的重要因素。通常来说,消费者从文化消费中获得的效用水平与其受教育水平正相关(张苏秋等,2015)。③

基于此,本文以受访者获得的最高学历水平测度其制度文化资本。考虑到本文研究样本集中在 35 岁(1986 年以后出生的人群)以下的青年人群,一方面,该类人群中大专及以上学历普及率达到 50%(2002 年之后的高考录取率)以上;另一方面,从现实经验推断,大专及以下学历水平中的各个阶段对于调查者文化品位的提升来说并无显著差异。与此同时,调查者是否就读于 211/985 等重点大学,对于其文化资本的提升却有显著的促进作用。

因此,本文对受访者的学历水平设置为高中及以下(赋值为 1)、大专(赋值为 2)、普通大学本科(赋值为 3)、211/985 大学本科(赋值为 4)、硕士研究生及以上(赋值为 5)。

3. 人口学特征的测度

本文设置年龄、性别、年均可支配收入水平、年均文化消费水平、14 岁之前生活的地点、14 岁之后生活的地点等六项为人口学变量,各变量的测度标准如下:

(1) 年龄变量,设置为 14—35 岁,大于 35 岁为无效样本。

(2) 性别变量,本文采用虚拟变量,即男性赋值为 1,女性赋值为 0。

(3) 可支配收入水平,根据 2019 年国家统计局网站发布的数据显示,我国人均可支配收入水平为 3 万元。本文设置三个可支配收入的选择区间,即 3 万元以

① 仇立平,肖日葵.文化资本与社会地位获得——基于上海市的实证研究[J].中国社会科学,2011(6):122-136,224.
② 皮埃尔·布迪厄.文化资本与社会炼金术[M].包亚明,译.上海:上海人民出版社,1997.
③ 张苏秋,顾江.居民教育支出对文化消费溢出效应研究——基于全国面板数据的门限回归[J].上海经济研究,2015(9):70-76.

下(赋值为 1)、3 万—6 万元(赋值为 2)、6 万元以上(赋值为 3)。

（4）文化消费支出水平，根据《中国家庭追踪调查 2018》(CFPS 2018)中调查结果显示，我国人均文化消费支出水平为 300 元。本文设置三个文化消费支出的选择区间，即 300 元以下、300—600 元、600 元以上。

（5）所处区域，本文将有效样本分为三类，分别是：① 成长与工作始终没有离开地级市及以下城市的"小镇青年"(赋值为 1)；② 14 岁之前生活在地级市及以下地区，但是在省会城市及北、上、深等大城市工作或学习的"准小镇青年"(赋值为 2)；③ 成长与工作生活始终在省会城市及北、上、深等大城市的"非小镇青年"(赋值为 3)。

（二）问卷信度与效度检验

本文采取预调研的方式，对问卷的结构化变量进行信度和效度的检测，应用问卷星在网上随机发放 100 份问卷，回收到 50 份有效问卷，具体的检测结果如下。

首先，利用 KMO、Bartlett 检查问卷中结构化变量的效度。问卷题项的 KMO 值为 0.808，表明调查问卷适合用因子分析。Bartlett 的显著性小于 0.01，表明各变量具有相关性，因子分析有效。因子分析结果显示，问卷中 9 个题项，形成 3 个因子，且因子载荷均在 0.5 以上，具体检验结果见表 1。

表 1 问卷效度检验结果

题项	因子 1	因子 2	因子 3
您 14 岁以前，父母及与您同住的亲属是否频繁参与下列活动(看电影、参观博物馆、听音乐会、观看艺术展)	0.678		
在您 14 岁以前，是否频繁(经常)参与下列活动(看电影、参观博物馆、听音乐会、观看艺术展)	0.543		
在您 14 岁以前，父母及与您同住的亲属是否经常在家阅读写作	0.788		
在您 14 岁以前，您家里是否有人文社科类书籍		0.787	
在您 14 岁以前，您家里是否有艺术品或者其仿制品		0.657	
在您 14 岁以前，您家里是否有书房		0.512	

在表 2 中列出了本文研究的各变量的测量指标题项以及信度检验结果，本文中因变量的克朗巴哈系数均大于 0.6，通过了信度检验。

表2　各变量测量指标及问卷信度检验结果

变量			测量指标	α
因变量	观影行为	Y1	您通常会选择观看国产电影吗	—
		Y2	相对于商业电影,您更喜欢观看文艺片吗	—
自变量	身体文化资本	X1	您14岁以前,父母及与您同住的亲属是否频繁参与下列活动(看电影、参观博物馆、听音乐会、观看艺术展)	0.788
		X2	在您14岁以前,是否频繁(经常)参与下列活动(看电影、参观博物馆、听音乐会、观看艺术展)	
		X3	在您14岁以前,父母及与您同住的亲属是否经常在家阅读写作	
	客观文化资本(参考仇立平设计)	X4	在您14岁以前,您家里是否有人文社科类书籍	0.654
		X5	在您14岁以前,您家里是否有艺术品或者其仿制品	
		X6	在您14岁以前,您家里是否有书房	
	制度文化资本	X7	您的最高学历是	—
人口学变量	人口特征	C1	您的年龄	—
		C2	您的性别	—
		C3	您14岁以前的主要生活地点	—
		C4	您现在生活工作的地点	
		C5	您的年收入水平	
		C6	您每年在文化娱乐消费中大概花多少钱	

(三)数据收集与筛选

课题组应用问卷星软件,通过线上渠道向当前生活在一线城市、二线城市、三线及以下城市的青年定向发放问卷,在两周的时间内,共回收问卷1 034份,根据以下样本清理程序:

第一,剔除年龄在35周岁以上的被调查者。

第二,由于本文对被调查者观影品位的测度是基于其对于《我不是药神》和《捉妖记2》这两部电影的评价,如果被调查者对两部电影的关键情节记忆模糊,则其评价的可信度较低。因此,本文在问卷题项中设置对以上两部电影关键情节的问题选项,剔除掉关键情节选择错误的问卷。

第三,课题组成员通过问卷前测,计算出认真作答本问卷的平均时间是85秒,剔除掉作答时间在 85 秒以下的问卷。

最终,本文获得有效问卷 675 份,问卷有效回收率为 65.3%。

表 3 对文章中的主要变量做了描述性统计分析,包括因变量、自变量、控制变量以及问卷中的人口统计学变量等。

表 3　主要变量描述性统计分析

类型	变量描述	标准差	平均值	最大值	最小值
因变量	观影行为	3.21	10.69	15.00	1.00
人口学变量	年龄	3.70	25.45	33.00	16.00
	性别	0.49	0.37	1.00	0.00
	可支配收入	0.90	1.91	3.00	1.00
	文化消费支出	0.83	2.39	3.00	1.00
	所处区域	0.85	4.09	5.00	1.00
	目前生活地区	0.66	3.44	5.00	3.00
自变量	身体文化资本	0.60	1.89	4.00	0.86
	客观文化资本	1.84	2.39	6.00	0.00
	制度文化资本	0.93	3.04	5.00	1.00

四、研究结果与分析

本文应用多元线性回归的方法,验证家庭文化资本的不同维度对个人观影行为的影响。为保证回归结果的稳健性,采取分步回归的方式,逐一加入文化资本各维度的变量和控制变量。

在表 4 中展示了家庭文化资本对青年艺术类电影选择偏好的实证回归检验结论,模型 1、模型 2 和模型 3 是分步加入文化资本各维度的回归结果。其中,身体文化资本对青年观影品位的影响在 1% 显著水平上存在正向影响,说明青年在童年时期,家庭的文化氛围营造对其成年之后观影品位的塑造有显著的正向影响,青年家庭成员的文化资本禀赋越高,个人在童年时期参与的文化活动越多,成年后选择观看艺术类电影的倾向越强烈;同时,客观文化资本对青年的艺术类电影选择倾向的影响也通过了 5% 显著水平的检验,且影响方向为正,客观文化资本指的是以物质形式表现出的家庭文化资本积累,它构成了观影品位形成的物质条件。这说明,一方面,在更重视文化相关产品投资的家庭中成长起来的青年,其成年后往往对于艺术类的电影具有更强烈的偏好;另一方面,由于家庭的物质资本积累是客观文化资本积累的前提条件,这个实证结果也说明了家庭物质条件对青年文化消费品位形成的重要性。模型3的回归结果显示,以青年学历水平为代理变量的制度文化资本对观影品位的影响未通过10％显著水平的检验。可能的解释是,一方面,本文的研究中80％以上的有效样本的学历水平是大学本科,样本之间在学历水平上的差异化程度较小,高中及以下学历水平的受访者仅占样本的3％左右;另一方面,拥有211/985重点大学的学习经历,对青年艺术类电影偏好的形成未产生实质影响,可能的原因是重点大学的文凭更多地反映在劳动力市场的差异上,而未反映在青年的审美品位与艺术素养的形成中。模型4中,加入所有控制变量回归结果与上述分析结果相同。值得注意的是,青年所处区域对个人的艺术类电影的选择偏好也未通过显著性检验。因此,本文的实证结果不支持小镇青年的审美趣味较低、偏好较低艺术审美趣味文化产品的观点。

表4　文化资本对青年艺术类电影选择偏好影响的实证分析

	模型1	模型2	模型3	模型4	模型5
身体文化资本	1.34*** (3.33)	1.85*** (4.33)	2.01*** 10.14)	3.31*** (5.35)	4.21*** (2.35)
客观文化资本		2.47*** (9.91)	4.01*** (0.15)	7.21*** (2.35)	7.34*** (0.33)
制度文化资本			0.34 (0.08)	0.43 (2.08)	0.21 (1.22)
所处区域					1.18 (2.49)
文化娱乐消费支出					2.23*** (1.45)
可支配收入					2.32*** (1.32)
性别					0.02 (2.33)
常数项	−37.83* (0.65)	23.23 (0.84)	68.00*** (0.13)	69.17*** (4.378)	−70.17*** (5.368)
R^2	0.35	0.54	0.67	0.78	0.78
样本数	675	675	675	675	675

注:"*""**"和"***"分别代表在10％、5％和1％水平下显著。

由表 5 的回归结果显示,原生家庭文化资本的三个维度,即身体文化资本、客观文化资本、制度文化资本对于青年国产电影选择偏好的影响均未通过 10% 显著水平检验,说明青年的文化资本与其国产电影选择偏好之间不存在统计上显著的因果关系。值得注意的是,青年所处区域与其国产电影选择的偏好在 5% 显著水平上负相关。根据本文虚拟变量的赋值情况分析,相对于非小镇青年来说,小镇青年更偏好选择国产电影。可能的解释是:一方面,一、二线城市经济发展水平和人均可支配收入水平普遍高于三、四线城市。根据钱纳里的理论,当人均收入超越 5 000 美元时,文化消费会出现爆发式的增长。因此,人均收入超过 5 000 美元的一、二线城市居民消费者对于文化消费多样性的需求较高,电影消费只是其文化消费的一个组成部分。另一方面,一线城市具备更为完备的其他娱乐设施,根据艺恩数据库的数据显示,"2019 年我国演出赛事的八大类目(包括体育赛事、休闲娱乐、演唱会、话剧歌剧、音乐会、儿童亲子、曲艺杂技、舞蹈芭蕾)有 64% 集中在一线城市"[①],相对丰富而密集的演出赛事对电影消费形成了替代关系,也造就了该类地区的青年的文化消费选择更为多元化,并不限制于电影消费的领域。

表 5　文化资本对青年国产电影选择偏好影响的实证分析

	模型 1	模型 2	模型 3	模型 4
身体文化资本	2.24 (5.03)	0.85 (6.22)	3.22 10.14)	3.01 (2.35)
客观文化资本		3.25 (0.31)	2.23 (1.35)	1.24 (1.45)
制度文化资本			1.22 (2.08)	2.33 (0.87)
所处区域				2.25 *** (0.45)
文化娱乐消费支出				1.23 *** (2.05)

---

① 艺恩. 2019 年电影市场趋势及贺岁档前瞻[EB/OL]. (2020 - 05 - 09). http://www. endata. com. cn/Market/reportDetail. html? bid = 8edb7866 - 0cac - 4046 - a076 - f9fd2e2adad8.

（续表）

	模型 1	模型 2	模型 3	模型 4
可支配收入				1.66*** (0.55)
性别				0.02 (2.33)
常数项	−57.83* (0.98)	6.77 (1.45)	8.07** (0.84)	0.88* (1.09)
R^2	0.33	0.45	0.55	0.67
样本数	675	675	675	675

注:"*""**""***"分别代表在10%、5%和1%水平下显著。

对三、四线城市及以下地区的青年来说,一方面,由于居民可支配收入有限,进行文化消费的需求较弱,电影以低廉的价格和较低的欣赏门槛,成为该类地区消费者乐于选择的文化消费形式;另一方面,由于我国文化产业自身发展的不平衡性,该类地区的娱乐消遣方式有限,根据艺恩数据库的数据显示,"仅有14%的现场类演出赛事在三、四线城市举办"①,相对匮乏的休闲娱乐活动导致看电影成为该类地区居民进行文化娱乐消费的主要渠道。

综上所述,青年原生家庭的身体文化资本与客观文化资本对其艺术类电影选择偏好产生了正向影响。也就是说,青年原生家庭中文化氛围越浓郁,个人参与的文化活动越频繁,其成年之后对艺术类电影的偏好越强烈。以青年的学历水平为代理变量的制度文化资本对青年观影品位的影响未通过10%显著水平检验,可能的解释是学历水平仅代表青年在劳动力市场的竞争力水平,无法反映其审美品位与艺术素养。青年所处的区域与其国产电影的选择之间存在统计上显著的相关性。也就是说,小镇青年的确更为偏好国产电影,但是这并不是由于其文化资本积累水平或者审美品位决定的,而是由于"小镇"的经济发展水平相对落后,文化消费选择范围狭窄限制了小镇青年多元化的文化娱乐选择,观看院线电影成为其主要的娱乐活动。相比于非小镇青年来说,小镇青年对于院线电影的质量更缺乏"用脚投票"的权利。因此,造成了相对于城市青年来说,小镇青年更为偏好评分偏低的

---

① 艺恩. 2019 年电影市场趋势及贺岁档前瞻[EB/OL]. (2020 - 05 - 09). http://www. endata. com. cn/Market/reportDetail. html? bid=8edb7866 - 0cac - 4046 - a076 - f9fd2e2adad8.

国产电影，其"观影品位"偏低的"假象"。

五、结论与讨论

本文的研究结论证明地域差异并不是导致青年观影行为差异的主要因素，青年成长阶段家庭文化资本的积累是影响其观影品位形成的重要因素。学者认为，"我国大规模的城镇化始于 2012 年前后"（张若琪等，2014）[1]，而目前大众文化消费市场的主力消费者都是在此之前成长起来的青年，在他们 14 岁之前的童年阶段，普遍存在家庭文化资本匮乏的状况，这可能是导致我国大众观影品位与行业期待水平之间差距的原因之一。基于以上研究结论，从提升家庭文化资本积累的视角，为如何提升青年文化消费品位提供政策建议。

根据本文的研究结论，青年的家庭文化资本是决定其观影品位的重要因素。因此，提升青年成长阶段的家庭文化资本积累，才能从根本上提升国产电影市场的需求品位。本文从以下两个方面，为提升青年家庭文化资本积累水平，提出政策建议。

第一，实现我国区域之间人均可支配收入的均衡发展，是提升家庭文化资本积累整体水平的必要条件。由于经济基础决定上层建筑，家庭必然是在其基本生活水平得到保障之后才会进行文化资本的积累。对比以韩国、日本为代表的亚洲优秀大众影视作品生产地区，早在 20 世纪 80 年代，韩国、日本的人均 GDP 水平已经处于初级发达国家水平。而这些地区影视产品消费市场的消费者，在其童年阶段比中国同期有更为丰厚的家庭文化资本支持，从而形成较高的大众文化产品欣赏品位。鉴于我国区域之间经济发展不平衡，应积极实施有差别的区域发展政策，保证经济欠发达地区人均收入水平的持续提升。这是提升我国家庭文化资本积累整体水平的根本路径，也是保证未来我国青年整体观影审美品位水平提升的根本策略。

第二，构建公共文化消费氛围，是引导家庭进行文化资本积累的有效路径。文化资本不同于物质资本，其形成和积累有一定的门槛性要求，即需要引导和培养。由于我国处于转型经济的特殊时期，经济发展速度较快，快节奏的生活与激烈的市场竞争，导致我国居民对于文化资本积累的长期忽略。鉴于此，我国应该通过增加

---

① 张若琪,孙晖,刘汉文.论引进片对中国电影发展的推动作用[J].当代电影,2014(2):10-15.

公共文化基础设施建设、提升社会的文化氛围、增加中小学的艺术审美课程建设等措施，引导家庭的文化资本积累，为未来我国青年观影审美品位的提升提供优良的制度环境。以英国为例，其为提升国民艺术审美品位，制定了从小学到高中衔接有序的艺术教育体系和严格的艺术教育大纲，包含艺术与设计、音乐、戏剧、舞蹈、媒体艺术等科目，致力于培养每位学生对艺术的兴趣和爱好；另外，英政府要求博物馆、图书馆、展览馆、档案馆等公共文化机构应为学生提供艺术教育服务。政府、学校、企业等各部门协调配合，共同参与养成学生欣赏艺术的习惯，从而提升学生审美修养。综上所述，本研究认为增加公共文化基础设施建设、提升社会的文化氛围、增加中小学的艺术审美课程建设等措施，引导家庭的文化资本积累，对于优化我国青年观影选择，进而促进电影市场产品质量的提升具有积极意义。

作者简介

王亚楠（1986— ），河南郑州人，华东政法大学传播学院讲师。研究方向为传媒经济学、文化产业。

宋浩凯（1999— ），上海人，华东政法大学传播学院研究生。研究方向为数字传媒与文化产业。

An Empirical Study on the Influence of Parental Cultural Capital on Youth Movie-Watching Behavior

Wang Yanan   Song Haokai

Abstract：This paper，based on a questionnaire survey of 675 young people，tries to design a quantitative research program that affects youth movie-watching behavior within the theoretical framework of cultural capital，with the purpose of vertrfying the applicability of the determinism of parental cultural capital to youth movie-watching behavior. The findings show that：① There is a statistically significant positive correlation of parental cultural capital and objective cultural capital with the youth's taste for art films；② none of the three dimensions of cultural capital has statistically significant correlations with the youth's preference for domestic films；③ there is a statistically significant correlation between the youth's location and their choice of Chinese films. In other words，the "small-town youth" （young people in third- and fourth-tier cities，townships and rural areas） do prefer domestic movies，but this is not due to their insufficient cultural capital or aesthetic taste；instead，it is because these "towns" are economically underdeveloped and not abundant in entertainment products，thus limiting the range of choices for the cultural consumption of the small-town youth.

Key words：small-town youth；cultural capital；movie-watching behavior

短视频内容对消费者购买意愿的影响研究[*]

马莉婷　吴昊迪

——以消费者情感依恋为中介

摘　要：如今，短视频不仅成为人们获取信息的重要渠道，更成为企业关键的宣传和销售渠道。企业通过及时更新、持续产出新鲜内容，可提升短视频内容营销效果，故研究短视频内容对消费者购买意愿的影响具有重要意义。基于刺激—机体—反应模型构建短视频内容对消费者购买意愿的影响模型，面向抖音用户开展问卷调查并进行实证分析。研究表明，短视频内容真实性、原创性、实用性、社交互动性对消费者购买意愿产生显著影响，消费者情感依恋在该过程中发挥中介作用。基于研究结论，提出如下建议：主管部门应加大监管力度，构建风清气正的网络环境；短视频平台应严格审核内容，把好第一道"质量关"；内容生产者应自觉提升短视频内容的真实性、原创性、实用性和社交互动性；电商企业应积极促进消费者情感依恋的形成，以提升短视频内容营销效能；电商企业应讲好品牌故事，借助短视频为品牌营销赋能。

关键词：内容营销；消费者购买意愿；影响因素；情感依恋

一、引言

CNNIC发布的第48次《中国互联网络发展状况统计报告》显示，截至2021年6月，我国网民规模达10.11亿，互联网普及率为71.6%。[1]网民规模的快速增长

---

* 基金项目：福建江夏学院科研机构"电子商务创新发展研究中心"（21kpxs01）、2018年省级本科教学团队"电子商务创新创业实战实验教学型本科教学团队"（18SJTD04）、2020年福建江夏学院电子商务校级一流专业建设点立项建设项目（24/06201901）、2017年福建江夏学院校级教学团队项目《电子商务》系列课程教学团队"（17JXTD07）的阶段性研究成果。

为信息传播范围的拓展奠定了坚实基础。如今,短视频已逐渐成为人们在碎片化时间里消遣的娱乐方式和信息获取的重要渠道。短视频作为引流工具,可吸引大量消费者转至电商平台。短视频具有社交化的特点,其信息传播价值已备受关注,研究短视频内容对消费者购买意愿的影响具有重要意义。

已有部分国外学者从不同角度对短视频内容营销进行探讨。Britt(2020)以搜索引擎为研究对象,指出内容搜索结果的排列位置会影响网站的潜在客户,并且提出可通过升级内容来吸引客户。[2] Hwan 等(2019)以 Youtube 平台为基础研究旅游 Vlog(视频日志)对浏览者获取可用信息的影响,并指出旅游虚拟博客的内容营销在产品曝光一致性方面的局限性,提出改进方式,为企业与内容制作者提供实际帮助。[3] Shashikala 等(2019)研究社交媒体领域的内容营销,指出内容营销的运营目标是促使消费者参与对其有吸引力的方式,形成购买意愿,产生购买行为,促成交易。[4] Jung 等(2018)通过实证分析探究 B2B 企业的客户分享内容对购买风险的影响,指出内容营销中客户分享内容能够降低购买风险。[5]

国内学者对短视频内容营销研究较多,已从不同角度对短视频内容营销的策略及重点进行探讨。陆朦朦等(2019)探索内容 2.0 时代下的盈利模式,指出"人工智能+内容电商"是令商业价值增长的重点领域之一。[6] 岳小玲(2020)通过研究电商直播"带货"领域的内容生产,提出需要参考短视频内容制作的方式提升内容质量。[7] 段宏霞(2020)基于小红书平台研究内容电商的运营模式,分析内容电商的发展与现状,指出内容电商与精神市场具有关联性。[8]

众多学者对短视频内容营销的成功要素展开探讨。闫雪雅(2019)研究影视与短视频结合的营销方式,探索其成功的因素,指出影视与短视频间已形成互惠共生的机制。影视热门话题内容可与短视频平台制造传播热点,实现共赢。[9] 罗玉葵(2020)指出短视频短而精的特点能快速抓住浏览者的体验。[10] 张布帆(2020)基于今日头条平台研究"三农"短视频内容营销,提出"三农"短视频制作、发布中的问题并给出优化内容的方法,指出这一类的短视频内容需重点保持其真实性。[11] 金娜和晏家月(2020)研究"移动短视频+电商"的组合模式,指出短视频内容营销为电商提供流量,电商为短视频提供盈利模式,两者结合能互相促进、共同发展。[12] 蔡斐然(2020)以抖音官方账号利用内容分析法研究电视剧集短视频营销模式,指出实施内容营销的关键点是打造出创新、专业、潮流且具有深度的新媒体产品。[13]

众多学者亦基于短视频对消费者购买意愿产生的影响上展开研究。李复达等

(2019)指出短视频植入产品宣传会对消费者购买意愿产生积极显著的影响。[14]张丽洁(2020)指出抖音短视频内容营销以消费者体验为起点,利用消费者的碎片化时间打造沉浸式体验,推动消费升级。[15]庞婷(2020)指出短视频内容给市场消费体系带来正向的促进作用。[16]王香宁(2020)指出短视频内容营销对消费者购买意愿产生正向影响,内容营销能鼓励消费者参与互动。[17]

综上,现有研究成果大多基于单个平台或媒体进行分析,探讨应如何正确生产内容才能引起消费者产生情感共鸣以及应如何正确使用内容以激励消费者购买。本文探讨短视频内容对消费者购买意愿的影响,拓展了短视频内容营销领域的研究视角。

二、模型构建与研究假设

(一)研究模型构建

刺激—机体—反应(Stimulus-Organism-Response,S-O-R)模型是探究消费者行为的常用模型。本文以此为理论框架,基于现有研究成果采用的经典量表,将教育性、真实性、趣味性、原创性、实用性及社交互动性作为短视频内容的六个维度,并将其作为环境刺激因素(S)即自变量;将消费者购买意愿作为反应(R)即因变量。由于在信任形成和信任稳定阶段,消费者情感依恋对信任均有显著正向影响[18],故将消费者情感依恋作为机体(O)即中介变量。进而,构建短视频内容对消费者购买意愿的影响模型(图1),研究短视频内容的教育性、真实性、趣味性、原创

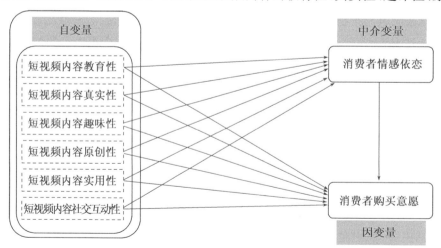

图1 短视频内容对消费者购买意愿的影响模型

性、实用性及社交互动性对消费者情感依恋及消费者购买意愿的影响及消费者情感依恋的中介作用,以提升短视频内容营销效能,促进消费者产生购买意愿。

(二)研究假设

本文基于研究模型,作出 19 项研究假设,如表 1 所示。

表 1　研究假设

种类	序号	假设内容
短视频内容六个维度内容对消费者购买意愿的影响	H1(a)	短视频内容教育性对消费者购买意愿有显著性影响
	H1(b)	短视频内容真实性对消费者购买意愿有显著性影响
	H1(c)	短视频内容趣味性对消费者购买意愿有显著性影响
	H1(d)	短视频内容原创性对消费者购买意愿有显著性影响
	H1(e)	短视频内容实用性对消费者购买意愿有显著性影响
	H1(f)	短视频内容社交互动性对消费者购买意愿有显著性影响
消费者情感依恋对消费者购买意愿的影响	H2	消费者情感依恋对消费者购买意愿有显著性影响
短视频内容六个维度内容对消费者情感依恋的影响	H3(a)	短视频内容教育性对消费者情感依恋有显著性影响
	H3(b)	短视频内容真实性对消费者情感依恋有显著性影响
	H3(c)	短视频内容趣味性对消费者情感依恋有显著性影响
	H3(d)	短视频内容原创性对消费者情感依恋有显著性影响
	H3(e)	短视频内容实用性对消费者情感依恋有显著性影响
	H3(f)	短视频内容社交互动性对消费者情感依恋有显著性影响
消费者情感依恋的中介作用	H4(a)	消费者情感依恋在短视频内容教育性对消费者购买意愿的影响中起中介作用
	H4(b)	消费者情感依恋在短视频内容真实性对消费者购买意愿的影响中起中介作用
	H4(c)	消费者情感依恋在短视频内容趣味性对消费者购买意愿的影响中起中介作用
	H4(d)	消费者情感依恋在短视频内容原创性对消费者购买意愿的影响中起中介作用
	H4(e)	消费者情感依恋在短视频内容实用性对消费者购买意愿的影响中起中介作用
	H4(f)	消费者情感依恋在短视频内容社交互动性对消费者购买意愿的影响中起中介作用

三、问卷设计与数据收集

(一) 问卷设计

实证分析数据来源于面向抖音用户发放的《短视频内容对消费者购买意愿的影响调查》,问卷分别针对短视频内容的六个维度(自变量)、消费者情感依恋(中介变量)、消费者购买意愿(因变量)设置李克特五级量表题进行测量,选项1—5分别代表"非常不同意"至"非常同意",问卷测量题项如表2所示。

表2 短视频内容对消费者购买意愿影响测量题项

测量变量	测量维度	测量题项	假设内容	参考来源
自变量	短视频内容教育性	Q8	我可以从短视频中学到新知识	王香宁(2020)[17]
		Q9	我可以从短视频中得到启示	
		Q10	我可以将从短视频中学到的知识用于生活实践	
		Q11	短视频展示产品的真实程度高	
	短视频内容真实性	Q12	产品质量与短视频描述一致	张布帆(2020)[11]
		Q13	我会关注产品宣传真实的短视频账号	
		Q14	我会关注短视频内容中人物关系真实的短视频账号	
	短视频内容趣味性	Q15	我认为有趣的短视频会令人产生愉悦的心情	李复达等(2019)[14]
		Q16	我会关注有趣的短视频制作者	
		Q17	我认为在有趣的短视频里植入广告不违和	
	短视频内容原创性	Q18	我认为原创性短视频值得关注	黄增心等(2019)[19]
		Q19	我认为原创性短视频能吸引我	
		Q20	我认为原创性短视频有看点	
	短视频内容实用性	Q21	我认为可以从原创性短视频中获取新鲜知识	李复达等(2019)[14]
		Q22	我认为实用性短视频能解决我的问题	
		Q23	我能从实用性短视频中获取对我有价值的信息	
		Q24	我对实用性产品印象深刻	
	短视频内容社交互动性	Q25	点赞数量越多的短视频内容越能引起共鸣	王香宁(2020)[17]
		Q26	我会在评论区与短视频制作者进行互动	
		Q27	我会转发分享短视频	
		Q28	通过观看评论我能判断短视频中植入产品的优劣	

(续表)

测量变量	测量维度	测量题项	假设内容	参考来源
中介变量	消费者情感依恋	Q29	浏览短视频能让我产生情感共鸣	杨姗等(2019)[20]
		Q30	我更愿意关注让我产生情感共鸣的短视频账号	
		Q31	我会购买使我产生情感共鸣的产品	
		Q32	我不会对植入广告的短视频账号取消关注	
因变量	消费者购买意愿	Q33	我会购买短视频广告推荐的产品	庞婷(2020)[16]
		Q34	我愿意在短视频平台购买产品	
		Q35	我会购买短视频植入广告中宣传的产品	
		Q36	我会根据短视频制作者的测评购买产品	

(二)数据收集

通过网络发放调查问卷,持续 11 天,共回收 388 份问卷,剔除填写时间小于 30 秒、选项几乎一致及没有下载和使用过抖音的网民所填写的 20 份无效问卷,得到 368 份有效问卷。

四、统计分析

(一)描述性统计分析

调查结果显示,368 名被调查者性别比例较为均衡;年龄多集中于 19—40 岁;拥有本科学历者居多;月收入集中于 4 000 元及以下区间,具有一定的消费能力;抖音使用年限为 3 年以下者居多。描述性统计分析结果与 CNNIC 发布的第 48 次《中国互联网络发展状况统计报告》表征的我国网民整体属性基本吻合,反映出本次调查选取的样本具有代表性。

(二)信度分析

信度分析是为了考察量表里所有题项的一致性与可靠性。本文对 8 个变量进行 Cronbach's α 系数信度分析检验,Cronbach's α 系数值越大,题项的可靠程度越强。信度分析结果表明,总量表信度分析的 Cronbach's α＝0.968＞0.7,说明本文量表所有题项可靠程度较高,一致性较好,信度良好。

(三)效度分析

本文对 6 个自变量的 21 个题项进行 KOM 和 Brartlett 的球形度检验及因子

分析。分析结果表明,本文 8 个变量的 KMO＝0.933＞0.6 且 Sig.＝0.000＜0.005,说明研究数据适合进行因子分析。

(四) 因子分析

本文对自变量的 21 个测量项采用主成分分析法进行因子分析。分析结果如表 3 所示。

表 3　因子分析结果

题项	因子载荷						总计	旋转载荷平方和方差百分比	累积/%
	1	2	3	4	5	6			
Q19	0.846						4.891	23.292	23.292
Q20	0.825								
Q18	0.789								
Q21	0.609								
Q26		0.801					3.296	15.694	38.986
Q27		0.757							
Q25		0.675							
Q28		0.623							
Q11			0.810				3.051	14.527	53.513
Q12			0.813						
Q14			0.663						
Q13			0.648						
Q8				0.804			3.000	14.286	67.798
Q9				0.803					
Q10				0.799					
Q22					0.572		1.752	8.342	76.140
Q23					0.547				
Q24					0.523				
Q17						0.848	1.112	5.296	81.436
Q16						0.767			
Q15						0.766			

由表 3 可知,从短视频内容六个维度的 21 个题项中共提取 6 个公因子,将因子载荷大于 0.5 的题项归为同一个成分。Q18—Q21 属于成分 1,可命名为"短视频内容原创性";Q25—Q28 属于成分 2,可命名为"短视频内容社交互动性";Q11—Q14 属于成分 3,可命名为"短视频内容真实性";Q8—Q10 属于成分 4,可命名为"短视频内容教育性";Q22—Q24 属于成分 5,可命名为"短视频内容实用性";Q15—Q17 属于成分 6,可命名为"短视频内容趣味性"。

(五) 相关性分析

采用双变量相关性分析,研究短视频内容六个维度(自变量,包含短视频内容的教育性、真实性、趣味性、原创性、实用性、社交互动性)与中介变量(消费者情感依恋)、因变量(消费者购买意愿)之间的两两相关关系,分析结果如表 4 所示。

表 4　各变量的相关性分析结果

测量维度	短视频内容教育性	短视频内容真实性	短视频内容趣味性	短视频内容原创性	短视频内容实用性	短视频内容社交互动性	消费者情感依恋	消费者购买意愿
短视频内容教育性	1							
短视频内容真实性	0.566**	1						
短视频内容趣味性	0.678**	0.529**	1					
短视频内容原创性	0.638**	0.598**	0.709**	1				
短视频内容实用性	0.682**	0.698**	0.672**	0.751**	1			
短视频内容社交互动性	0.613**	0.687**	0.632**	0.593**	0.757**	1		
消费者情感依恋	0.629**	0.609**	0.688**	0.675**	0.761**	0.784**	1	
消费者购买意愿	0.471**	0.618**	0.447**	0.422**	0.603**	0.661**	0.677**	1

注:"**"表示双尾 0.01 级别,相关性显著。

由表 4 可知,在 0.01 的显著性水平下,短视频内容六个维度与消费者情感依恋、消费者购买意愿之间均呈正相关关系,相关系数介于 0.442—0.784。

短视频内容教育性、短视频内容真实性、短视频内容趣味性、短视频内容原创性、短视频内容实用性、短视频内容社交互动性与消费者情感依恋的相关系数分别为 0.629、0.609、0.688、0.675、0.761 和 0.784。

短视频内容教育性、短视频内容真实性、短视频内容趣味性、短视频内容原创性、短视频内容实用性、短视频内容社交互动性、消费者情感依恋与消费者购买意愿的相关系数分别为 0.471、0.618、0.447、0.422、0.603、0.661 和 0.677。

其中,短视频内容社交互动性与消费者情感依恋的相关系数为 0.784,为全表内系数最高值。

(六) 回归分析

本文在相关性分析的基础上,采用 SPSS 26.0 通过线性回归方法分析各变量间的因果关系及影响大小。模型 1、2 由短视频内容营销的六个维度作为自变量,消费者购买意愿作为因变量。模型 3、4 由短视频内容营销的六个维度作为自变量,消费者情感依恋为因变量。模型 5 由消费者情感依恋为自变量,消费者购买意愿作为因变量。模型 2、模型 4 分别在模型 1、模型 3 的基础上剔除无显著性影响的变量进行多元线性回归分析。模型 5 进行一元线性回归分析。各变量的回归分析如表 5 所示。

表 5　各变量的回归分析结果

变量	模型 1	模型 2	模型 3	模型 4	模型 5
	消费者购买意愿	消费者购买意愿	消费者情感依恋	消费者情感依恋	消费者购买意愿
(常量)	0.125*	0.139*	0.176**	0.338***	0.274**
短视频内容教育性	0.035		0.132		
短视频内容真实性	0.361***	0.365***	0.129		
短视频内容趣味性	0.027		0.181**	0.145*	
短视频内容原创性	0.183**	0.178*	0.134*	0.136*	
短视频内容实用性	0.242**	0.250*	0.213**	0.243*	
短视频内容社交互动性	0.420***	0.423***	0.415***	0.330***	
消费者情感依恋					0.796***
R^2	0.603	0.690	0.714	0.679	0.658
F	33.718	50.466	83.064	76.931	173.304
Sig.	0.000	0.000	0.000	0.000	0.000

注:"*""**""***"分别表示 0.05、0.01 和 0.001 级别(双尾验证),相关性显著;各个模型中 VIF 值均<5,说明无共线性问题。

由表 5 可知,模型 1 表明短视频内容教育性、短视频内容趣味性对消费者购买意愿无显著影响;模型 2 表明短视频内容真实性、短视频内容原创性、短视频内容实用性、短视频内容社交互动性对消费者购买意愿均具有显著正向影响;模型3表明短视频内容教育性、短视频内容真实性对消费者情感依恋并无显著影响;模型4表明短视频内容趣味性、短视频内容原创性、短视频内容实用性、短视频内容社交互动性对消费者情感依恋均具有显著正向影响;模型5表明消费者情感依恋对消费者购买意愿具有显著正向影响。

综上,可验证 H1(a)、H1(c)、H3(a)、H3(b)假设不成立,H1(b)、H1(d)、H1(e)、H1(f)、H2、H3(c)、H3(d)、H3(e)、H3(f)均验证成立。用 X_1 表示短视频内容教育性、X_2 表示短视频内容真实性、X_3 表示短视频内容趣味性、X_4 表示短视频内容原创性、X_5 表示短视频内容实用性、X_6 表示短视频内容社交互动性、Y 表示消费者购买意愿、M 表示消费者情感依恋,可得如下回归方程式:

$$Y=0.139+0.365X_2+0.178X_4+0.250X_5+0.423X_6$$

$$Y=0.274+0.796M$$

$$M=0.338+0.145X_3+0.136X_4+0.243X_5+0.330X_6$$

(七) 中介作用分析

本文使用分层回归分析方法对消费者情感依恋的中介作用进行检验。在此采用步进法,使对消费者购买意愿有影响的变量按顺序逐一进入回归方程,分析结果如表6所示。

表6　消费者情感依恋中介作用分析

变量	模型1	模型2
(常量)	0.139*	0.092*
短视频内容真实性	0.365***	0.379***
短视频内容原创性	0.178*	0.252**
短视频内容实用性	0.250*	0.132
短视频内容社交互动性	0.423***	0.200***
消费者情感依恋		0.533***
R^2	0.690	0.762
F	50.466	86.423
Sig.	0.000	0.000

注:" * "" ** "" *** "分别表示0.05、0.01和0.001级别(双尾验证),相关性显著;各个模型中 VIF 值均<5,说明无共线性问题。

由表 6 可知,基于回归分析结论,剔除对消费者购买意愿无影响的变量(短视频内容教育性、短视频内容趣味性)再进行中介作用分析。模型 1 表明,短视频内容真实性、短视频内容原创性、短视频内容实用性、短视频内容社交互动性对消费者购买意愿有显著性影响。模型 2 表明,加入消费者情感依恋后短视频内容真实性、原创性、社交互动性对消费者购买意愿的影响依然显著;短视频内容实用性发生了变化,从对消费者购买意愿呈显著的正相关影响变为对消费者购买意愿呈不显著的影响,且模型 2 的 R^2 有较为明显的提升。

引入消费者情感依恋后,可以更好地解释消费者购买意愿变化的原因。消费者情感依恋在短视频内容真实性、原创性、社交互动性与消费者购买意愿之间起部分中介作用,在短视频内容实用性与消费者购买意愿之间起完全中介作用。因此,假设 H4(a)、H4(c)不成立,假设 H4(b)、H4(d)、H4(e)、H4(f)均成立。

五、结论与建议

本文采用 SPSS 26.0 对调查所得数据进行描述性统计分析、信度分析、效度分析、因子分析、相关性分析及回归分析。分析结果表明:短视频内容真实性、原创性、实用性、社交互动性对消费者购买意愿产生显著性影响,消费者情感依恋在该过程中发挥中介作用。基于此,针对主管部门、短视频平台、内容生产者、电商企业提出如下建议:

(一)主管部门应加大监管力度,构建风清气正的网络环境

近几年,我国网络短视频发展迅猛,与此同时,短视频相关问题凸显,引起社会关注。2021 年,国家版权局继续加大对短视频领域侵权行为的打击力度,坚决整治短视频平台以及自媒体、公众账号生产运营者未经授权复制、表演、传播他人影视、音乐等作品的侵权行为。2021 年 4 月 29 日,法律界、知识产权和互联网相关领域专家学者联合发布《短视频治理倡议书》,表示既要严格保护知识产权,也要兼顾公共利益和激励创新。截至 2021 年 6 月,我国网络短视频用户规模达 8.88 亿,占网民整体的 87.8%[1],影响广泛。未来,主管部门应继续加大监管力度,打击违法违规行为,提高违法违规成本,趋利避害,发挥短视频的正面效应。

(二)平台应严格审核短视频内容,把好第一道"质量关"

2019 年 1 月 9 日,中国网络视听节目服务协会正式发布《网络短视频内容审核标准细则》和《网络短视频平台管理规范》。短视频平台必须严格遵守,应要求短

视频内容生产者在制作短视频的标题和封面时,注重提升短视频内容的真实性、原创性和实用性。为满足浏览者获取信息资讯及愉悦身心等诉求,短视频应精心制作,尊重事实,切合实际,传播信息、资讯及生活技巧。同时,应注意突出主题,便于浏览者快速捕捉短视频的内容定位;吸引人的标题和视频封面能提升短视频的浏览量和点击量,强化宣传效果。

(三)内容生产者应自觉提升短视频内容的真实性、原创性、实用性和社交互动性

短视频内容生产者应明晰短视频内容定位,确定短视频内容营销模式,可从真实性、原创性、实用性和社交互动性等角度进行垂直定位,制作优质内容,以吸引消费者持续关注。虽然趣味性内容对消费者购买意愿无显著性影响,但对消费者情感依恋可产生显著性的正向影响。因此,可在短视频中适当增加趣味性内容以激发消费者产生情感共鸣,形成并增进情感依恋。

(四)电商企业应积极促进消费者情感依恋的形成,以提升短视频内容营销效能

消费者情感依恋是消费者与产品或者品牌之间的情感联结。形成消费者情感依恋有助于电商企业实现消费者忠诚,形成企业与消费者间的长期稳固关系,赢得持续竞争优势。电商企业应强化"以消费者为中心"的思维,明晰消费者定位,绘制消费者画像并把握消费者需求,利用短视频内容的真实性、原创性、实用性、社交互动性使消费者产生情感共鸣;并可利用当下热门话题为短视频制造热度,以便在短时间内获取大量关注,快速获取流量。发布短视频时带上热搜话题,平台识别热词后就会精准推送给相应的消费群体,进而提升短视频热度和短视频内容的社交互动性,促进消费者情感依恋的产生。

(五)电商企业应讲好品牌故事,借助短视频为品牌营销赋能

短视频内容生产者亦应明确消费者的兴趣爱好和需求痛点,寻找合适选题。例如,目标消费者想了解美妆产品,那么可以在保持垂直性的基础上挖掘相关素材,进行软植入,使消费者易于接受。从消费者角度出发,提升短视频的吸引力,才能有效增强与消费者之间的互动。应深入挖掘品牌文化,讲好品牌故事,借助短视频为企业品牌营销赋能,振兴民族品牌,弘扬民族精神,传递正能量,营造和谐融洽的良好社会风尚。

参考文献

[1] 中国互联网络信息中心. 第 48 次《中国互联网络发展状况统计报告》[EB/OL]. (2021 - 09 - 15). https://www. cnnic. cn/hlwfzyj/hlwxzbg/hlwtjbg/202109/P020210915523670981527. pdf.

[2] BRITT P. Four top content marketing strategies[J]. InformationToday, 2020, 37(7): 32 - 33.

[3] HWAN J J, RAM P B. A study on content marketing for travel brand focus on Youtube vlog formed travel video[J]. Journal of Digital Convergence, 2019, 17(12): 445 - 450.

[4] SHASHIKALA C S, PRAMOD G K. Impact of social media and online Blogs advertisements of women wellness products[J]. Asian Journal of Multidimensional Research (AJMR), 2019, 8(10): 11 - 17.

[5] JUNG C, LEE H, KIM Y, et al. How business reference content affects B2B purchase decision?: The role of content format, transportation and content credibility[C]//Proceedings of Global Fashion Management Conference. 2018. DOI: 10. 15444/GMC2018. 13. 02. 03.

[6] 陆朦朦, 刘辉. 内容 2. 0 的未来: 智能化生产盈利模式探析[J]. 出版广角, 2019(7): 18 - 22.

[7] 岳小玲. 电商直播"带货"的内容生产和优化路径[J]. 出版广角, 2020(19): 64 - 66.

[8] 段宏霞. 内容电商运营模式分析——以《小红书》为例[J]. 产业与科技论坛, 2020, 19 (6): 118 - 119.

[9] 闫雪雅. 短视频时代的影视营销探究[J]. 新媒体研究, 2019, 5(11): 69 - 70, 89.

[10] 罗玉葵. 短视频助力新媒体内容营销的策略探究[J]. 商讯, 2020(32): 26 - 27.

[11] 张布帆. "三农"短视频的内容营销策略研究[J]. 中国广播电视学刊, 2020(6): 119 - 121.

[12] 金娜, 晏家月. "移动短视频+电商"营销模式探究[J]. 中国市场, 2020(36): 122, 128.

[13] 蔡斐然. 电视剧集在短视频平台的营销分析——以《亲爱的, 热爱的》官方抖音宣传为例[J]. 新媒体研究, 2020, 17(6): 41 - 44.

[14] 李复达, 黄华乾, 李悦宁. 抖音短视频营销广告对消费者购买意愿的影响研究[J]. 上海商学院学报, 2019, 20(6): 76 - 89.

[15] 张丽洁. "网红经济"下音乐短视频内容营销策略[J]. 传媒论坛, 2020, 21(3): 151, 153.

[16] 庞婷. 短视频内容营销对消费者购买意愿的影响[J]. 营销界, 2020(42): 7 - 8.

[17] 王香宁. 短视频内容营销对消费者购买意愿影响研究[D]. 长春: 吉林大学, 2020.

[18] 赵宏霞, 才智慧, 宋微. 电子商务环境下关系利益、情感依恋与消费者信任的维系[J].

经济问题探索,2014(6):102-111.

[19]黄增心,李昌元.新媒体原创短视频的受众心理分析及发展建议[J].传播力研究,2019,32(3):97,99.

[20]杨姗,陈淑娟,弓莎莎,等.抖音消费者情感依恋问卷编制[J].新媒体研究,2019,13(5):56-58,145.

作者简介

马莉婷(1981—　),福建福州人,福建江夏学院经济贸易学院教授,福建江夏学院电子商务创新发展研究中心主任。研究方向为电子商务创新发展。

吴昊迪(1999—　),贵州凯里人,本科,深圳市传盛科技有限公司电商运营。研究方向为电子商务。

Research on the Impact of Short Video Content on Customer Purchase Intention — Based on Mediation of Consumers' Emotional Attachment

Ma Liting   Wu Haodi

Abstract：Short videos have evolved into not just a significant source of information for consumers but also a key publicity and marketing tool for companies. It is critical to investigate the impact of short video content on consumer purchase intention as companies may enhance the marketing of short videos by updating them timely and regularly. This paper builds a model for the impact of short video content on consumer purchase intention based on the "stimulus-body-response" theory and conducts a questionnaire survey of TikTok users and an empirical study. The study reveals that consumers' intention to purchase is significantly affected by the authenticity, creativity, practicality, and social interaction of short videos. Their emotional attachment acts as a mediator in this process. Based on such findings, the paper advises：① competent authorities to enhance supervision for a clean and upright cyber environment；② short video platforms to strictly review video content and ensure high quality at source；③ content producers to take the initiative in improving the authenticity, originality, practicality and social interaction of short videos；④ e-commerce enterprises to facilitate the formation of consumers' emotional attachment for enhanced marketing efforts of short videos and tell good brand stories by empowering branding with short videos.

Key words：content marketing；consumer purchase intention；emotional attachment

产业创新

长江经济带文化产业空间集聚
与溢出效应研究[*]

贺小荣　章雨之　刘　源

摘　要:基于 2012—2019 年文化及相关产业数据,根据区位熵和 Moran's I 指数对长江经济带 11 省(市)文化产业的集聚水平和空间分布特征进行分析;创建空间计量模型,对影响长江经济带文化产业发展的主要因素进行实证研究,并提出针对性建议。研究结果显示:长江经济带文化产业区域之间存在明显的正向空间自相关性,且长江下游地区集聚水平较上游地区高,地区经济发展水平、产业集聚、政府扶持以及投资力度对文化产业的发展均具有显著的促进作用,文化产业发展存在明显的区域正溢出效应。

关键词:长江经济带;文化产业;空间集聚;溢出效应

一、引言

作为贯穿我国东、中、西部的重大战略发展区域,长江经济带也是我国生态文明建设先行示范区,但由于区位、政策和资源禀赋等条件的差异,长江经济带也成了我国发展最不平衡、经济转型压力最大的区域之一。[1]长期以来,作为我国最重要的工业走廊,钢铁、汽车、石化等高耗能、高污染产业给长江经济带的生态环境带来了巨大压力。党的十八大以来,随着生态文明建设的大力推进,以及经济高质量增长的要求,传统产业部门的优化调整势在必行。在 2020 年 11 月召开的长江经济带发展座谈会上,习近平总书记多次强调一定要加强生态环境保护修复,把修复长江沿岸的生态环境摆在压倒性位置。所以,长江经济带要谋求高质量发展之路,就一定要坚持绿色发展理念,打造绿色增长极。文化产业是一种天然的绿色产业,是较为纯粹的绿色经济,打造文化产业集群,可以树立经济发展的绿色导向,为区

＊　基金项目:国家社会科学基金项目"文化遗产活化研究"(21FGLB070)的阶段性研究成果。

域经济增长助力,对长江经济带可持续发展有着重要意义。

1890 年,Marshall 开始关注产业集聚。[2] 根据 Marshall 提出的"内部经济"和"外部经济",产业集聚相关研究开始受到经济学界和管理学界的广泛关注。[3] 在对产业集聚的研究上,进行延伸与细分,就得到了文化产业集聚,目前相关文献主要集中在文化产业的集聚模式和集聚机制两个方面,包括对文化产业集聚模式的主导力量[4]、资源依托[5]、产业联系[6]的探讨,以及文化产业集聚机制的驱动因素[7]和影响因素[8]研究。近年来也有学者关注文化产业集聚带来的影响,国外学者较为注重由访谈和观察得到的基础资料[9],采用定量测算和历史因果方法分析文化产业集聚造成的外部影响[10]。而国内在该领域的研究主要采用数理模型和空间计量模型对文化集聚特征和溢出效应进行实证检验[11],如郭新茹等学者[12]认为文化产业集聚会对经济高质量发展的影响具有一定异质性,并通过建立空间计量模型实证分析了我国文化产业集聚对经济高质量发展的影响与作用机制。

通过梳理国内外已有研究成果,文化产业集聚受到了学界的较多重视,但关于文化产业集聚的溢出效应研究还不多见,尤其是文化产业发展影响因素方面的溢出效应。在研究地域上,文化产业集聚相关研究多集中在国家层面的大尺度研究,中小尺度的研究文献较少。另外,由于各地区文化及相关产业统计口径的不一致,较多研究仅采用单一指标进行测算,其计算结果的代表性和合理性有待商榷。因此,本研究以国家重大战略发展区域——长江经济带为研究案例地,构建文化产业多指标体系,利用区位熵和空间自相关方法对长江经济带文化产业集聚水平和空间特征进行分析,并建立空间计量模型对文化产业发展的空间溢出效应进行实证分析,结合影响文化产业发展水平的各因素分析,针对性地提出建议,期望为长江经济带各省(市)文化产业的良性发展提供理论依据和策略支撑。

二、指标选取、数据来源与研究方法

(一)指标选取和数据来源

由于文化产业范畴较广,其涉及的具体产业部门也比较多样,我国各省(市)关于文化产业的统计口径存在较大差别,存在口径不一、数据混用等问题,所以可选取的具有代表性的测度指标较少,已有研究中较为多见的核心指标有文化产业增加值和文化产业从业人数。有学者[13]分析了现阶段我国文化产业统计口径的差异,认为选择文化产业主营业务收入作为测度指标更能反映各地区文化产业实力。基于此,为避免由单一指标测度带来的片面性,本文选取文化产业主营业务收入、文化产业从业人数和文化产业增加值 3 项指标,通过构建复合区位熵模型来综合测度长江经济带文化产业集聚水平。

由于我国文化及相关产业统计工作在 2012 年有了较大调整,且进行了相应规范,所以本研究选取 2012 年为基期,以《中国文化及相关产业统计年鉴》(2013—2020)为主要数据参考,同时由于部分年份相应指标的统计总类和分类设定不同,根据《中国文化及相关产业统计年鉴》(2012)中的统计方法,将文化制造业、文化批发和零售业、文化服务业等分项指标相加,得到研究需要的完整的 2012—2019 年文化及相关产业统计数据。

(二) 研究方法

1. 区位熵指数

产业集中度指数、空间基尼系数、赫芬达尔指数和区位熵指数等都是用来衡量产业集聚的方法[14],在这些方法中,区位熵指数虽然处理数据的过程相对简便,但是从宏观层面上来说,其能够较好地反映产业集聚的空间强弱程度。用区位熵指数来比较不同区域之间产业分布的差异性,可以更为真实地反映产业的集聚水平和空间分布状况。本研究选取区位熵指数反映长江经济带文化产业集聚水平,为避免由单一指标测度带来的片面性,在借鉴相关学者研究成果的基础上[15-17],选取文化产业主营业务收入、文化产业就业人数和文化产业增加值 3 项指标,来反映更加全面的集聚水平。基于区位熵理论构建衡量长江经济带文化产业集聚程度的复合区位熵,公式为

$$LQ_i = \frac{\sum_{i=1,j=1}^{n} \left[(e_{ij}/e_j) / (E_{ij}/E_j) \right]}{3} \tag{1}$$

式中:LQ_i 为复合区位熵指数;e_{ij} 和 e_j 分别表示 j 省(市)文化产业 i 指标数值和 j 省(市)所有产业对应的指标数值;E_{ij} 和 E_j 为长江经济带 i 指标数值和所有产业对应的指标数值;i 为上述选取的 3 个评价指标($i=1,2,3$),依次为文化产业主营业务收入、文化产业就业人数和文化产业增加值。LQ_i 越大,说明文化产业集聚程度越高,反之则越低。

2. 冷热点分析

冷热点分析用于测算研究区内某点在范围 d 内与其他点的空间依赖强度[18],其模型为

$$G_i = \sum_i W_{ij} \times x_i / \sum_j x_j$$

式中:x_i、x_j分别表示i省(市)和j省(市)的脆弱性指数;W_{ij}表示空间权重函数,G_i为统计得分,如果空间位置j在i的距离d以内,则$W_{ij}=1$,否则$W_{ij}=0$。为区分空间上的冷点和热点地区,本文将G_i值进行标准化,其公式为

$$Z = G_i - E(G_i) / \sqrt{Var(G_i)} \tag{2}$$

式中:$E(G_i)$为期望值,期望值为0;$Var(G_i)$为变异系数,当G_i的观察值Z得分大于期望值(大于0)时,该区域即为"热点区",说明该省(市)文化产业高度集聚;当G_i的观察值Z得分小于期望值(小于0)时,该区域即为"冷点区",则文化产业分散分布。

3. 空间自相关分析

空间自相关分析是用来反映指标变量在空间上是否存在一定相关性,以及指标变量之间存在的相关程度的大小。[19]具体而言,空间自相关系数就是用来测量研究变量之间的空间分布特征以及其对邻域的影响程度。空间自相关包括全局自相关性和局部自相关性。全局 Moran's I 指数公式如下:

$$\text{Moran's I} = \frac{n \sum_{i=1}^{n} \sum_{j=1}^{n} W_{ij}(Y_i - \overline{Y})(Y_j - \overline{Y})}{\sum_{i=1}^{n} \sum_{j=1}^{n} W_{ij} \sum_{i=1}^{n} (Y_i - \overline{Y})^2} = \frac{\sum_{i=1}^{n} \sum_{j=1}^{n} W_{ij}(Y_i - \overline{Y})(Y_j - \overline{Y})}{S^2 \sum_{i=1}^{n} \sum_{j=1}^{n} W_{ij}} \tag{3}$$

其中:均值$\overline{Y} = \dfrac{\sum_{i=1}^{n} Y_i}{n}$,样本方差$S^2 = \dfrac{\sum_{i=1}^{n}(Y_i - \overline{Y})^2}{n}$。

式中:n为研究的空间单元数量;Y_i、Y_j为第i、j地区文化产业主营业务收入的观测值;$\overline{Y}$为该地区文化产业主营业务收入的平均值;W_{ij}为空间权重矩阵元素,如果空间单元i和j相邻,$W_{ij}=1$,否则$W_{ij}=0$。

Moran's I指数的取值范围在[−1,1]之间,指数为负代表负相关,指数为正代表正相关,指数为0代表没有相关性,且 Moran's I 的绝对值越大则代表相关性越大。为了方便进行统计假设检验,将 Moran's I 指数转化为Z值,最终Z值是否大于1.96或小于1.96,决定了空间自相关检验是否在5%的显著性水平下通过检验。

局部空间自相关是对 Moran's I 指数的进一步完善，一次发行每个空间单元观测量的贡献。局部空间自相关和空间自相关不一定结果一致，甚至一些区域分布方式可能与全域趋势相反。Local Moran's I 如下：

$$\text{Local Moran's I} = \frac{Y_i - \overline{Y}}{S_i^2} \sum_{i=1, j \neq 1}^{N} W_{ij}(Y_j - \overline{Y}) \tag{4}$$

期望值如下：

$$E(I) = x_i' \sum_{j=1}^{n} W_{ij} x_j'$$

式中：x_i' 和 x_j' 为标准化值；其他变量含义与全局自相关中变量含义相同。

4. 空间计量模型

空间计量模型可以通过考量地理单元之间的依赖关系，分析解释变量与被解释变量的空间相关性，从而实证某区域的被解释变量不仅受到该区域解释变量的影响，还可能受到相邻区域解释变量与被解释变量变动的影响。[20] 空间计量模型主要分为三大类：空间滞后模型（SAR）、空间误差模型（SEM）和空间杜宾模型（SDM）。其中，空间杜宾模型是在空间滞后模型中加入自变量空间滞后项而产生的一种新的空间计量模型。

空间滞后模型如下：

$$\boldsymbol{y} = \rho \boldsymbol{Wy} + \boldsymbol{X\beta} + \boldsymbol{\varepsilon}$$

式中：$\boldsymbol{y}$ 表示 $n \times 1$ 的因变量；ρ 为待估计的空间自回归系数；$\boldsymbol{W}$ 表示 $n \times n$ 的空间权重矩阵；$\boldsymbol{X}$ 表示 $n \times k$ 的自变量；$\boldsymbol{\beta}$ 表示 $k \times 1$ 待估计的自变量系数；$\boldsymbol{\varepsilon}$ 表示 $n \times 1$ 的随机误差项。

空间误差模型如下：

$$\boldsymbol{y} = \boldsymbol{X\beta} + \boldsymbol{\varepsilon}$$
$$\boldsymbol{\varepsilon} = \lambda \boldsymbol{\varepsilon} + v$$

式中：λ 表示待估计的误差项的空间滞后项系数，也称空间自相关系数；v 表示正态分布的随机误差向量。

空间杜宾模型如下：

$$\boldsymbol{y} = \rho \boldsymbol{Wy} + \boldsymbol{X\beta} + \boldsymbol{WX\theta} + \boldsymbol{\varepsilon}$$

式中：$\boldsymbol{\theta}$ 表示 $k \times 1$ 的待估计自变量空间滞后项系数。

三、长江经济带文化产业集聚状况评估

（一）文化产业集聚水平动态分析

通过复合区位熵计算得出 2012—2019 年长江经济带各省（市）文化产业的集聚指数,结果如图 1 所示,反映了长江经济带 11 个省（市）文化产业集聚程度的演变趋势。从历年来的整体集聚水平看,受消费规模、从业体量和产业效益等多种因素的影响,上海、江苏、浙江和湖南的区位熵指数处于较高水平,平均集聚指数大于 1;安徽和江西处于中等集聚水平,平均集聚指数接近 1;湖北、重庆、四川、贵州和云南则处于较低水平,平均集聚指数为 0.5—0.6。从研究基期到末期的文化产业集聚演化趋势来看,上海、江苏的区位熵指数总体呈波动下降趋势,但始终大于 1,表明两省（市）通过扩散效应带动了邻近地区的文化产业发展,区域极化效应有所减弱;浙江、湖北、湖南、重庆、贵州 5 省（市）的区位熵指数上升较为明显,可见这些地区近年来文化产业扶持及产业结构调整方面有了明显成效;安徽、江西、四川和云南 4 省的区位熵指数变化幅度较小,且指数小于 1,表明这些地区的近年来的文化产业在产业结构中的地位没有得到重视,政策和资本投入力度相对不足,导致文化产业集聚水平提升缓慢。

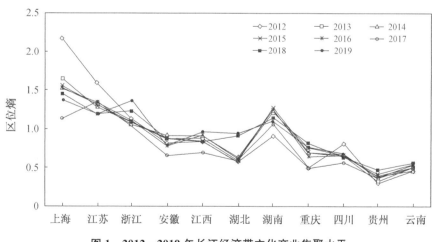

图 1　2012—2019 年长江经济带文化产业集聚水平

（二）文化产业集散特征分析

运用最佳自然断点法将具体化的 G 指数得分按照从低至高依次划分为冷点、次冷点、次热点和热点 4 种类型,通过 Arcgis 软件将 2012—2019 年长江经济带文

化产业集聚指数冷热点时空格局进行空间可视化,所得结果如图2所示。

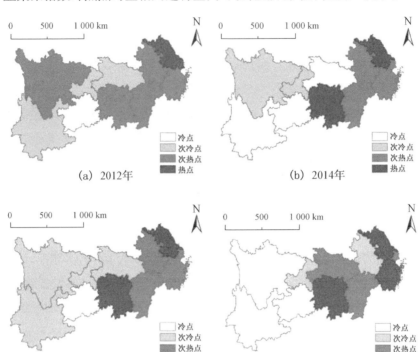

图2 长江经济带文化产业集聚指数冷热点分布

2012—2019年,长江经济带文化产业集聚热点范围逐渐增加,2012年热点地区为上海和江苏,2014年上海市退出热点,东部地区热点范围向南延伸至湖南省。2019年热点范围延伸至浙江省,至此热点区分布于江浙湘地区。上述地区文化产业结合旅游产业得到逐步发展,经济水平明显增长,致使文化产业集聚处于较高水平。研究期内冷点区范围逐渐向西延伸,主要分布于川贵云地区。上述地区长期以来虽有旅游业的发展,但仍受到经济、交通等条件的制约,致使文化产业集聚处于较低水平,难以形成较高的集聚。

研究期内,次热点的地区数量由2012年的渝湘赣浙皖5省(市)降至2019年的赣鄂2省,次热点的空间演化趋势由东中西部地区的插花式分布转至中部地区小范围集中。次冷点省区数量先减后增,由2012年的云渝鄂3省(市)扩张至2016年的云川渝鄂4省(市),区域的文化产业水平总体不高,随着旅游业的带动作用,2019年次冷点范围得到有效控制,覆盖范围收缩至皖渝2省(市)。

整个长江经济带文化产业集聚最终呈现东部热点、西部冷点的空间分布特征,由此发现,经济水平发展较高的沿海地区比发展较为落后、交通不便的地区文化产业集聚指数高。总体来看,长江经济带的文化产业集聚水平会受到地区所处位置、经济发展水平以及交通等条件影响。

(三)空间自相关性分析

本研究利用 Moran's I 指数对长江流域 11 个省(市)的文化产业的空间相关性和集聚情况进行测度。通过 Stata 16.0 软件,根据公式(2)和(3),得出表 1 和表 2 如下:

表 1 2012—2019 年全局莫兰指数

年份	Moran's I 指数	Z 得分	P 值
2012	0.591	3.717	0.000***
2013	0.540	3.483	0.000***
2014	0.519	3.437	0.000***
2015	0.508	3.434	0.000***
2016	0.470	3.362	0.000***
2017	0.524	3.513	0.000***
2018	0.545	3.350	0.000***
2019	0.523	3.174	0.001***

注:"***"表示在 1% 的显著性水平下通过检验。

由表 1 可知,在置信度 99% 的情况下全局 Moran's I 指数通过了显著性检验,此时的临界值为 2.58。这 8 年的 Z 值均大于 2.58,由此可见,长江经济带文化产业的发展水平在空间分布上呈现出显著的正相关性,即文化产业发展水平高的地区与经济发展水平高的地区发生集聚,而文化产业发展水平较低的地区与经济发展水平低的地区聚集在一起。总体而言,长江经济带的文化产业发展水平表现出空间集聚性和空间相关性较高的特征。

表 2 2012—2019 年局部自相关分布

年份	象限	空间关联模式	地区
2012	第一象限	High-High	上海、浙江、江苏
	第二象限	Low-High	安徽
	第三象限	Low-Low	贵州、江西、云南、重庆、湖北、湖南、四川
	第四象限	High-Low	

（续表）

年份	象限	空间关联模式	地区
2013	第一象限	High-High	上海、浙江、江苏
	第二象限	Low-High	
	第三象限	Low-Low	贵州、云南、重庆、湖北、湖南、四川、安徽
	第四象限	High-Low	
2014	第一象限	High-High	上海、浙江、江苏
	第二象限	Low-High	安徽
	第三象限	Low-Low	贵州、云南、重庆、湖北、湖南、四川
	第四象限	High-Low	
2015	第一象限	High-High	上海、浙江、江苏
	第二象限	Low-High	安徽
	第三象限	Low-Low	贵州、云南、重庆、湖北、湖南、四川
	第四象限	High-Low	
2016	第一象限	High-High	上海、浙江、江苏
	第二象限	Low-High	安徽
	第三象限	Low-Low	贵州、云南、重庆、湖北、湖南、四川
	第四象限	High-Low	
2017	第一象限	High-High	上海、浙江、江苏
	第二象限	Low-High	安徽
	第三象限	Low-Low	贵州、云南、重庆、湖北、湖南、四川
	第四象限	High-Low	
2018	第一象限	High-High	上海、浙江、江苏
	第二象限	Low-High	安徽、江西
	第三象限	Low-Low	贵州、云南、重庆、湖北、湖南、四川
	第四象限	High-Low	
2019	第一象限	High-High	上海、浙江、江苏
	第二象限	Low-High	安徽、江西
	第三象限	Low-Low	贵州、云南、重庆、湖北、湖南、四川
	第四象限	High-Low	

"H-H 集聚区"：高值区与高值区发生集聚，且空间差异性较小。从实证结果来看，2012—2019 年上海、浙江、江苏均处于高—高集聚区，且文化产业发展水平差异性相对较小。而这三个地区的经济发展水平都位列前茅，反映出文化产业发展水平与经济发展水平可能存在正相关性。

"L-H 集聚区"：低值区与高值区发生集聚，即该地区的文化产业发展水平相对较低，而周边地区的水平相较更高。2014—2019 年安徽省均处于低—高集聚区，2018—2019 年江西省处于低—高集聚区，该地区未受到周围地区文化产业的辐射带动，对产业的发展驱动效果不理想。

"L-L 集聚区"：低值区与低值区之间发生集聚，且空间差异性较小。2012—2019 年贵州、云南、重庆、湖北、湖南、四川均处于低—低集聚区，可见长江下游地区的文化产业的发展态势更好，且高值区的辐射带动作用强，而长江上游地区的情况相较不太理想。总体而言，可再次验证经济发展水平与文化产业发展的空间集聚性有一定的关联。

"H-L 集聚区"：该地区的文化产业发展水平远高于周围地区。2012—2019 年，长江经济带无省（市）呈现该特征。

由表 2 显示，长江经济带大部分省（市）都落于"H-H"和"L-L"集聚区，特别是"L-L"集聚区，一方面可以看出，长江经济带文化产业具有明显的集聚倾向；另一方面，大部分省（市）处于"L-L"集聚区，说明长江经济带的文化产业仍处于比较低水平的集聚。总的来说，长江经济带文化产业发展水平还较低，且以"L-L"集聚为主，只有在长江下游文化产业发展水平较高的沿海城市之间存在着良性互动。

综合来看，2012—2019 年长江经济带文化产业集聚水平整体呈现出"东高西低"的空间特征，区域间集聚水平差异有减小趋势。文化消费是人民美好生活需要的重要组成部分，文化产业的供给和消费与地方经济水平密切相关，这也决定了文化企业和文化从业者向经济水平发达的地区集聚，所以长江经济带文化产业集聚水平也与各省（市）经济实力基本一致。此外，在长江经济带文化产业空间集聚整体为"东高西低"的分布状况，根据对文化产业集聚水平的动态分析可以发现，湖南省文化产业表现为异军突起的态势，近年来集聚水平在长江经济带各省（市）中名列前茅，较大领先于中西部其他省（市）。这得益于湖南省对于文化产业发展的重视，尤其是以长沙"茶颜悦色""文和友"等品牌为代表的文化创意产业的迅速发展，让湖南省文化产业成为长江经济带中独具特色的存在。

四、长江经济带文化产业的空间溢出效应分析

选取 2012—2019 年长江经济带 11 个省（市）的文化和相关产业数据，选取影响文化产业发展水平相关因素，构建以下模型，并进行相关检验。

（一）变量选取

对于影响文化产业发展的因素，有学者针对要素禀赋（文化资源、人力资本）、集聚经济及产业政策等因素做了相关研究[21]；也有学者总结出经济基础、居民收入、文化产业机构数量、政府支持等因素[22]；还有学者选取了文化消费、文化基础设施、人力资本、经济发展及政府扶持等因素[23]。结合以往研究中的变量选取，综合考量前文所得结论，本文根据文化产业发展中要素流动性强、需求量大的特性，新增交通设施水平以及投资力度变量，最终选取以下变量进行模型构建，如表 3 所示。

表 3　相关变量及指标说明

变量	指标	符号
文化产业发展水平	文化产业主营业务收入/元	Y
地区经济发展水平	地区人均 GDP/亿元	gdp
集聚指数（区位熵）	文化产业主营业务收入占该地区 GDP 比重与全国文化产业主营业务收入占 GDP 比重	agglo
政府扶持力度	文体传媒支出	gover
文化资源禀赋	人均博物馆藏数（万人拥有文物藏量）	museum
交通设施水平	公路＋铁路	traffic
投资力度	固定资产投资	invest

（二）空间计量模型选择

为了确定本研究要选用的空间计量模型，首先要依据 Anselin 等[24]提出的判别准则进行拉格朗日乘数检验，即 LM 检验。若空间误差模型（SEM）的 LM 统计量及稳健的 LM 统计量（R－LM）显著，可选 SEM 模型；若空间滞后模型（SAR）的 LM 统计量及稳健的 LM 统计量（R－LM）显著，则选 SAR 模型。若四个变量均显著，则可初步判断选择空间杜宾模型（SDM）。这需要进一步进行 LR 和 wald 检验，检验结果如表 4 所示。

表4 LM 检验结果

Test	Statistic	P 值
Spantial error：		
Moran's I	0.401	0.689
Lagrange multiplier	0.430	0.512
Robust Lagrange multiplier	2.069	0.150
Spatial lag：		
Lagrange multiplier	2.788	0.095*
Robust Lagrange multiplier	4.427	0.035**

注："*"表示在 10% 的显著性水平下通过检验；"**"表示在 5% 的显著性水平下通过检验。

根据表 4 的检验结果显示，LM‐Lag 统计量的 P 值为 0.095，在 10% 的显著性水平下通过检验，Robust LM‐Lag 统计量的 P 值为 0.035，在 5% 的显著性水平下通过检验。而 LM‐error 和 Robust LM‐error 统计量的 P 值均未通过显著性检验，因此本文应该选用空间滞后模型。

空间计量模型同样存在固定效应和随机效应，所以在做完 LM 检验后需要再进行豪斯曼检验，以确定应该使用固定效应还是随机效应。根据相关检验结果可知，本研究应采用固定效应空间滞后模型。

(三)空间滞后回归分析结果

通过 Stata 16.0 软件，对影响长江经济带 11 个省(市)文化产业发展水平的因素进行空间计量分析，回归结果见表 5。

表5 固定效应空间滞后模型的回归结果分析

变量	Y
gdp	458.5*** (4.66)
agglo	16 353 549.9*** (4.25)
gover	151 123.6*** (4.22)
musuem	8 453.4 (1.24)

（续表）

变量	Y
traffic	−118.1*** (−4.45)
invest	1 281.9*** (6.91)
P	0.005**
N	88
R^2	0.899
ρ	0.235***

注:" ** "表示在 5%的显著性水平下通过检验;" *** "表示在 1%的显著性水平下通过检验。

从表 5 中可得知,固定效应空间滞后模型的调整 R^2 为 0.899,说明模型的拟合度较好,且在 5%的显著性水平下通过检验,验证了上述选择固定效应空间滞后模型的恰当性。

从实证结果来看,人均 GDP、集聚指数、政府支持力度、交通发展水平、固定资产投资在 1%的显著性水平下通过检验,说明上述变量与地区的文化产业发展水平存在一定的关联性。其中人均 GDP、集聚指数、政府支持力度、固定资产投资的系数均为正,说明这些因素对地区的文化产业发展具有正向的积极作用。首先是人均 GDP 的提高,人们的生活水平也会随之提高。在满足了最基本的生活需求和安全需求之后,人们对文化消费的需求也在不断提升,这为文化产业发展提供了基本的物质保障和客观环境。其次,产业集聚指数增加,产业集聚水平得到提升。根据上文的研究结果也可以发现,产业集聚指数越高的地区,文化产业集聚水平普遍较高,文化产业发展水平也较高,文化产业企业也能获取更多经济效益,进一步促进文化产业的发展。然后是政府支持力度,通过一系列政府扶持性政策和优惠政策,为文化产业发展提供了一个良性的市场环境。根据对文化产业集聚水平的动态分析可以发现,浙江、湖北、湖南、重庆、贵州这五个省(市)的集聚指数在 2012—2019 年有明显的上升,这也充分体现了政府支持对文化产业发展水平的促进作用。最后,固定资产投资作为文化产业发展进程中必不可少的物质条件,为文化产业发展带来坚实的后备力量。而交通发展水平虽然通过了显著性检验,但是系数为负,结合现实情况分析可知,这可能是受到省(市)面积大小影响,如上海的文化产业主营业务收入远高于云南，但是由于上海面积小于云南，在交通基础设施的数量方面云南明显多于上海，由此导致了文化产业发展水平与交通发展水平呈现出负相关的关系。

文化资源禀赋未能通过显著性检验，其背后的原因可能在于，随着时代的发展进步以及民众基本素质的提高，人们对文化资源的定义越来越广泛，传统的文化资源（如博物馆）的吸引力已经逐步减弱，更多新兴的文化资源受到追捧，因此本文所统计的文化资源禀赋（人均博物馆藏数）与文化产业发展水平没有显示出明显的关联性，这也为今后的相关研究选取变量范围提供了参考。

ρ 的系数为正，且通过了显著性检验，说明长江经济带的文化产业发展水平之间存在正向溢出性。

综上所述，地区经济发展水平、产业集聚、政府扶持以及投资力度对长江经济带的文化产业发展产生了显著的积极作用，且区域之间存在明显的正溢出效应。

五、结论与建议

（一）研究结论

本研究以 2012—2019 年长江经济带 11 个省（市）文化以及相关产业的数据为研究样本，根据区位熵和冷热点分析对长江经济带文化产业集聚水平和特征进行了分析，利用 Moran's I 指数对长江经济带 11 个省（市）的文化产业发展水平的空间集聚特征进行了空间自相关分析；并创建空间滞后模型，研究了地区经济发展水平、产业集聚、政府扶持力度、文化资源禀赋、交通设施水平以及投资力度对文化产业空间溢出效应的影响。研究结果显示：

（1）长江经济带文化产业发展水平目前呈现出阶梯式空间分布格局，长江上游省（市）的文化产业发展水平明显低于长江下游的沿海省（市），呈现东部热、西部冷的产业集聚分布特征，并且长江经济带沿岸城市文化产业发展水平存在显著的空间自相关性，集聚的趋势明显，呈现出"东高西低"的文化产业空间集聚特征。但是，根据空间自相关分析结果，文化产业集聚水平还较低，长江上游的省（市）依旧处于低水平集聚。

（2）地区经济发展水平、产业集聚、政府扶持以及投资力度在 1% 的显著性水平下通过检验，且系数为正，说明这四者对文化产业的发展均具有显著的促进作用；交通发展水平虽然通过了显著性检验，但其系数为负，说明交通发展水平与长江经济带文化产业发展水平间存在负相关的关系；文化资源禀赋没有通过显著性检验,说明其与长江经济带文化产业发展水平没有显著的关系。

(3) 空间滞后的系数为正数,且通过了显著性检验,说明长江经济带上相邻的省(市)会出现显著的正溢出效应,在推动本省(市)的文化产业发展的同时,还会带动相邻省(市)的文化产业发展,一定程度上可以做到长江经济带文化产业的共同发展。

(二) 发展建议

综合以上研究结论,为了提升长江经济带文化产业发展水平,促进各区域文化产业协调发展,提出以下建议:

(1) 推动园区建设,实现集聚效应。文化产业园区是市场经济下文化旅游建设的新形态,是文化产业新兴的生产力,也是文化产业新的增长极。将文化产业园区作为抓手,可以吸引优质文化企业和文化从业者入驻,借此来提高文化产业的集聚水平。[25]目前仅有长三角部分发达城市具有较为完善的产业园区体系,长江中上游地区文化产业园区还处于起步阶段。因此,要挖掘长江经济带各省(市)优势文化资源,推进地方特色文化产业园区建设,加快文化产业集聚。

(2) 立足自身特色,发挥区域优势。长江经济带各省(市)文化产业发展水平以及发展条件等都存在着差异,各地区发展模式也不尽相同,因此要立足自身特色文化、市场前景、区位特征等现实基础来制定相应的发展战略。长江下游沿海地区如江浙沪,经济发展水平较高,市场平台更广,可以发展创新性和品牌性的文化产业;长江中部地区和上游地区虽然经济不够发达,但是有很多未经开发的古村落、驰名中外的自然风光以及极具特色的少数民族风土人情,可以充分利用这些资源,变"劣势"为"特色",结合国家相应的发展政策,将资源转变为财富。

(3) 加强文旅融合,推动区域合作。文化产业是一个要素流动性很强的产业,而旅游作为跨度很大的产业,两者可以很好地结合起来。长江经济带区域之间存在明显的正溢出效应,因此可以利用长江经济带优越的地理位置分布,打造特色长江经济文化旅游带,形成区域之间互相带动发展的势态。长江下游沿海城市上海、江苏、浙江,可以依靠现有的高科技水平,形成独树一帜的现代化旅游经济区;长江中部的江西、湖南、湖北、安徽,可以依托地区现有特色文化,如江西的瓷文化、湖南的湘江文化、湖北的荆楚文化、安徽的徽派文化,形成一个江南文化圈,打造精品旅游路线;长江上游的云贵川渝可以充分发挥特色鲜明的少数民族文化以及自成一派的方言文化,进行深度整合开发,创造出一系列文化品牌。

(4) 加大扶持力度,吸引资本进驻。研究结果表明,政府扶持会对文化产业发展产生显著的积极作用。所以,一方面,政府可以出台一些优惠政策,从优惠税收、土地租金减免、财政补贴等方面来减轻地区文化产业发展的压力,既能够更好地鼓励当地发展文化产业,也有助于引进更多的知名文化企业,从而带动当地文化产业园名气,为当地培育龙头文化企业提供支持;另一方面,政府要促进形成较为完善的文化产业投融资机制,使得各个文化企业的资金链充足,为文化产业的发展解决资金的忧虑,以促进当地的文化企业做大做强。

参考文献

[1] 刘耀彬,袁华锡,王喆.文化产业集聚对绿色经济效率的影响:基于动态面板模型的实证分析[J].资源科学,2017,39(4):747-755.

[2] MARSHALL(UK). Principles of economics (Vol. 1)[M]. Beijing:The Commercial Press,2005.

[3] 贾文艺,唐德善.产业集群理论概述[J].技术经济与管理研究,2009(6):125-128.

[4] 栾阿诗,沈山.江苏文化产业集聚度测算及其分布特征研究[J].经济师,2017(12):21-23.

[5] 朱蓉.浙江文化产业园集聚模式及提升路径[J].对外经贸实务,2016(5):78-81.

[6] 万里洋,董会忠,吴朋.文化创意产业空间集聚及发展模式研究——以济南市为例[J].科技管理研究,2016,36(7):185-189.

[7] 解学芳,臧志彭.“互联网+”时代文化产业上市公司空间分布与集群机理研究[J].东南学术,2018(2):119-128,248.

[8] 张变玲.文化产业集聚的影响因素研究——基于中国30个省市面板数据的实证分析[J].科技和产业,2016,16(12):69-74.

[9] SEIJI H,DAISAKU Y. Recasting the agglomeration benefits for innovation in a hits-based cultural industry:Evidence from the Japanese console videogame industry[J]. Geografiska Annaler:Series B, Human Geography, 2017, 99(1):59-78.

[10] EZEQUIEL A O, PAOLA M C R. Cultural industries and spatial economic growth a model for the emergence of the creative cluster in the architecture of Toronto[J]. City, Culture and Society, 2018,14:47-55.

[11] 周世军,赵丹丹,史顺超.文化产业集聚会抑制经济增长吗?——基于分工视角的一个解释[J].文化产业研究,2020(2):135-150.

[12] 郭新茹,陈天宇.文化产业集聚、空间溢出与经济高质量发展[J].现代经济探讨,2021(2):79-87.

[13] 魏和清,李颖.我国文化产业聚集特征及溢出效应的空间计量分析[J].江西财经大学

学报,2016(6):27-36.

[14] 程鹏飞,李健,张红丽.林业产业集聚、林业经济增长及其空间溢出效应——基于2004—2015年省际面板数据的空间计量分析[J].安徽农业大学学报,2018,45(6):1063-1070.

[15] 张涛,武金爽,李凤轩.文化产业集聚与结构的测度及空间关联分析[J].统计与决策,2021,37(8):112-115.

[16] 郭新茹,顾江,陈天宇.文化产业集聚空间溢出与区域创新能力[J].江海学刊,2019(6):77-83.

[17] 周建新,谭富强.基于空间计量的文化产业集聚对区域创新效率的影响效应研究[J].文化产业研究,2020(1):102-116.

[18] 王兆峰,刘庆芳.长江经济带旅游生态效率时空演变及其影响因素[J].长江流域资源与环境,2019,28(10):2289-2298.

[19] 张琳彦.产业集聚测度方法研究[J].技术经济与管理研究,2015(6):113-118.

[20] 郭淑芬,王艳芬,黄桂英.中国文化产业效率的区域比较及关键因素[J].宏观经济研究,2015(10):111-119.

[21] 袁海.中国文化产业区域差异的空间计量分析[J].统计与信息论坛,2011,26(2):65-72.

[22] 周晓唯,朱琨.我国文化产业空间聚集现象及分布特征研究——基于省际面板数据的空间计量分析[J].东岳论丛,2013(7):126-132.

[23] 林秀梅,张亚丽.我国文化产业发展影响因素的动态分析——基于VAR模型[J].税务与经济,2014(2):47-52.

[24] ANSELIN L, FLORAX R, REY S. Advanced in spatial econometrics methodolugy, tolls and applications[M]. Berlin:Springer Verlag, 2004.

[25] 张娜,赵雪纯,蔺冰.文化产业集聚对区域经济增长的影响——基于我国省级层面数据的空间溢出效应分析[J].文化软实力,2021,6(1):79-88.

作者简介

贺小荣(1972—　),湖南衡南人,湖南师范大学旅游学院教授,博士,博士生导师。研究方向为旅游经济与文旅融合发展。

章雨之(1998—　),江西抚州人,湖南师范大学旅游学院硕士研究生。研究方向为旅游开发与文旅融合发展。

刘　源(1993—　),河南信阳人,湖南师范大学旅游学院硕士研究生。研究方向为旅游文化与文化遗产保护。

Study on Spatial Agglomeration and Spillover Effects of Cultural Industries in the Yangtze River Economic Belt

He Xiaorong   Zhang Yuzhi   Liu Yuan

Abstract: This paper bases its research on the data of culture and related industries from 2012 to 2019 and analyzes the agglomeration and spatial distribution features of cultural industries in 11 provinces and cities of the Yangtze River Economic Belt according to location entropy and Moran's I index. It builds a spatial econometrics model to facilitate empirical research on the main factors of cultural industry development in the Yangtze River Economic Belt, and puts forward specific suggestions. The research results show that there is significantly positive spatial autocorrelation between cultural industry regions in the Yangtze River Economic Belt, and the Yangtze River's lower reaches have a stronger agglomeration effect than its upper reaches; regional economy level, industrial agglomeration, government support and investment intensity all give a great impetus to the growth of the cultural industry, and positive regional spillovers are obvious in the development of the cultural industry.

Key words: Yangtze River Economic Belt; cultural industry; spatial agglomeration; spillover effect

用户赋能、协同生产与跨屏升维[*]
——5G 时代影游融合产业新景观

王　虎　彭新宇

摘　要：影视和游戏作为数字文化产业的重要组成，正在通过产业融合与转型升维不断形成新的业态和发展模式，成为引领数字文化产业发展的新景观。5G 时代影游产业的深入发展，需要在用户赋能、协同生产和跨屏生态建构三个维度共同发力，即以 5G 技术赋能用户的场景体验向日常生活延展，通过重构原创方、游戏玩家与观众间的社群关系和跨媒体叙事激发用户的协同生产，最终以用户深度参与的跨屏生态实现产业升维。

关键词：影游融合；用户赋能；协同生产；跨屏升维

一、引言

2020 年《关于推动数字文化产业高质量发展的意见》明确了数字文化产业为驱动社会高质量发展注入新动能的优势，突出了创新文化业态和文化消费模式的核心驱动力，它主要体现在用户体验升级、产业链再造和产业生态建构这三个维度：第一，以数字技术创新融合文化产业发展作为动力引擎，不断优化线上文化消费需求，增强用户沉浸体验；第二，5G 时代数据驱动、算力驱动与场景驱动是促进产业链融通融合的内在机理；第三，要深化线上平台与线下业态的数字化改造与转型升级，创新服务体系，引领青年文化消费，以此完善并构建数字文化产业新生态。

影视与游戏是重要的大众娱乐方式，也是数字文化产业的重要组成。随着人们对于游戏的认知从"沉迷"转变为"巨大的产业动能"和"潜在的文化属性"，游戏已从小众娱乐方式演变为年轻群体的主流生活方式，"宅娱乐""宅经济"也为各国

──────────

* 基金项目：国家社科基金重点项目"构建三维一体的全媒体传播体系研究"（20AZD058）的阶段性研究成果。

产业经济对抗疫情提供了一条数字化路径。近年来,与游戏产业联动成为影视产业发展的新风口,两者在生产模式、视听呈现和消费体验上具有高度相似性,加之5G时代人工智能、大数据、云计算、物联网等技术不断赋能两者的深度互融,游戏与影视产业间的强强联手使得规模经济与范围经济的新优势不断凸显,"影游融合"成为实现数字文化产业改造升级的新目标。

但是,以普通观众群为基础的影游融合类影视剧在吸收了游戏用户后本应风靡云蒸,而当下却因用户卷入度不足却略显发展疲态。对游戏用户而言,虽然受新冠疫情冲击形成的常态化封闭空间使得玩家的比重不断攀升且付费意愿强烈,但新进用户并没有对影游融合类影视剧产生足够的情感需求,影游融合意愿并不强烈。产生这一问题的原因是多方面的,一是融合文化背后的用户体验不足和生态链条缺失,影视和游戏在互为改编的过程中忽视了场景的关联与用户的深度参与,造成作品表面融合实则分离的生产传播态势,既无法深度、持续吸引游戏玩家,也因难以提供满足感面临失去原有影视观众的风险;二是创作方无法精准、高效地利用相关资源分析用户需求,常根据已有影视剧形成的审美标准对影游融合类影视剧进行对照式解读,没有把握好后者的审美特点与发展规律。

本文建立在5G时代数字技术赋能影游融合产业的背景上,聚焦"用户场景体验、跨媒体协同生产、跨屏生态建构"这一不断循环扩张过程,提出影游融合产业在不同阶段采取的有效措施。其中,用户赋能是指通过技术与场景驱动,实现用户从"获能者"向"使能者"角色转变,它意味着影游融合产业从注重"服务用户"到"用户创生"的偏移;协同生产是基于跨媒体叙事策略加强文本的媒介适应性,即"将一个跨媒体故事横跨多种媒体平台展现出来,其中每一个新文本都对整个故事做出了独特而有价值的贡献"[1],从而吸引更多的用户参与到融合文化的生产中;跨屏升维则是将意识转化为实践的关键,它通过"视听介质相互打通、视听产品相互衍生、视听平台相互赋能"[2]来提升产业服务质量,促成业态转型和产业升维,它一方面通过再造娱乐新场景创生出新的消费价值,另一方面,"观众＋玩家""观影＋观赛"的双向营销模式为形成参与文化奠定了坚实基础。

二、相关文献综述

国内外有关影游融合的研究多是基于影视与游戏所共有的类型学属性展开,认为其是文化产品与市场需求磨合的产物,相关成果主要集中在艺术与消费、跨文本叙事和审美体验三个方面。

第一，艺术与消费的融合是推动影游融合产业发展的主要驱动力。袁联波（2007）在国内最早窥探了影游融合的产业商机，认为电影观众与游戏玩家群都是彼此潜在的消费市场，但是没有就其具体的产业路径进行深入探讨。[3] 陈旭光等（2021）持续对影游融合问题进行了系统化探索，指出其具有"想象力消费"崛起的新趋势，应当尊重网生代受众的审美趣味与网络观影的特殊性，在工业支撑下进行视觉奇观美学呈现与中国传统美学精神的转化。[4] 聂伟、杜梁（2016）认为"影游联动"在影视理论和影视产业层面的结构性问题是两种不同的符码象征体系之间的天然鸿沟，指出 VR、AR 技术的快速发展是解决这一问题的出路。[5]

第二，随着多媒体融合业态的不断深入，从跨文本叙事层面去关注影游叙事或泛电影文本的叙事现象开始增多。除了詹金斯（2012）较早提出"跨媒介叙事"[6]的概念，Ryan（2015）也是国外研究跨媒介叙事的核心学者，她认为跨文本叙事伴有离身性、新认同感、多感官非物质性接触等诸多优点。[7] 陈旭光等（2018）认为跨文本叙事强调叙事必须在叙述者与受叙者之间的互动中展开，观众可以获得一段在影片的物理时间内所无法获得的新的连贯叙事。[8]

第三，一些研究开始从外在技术分析转向内在感受的沉浸问题，探索影游融合独特的审美体验。Swink（2009）认为，为玩家提供"操纵虚拟物体的触觉、动觉"等特殊感觉是将视频游戏提升为艺术概念的关键所在，也是人机交互最强大的特性之一。[9] Joseph（2001）指出技术带来的虚拟影像的审美沉浸将会过度刺激我们的内在感知回路。[10] 李雨谏（2021）在此基础上进一步提出影游融合作品可以采用置换 QTE 事件的视觉转化、模拟迷失方向的失重感等方法激发观众的体感经验和身体动觉。[11]

上述研究多是从叙事、消费或审美角度对影游融合的媒介演进和产业发展进行分析，相关成果还是局限在影视产业内部的单一维度探讨。本文聚焦于推动数字文化产业发展的高度，从系统视角探讨用户体验、场景延伸、协同生产以及跨屏升维等在产业融合进程中所表现出的新特质，并将其作为一个相互关联的动态循环扩展过程。研究成果有助于实现交叉产业的价值回流与资源再生，引领新的消费模式，推动数字文化产业的升级转型。

三、以 5G 技术赋能用户体验，延展传播场景

影视作品与电子游戏都是建立在艺术真实基础上的视听媒介，具备技术上的同源性、目的上的相似性以及天然的可转化性，并高度依赖数字技术丰富用户体

验。随着影视作品对角色、场景、道具等元素立体塑造的要求越来越高,需进一步把握新技术的特质,实现"数字技术创造出来的仿真可以不知不觉和天衣无缝地替代我们日常生活中的那个坚实、杂乱和类比的世界"[12],从而完成传播场景的迁移。"5G+4K/8K+AI"赋能用户沉浸式体验是影视和游戏行业发展的共同趋势,它进一步消融虚拟与真实的边界,使用户体验到 XR 的效果。5G 技术凭借其28 GHz 超高频段及大于 1 Gbps 的高速率传送数据开启了万物互联的全新时代,新科技与文化产业不断融合创新,推动新兴文化业态不断崛起。[13]

作为典型应用,5G 技术推动全球影视产业进入虚拟制片时代,通过 VR、AR、CGI 与游戏引擎技术相结合,使制作人员能够看到场景在他们面前展开,仿佛这些场景就是在实景中合成和拍摄的。[14]虚拟制片技术为实现影视产业转型带来诸多优势,首先是导演决策力的回归。它为导演提供了一个友好的生产环境,使其可以通过虚拟制片的实时渲染程序快速预览在虚拟生态中构建的原型,并对视觉元素进行评估与决策,保证诸多想法的实现。它颠覆了传统生产流程"迭代+递归"式的反复优化,使影视导演在重获主导权的同时又能对视觉细节实施同步调整与二次创作,这一系列的修改过程以更直观、高保真、接近成片效果的视觉形式得以显现。其次是生产流程的不断优化。传统影视制作过程是线性的,开发、准备、制作与后期制作各阶段分离,往往导致创作的不确定性。虚拟制片模式规避了这一缺陷,它以并行处理的方式实现了跨地域、跨部门、跨系统的聚合,以"共同在场"的"仪式"对视觉细节进行实时预演分析,推动各部门工作实时沟通、高效协同。第三是视效公司的危机转变。近些年,劳动密集型的视效公司快速增多,人力成本比重大、公司间竞争激烈、技术装备程度较低成为行业普遍现状。影视生产流程的转变使得处于产业链末端的视效公司成为直接受益者,他们可以凭借多年的经验积累快速掌握虚拟制片的核心技能和生产资料,提升产业链中的话语权。虚拟制片广泛的适用性打破了视效公司只服务于特效大片的市场现状,其他类型的影视剧甚至视觉产业均能够享用由虚拟制片带来的便捷。同时,虚拟制片模式中包含的资产重建、虚拟摄影系统、虚拟灯光系统等技术,都有望成为可以深耕的分支领域,为不同规模的视效公司带来全新的发展机遇,解构"视效货品化"的行业偏见。

虚拟制片技术部分实现了表演可以不再凭空、美术无须一味搭建、特效不用纯靠绿箱的全新流程化、模块化、实时化的综合性虚拟生产模式。[15]在算法的自动机制里,不仅规避了物理环境下与媒介工具中所呈现影像形态差异性的视觉认知局限,也最终转化为"符合影像机械性、创作机制特性与创作主体主观作用下的影像表述方式"。[16]在推动影视产业结构升级的同时也增强了影像内容的幻真感,提升了观众知觉的沉浸感与构想性。虚拟制片正以更加迭代化、协作化、非线性、兼容性的核心价值,为产业提供源源不断的驱动力。

如果说虚幻引擎搭载的"虚拟场"方便了生产环节的实时预演,那么游戏引擎的核心功能是通过交互设计与生态建构激发玩家产生施为从而增强沉浸,这也成为当下影游融合类影视剧不断尝试的目标。近年来,互动影视的出现打破了电影与游戏的疆界,VR与影视产业互动频率逐渐攀升,以期通过打造沉浸式的VR影视作品捕获用户芳心。然而,VR要想很好地实现高品质传输,需要150 Mbps以上的带宽,这在之前的网络中无法实现。[17]5G网络通信技术传输速度快、稳定性高等特性为"VR/AR+影视"产业带来了更多的商业合作机会。诚然,在当前,互动影视还难以成为主流影视艺术的表现形态,以故事驱动游戏过程中的玩家也难以留意每一帧过场动画,影视作品与电子游戏的实时动态转化无法成为当下延展用户体验的最佳方式。但是在各项技术的加持下,影游融合类影视剧正在生成一种在算法基础上的"实践上的无限可操作性",它可以随意地再制作、再调适和再配背景。[18]一定层面上可以将技术构建的"感知真实性"[19]延伸到人们的日常生活中,将可操纵的影像、合成的空间与获取的景观、现实的空间进行不可见的混合,从而完成体验的迁移——将用户在现实生活中的触闻主动关联到影视作品中的感知,或以影视作品中的感知应对现实生活中的具体情景,并将这种感知转变为常态化的"反射活动",在这一过程,原创方、用户以及环境将处在一个"动态联结"之中。如此,一部制作精良的影游融合作品就提供了观察人们在数字时代生活和交往互动的一种替代性视角,亦能改变参与者看待自身的方式。[20]为了实现这一目标,创作方需要进一步将各种元素根据用户的接受及使用程度进行多元塑造与呈现,使用户在日常生活中弥补影视艺术里不断追逐的"双重的缺席",从而跳脱出像素的束缚,实现"在场的体验"。随着5G基础设施的逐渐成熟,搭配人工智能神经网络的深度学习与海量数据算法,利用机器生产的方式完成影视、游戏视觉创意生产的"像素模拟",将成为影视和游戏产业的全新思维模式。

四、以跨媒体叙事策略激发用户协同生产,打造参与文化

影视剧与电子游戏的"联名发售",既可以给普通观众超乎传统影视欣赏习惯的独特的审美体验,也可以使玩家以资深游戏行家的身份参与到影视剧的传播中,从而体验作为忠实游戏粉丝的专有荣誉感。然而,当下以打造融合文化为目的的

影游融合类影视剧并不尽人意，于生产方而言，只注重表面文化差异，常忽视用户的深度参与，用户不能深入融入作品，无论是相同叙事情节的跨媒介转述，还是假借角色而另起炉灶的崭新故事探险，这种维系在浅层次上的内容和认知的相互转换无法赢得更多的观众、玩家和投资者，正如 Jesper(2010)所言，"激发玩家将游戏与电影联系在一起的主要是'星球大战'这个名字，如果更换了游戏的名称，联系就不那么明显了"[21]。

电影《头号玩家》之所以能成为电影与游戏的跨媒介融合成功之作，并非是影片展望了在技术之上未来人类得以实现"虚拟生存"的"元宇宙"，也不只是描述游戏发展的趋势或提供为游戏正名的说辞，而是在游戏与电影的嵌套式叙事进程中充分调动了观众凭借影片中的暗语——彩蛋、二维码、链接等直接或间接的元素——参与到作品内容的深度挖掘中，这就好比在当前影像的后台开启了数个浏览"窗口"，而每一个"窗口"又将链接出新的未待发觉的内容。影片中的细节有对经典电影元素的"致敬"：《星际迷航》中的 Logo、《回到未来》中 DMC 德罗宁飞行汽车、《辛巴达航海系列》中的独眼巨人等，也有对经典动漫的"拼贴"：好莱坞动画大师布拉德·伯德笔下的钢铁巨人、动画神作《阿基拉》中的同款摩托、凯文·伊斯特曼笔下的忍者神龟等，还有对经典游戏元素的"再现"：绿洲场景还原《我的世界》、阿尔忒密斯还原《真人快打》、Goro《光环》步枪 MA5 等。除了上述间接的询唤观众的媒介经验外，影片对于隐藏链接的设置则直抵媒介融合的体验模式。在"中央公园赛车"段落中，反派公司 LOL 的赛车引擎盖上就出现了一个二维码标志，猎奇心理较强的影迷们通过扫描二维码链接进入了一个类似于头号玩家的官方网站，并在网站平台开启了一款名为"Defender"的益智闯关游戏，如今已经有不少网友进入网站，一再刷新游戏高分榜。

媒介融合不仅是媒介间的融合，更是作为一个基础性的社会传播工具，连接更多的社会资源、商业资源，成为社会生活的基础设施。[22]5G 技术赋能大宽带、广连接、低时延三大应用场景使得更多的数字文化资源通过不同的"入口"被更多的用户所认知并尝试参与。因此，找准"发力点"，调动用户的积极性与猎奇心理，使他们参与其中同样是影游产业要着力解决的关键。

要论及以跨媒体协同叙事策略实现用户参与、传播最大化的影游融合类作品，当属电影《黑客帝国》。它以一个完备的故事体系为基础，利用协作叙事的方式横跨多个媒体平台，真正实现了用户从用户到粉丝身份的转变。《黑客帝国》在上映前就以各种"线索"布局影片内容，在影片播出时，利用"红后""镜中世界"等台词暗语、"墨菲斯""崔妮蒂"等昵称暗语、"汽车牌照""房间标号"等物件暗语延伸到影片内容以外更大的包含政治、哲学、宗教及神话的百科全书式的世界,进一步丰厚了美学与哲学意蕴。《黑客帝国》衍生作品同样遵循这一布局逻辑,《黑客帝国:重装上阵》开场,片中人物讨论"欧西里司号传递的最后消息"的镜头,便是在吸引普通观众下载游戏《进入黑客帝国》,并从中知晓答案的一种方式。原创团队在持续打造影片续集的不同时空里,相继推出视频游戏、小说、漫画以及动画短片进行一体化再生产,既实现了"破圈"整合,又拉伸了长尾。同时利用文本间性体现出某种互动与呼应,进一步延展了人物的经历、故事的情节或结局的塑造。它们以跨媒体叙事策略不断激发观众产生"认知癖",激励观众挖掘与故事相关的内容并协同生产,越来越多的观众、玩家"沉迷"于影视剧、电子游戏、小说文本等分布在不同媒体平台上的故事内容并主动转变为"死忠粉"。

影游融合类影视剧需要在保证传统观众数量的基础上攻破玩家防线,即在规范的模式和体系下通过协同生产构建起一种"超级价值",它需要掌控用户的需求并能回馈有价值的信息。为此,作品原创方在统筹内容生产时就要为日后传播打好基础,剧作中的对话、彩蛋、叙事模式等或许能成为相关游戏中玩家解锁任务的密钥、升级装备的秘籍甚至是游戏通关的攻略,或成为吸引传统电视观众持续探究、续写、创作的兴趣点,反之亦然。将这种能产生超级价值的利益关系巧妙融合进作品生产的各个阶段,积极创造与用户牵连的动机,使这种"利益痛点"不仅关涉玩家,亦牵涉观众,甚至引导随机娱乐者或其他领域的用户参与其中。为实现这一模式,可以将一个宏大的故事世界逐步解构为多个分支,每一个分支又都分布在横向与纵向不同的媒体平台,而所有互相联结的分支内容又都契合这一体系中的元叙事。以此,用户将对这一故事世界展开深度挖掘,并悄然转变为这一"品牌"的忠实消费者。值得注意的是,这一过程除了处理好所有权关系,还需要平衡一个临界点,即"在适应粉丝群体不断上升的期望值和不断扩张的参与度的情况下仍旧能让广大用户理解"[23],越过这个临界点,创作中的"素材"将不能够被大众所全部认知。因此,参与式文化生产的特点就在于用户将这类具备高度能动性的文化消费转变为获取认知体验、自我身份认同与争取更多文化权力的重要方式,更易完成"用户将媒介消费的经验转化为新文本,乃至新文化和新社群的生产"[24]。依靠跨媒体协同叙事策略完成了平台间的非线性导流,实现了用户参与式文化的能动性转向,为深化影游产业间的融合升级奠定了消费基础。

五、以跨屏生态再造娱乐新场景,实现产业升维与服务升级

影游产业间的融合发展从早期的媒介产业化路径中可见一斑。1971 年,第一台游戏街机 Computer Space 诞生并迅速投入到酒吧、影院、商城等娱乐场所进行商业化的联动经营。早期的电子游戏产业便与电影产业"共处一室"。1972 年,第一台游戏主机 Odyssey 诞生,一个多月后,Magnavox 公司便向媒体和纽约地区的电子游戏分销商公布他们新研发的电视游戏主机,电子游戏与电视传播媒介的共用加深了彼此产业间的融合关系。互联网语境下进一步打通了影游间的产业壁垒,在数字技术迭代升级、艺术形态持续变革以及市场需求骤然上升的背景下,影游产业加速走向深度融合,使得大小屏互动的跨屏生态体系得以形成。5G 时代,产业创新、服务升级成为时代的刚需,随着国家对数字文化产业高质量发展的政策性支持以及"5G+4K/8K+AI"技术群的战略布局,媒体融合的跨屏生态体系日益完善,影游产业有望实现维度升级。

跨屏生态是指通过视听介质相互打通、视听产品相互衍生、视听平台相互赋能,从而构建起的视听全业态产业链条的完整生态。[2] 传播介质方面,影游产业从早期共享电视媒介形式的单屏时代,经历了内容逐渐破壁并融通电脑、手机为介质的多屏时代,而过渡到集资源统一、内容多元和服务升级的跨屏时代,保证了媒介基础的疏通与内容转换。视听产品方面,除了影游改编类作品外,电竞剧被视为是国内电视剧集创作突破叙事瓶颈,通过新事物、新话题带动内容创作突围的一种方式;而互动影视的生成则真正弥合了影游的艺术形式边界,实现了从被动凝视到主动介入的用户参与式体验转变。视听平台就是介质、产品与服务的一个"集成空间",以 B 站为例,其以年轻用户为目标用户、以打造娱乐化的 ACG 内容彰显着青年亚文化的商业属性,从而持续吸引用户转变为常驻粉丝,并实现流量的聚合与转换。B 站这类平台保障了影游产业融合实践的持续输出,成为天然的"养料车间"。此外,无论是 2020 年在线流媒体 55% 的全球普及率,还是 2021 年全球游戏 1 758 亿美元的准市场收入,都彰显着视听行业庞大的用户数量,为影游跨屏生态的产业升维提供了市场保障。

然而,产业间的跨屏生态构建多以横向衍生为主,垂直细分领域不够完善,范围经济优势欠缺。具体来说,便是影游产业消费场景没有实现有效的再利用,既无法提高资源配置的利用率,又无法落实服务再升级,长此以往使得大量资源被搁置。以电竞行业为例,作为游戏产业的重要组成部分,早在 2003 年,就被国家体育

总局列为中国正式开展的第 99 个体育项目,2016 年国家发改委颁布《关于促进消费带动转型升级的行动方案》明确了开展全国性或国际性的电子竞技游戏游艺赛事活动,2017 年《文化部"十三五"时期文化产业发展规划》提出促进电子竞技、游戏直播等新业态发展。可见,电子竞技运动正逐步收获主流文化的认可,成为朝阳产业。然而,与庞大的电竞粉丝数量相比,线下专业场馆却仍是九牛一毛,国内的电竞比赛直播会场往往设立在北京国家体育场、上海东方体育中心、武汉体育中心等大型体育竞赛场所。一是能够提供粉丝进行面对面交流的机会,彼此以共同的游戏经验参与到游戏画面的直播之中,通过构建线下的"虚拟场域",满足粉丝的体验需求;二是可以容纳更多的粉丝群,并从中获取商业价值。尽管这种"在线＋在场"的双重媒介体验激发着粉丝无穷的参与热情,然而,由于设施缺乏和品质参差而造成的画面分辨率低、音质差、杂音多以及网络延迟等问题仍不可避免。电竞直播同电影讲述类似,戏剧冲突一直存在,主要表现为参赛双方操控角色进行自始至终的暴力性对抗而直至比赛结束,其间偶发性自始至终存在,因此也就能持续吸引观众的情感与注意力,观看一场游戏直播就好比体验一场紧张而刺激的电影,"在场＋在线""观赛＋观影"的复合型市场需求,对专业场馆的要求非常高。

当下,综合运用 3D、4K、高帧率、广色域、沉浸式音效甚至 4D、5D 等视听感官技术的影院生态已成为产业标配,在此基础之上,利用 5G 网络提供的图像分辨率、视场角、交互等技术维度的变革,以及在用户体验速率、频谱效率、流量空间容量和时延等方面做出的优化,开展 5G 游戏直播,实现游戏视频的高保真现场实时转输,"完成传统影院的'基因'改造,尝试以'双核'模式驱动空间消费升级,积极将传统影厅改造为兼具游戏竞技和影像放映于一体的复合型场馆,为影院新一轮革新升级提供了'换道超车'的新思路"[25]。事实上,包括万达院线、完美世界影院在内的诸多院线、影投都在过去的几年里尝试过影院直播,并且吸引了大批观众前往影院观影。2013 年,作为《英雄联盟》中国代理的腾讯,就率先尝试在影院里播放《英雄联盟》相关的赛事;自 2015 年开始,《Dota2》的中国代理完美世界则直接开放旗下影院来做 Ti 赛事的线下观影;2016 年《英雄联盟》S6 全球总决赛在美国举行,为了照顾没能到现场观看的观众,拳头公司联合可口可乐公司在欧美 17 个国家、196 个城市的影院里开展游戏直播;在英美、澳洲、日本等地,影院直播已成为一门成熟的生意,供养了大批影院。[26]如今,5G 网络以峰值 10 Gbitps 的传输速率、毫秒级的端到端时延,再联动 VR、AR 产业实现"VR＋电竞"的组合模式或将引领新一轮媒介革命,驱使影院转变为集电影、直播、游戏于一体的大型复合娱乐场域,更易实现影游深度融合的产业升维与服务升级。

影院自身的场景属性融合电竞产业开展游戏直播等一些差异化的内容,不仅有助于影院改变"唯票房论"的产业现状,减缓经营层面的压力,其"在场＋在线""观赛＋观影"的叠加体验方式也有助于实现娱乐产业的升维与服务升级。然而,目前国内相关政策并不明晰,对于产业经营的尺度范围难以把控,其产业链条的延展与完善还需要在产业政策、市场规制和行业实践上不断创新,处理好产业间的隐蔽关系,最终实现资源的合理利用与价值的回流再生。

参考文献

[1] 亨利·詹金斯.融合文化:新媒体和旧媒体的冲突地带[M].杜永明,译.北京:商务印书馆,2012:30.

[2] 胡正荣.影视产业迭代:构建跨屏生态[J].传媒,2021(11):16-17.

[3] 袁联波.电子游戏与电影产业在融合中的冲突[J].电影艺术,2007(2):115.

[4] 陈旭光,张明浩.后疫情时代的网络电影:影游融合与"想象力消费"新趋势——以《倩女幽魂:人间情》为个案[J].上海大学学报(社会科学版),2021(3):20-31.

[5] 聂伟,杜梁.泛娱乐时代的影游产业互动融合[J].中国文艺评论,2016(11):62.

[6] 亨利·詹金斯.融合文化:新媒体和旧媒体的冲突地带[M].杜永明,译.北京:商务印书馆,2012:423.

[7] RYAN M L. Narrative as virtual reality: Revisiting immersion and interactivity in literature and electronic media[M]. Baltimore: Johns Hopkins University Press, 2015:3.

[8] 陈旭光,李黎明.从《头号玩家》看影游深度融合的电影实践及其审美趋势[J].中国文艺评论,2018(7):109.

[9] SWINK S. Game feel: A game designer's guide to virtual sensation[M]. Amsterdam, Netherlands: Morgan Kaufmann publishers, 2009: xiii.

[10] JOSEPH N. Towards an immersive intelligence[J]. Leonardo,2001(5):418.

[11] 李雨谏.当代电影的沉浸问题研究——从理论到影像[J].当代电影,2021(10):156.

[12] D. N. 罗德维克.电影的虚拟生命[M].华明,华伦,译.南京:南京大学出版社,2019:4.

[13] 解雪芳,陈思涵.5G＋AI 技术群驱动的文化产业新业态创新及其机理研究[J].高等学校文科学术文摘,2021(6):149-150.

[14] NOAH K. The virtual production field guide[R]. Cary NC: Epic Games, 2019:3.

[15] 电科技.XR 电影——虚拟与现实的交互革命者来了[EB/OL].(2020-08-01).

http://www.diankeji.com/vr/55858.html.

[16] 曲维元.基于游戏引擎技术视角下的电影影像创作表述机制[J].现代电影技术,2021(3):16-21.

[17] 刘汉文.5G技术背景下电影产业发展的机遇、挑战和对策[J].电影艺术,2020(5):155-160.

[18] ROSEN P. Change mummified：Cinema，historicity，theory[M]. Minneapolis：University of Minnesota Press，2001:319-326.

[19] 拉里·A.萨姆瓦,理查德·E.波特,雷米·C.简恩.跨文化传通[M].陈南,龚光明,译.北京:三联出版社,1988:45.

[20] 亨利·詹金斯.融合文化:新媒体和旧媒体的冲突地带[M].杜永明,译.北京:商务印书馆,2012:202.

[21] JUUL J. 游戏讲故事?——论游戏与叙事[J].关萍萍,译.文化艺术研究,2010(1):218-225.

[22] 喻国明.5G:一项深刻改变传播与社会的革命性技术[J].新闻战线,2019(15):48-49.

[23] 亨利·詹金斯.融合文化:新媒体和旧媒体的冲突地带[M].杜永明,译.北京:商务印书馆,2012:200.

[24] JENKINS H. Textual poachers：Television fans and participatory culture[M]. New York：Routledge,1992:65.

[25] 杜梁,聂伟.从"后窗"走向"广场":试论电影与电竞的互融叠合[J].当代电影,2020(2):137-142.

[26] 江宇琦.大银幕上搞直播,能帮电影院过冬吗[EB/OL].(2019-08-27). http://www.sohu.com/a/336473200_100240657,2019.

作者简介

王　虎(1981—　),山东枣庄人,上海大学新闻传播学院教授,博士生导师。研究方向为智能媒体传播。

彭新宇(1996—　),山东济南人,山东师范大学新闻与传媒学院硕士研究生。研究方向为影游融合产业。

User Empowerment, Collaborative Production and Crossover Upgrading — New Characteristics of Film-Game Integrated Industry in the 5G Era

Wang Hu　Peng Xinyu

Abstract：Film，television and games as an integral part of the digital cultural industry innovates business forms and development patterns via industrial integration and transformation. They have emerged as a new leader in the development of the digital cultural industry. Further development of film and game industries in the 5G era requires joint efforts in three dimensions user empowerment，collaborative production and crossover ecological construction. To be specific，user experience enabled by 5G technologies should extend to daily life，collaborative user production should be fostered by reconstructing the originator-gamer-audience relationship and cross-media narration，and finally，industrial upgrading should be attained through deep user participation in a crossover ecology.

Key words：film-game integration；user empowerment；collaborative production；crossover upgrading

5G 时代我国动漫出版价值链重构与升级的机理和路径 *

关键词:5G 时代;动漫出版价值链重构;影响机理;升级路径

一、引言

自 20 世纪 90 年代网络信息技术的广泛应用以来,我国动漫出版数字化进程也拉开了帷幕,由此我国动漫产业借助互联网与相关技术稳步发展并持续繁荣。第十一届中国数字出版博览会发布的《2020—2021 年中国数字出版产业年度报告》数据显示:2020 年我国网络动漫收入规模达 238.7 亿元,比 2019 年的 171 亿元增长了 39.59%,实现了新冠疫情下的逆势增长。动漫出版作为动漫产业的重要环节,随着动漫产业数字化和网络通信技术的发展,其概念在传统纸质图书、报刊出版、数字出版之外,也延伸到诸如文学作品、动画、游戏、影视等的动漫衍生形式。[1]动漫出版作品也以其新颖性、创造性、趣味性受到了广大动漫爱好者的青睐,尤其是受到 90 后、95 后、00 后等新生代漫迷们的欢迎和追捧。2020 年政府工作

---

* 基金项目:国家社科基金西部项目"5G 时代数字出版新业态新模式研究(20XXW002)"、广西研究生教育创新计划项目区级项目"中国省际区域文化产业数字化的区域响应机制与扩散路径创新研究"的阶段性研究成果。

报告明确提出加强新基建建设,拓展 5G(第五代移动通讯技术)应用。在工信部网站查询到的数据显示,截至 2021 年 9 月底,全国 5G 基站数量已拥有 115.9 万个,而这一数据在 2020 年底为 71.8 万个,仅仅不到一年的时间,我国 5G 基站数量就增加了将近 39%[2],这无疑会更进一步提高 5G 技术在各行各业渗透的效率。随着 5G 网络技术应用场景的落实,也可以极大丰富多样内容的应用场景,完善各种产业业态和生态环境,并且 5G 凭借其高速泛在网、低时延、大吞吐量、智能互联为主要特性的技术体系将能够深刻影响并改变动漫出版产业运营的技术逻辑[3],动漫出版价值链也会在内容创作、发行流通、传播营销等环节重塑,传统单一的动漫出版产业价值链将难以为继并迎来颠覆性的改变。因此,5G 时代为推动动漫出版高质量可持续发展、厘清我国动漫出版价值链的运作机理、探究动漫出版价值链重构与升级的路径,可以让我们深层次理解动漫出版产业价值链潜在的变化规律和增值方式,这无疑会对动漫产业的繁荣发展起着举足轻重的作用。

二、5G 技术推动动漫价值链重构与升级的机理

价值链(Value Chain)的概念阐释最早是在哈佛大学教授 Michael E. Porter 的《竞争优势》(1985)一书中,Porter 认为价值链是指企业内部和企业之间为生产最终交易的产品或服务所经历的价值增加的动态过程。[4]随着价值链理论不断发展,如今已经实现了新一轮的创新和突破,即不再是一个闭合的系统,而是可以对内部的各要素进行分解与整合以适应行业异质性和时代发展特征动态开放系统。根据价值链理论的定义与内含,这里将动漫出版价值链定义为动漫出版产业内部一系列价值增值活动构成的包含上、中、下游的链式分析系统。技术进步是全要素生产率(Total Factor Productivity)提高的主要源泉,而全要素生产率则是产业增长极为重要的推动力,具体到动漫出版产业中,技术的进步也会带来动漫出版价值链系统内部重构与整合。目前,移动通信技术经过了 1G、2G、3G、4G 的发展历程,已经发展到 5G 时代,5G 技术正日益广泛地应用到我们的生产生活当中。在动漫出版产业中,5G 技术也可以借助其优势推动动漫出版产业业态模式和价值链不断地变化升级,从而带动整个动漫出版产业的发展进步。最大的国际化标准组织 3GPP(Third Generation Partnership Project)定义了 5G 三大新的应用场景,即增强型移动宽带(eMBB)、超高可靠与低时延的通信(uRLLC)和大规模连接(mMTC),新的场景应用必然为作为数字创意产业的动漫出版行业带来更高的技术附加价值。[5]

5G 技术融入动漫出版发展和价值链系统内,能够推动动漫出版价值链内部格

局和体系以更为迅猛、更为激烈的方式更迭蜕变。[6]概括地说,5G之于动漫出版产业以及动漫出版产业价值链的深刻影响始于科技创新,再引入产业应用,最终上升到动漫出版产业全价值链升级优化。[7]因此,可以认为5G对动漫出版产业价值链的作用分为三个阶段,即科技创新赋能、价值附加和价值链重构与升级(见图1)。

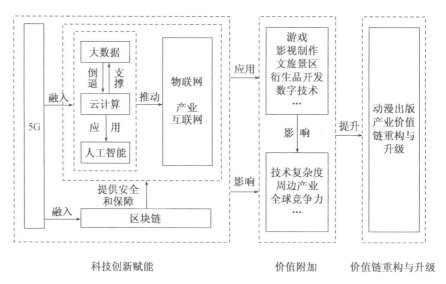

图1 5G技术对动漫出版产业价值链影响的过程

(一)科技创新赋能阶段:动漫出版价值链重构的底层技术逻辑

科技创新赋能阶段是5G技术对大数据、云计算、人工智能(Artificial Intelligence,AI)、区块链等新一代数字信息技术的整体影响的阶段。5G相关的诸项技术与我们生产生活密切相关,5G的创新应用也必将是和这些技术融合共生的。首先,5G技术加速了万物互联,产生了海量数据,而海量数据蕴含有大量有价值的信息资源,可以转化为巨大的生产力。具体到动漫出版领域,大数据在动漫讯息传递、动漫受众识别以及广告推送等方面将发挥重要作用。其次,5G对数据内容要素的高速可靠传输可以引领云计算技术广泛应用。云计算能够在网站上提供快速且安全的云计算服务与数据存储[8],它拥有强大的算力,可以精确迅速地在几秒钟内对数以万计的数据和信息进行分析和处理,由此可对大数据发展带来支撑作用,动漫设计制作方面的"上云"也成为可能。再次,5G也能融入人工智能的发展中,能够打造出动态灵敏感知设备终端变化的智能云服务平台,一方面,5G加速万物互联产生的海量数据可以加速人工智能应用落地;另一方面,人工智能也可以让5G更加灵活高效地被运用到动漫产业的具体实践中。最后,5G与区块链的结合,将成为区块链技术的"加速器",而区块链技术的发展也将进一步为数字化经济提供安全和信任保障。统而言之,5G 技术在这些关系链中起到纽带作用,是数据的"搬运工"和科技时代的"血液",5G 技术的赋能将推动物联网和动漫产业互联网的建设性发展。[9]

(二)价值附加阶段:动漫出版融合发展的推动力

价值附加阶段是科技创新成果与动漫出版有效结合并成功带来社会和经济效益的阶段。科技层面的创新只有融入具体的动漫出版产业生产的实践中并创造出潜在或显在的价值时才算得上是成功的。首先,5G 带动的技术进步和构建的新型网络(物联网和产业互联网)可应用于动漫出版产业的各个环节,即包括对游戏、影视、文旅、衍生品等相关内容行业的影响,也包括对 AR(虚拟现实)、VR(增强现实)、MR(混合现实)、超高清 4K/8K、数字 3D(三维)等信息数字技术的影响。其次,5G 技术可以推动动漫出版产业各环节创新产业内容,优化产业交互方式,引领新的动漫出版商业模式和营收模式,所以动漫出版技术复杂度和动漫产品附加值得以提升,这将助力优质动漫出版产品走出去,增强国际竞争力。最后,5G 技术的应用实际上也能够促进动漫出版周边相关产品的发展。5G 网络发展之后,为了适应动漫出版创作、传播、影响等的需求,5G 网络技术与 AR/VR 和 MR 设备、摄影设备、传输终端设备等科技产品融合将成为必然趋势。

(三)价值链重构与升级阶段:动漫出版持续高质量发展的必然途径

价值链重构与升级在任何产业的生命周期中都至关重要,动漫出版价值链在经历过科技创新赋能和价值附加阶段后将最终会发展到价值链重构与升级阶段,这一阶段是 5G 带动的动漫出版产业新变化对动漫出版全价值链的整体影响阶段,也是动漫行业历久弥新、持续前进的前提。在 5G 技术引领的科技创新带来巨大冲击和价值附加需求日益增加的情况下,动漫出版产业内部和外部的各种资源要素、产品要素和价值要素得以快速流转,这可以极大提升动漫出版从开发、制作到发行流通再到销售等环节的效率,同时也会带动动漫出版产业的商业模式、运营模式和营收模式创新,从而促使传统动漫出版产业价值链在结构和形态上发生新的改变,此时,动漫出版传统的价值链会得到拓展重塑,动漫出版产业也会得到良性可持续的发展。

三、5G 技术背景下动漫出版价值链重构路径

5G 给我们带来了崭新的基础设施环境,使许多行业都更加关注新技术所引起

的产业模式的更新、转型和融合。通过 5G,可以在很大程度上纾解成本和技术瓶颈困境,给整个动漫产业带来前所未有的变化。在探究了 5G 技术推动动漫价值链重构与升级的机理之后我们也需要深层次剖析动漫出版价值链内在具体的重构路径。那么,动漫出版价值链在 5G 时代经历了技术赋能和各环节价值附加后价值链会发生怎样的变化呢? 其内部又是如何重构拓展的呢? 结合动漫出版与技术发展紧密相关的特点,这里从线性价值链和网状价值链两方面的重构来分析。

传统动漫出版产业的价值链构成是从上游部分的创意、纸媒出版实验到中游部分影视动画出版、衍生品出版、版权贸易和特许经营再到下游部分的目标受众[10],这一过程基本遵循简单的线性链式关系(图 2)。进入互联网时代,动漫出版存储和传播介质发生翻天覆地的变化,动漫朝着数字化和智能化方向发展,尤其是 5G 技术的广泛商用,更是增加动漫出版价值链的丰度,并增加了动漫出版价值链上、中、下游每一个环节的相互交织与联系,动漫出版价值链的线性延伸和网状构造成为必然(图 3)。

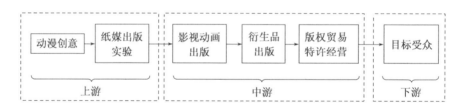

图 2　传统动漫出版价值链

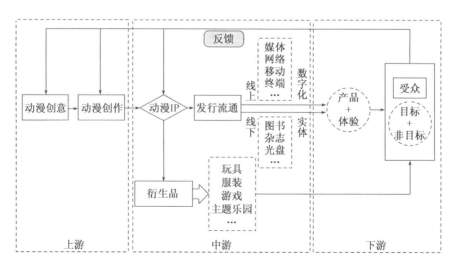

图 3　重构后的动漫出版价值链

（一）动漫出版产业线性价值链的延伸重构

1. 价值链上游延伸重构

以 5G 技术为手段支持动漫价值链上游的创意开发和变现。一方面，互联网经济增强了创作者和用户之间的互动，这种互动可以借助如哔哩哔哩网站、腾讯动漫、知音漫客等动漫交流平台高效地实现，在 5G 时代用户恒常在线将使创作者和用户间的此类交互性变得更强。相较于传统单一的线下传播方式，5G 时代动漫出版作品的传播方式是网格结构，动漫爱好者可以借助网络技术从被动阅读变成互动参与，积极地为动漫的原创出谋划策，为动漫的创意开发提供别具一格的题材。另一方面，动漫出版归属于文化产业的范畴，依然以"内容为王"为创作核心，5G 网络技术的发展能够给动漫产品创意环节的创新和变现提供更多支持。在纸质媒介时代，动漫作品往往表现为静态单色的展现形式，动漫创作过程相对简单，以手工绘制为主，多连载于报纸、杂志等纸媒上，比如在近现代较为著名的《时代漫画》《上海漫画》《漫画界》等刊物刊载的漫画作品内涵丰富但表现形式单一。到多媒体时代，动漫制作方式则转向电脑绘制，融合了如 flash 技术、数字三维技术、图像渲染技术、视频剪辑技术等，动漫作品所包含的信息量迅速扩容，"数字＋内容"的展现形式为动漫爱好者带来不一样的娱乐体验的同时也对动漫制作、传播、交流提出了更高的技术需求。新一代数字技术的运用可以打破传统创意转化为动漫作品的技术瓶颈上，例如瑞云科技将云渲染技术运用到动漫形象和场景的制作中，克服了本地算力不足的阻碍，成功打造了像《哪吒之魔童降世》《姜子牙》《熊出没》《斗破苍穹（第四季）》等优秀的动漫产品。未来，随着 5G 商用落实，其大吞吐量、低时延的优势，将释放云端强大的计算能力，达到云端实时渲染、本地即时展示的目的，5G 技术的运用将使动漫创意元素进行再创造并转换为产业优势，实现动漫出版价值链创意环节的增值溢价。

2. 价值链中游延伸重构

中游部分形成以 IP 为中心的深度融合价值链。IP（Intellectual Property），即创意型专利产品，具有经济开发价值和广泛认知度的"品牌 IP"和"明星 IP"可以作为被衍生、被评估、被交易的核心资源进行不同载体间的内容生产。找准"动漫 IP"与商业品牌的契合点能够带来出乎意料的价值增长点，比如和路雪企业的冰激凌品牌"可爱多"于 2018 年选择腾讯动漫大 IP《魔道祖师》合作，利用圈层文化，聚集线上二次元粉丝，借助《魔道祖师》中的五种性格鲜明动漫虚拟人物开发五种不同口味的冰激凌产品，为可爱多品牌带来了超高的话题热度和国民喜爱度，实现

IP、品牌、零售商间三方渠道联动,打通线上媒体到线下销售的营销通路,最终拉动销量增长。[11]从图 3 中可以看出,动漫出版价值链中游部分的价值创造是以动漫IP 为中心连接上游的创作与中游发行流通、衍生品开发的,其中动漫创意的开发制作是基石,为动漫内容作品和衍生品开发提供丰硕的源泉。可以说,大部分人气高具有良好成长性的动漫 IP 都经历网络连载、出版、动画、电影、电视剧、衍生品的传播过程,在这个过程中动漫出版产业实现了现金回收和增值溢价。在 5G 新时代,借助动漫 IP 进行动漫产品和技术融合创新较为成功案例的是爱奇艺影视。爱奇艺本身拥有众多的剧集、综艺、电影等 IP 资源,可以依托"一鱼多吃"的商业模式将这些"IP"开发包装后与 VR 技术深度结合,进行动漫出版发行流通和衍生品开发,比如其自制热播剧《无主之城》推出了基于 VR 技术的《无主之城 VR》和知识付费栏目《无主之城,直面生存危机》,并且综艺衍生内容《偶像练习生之 VR 恋之物语》及 VR 影片《神探蒲松龄 VR》和大空间游戏《神探蒲松龄之鬼魅聊斋 VR》也已上线。通过爱奇艺的例子,可见 5G 时代动漫价值链中游的以 IP 为中心的深度融合将创新更多动漫出版的业态和商业模式,助力动漫出版价值链的良性循环。

3. 价值链下游延伸重构

以受众为焦点逆向延伸下游价值链。主要表现为动漫出版价值链价值流由"自上而下"模式到"自下而上"模式转变。"自上而下"是传统的单向要素流通模式,价值链下游部分处于被动接受状态,如纸介质时代的漫画读物、漫画期刊、动画电视等只是机械地将动漫内容传达到受众而未充分考虑其受众需求的多样化和异质性。"自下而上"的价值链是一种逆向延伸,一方面指动漫出版价值链下游的受众能够借助 5G 搭载的互联网平台积极主动地反馈给动漫价值链的创意生成和制作、品牌 IP 开发与衍生品创造的各个环节,另一方面也指动漫出版的制造商、服务商和销售商为更快地实现动漫作品变现而结合下游市场实际,自发做出调整以适应技术进步和竞争环境变化。[12]新浪微报告的《微博动漫领域白皮书》统计数据显示,2020 年 4 月微博泛动漫兴趣用户 2.92 亿人次,核心动漫用户达到 4 186 万,头部 KOL(关键意见领袖)账号总计 3.5 万,圈粉规模 3.7 亿以上,与过去 3 年相比,均有大幅度提高。[13]同时艾媒网的统计数据显示,中国的二次元用户已形成规模且持续增长,2020 年用户规模达到了 3.7 亿,相比 2019 年 3.32 亿有了极大提高。[14]据此可得出,动漫出版市场价值链下游受众已经初具规模,庞大的需求规模业已创造出动漫产品极其衍生品广阔的销售市场,因此动漫出版价值链"自下而上"延伸成为必要。并且,成长在互联网环境下的动漫爱好者受各种信息流、价值流的熏陶和影响,需求偏好呈现出的差异化和多元化特征加强,这就需要有强大的智能设备识别、感知、收集、分析受众的需求偏好,从而提供具有辨识度和个性化的动漫内容作品和衍生品服务。目前 5G 技术与大数据、物联网等相关技术融合创新能够迅速汇集网络空间的信息知识,精准地定位受众需求,为动漫出版供给部分各环节反馈可靠信息,增强动漫作品创作者、出版商、销售商与动漫受众的互动性,从而推动商业和运营模式创新,实现动漫出版价值链上供需的有效连接。

(二)动漫出版产业多维网状价值链的拓展重构

动漫出版网状价值链的构造主要表现为动漫出版技术方面是动漫出版搭载介质的扩展以及实体和数字化的结合,出版服务是产品和体验的结合,出版受众是目标受众和非目标受众的结合。

1. 价值链技术层面重构

第一,5G 推动动漫出版搭载介质进一步向"纸＋光电"介质拓展。纸介质动漫出版时代,动漫出版机构主要占据的是以纸媒和线下资源为盈利模式的价值版图。随着信息技术的发展,光电媒体不断涌现,动漫出版业快速进入纸光电介质的多媒体时代[15],传统单一纸媒和线下价值模式面临危机,一些纸质漫画期刊、图书相继停刊或转战线上,如 2020 年 12 月影响一代漫迷们的著名漫画杂志《飒漫画》宣布由于读者阅读场景的变化 2021 年 1 月纸质漫画全部停刊,未来漫画作品单行本和更新内容将转移到网络平台上。动漫出版数字化与智能化趋势加快,出现了一大批如快看漫画、腾讯动漫、哔哩哔哩网站、知音漫客、有妖气等的动漫传播平台,这些动漫传播平台借助手机 App、小程序、电脑等终端成功将优质的动漫数字化内容作品传达给了动漫爱好者,促进了动漫产品的传播。所以,5G 时代,动漫出版产业搭载介质的"纸＋光电"的价值构造既表现在出版物线下图书、期刊流通的实体构造,也表现在基于多媒体、网络、移动智能终端的线上构造。

第二,5G 推动动漫出版物"实体＋数字化"的深度融合。随着动漫产品的传播介质和呈现方式发生变化,传统的"报刊、图书、光盘介质＋物理运输"被现今的"数字格式＋网络运输＋多种终端呈现"所取代,从物理实体形态到数字产品形态,原本的生产(印刷)、仓储、物流运输等业务流程实现了数字化。不可否认,动漫出版的数字化趋势极大地丰富了动漫出版的题材和内容,为动漫出版的转型发展奠定了巨大的创作资源基础。[16]在动漫界,传统实体动漫出版物高质量的数字化转化现象层出不穷且获得了可观的利润,其中以网络文学动漫化和传统漫画动画化最具代表性,比如著名的网络文学小说《斗罗大陆》就经历了数字化的过程,《斗罗大陆》网文首先被改编成漫画作品,之后又由杭州玄机科技制作成同名动漫剧,改编后的动漫《斗罗大陆》拥有着炫丽的场景和精彩的打斗,因而受到了动漫爱好者的好评。5G 技术不仅加速动漫出版数字化产品的高效率转化与传播,也能推动动漫出版公司全面提升动漫内容的制作质量,在作品制作上精益求精,AI 上色、云渲染、AR 出版的运用引领动漫出版"实体＋数字化"的深度融合,动漫出版作品也将在追求卓越的道路上不懈努力前行。

2. 价值链服务模式层面重构

在以产品和技术创新为依托的业态环境下,5G 正推动动漫出版服务模式由单一产品服务向"产品＋体验"协同的服务模式转变。在传统的动漫出版价值链中,内容是创造价值的核心,产品部分是动漫内容的重要载体,动漫出版商只售卖图书和作品而不提供相关配套服务。这种单一的产品结构模式不仅减缓了动漫出版物的增值过程,也收缩了动漫出版的增值渠道。[17]5G 时代,渠道及产品背后的技术驱动使动漫出版价值链中的服务模式横向拓展,动漫出版商则不能仅仅满足于动漫出版内容产品的更新,还必须关注动漫出版顾客群体的体验和情感表达。顾客体验实质上是内容的延伸,当用户有了优质的体验时,可以通过线上和线下的网络效应为动漫出版的作品做宣传,对作品口碑和动漫 IP 的传播起到积极作用。因此,动漫出版价值链中产品环节单一产品服务向"产品＋体验"的服务转变,可以实现相应的价值链的溢价。

高清画质视频是各个动漫视频平台 VIP 付费用户的核心诉求之一,拥有极致的视觉体验效果在能够满足二次元爱好者感官需求的同时也吸纳了更多用户自觉付费。当下,5G 技术既可以在传输效率方面提升用户高清画质体验,又可以携手 VR、AR、MR、AI、全息投影、超高清 4K/8K、3D 等技术推动动漫出版产业信息资源库、信息传输通路的构建完善以及知识场景的多元化拓展,在带给动漫受众全新的视听感官体验的同时,也为构建动漫出版智能新生态带来了诸多新的机遇,动漫出版正在朝着"动漫＋"的方向改变,"动漫＋文创""动漫＋游戏""动漫＋旅游""动漫＋教育""动漫＋科技"等,这些都推动着动漫出版从产品经济向"产品＋体验"经济的转变。

3. 价值链受众层面的重构

表现在单一目标受众向"目标受众＋非目标受众"的价值拓展。5G 时代,动漫出版价值链的另一个构建环节是其价值链需求环节。如果说产品是价值实现的核心,那么,价值链下游的动漫顾客群体则是价值实现的关键。顾客群体是价值链中价值传递的汇点,用户支付是获得收入的主要来源,价值增值通常是通过用户付费来实现的。因此,关注 5G 网络技术条件下用户表现及其组合方式的变化,对于实现动漫出版价值链的重构至关重要。

动漫出版价值链需求部分的受众群体分为目标受众和非目标受众,在传统的动漫出版价值链中由于受众之间联系较少,相对隔离,以至于动漫出版企业以及相关支持企业往往只注重动漫产品的目标受众的偏好与需求,忽略其他非目标受众。5G 时代万物互联,受众恒常在线,其碎片化的时间集中于网络空间中,由此动漫出版内容作品可以通过互联网迅速传递给互联网用户,即可以面向一定的目标受众,同时可以影响到潜在非目标受众,引起了极大的交互影响作用。随着 5G 网络技术的发展和深入普及,非目标受众接触到信息也会对目标受众产生影响,并且这种影响发生的频率和程度将更加深入,这使得曾经的非目标受众也将成为间接目标受众,继而成为潜在的付费消费者。因此,5G 时代,互联网更广泛的运用将同时使目标受众和非目标受众纳入动漫出版价值链中的重要环节。在动漫出版价值链下游受众的拓展中,5G 的应用落地可以使目标受众的需求得到最大化满足,同时,非目标受众的注意力被及时吸引、集中,增加了转化为动漫内容作品付费的潜在受众的可能性。

四、5G 技术背景下动漫出版价值链的升级路径

对整个动漫出版价值链而言,附加于其上的价值分布是不均衡的,尤其是在 5G 时代,5G 技术以及相关技术的发展推动着动漫出版价值链的重构,动漫出版的数字化、智能化和精细化趋势加强,若要在重构中创造出新的价值,则需要综合价值链上相关核心要素,使价值链整体不断提升而不是在低附加值部位原地扩张。结合上文中动漫出版在 5G 时代线性价值链延伸和网状价值链构造,并把握价值链中各个关键组成要素,这里对其重构升级路径在技术赋能、人才培育、品牌锻造、需求锁定、机遇识别五个方面做出如下概述。

(一)技术赋能,推动动漫出版工艺升级和产品升级

数字技术联姻动漫产业,能够形成多业态开发增值模式。目前动漫出版价值链正处在与技术融合的过程中,动漫出版价值链中制作工艺和产品与 5G 及相关技术融合密切相关,例如,5G 技术应用到 3D 投影技术和远程 VR 视频播放可以减少网络传输过程中对数据压缩所导致的细节损失,让动漫作品图像较之以往更细腻传神,画面帧数更连贯稳定,环境色彩更加生动还原,极大程度避免给观看者

带来眩晕感,给观众带来极致的视觉盛宴,这是以往 1G、2G、3G、4G 技术所无可比拟的。当下,可以考虑以下三种方式推进动漫出版工艺和产品与 5G 技术的融合。首先,以 5G 及相关技术当助手。要推动 5G 和相关技术的创新融合,积极探索 5G 在动漫产业应用新场景的开发,以技术辅助动漫出版制作工艺的提质增效。其次,以 5G 融合技术当产品。例如将 5G 融入 AI 出版、VR 出版等新兴动漫出版模式,催生动漫出版界新产品新形势,这对动漫出版产品升级具有重要作用。最后,以 5G 当阶梯。5G 技术的应用,在动漫出版产业既是一个新命题,也是一个有前景的课题,要在这个新命题、新课题的基础上继续探索 5G 应用的潜在层面。

(二)人才培育,为动漫出版价值链注入持续生命力

在动漫出版价值链中,创意诞生需要创意人才,开发制作需要技术人才,营销需要营销人才,由此动漫出版产业内的人才培育极其重要。随着 5G 时代来临,动漫创意形式更加多样,动漫出版数字化维度和技术复杂度提升,动漫受众的需求也迎来新变化,所以对动漫出版优质人才的需求也顺势增长,因此更要注重动漫出版专业型和综合型人才的培育。首先,国家要将动漫出版人才的培养当作一项系统工程来实施,完善动漫人才培养、评价激励、流动配置机制,并继续加大原创动漫人才的培养力度,继续推进"原动力"中国原创动漫出版扶持计划和中国高校动漫出版孵化计划;[18]其次,高校在人才培养方面要依托创作团队储备人才队伍,推动动漫创意向动漫产品的孵化,依托国家文化人才培训基地加强动漫出版人才培养,积极探索与企业合作的创新模式,共建实训基地,并加快动漫产业国际化人才培养;最后,动漫出版产业应该把握人才培养模式中存在的问题,探索人才培养新策略,结合产业内部实践,制定有针对性的产业人才培养方案,以期培养高素质的复合型动漫人才,创作出个性化、有特色的动漫作品。

(三)品牌锻造,打造动漫出版 IP 新生态

动漫出版价值链中游环节围绕"动漫 IP"开发动漫内容产品和相应衍生产品,由此形成了一种良性的价值循环。因此,5G 时代我国的动漫出版要积极探索新经验和新模式,不仅要注重孵化精品 IP,更要注重"动漫 IP"品牌效应的全方位立体式开发,布局 IP 的全价值链循环,使动漫出版产业全面开花。[19]为此要做到三点,首先,5G 时代动漫出版产业的转型必须与相关行业翘楚进行合作,联合其资源、技术和人才,进而提升动漫出版作品的品牌力和影响力。其次,要推进动漫出版向 IP 授权与品牌运作等 IP 相关方向拓展,通过打造优质 IP 与创意品牌来降低因价值链变动带来的各种风险,提升应对 5G 时代变化的能力。最后,动漫企业还应关

注与原创动漫 IP 相关的衍生品开发,并打造多种多样的与产品相关个性化服务,加强 IP 品牌化运营,拓宽动漫价值创造"高速路",以此创造有形的利润价值和无形的 IP 价值。

(四)需求锁定,精准高效联结动漫出版受众

5G 时代,动漫出版价值链内产品消费市场中的受众具有消费周期短、消费喜好变化快的特点,所以会带动价值链上分工制度和动漫出版企业关系的重新安排以适应新需求下的受众群体。动漫出版要深化以受众需求为驱动的供需关系。首先,应积极进行动漫产品创意创新和关键制作技术升级,缩短动漫出版产品生产周期,以产品质量和服务体验的提升吸引更加广泛的潜在动漫受众成为付费消费者。其次,动漫出版要有效脱离低端重复性商品的不良竞争市场,引领和培育以增值服务为导向的新型消费结构与市场,丰富受众情感体验,扩大其产品和服务的受众范围,推动动漫出版产品高质量供给。最后,可以利用 5G、云计算、人工智能、大数据等相关数字技术感应、收集动漫受众消费行为习惯并识别受众需求,实施决策支持服务,开展大数据精准营销,满足动漫爱好者多样化和个性化的产品需求。

(五)机遇识别,促使优秀动漫作品出海

新时代中国数字文化产业相关核心技术,如 5G、人工智能、数字消费等,在国际竞争中处于领先地位,我国的动漫出版要抓住这些技术优势,深化动漫出版产业向智能制造与高端外包等高端方向拓展,开发除了国内以外的海外需求市场。首先,国家要出台保护政策,营造良好政策环境,并加强知识产权保护,完善《著作权法》《知识产权保护法》等配套法律法规,净化版权市场,彰显动漫原创活力,为我国动漫出版发展营造良好的国内业态环境。其次,动漫出版产业以及企业应利用 5G 及相关技术改造传统的动漫出版方式,打造标准化、智能化生产体系,掌握关键生产环节的核心技术,实现动漫出版产品以及衍生品集约式、精品化生产。最后,注重经验借鉴,他山之石,可以攻玉,我们要努力学习美国、日本、韩国、英国等动漫产业大国产业发展的成功经验,为我国动漫出版价值链优化提供更多源头活水。

五、结语

如果我们把动漫出版作品内容比作高铁,那么理论上拥有每秒 10 GB 峰值传输速度的 5G 通讯技术就是承载这列高铁的轨道,为动漫产业的发展前行提供技术保障。5G 时代引起动漫出版产业外部技术环境和创新环境的变化,对传统动漫出版价值链带来了一定的冲击,但是也在一定程度上为其重构转型提供了契机。

我国动漫出版产业要积极抓住 5G 时代的机遇,利用 5G 技术优势,结合自身价值链特性,努力实现价值链在增值溢价的同时实现重构与升级,由此实现动漫出版的高质量的可持续发展。

参考文献

[1] 方亭,卫晋菲.动漫出版产业 IP 化运营路径与趋向[J].中国出版,2018(13):53-56.

[2] 工信部.2020 年通信业统计公报[EB/OL].(2021-07-13).https://www.miit.gov.cn/gxsj/tjfx/txy/art/2021/art_565b40118fee499ebf4331ecd 0713 ac0.html.

[3] 丛挺,王效佐,周飞.5G 背景下面向知识短视频的出版价值链分析[J].出版广角,2020(11):22-25.

[4] PORTER M E, MILLAR V E. How information gives you competitive advantage[J]. Harvard Business Review,1985,63(4):149-174.

[5] 郝挺雷.产业链视域下数字文化产业高质量发展路径研究[J].理论月刊,2020(4):111-119.

[6] 周莉.新传媒时代文化产业园区创新发展路径研究——以江苏为例[J].南宁师范大学学报(哲学社会科学版),2020,41(4):67-81.

[7] 陈能军,史占中.5G 时代的数字创意产业:全球价值链重构和中国路径[J].河海大学学报(哲学社会科学版),2020,22(4):43-52,107.

[8] 罗晓慧.浅谈云计算的发展[J].电子世界,2019(8):104.

[9] 王文喜.5G＋区块链——智能时代的新基建[M].杭州:浙江教育出版社,2020:12.

[10] 张铁墨. 论动漫数字出版价值链构建[J].中国出版,2017(10):55-57.

[11] 胡诗学.IP 多元加持下,看《魔道祖师》如何疯狂为可爱多带货[EB/OL].(2019-09-23).https://www.sohu.com/a/342846728_333204.

[12] 汪妍,蒋多.价值链视角下"一带一路"出版本土化创新与发展[J].中国出版,2021(5):9-13.

[13] 新浪微博数据中心.2020 微博动漫白皮书[EB/OL].(2020-12-16).https://data.weibo.com/report/report Detail?id= 444.

[14] 艾媒网.二次元行业数据分析[EB/OL].(2021-05-11).https://www.iimedia.cn/c460/78502.html.

[15] 张弛.大数据时代中国出版产业链的重构[D].武汉:华中科技大学硕士学位论文,2015.

[16] 文宁.数字时代中国动漫出版转型发展的契机与途径[J].中国出版,2020(9):28-31.

[17] 张弛,钟瑛.基于大数据的出版价值链 2^{+++} 构造探究[J].出版科学,2015,23(1):46-50.

[18] 杜都,赖雪梅.移动互联网时代动漫的多元化出版模式分析[J].出版广角,2018(18):22-24.

[19] 禹建湘.网络文学产业化的三种形态[J].广西师范学院学报(哲学社会科学版),2018,39(4):8-13.

作者简介

杨　霞(1975—　),广西贵港人,广西师范大学图书馆副研究员,广西师范大学珠江—西江经济带特聘研究员,硕士生导师。研究方向为文化产业。

王爱红(1992—　),河南周口人,广西师范大学经济管理学院硕士生。研究方向为文化产业。

On the Mechanism and Path of Reconstructing and Upgrading the Value Chain of China's Comics and Animation Publishing in the 5G Era

Yang Xia   Wang Aihong

Abstract: Comics and animation publishing industry is technology-intensive. In the 5G era, a dramatic change in China's ecology and format of comics and animation publishing is expected. This paper builds a three-phase model of empowerment by technology and innovation, value-added, and reconstruction and upgrading based on value chain theories to facilitate its study on the inner mechanism of how 5G technologies promote the reconstruction and upgrading of value chains in comics and animation publishing. It then models the value chain reconstruction of comics and animation publishing by combining two aspects, namely deep extension in the upstream, midstream and downstream stages of a linear value chain and creating a multidimensional network value chain. On this basis, the paper gives five paths to reshaping and upgrading the value chain of comics and animation publishing: Technology empowerment, talent cultivation, branding, demand identification and opportunity discovery.

Key words: 5G era; reconstruction of the value chain of comics and animation publishing; mechanism of action; the path to upgrading

文化企业成长性评价与影响因素分析[*]

朱　政　　张振鹏

摘　要: 文化企业是文化产业发展的重要力量,其健康成长对推动文化产业高质量发展具有重要意义。本研究基于内生成长理论,构建评价指标体系,以新三板文化企业为研究样本,对文化企业成长性进行系统评价,并分析其影响因素。研究发现,文化企业呈现负债水平高、盈利水平低、经营风险大、整体成长性不强、多数企业盈利状况不佳的状况,而以无形资源为核心的资源积累有助于快速提高其成长性。基于此,本研究认为文化企业的持续成长,需要拓展资源获取渠道,关注文化资源的开发利用,加强组织管理,优化组织结构,降低经营风险,创新商业模式,提高经营效益,提升企业能力。

关键词: 文化企业;成长性评价;企业成长;成长因素;新三板

一、引言

随着我国文化产业的蓬勃发展,文化企业得到更多关注。十九大报告指出"推动各类文化市场主体发展壮大",十九届五中全会提出"加快发展新型文化企业"。文化企业,作为文化产业的市场主体,在满足市场文化产品和服务的需求、创造社会经济价值、传承民族文化、维护公共文化利益、文化的国际化传播等方面做出了巨大贡献(陈志军、张振鹏,2016)。中小文化企业是我国数量最多、最活跃的文化市场主体,具有市场反应灵敏、经营灵活等优势(吴群,2012)。然而,很多中小文化企业处于创业初期、产业低端,在企业规模和资金实力等方面存在不足,面临较大的财务风险、市场风险、管理风险,其成长性难以准确把握。对文化企业成长性进行系统评价,分析其影响因素,对于促进文化企业健康发展和文化产业高质量发展

---

* 基金项目:国家社会科学基金重大项目"文化产业数字化战略实施路径和协同机制研究"(21ZDA082)的阶段性研究成果。

具有现实意义。

二、文献回顾

企业成长性研究可追溯到古典经济学派代表人物亚当·斯密(1776)的《国富论》中市场规模和劳动分工程度共同决定企业成长性的思想。此后,不同的研究流派对企业成长性有不同的定义(夏清华、李雯,2010)。新制度学派的代表人物Coase(1937)以交易费用概念为核心,将企业定义为市场机制的替代品,认为企业成长是企业规模扩大和企业交易功能增强。Penrose(1959)提出了企业资源成长理论,认为企业成长性是指企业获取资源和挖掘未利用资源的能力水平,强调管理对企业成长的作用,主张成长经济代替古典经济学的规模经济。Storey(1994)则具体指出管理者的素质提高、企业内在能力强化和经营业务增长是企业成长性的三个重要体现。以彭罗斯为代表的资源成长视角,强调内部因素对企业成长的作用,逐渐形成资源基础观和能力基础观两种视角的企业内生成长理论。环境学派钱德勒(1999)认为外部的各种环境是影响企业成长的重要因素。丁宇(2020)在研究企业文化与企业成长中发现,创新导向的价值观念和激励机制对企业成长有显著正向影响。虽然国内外学者对企业成长的定义存在差异,但是大多数学者都强调企业成长性是企业不断进步的一种能力和状态。企业成长性是企业通过整合优化内部资源、增强企业成长能力,实现企业规模不断扩大、经营业绩日益提升的能力。企业的成长性包括质和量的两部分,既有企业规模的扩张、利润的增长,又有企业管理水平的提升、创新能力的强化以及战略的合理匹配等。

文化企业就是生产、经营和销售文化产品和服务的企业,具体来讲,文化企业是以利润最大化为目标,以文化、创意和人力资本等无形资源为投入要素,提供文化产品和服务获取商业利益的组织。对于文化企业成长的研究,更多的是在探索文化企业成长的影响因素、成长路径、成长模式等方面。宋小霞(2016)运用SWOT-PEST分析矩阵对小微文化企业的发展环境进行分析,认为和谐的制度环境能够促进小微文化企业的成长。张振鹏(2016)认为小微文化企业与商业模式是共生演化关系,商业模式要素的调整、丰富、重构,适应企业成长需要并推动企业成长。张泽(2018)通过研究证明产业集群网络能够促进传媒企业成长。王育红(2019)通过对小微文化企业多案例研究发现,企业成长的基本能力是创始人利用资源的能力、产品创新能力、外部资源整合能力,重要能力是核心产品开发和市场拓展,同时强调促使企业高速成长的关键是内部组织管理完善。王晴、秦迎林(2020)发现文化企业履行社会责任,有效助力企业高效成长。由上述研究可以看出,影响文化企业因素很多,并且大多研究针对企业内部因素进行研究,内部因素更能凸显出企业间的异质性,对于企业来说更容易通过改善其内部因素,从而达到促进企业成长的目的。

文化企业成长性评价研究,学者们从不同的研究角度出发,对理论基础、指标体系、决策方法等方面进行了深入的研究。何志勇(2015)以 12 家上市出版传媒类企业样本,通过因子分析,从企业盈利、运营、偿债和发展四个维度评价其成长性。吕庆华、龚诗婕(2016)以 19 家体育用品企业为样本,采用因子分析法,从资源、能力和环境三个维度选取 25 个指标评价其成长性。黄亨奋、吕庆华(2016)运用结构方程模型,从资源、能力和环境三个方面,选取无形资源、有形资源等 16 个指标评价 19 家体育上市公司成长性。随后又基于"RAE‐G"评价模型设计一个拥有 57个测量指标调查问卷,经过检验获得拥有 33 个测量指标的成长性评价指标体系(黄亨奋、吕庆华,2017)。方光正、李竞成(2017)以 18 家新闻出版类公司为样本,从质和量两个维度选择指标,评价其成长性。龚诗婕、吕庆华(2018)以 14 家体育用品上市公司为样本,从资源、能力、环境三个维度选择指标,采用因子分析法,综合评价其成长性。张振鹏、朱政(2019)从资源和能力两个方面构建评价指标,运用熵权法‐ TOPSIS 法,对新三板文化企业的成长性进行综合评价。学者们采用企业成长理论、竞争优势理论、战略管理理论、生态系统理论等构建企业成长性评价的分析框架,从不同角度考察企业的成长性。虽然基于不同的理论,存在较大的差异,但是在选择指标时,大都会把企业自身的财务指标纳入评价指标体系,把企业自身的发展情况作为对企业成长性衡量的重要方面。很多学者在选择指标时,不仅考虑企业自身情况,把对环境的评价加入对企业成长性的综合评价中。部分学者从经济环境、技术环境等方面考察企业的环境因素,并且根据注册地或者办公地来确定企业的区域环境。企业的环境因素较为复杂,很多企业多地经营,受到环境影响的程度也存在高度的不确定性。

企业成长的概念明确为企业成长性评价建立了理论基础。但文化企业与一般企业相比,在共性特性的基础上存在一些差异性,尤其是需要探索文化企业成长性的系统、科学的评价方式,进一步识别文化企业的影响因素。

三、评价指标体系建构

文化企业是依托各种无形和有形资源的积累,运用创意、现代科技,创新商业模式,提供文化产品和服务的新兴市场实体(张振鹏、王玲,2017)。文化企业的成长过程实际上就是不断将以有形资源和无形资源存在形式的企业资产转化为比较优势,实现动态螺旋式发展的过程。只有在资源、能力以及外部环境等各个层面实现动态耦合,企业才能在竞争中创造可持续竞争优势(汪秀婷、程斌武,2014),积累创新潜能,实现持续成长。但是与成熟的市场主体相比,中小文化企业自身的资源和能力相对缺乏,这通常制约着文化企业的成长。企业是价值创造的实体,文化企业在成长过程中依靠有形资本和无形资本的共同作用和各要素之间的相互转化,从而把各要素的价值创造转变为企业的货币资本。因此,文化企业的成长性评价,既要关注企业资源的积累,也要关注企业能力的提升。通过对资源和能力两方面的综合评价,能够高效、快捷判断其成长性。

(一)评价指标选择

基于内生成长理论的文化企业成长性评价指标如表 1 所示。本研究遵循指标体系构建的科学性、完整性、可操作性等原则,参考企业评价研究的相关文献、企业年报中的相关企业信息以及 Choice 金融终端数据库的有关指标,选择测量指标,初步构建文化企业成长性评价指标体系。

企业资源是资源理论研究的重要因素(董雪艳等,2016),是企业进行资本运营的重要保障(陈艳艳、王国顺,2006)。从企业的经营实践来看,成长性高的企业,其有形资产一般会呈现稳定增长的状态,与相应固定资产结构相适应。反映企业有形资源成长能力的指标包括固定资产、固定资产增长率、存货等表示具有实物形态的指标,应收账款、货币资金等表示货币型资产的指标。无形资源同样是企业保持竞争优势不可或缺的资源,其价值创造潜力主要来自以下几个方面:一是无形资源同时具备多种用途,在不同地方可以互不影响地同时使用;二是无形资源具有规模报酬递增特征,知识产权作为一种无形资产,文化企业通过知识的产生、传播和扩散促进企业的发展(Baruch Lev,2001)。文化产业在资产结构上具有一定的独特性,即无形资产在企业的资源构成中占比较传统产业要大,表现轻资产的特点(金碚,2010)。无形资产在企业提供产品和服务的过程中的作用越来越明显。对企业无形资源的评价指标主要包括无形资产所占比率、无形资产增长率和衡量文化企业人力资本情况的本科以上员工比例等指标。

表1　文化企业成长性评价指标及来源

目标层	因子层	指标层
成长资源	有形资源	固定资产
		固定资产增长率
		应收账款
		货币资金
		员工人数
	无形资源	本科以上员工比率
		无形资产
		无形资产所占比率
		无形资产增长率
成长能力	营运能力	流动资产周转率
		总资产周转率
		固定资产周转率
	盈利能力	营业毛利率
		净资产收益率
		营业利润率
		总资产报酬率
	偿债能力	资产负债率
		流动比率
		速动比率
		现金比率
	发展能力	营业收入增长率
		净利润增长率
		总资产增长率

企业能力是指企业利用资源的手段,统筹资源完成目标的能力(Amit and Schoemaker,1993),泛指企业在日常经营管理活动中满足生存和发展的系统方法和综合过程。一般来说,企业的能力主要由研发、生产、营销、财务和组织能力构成(李振福、孙忠,2010)。企业现有能力只有在能够满足企业现有经营,同时满足向前进一步的需要时,才能推动企业成长。这种能力表现在三个方面:企业家能力、

企业管理水平和技术创新效果。这些能力在企业的运营中并不能直接表现出来，而是通过企业的运营，最终从企业运营的过程和结果表现出来。因此，本研究通过对企业的营运、偿债、盈利和成长等方面评价表示企业的成长能力。

（二）评价指标剔除

通过数据观察发现，因为一些企业经营状况较差等原因导致净资产为负，使净资产收益率指标失去意义，同样存在企业营业净收入为负，导致营业毛利率无意义。因此，剔除这两个指标。经过初步筛选的指标，通常还存在一定的相关性，各项指标之间计算内容的重叠程度应尽量低，因此需要通过相关性分析，删除信息重复较大的指标，从而消除指标间高度相关带来的信息重叠。通过整理 2020 年样本企业的指标数据，运用 StataMP14 进行相关性分析，得到了相关性系数矩阵。根据系数的大小，发现流动比率、速动比率和现金比率存在较高的相关性。本研究剔除速动比率和现金比率，从而确定评价指标体系，如表 2 所示。

表 2　文化企业成长性评价指标体系

目标层	因子层	指标层	编号
成长资源	有形资源	固定资产	A11
		固定资产增长率	A12
		应收账款	A13
		货币资金	A14
		员工人数	A15
	无形资源	本科以上员工比率	A21
		无形资产	A22
		无形资产增长率	A23
		无形资产所占比率	A24
成长能力	营运能力	流动资产周转率	B11
		总资产周转率	B12
		固定资产周转率	B13
	盈利能力	营业利润率	B21
		总资产报酬率	B22
	偿债能力	资产负债率	B31
		流动比率	B32

(续表)

目标层	因子层	指标层	编号
		总资产增长率	B41
	发展能力	净利润增长率	B42
		营业收入增长率	B43

四、实证分析

新三板是资本市场服务中小企业和民营经济的重要平台,其改革在不断深化延续,近期证监会发布消息称,将以现有的新三板精选层为基础组建北京证券交易所。新三板文化企业规模差距较大,数量多,能够较好地从整体上反映处于成长期的文化企业的特点。

(一)文化企业成长性评价

1. 样本与数据

新三板文化企业的快速发展对我国文化产业发展起到重要作用。新三板文化企业大多属于中小型文化企业,处于成长期,对其成长性的综合评价研究能更好地反映文化企业的成长状况。本研究选择具有完整 3 年企业数据的文化企业作为研究样本,便于纵向对比,研究企业的成长情况。

新三板现有企业挂牌数量 7 285 家。[①] 本研究的筛选标准是:① 被选企业主营业务应符合《文化及相关产业分类(2018)》范围内的企业,有 765 家企业入选;② 选择营业收入超过 50%来自文化产品或服务,并有较为完整的数据资料;③ 选择拥有 2018 至 2020 年企业数据的文化企业;④ 根据《统计上大中小微型企业划分办法(2017)》剔除样本中大型企业,从而使研究聚焦于成长期文化企业。通过以上步骤,最终筛选出 647 家文化企业。

从地区分布来看,这 647 家文化企业主要集中在东部地区,其中东部地区 513 家,中部地区 55 家,西部地区 61 家,东北地区 18 家,在一定程度上能够代表文化企业分布的总体状况。从地域来看(图 1),北京 156 家,广东 106 家,上海 68 家,浙江 52 家,占总样本的 59%。从新三板挂牌分层种类来看,77 家企业属于创新层,这与新三板企业中创新层比例 17.17%存在较大的差距。

---

① 数据来源:全国中小企业股份转让系统,www. neeq. com. cn,访问时间 2021 年 9 月 8 日。

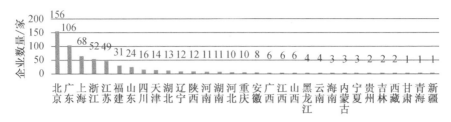

图 1 样本企业地域分布

本研究指标数据主要来源于 Choice 金融终端数据库，提高数据获取的可行性和效率。然后通过全国中小企业股份转让系统获取的公司年报对数据补充完善。按照企业编码和年份整理企业数据，同时对数据变化较大的样本企业展开进一步分析。通过企业年报和公司官网资料了解企业数据变化较大的原因，从而使获取的数据更加真实有效。

2. 综合评价过程

企业成长性评价是一个多准则决策问题，学者们提出的评价方法一般由权重确定方法和评价方法两部分组成。本研究采用 Entropy‑TOPSIS 法对文化企业成长性进行评价。熵值法可以利用原始数据客观地得出指标的权重，消除主观因素的干扰，提高结果的可比性（赵茂等，2019）。TOPSIS 综合评价方法不受样本规模和指标的限制，计算简便，结果精确，还可以对评价目标进行排序，因此适用于多种情境下的综合评价（禹春霞等，2020）。综合评价流程为：量化指标—Entropy 法确定权重—TOPSIS 综合评价—结果分析。

假设评价过程有 m 个评价对象 n 个指标，评价指标值组成矩阵 $\boldsymbol{X}$，X_{ij} 表示第 i 个评价对象的第 j 个指标值。利用 Entropy 法计算各指标的权重，具体步骤如下：

（1）标准化处理，对各个指标正向化处理后得到待评价矩阵 $\boldsymbol{X}=(X_{ij})_{m\times n}$，其中

$$X_{ij}=\begin{cases}\dfrac{X'_{ij}-\min\,(X'_j)}{\max(X'_j)-\min\,(X'_j)} & \text{正向指标}\\[3mm]\dfrac{\max(X'_j)-X'_{ij}}{\max(X'_j)-\min\,(X'_j)} & \text{负向指标}\\[3mm]1-\dfrac{\mid X'_{ij}-\alpha\mid}{\max\mid X'_{ij}-\alpha\mid} & \text{适度指标}\end{cases} \tag{1}$$

（2）归一化处理得到决策矩阵 $\boldsymbol{P}=(P_{ij})_{m\times n}$。

$$P_{ij} = X_{ij} / \sum_{i=1}^{m} X_{ij} \tag{2}$$

（3）确定指标权重。计算各项指标的熵值 E_j：

$$E_j = -k \sum_{i=1}^{m} P_{ij} \ln P_{ij} \tag{3}$$

其中：$k=1/\ln m>0,0 \leqslant E_j \leqslant 1$。再计算各项指标的差异性系数 $G_j=1-E_j$，其值越大，则该指标的重要性也就越大。确定每个指标的权重 W_j：

$$W_j = \frac{G_j}{\sum_{j=1}^{m} G_j} \tag{4}$$

（4）对原始数据进行规范化处理，构造规范化矩阵 $\boldsymbol{Y}=(Y_{ij})_{m \times n}$。

$$Y_{ij} = \frac{X_{ij}}{\sqrt{\sum_{i=1}^{m} X_{ij}^2}} \tag{5}$$

（5）加权决策矩阵 $\boldsymbol{Z}=(Z_{ij})_{m \times n}$。

$$Z_{ij} = W_j \cdot Y_{ij} \tag{6}$$

（6）计算指标同正负理想解之间距离。指标都进行过正向化处理，因此理想解为指标的最大值 Z_i^+，负理想解为最小值 Z_i^-。计算指标同正负理想解之间的距离：

$$d^+ = \sqrt{\sum_{j=1}^{m} (Z_{ij} - Z_j^+)^2} \tag{8}$$

$$d^- = \sqrt{\sum_{j=1}^{m} (Z_{ij} - Z_j^-)^2} \tag{9}$$

（7）计算接近程度 c_i

$$c_i = \frac{d_i^-}{d_i^- + d_i^+} \tag{10}$$

根据接近程度对评价对象进行排序，接近程度 c_i 越大，那么对应评价对象越接近理想解，企业成长性越好。

（二）评价结果分析

按照评价模型中具体步骤对数据进行处理，可以得到指标权重和接近程度，根据接近程度的大小进行优劣排序，从而得到企业成长性综合得分和排名情况，限于篇幅,仅展示排名前30位的文化企业得分和排序,如表3所示。因为原始数据经过标准化处理,企业成长性得分没有实际意义,只存在相对大小的关系,综合得分越高说明企业成长性越好。2020年综合排名第一得分为0.3917,排名最后一名得分为0.0015,差距较大,成长期的文化企业成长性存在较大差异,文化企业成长性表现出严重发展不平衡的现象。在全部的样本中,有175家文化企业综合得分大于得分平均值0.0189,其余472家企业成长性均小于平均值。这说明文化企业中仅有少数企业成长性较好,整体成长状况较差,大多数文化企业的成长性在平均值以下,有较大的提升空间。

表3 样本文化企业成长性得分与排序(部分)

证券代码	证券名称	2018 年		2019 年		2020 年	
		得分	排序	得分	排序	得分	排序
839453	领跑传媒	0.009 3	322	0.008 1	351	0.391 7	1
834924	悦游网络	0.205 1	5	0.183 3	5	0.189 6	2
839865	通远科技	0.034 4	88	0.095 7	18	0.177 4	3
871828	广州广电	0.164 7	8	0.170 9	8	0.167 6	4
837073	喜悦娱乐	0.004 0	583	0.002 5	637	0.141 1	5
873228	雷霆股份	0.053 5	44	0.076 6	26	0.140 4	6
872829	泰达航母	0.148 0	9	0.141 6	9	0.135 3	7
837666	世纪优优	0.099 2	16	0.092 0	19	0.129 1	8
430127	英雄互娱	0.127 6	11	0.077 9	24	0.123 2	9
872801	智明星通	0.178 9	7	0.096 4	17	0.115 2	10
872915	宝灵珠宝	0.068 2	29	0.068 1	36	0.112 9	11
430318	四维传媒	0.106 0	14	0.121 3	11	0.110 9	12
834558	口岸旅游	0.113 9	12	0.113 1	12	0.108 6	13
872716	金彩影业	0.012 1	261	0.016 3	210	0.108 0	14
834877	全景网络	0.066 0	30	0.104 8	15	0.103 9	15
873182	锦兆股份	0.206 8	4	0.111 9	13	0.102 6	16
837499	奇智奇才	0.076 9	21	0.083 2	22	0.098 4	17
834833	成都文旅	0.113 8	13	0.110 9	14	0.097 7	18
871703	宝泉旅游	0.077 2	20	0.074 2	28	0.092 6	19

（续表）

证券代码	证券名称	2018 年		2019 年		2020 年	
		得分	排序	得分	排序	得分	排序
832773	寰烁股份	0.080 6	19	0.098 4	16	0.090 2	20
833153	剧星传媒	0.062 1	32	0.077 7	25	0.086 6	21
838058	中延股份	0.017 4	190	0.005 4	461	0.084 4	22
871833	乐聪网络	0.058 0	37	0.034 4	97	0.084 4	23
839657	昆达天元	0.040 0	68	0.056 1	46	0.083 2	24
831027	兴致体育	0.020 8	163	0.057 9	43	0.083 1	25
873222	汇达印通	0.024 5	130	0.022 7	148	0.082 9	26
871235	香巴林卡	0.083 7	18	0.084 7	21	0.082 0	27
871091	豪能科技	0.058 1	36	0.062 0	39	0.079 9	28
834536	金诺佳音	0.052 6	47	0.073 1	31	0.078 8	29
837174	宏裕包材	0.053 8	43	0.050 7	55	0.069 3	30

从不同年份的评价结果来看，在 647 家样本企业中，2018、2019 和 2020 年样本企业中成长性得分高于本年度成长性得分均值的企业数量分别是 173、172 和 175 家，不足样本数量的 30%。文化企业中，成长性较好的企业数量相对较少，而多数文化企业的成长性比较弱。从总体企业成长性综合得分的平均值来看（表 4），2019 年的样本企业成长性得分最高，其次是 2018 年，第三是 2020 年。受到新冠疫情的影响，多数企业的市场规模出现较大幅度的下降，2020 年文化企业成长性平均得分的下降也能够反映这一情况。

表 4　样本文化企业成长性得分均值与离散系数

年份	2018	2019	2020
均值	0.019 4	0.019 8	0.018 9
标准差	0.032 6	0.033 0	0.028 7
离散系数	1.680 0	1.665 4	1.517 5

由表 3 能够看出，部分企业排名变动较大，比如领跑传媒、喜悦娱乐、金彩影业、中延股份等企业排名变动均超过 200 位。2020 年领跑传媒排名急速上升，并不是因为经营出现较大的提升，而是因为企业偿还了大量负债导致流动比率较大；

喜悦娱乐制作发行了大量网络电影电视剧,营业收入得到了较大的提升,同时通过购买版权等方式增加了企业的无形资产;金彩影业无形资产增幅较大导致其成长性得分出现较大变动;中延股份是由于固定资产和营业收入取得了较大的增加,从而导致综合得分的大幅增加。

通过对文化企业成长性得分和排名的纵向比较分析,判断文化企业的成长态势。由表4可知,文化企业成长性得分均值呈波动变化的态势,2020年文化企业成长性均值和标准差出现显著下降,从企业的经营中反映出疫情带来的巨大影响。离散系数呈现逐渐缩小的趋势,文化企业成长性差异随时间逐渐缩小。2018—2020年保持持续增长的样本文化企业有153家,占比23.65%,而中间虽有波动,但是在2020年仍维持较好发展态势的有188家,整体表现良好。

(三)影响因素分析

通过分析文化企业成长性评价指标权重和评价结果,判断文化企业成长性影响因素的重要程度以及作用效果。从众多的影响因素中筛选出核心影响因素,结合评价结果和企业成长状况,分析影响因素的作用路径和提高文化企业成长性的策略。

1. 资源是文化企业发展的基础

根据前述分析,影响文化企业成长性的因素分为企业资源和企业能力,从指标的权重来看影响文化企业成长性的因素(表5)。企业拥有的资源是企业成长的基础,尤其是中小企业,资源是企业生存的保障,决定了企业的成长性。因此企业的成长资源占有较大比重,权重为82.05%,其中有形资源占比41.37%。资源是文化企业发展的基础和保障。

表5　文化企业成长性评价指标权重

目标层	因子层	指标层	指标权重/%
成长资源 (82.053 9%)	有形资源 (41.373 9%)	A11 固定资产	11.088 7
		A12 固定资产增长率	10.294 2
		A13 应收账款	6.731 7
		A14 货币资金	8.074 7
		A15 员工人数	5.184 6
	无形资源 (40.680 0%)	A21 本科以上员工比率	1.127 9
		A22 无形资产	10.973 2
		A23 无形资产增长率	18.425 3
		A24 无形资产所占比率	10.153 6

（续表）

目标层	因子层	指标层	指标权重/%
成长能力 （17.946 1%）	营运能力 （2.574 0%）	B11 流动资产周转率	1.241 0
		B12 总资产周转率	1.196 6
		B13 固定资产周转率	0.136 5
	盈利能力 （0.045 1%）	B21 营业利润率	0.003 6
		B22 总资产报酬率	0.041 5
	偿债能力 （12.822 4%）	B31 资产负债率	0.014 1
		B32 流动比率	12.808 4
	发展能力 （2.504 6%）	B41 总资产增长率	0.563 9
		B42 净利润增长率	0.014 2
		B43 营业收入增长率	1.926 4

无形资产是文化企业成长和发展的核心资源，无形资产的权重为 40.68%，因此，文化企业要重视无形资产的积累。从 647 家样本企业数据来看，无形资产占总资产比重超过 10% 的企业有 62 家，超过 5% 的企业共有 116 家。有 422 家企业的无形资产占总资产的比重不足 1%，其中 179 家企业没有无形资产，无形资产的缺乏严重影响了其成长性。而从无形资产的增长率来看，实现无形资产正增长的企业仅有 107 家，占总样本的 16.54%。由此可见，积极拓展企业的无形资产是成长期文化企业实现快速成长的可行之策。

2. 负债水平影响文化企业的融资与扩张

由表 5 可知，成长能力指标所占权重较小，并不表示成长能力对企业的成长不重要，而是因为成长期文化企业规模有限，企业经营波动性较大，成长能力指标在反映企业成长性时远不如企业资源。企业成长能力权重为 17.946 1%，其中偿债能力权重 12.822 4%，营运能力 2.574 0%，发展能力 2.504 6%，盈利能力权重仅0.045 1%，其中偿债能力指标权重最大，是影响文化企业成长能力的关键因素。偿债能力指标中，流动比率和资产负债率指标反映了企业整体的偿还债务的能力，体现企业的资本结构和资金来源。对处在成长期的中小型文化企业来说，融资对其发展的重要性不言而喻。通过融资，文化企业可以获得更多资源，促进企业的快速发展。样本文化企业资产负债率较高，平均资产负债率为 51.63%。虽然通过举债经营能够扩大企业规模，增强企业活力，从而获得更高的利润，但是债权人会承担较多的企业风险，从而导致企业难以继续融资。样本企业中有 33 家企业资产负债率超过 100%,资不抵债;共有 168 家企业的资产负债率超过 60%,有着较高的负债水平。因此,成长期的文化企业融资较为困难。

3. 盈利能力是企业资本增值的重要来源

盈利能力指标权重最低,一方面文化企业总体上盈利能力较弱,对文化企业成长的贡献率较小;另一方面我国文化企业需要同时兼顾社会和经济效益。营业利润率反映企业的营业效率,总资产报酬率表示企业全部资产获取收益的水平,全面反映企业获利能力和投入产出状况。样本企业中有 297 家企业没有获得利润或者发生了程度不同的亏损,占总样本的 45.90%,而从 2019 年的数据来看也有 253 家企业的营业利润率小于零。从整体上看,文化企业营业效率偏低,获取收益的水平不高,多数企业的盈利状况不佳。文化企业大多处于快速成长期,难以保障稳定持续的收益水平,盈利能力对企业成长性的贡献也相对较小。但是企业盈利是经营的重要目标,文化企业需要从产品创新、优化管理等提高企业的盈利能力,从而提高企业的成长性。

4. 企业成长表现在企业和市场的规模扩张

营业收入增长率反映企业营业收入变动情况,增长速度越快,表明企业市场前景越好。2020 年样本企业中 421 家企业营业收入增长率为负,占总样本的 65.07%,2019 年也有 319 家企业营业收入出现负增长,占总样本的 49.30%,中小型文化企业在市场选择以及市场扩张的总体表现有待提高。资产增长是企业发展的一个重要方面,成长性高的企业一般能保持资产的稳定增长。2020 年样本企业中 331 家企业的总资产增长率为负,占总样本的 51.16%,2019 年也有 294 家企业总资产负增长。因此,文化企业在成长稳定性和持续性欠缺。文化企业难以维持创意生产的持续性,并且在文化产品的经营过程中也存在较大的不确定性。对于文化企业,尤其是中小企业而言,能否提供满足消费者需求的产品决定了企业经营的持续性。这就导致文化企业在市场规模和企业规模的扩张缺乏稳定性和持续性。

五、结论与启示

本研究基于内生成长理论,构建了文化企业成长性综合评价指标体系,以新三板文化企业为研究样本,采用 Entropy-TOPSIS 法对文化企业成长性进行系统评价,并分析其影响因素,从而指出本研究的主要结论,对文化企业成长提出对策建议。

（一）研究结论

通过对文化企业成长性评价与影响因素分析,可以得出以下研究结论:① 文化企业之间差异较大,发展不平衡,总体成长性不强,多数企业的盈利状况不佳;② 文化企业总体呈现负债水平高、盈利水平低、经营风险大的特点;③ 资源的积累,尤其是无形资产的积累能够快速提高文化企业的成长性,因此文化企业应注重文化资源的获取与开发;④ 文化企业之间的差距呈逐渐缩小的趋势,并且整体成长性呈现增长的态势,但其稳定性和持续性还需要加强。因此,文化企业拥有巨大的成长潜力,培育和促进文化企业的发展能够推动我国文化产业的高质量发展;⑤ 文化企业成长性的持续性及稳定性的增强离不开企业发展环境的改善,随着国家对文化产业发展重视程度的不断深化,文化产业取得了飞速发展,改善文化企业的经营环境能够有效促进文化产业的高质量发展。

（二）实践启示

文化企业不仅需要整合资源,增强文化资源的获取开发,还需要不断提升企业组织管理、商业模式创新、融资渠道拓展等方面的能力。① 文化企业的发展要重视无形资产的积累,尤其是文化资源的积累,文化企业的快速成长离不开文化资源的获取与开发。文化企业通过建构长效协作机制和利益分配机制,与相关企业、机构达成资源共享,提高文化资源的利用率和转化率。② 企业的组织管理水平直接影响企业的经营效率和生存发展。成长期的文化企业在组织环境上也面临着较大的不确定性,企业需要根据实际情况制定战略规划,优化组织结构,完善企业制度,推动管理创新,激活内部潜力,提高经营效率,增强企业竞争力。③ 文化企业需要与利益相关者建构稳定的社会网络关系,降低经营风险,规避不确定性,积极拓展融资渠道,提升融资能力。④ 文化企业应该积极推动商业模式创新,整合客户资源,丰富市场经营策略,提高顾客忠诚度,实现企业价值和客户价值共创,培育企业品牌,提高其品牌价值,促进企业的持续成长。此外,文化企业还需加强创新投入,提高企业的创新能力,从而获得竞争优势。

参考文献

[1] 陈艳艳,王国顺. 资源、资源关系与企业绩效[J]. 财经理论与实践,2006(1):101－105.

[2] 陈志军,张振鹏. 文化企业发展的逻辑[J]. 东岳论丛,2016,37(2):71－76.

[3] 丁宇. 创新型企业文化对企业成长的影响——基于 3 家创新领先企业案例的研究[J].

科技导报,2020,38(15):138-148.

[4] 董雪艳,王铁男,赵超. 企业资源的效用度量和匹配测度模型[J]. 管理评论,2016,28(5):107-121.

[5] 方光正,李竟成. 我国新闻出版上市公司成长性分析[J]. 科技与出版,2017(12):80-84.

[6] 龚诗婕,吕庆华. 我国体育用品产业成长性指标体系构建与预测研究——基于R语言数据分析[J]. 沈阳体育学院学报,2018,37(3):15-22.

[7] 何志勇. 我国出版传媒类上市公司成长性评价实证研究[J]. 现代出版,2015(5):20-22.

[8] 黄亨奋,吕庆华. 体育用品企业成长性评价指标体系构建及其实证研究[J]. 宏观经济研究,2016(7):105-113.

[9] 黄亨奋,吕庆华. 体育用品企业评价指标体系构建及合理性验证[J]. 体育科学研究,2017,21(1):12-40.

[10] 金碚. 中国企业竞争力报告(2010)——金融危机冲击下的企业竞争力[M]. 北京:社会科学文献出版社,2010.

[11] 李烨,张广海. 区域文化差异、企业战略与文化产业成长性关系研究——来自传媒类上市企业的证据[J]. 财会通讯,2017(21):70-74,129.

[12] 李振福,孙忠. 战略管理:企业持续成长的理论[M]. 北京:中国市场出版社,2010.

[13] 吕庆华,龚诗婕. 中国体育用品上市公司成长性评价研究——基于2009—2013年数据的分析[J]. 体育科学,2016,36(1):49-58.

[14] 宋小霞. 小微文化企业发展环境及其对策研究[J]. 山东社会科学,2016(10):182-187.

[15] 汪秀婷,程斌武. 资源整合、协同创新与企业动态能力的耦合机理[J]. 科研管理,2014,35(4):44-50.

[16] 王晴,秦迎林. 文化创意企业的社会责任与成长性关系研究[J]. 中国物价,2020(9):85-87.

[17] 王育红. 小微文化企业成长的核心能力演进及其建构[J]. 山东社会科学,2019(11):176-181.

[18] 吴群. 中小文化企业发展面临的困境及应对策略[J]. 经济纵横,2012(11):60-63.

[19] 夏清华,李雯. 企业成长性评价的研究特征述评——基于元研究的量化分析[J]. 中国软科学,2010(S1):290-296.

[20] 小艾尔雷德·D. 钱德勒. 企业规模经济与范围经济:工业资本主义的原动力[M]. 张逸人,等,译. 北京:中国社会科学出版社,1999.

［21］亚当·斯密.国富论:国民财富的性质和起因的研究［M］.北京:新世界出版社,2007.

［22］禹春霞,满茹,邹志琴.基于熵权-TOPSIS 的人工智能行业上市公司投资价值动态评价研究［J］.工业技术经济,2020,39(12):138-146.

［23］张泽.体育用品制造产业集群网络与企业成长机制研究——基于福建晋江的数据［J］.沈阳体育学院学报,2018,37(1):57-62.

［24］张振鹏,王玲.传统文化企业转型升级论析［J］.海南大学学报(人文社会科学版),2017,35(2):93-100.

［25］张振鹏,朱政.新三板文化企业成长性评价［J］.华侨大学学报(哲学社会科学版),2019(5):40-51.

［26］张振鹏.小微文化企业发展研究——基于商业模式建构的视角［J］.社会科学,2016(12):31-45.

［27］赵茂,杨洋,刘大鹏.中国金融市场化指数的度量研究［J］.统计与决策,2019,35(10):149-152.

［28］AMIT R, SCHOEMAKER P. Strategic assets and organizational rent［J］. Strategic Management Journal,1993,14:33-46.

［29］BARUCH L. Baruch Lev, intangibles: Management, measurement and reporting, bookings institution press, 2001［J］. Social Science Electronic Publishing, 2001, 22 (7): 716-727.

［30］COASE R H. The nature of the firm［J］. Economic,1937(4):386-405.

［31］PENROSE E. The theory of the growth of the firm［M］. New York: Oxford University,1959.

［32］STOREY D J. Understanding the small business sector［M］. Social Science Electronic Publishing,1994.

作者简介

朱　　政(1993—　　),山东枣庄人,深圳大学文化产业研究院助理研究员。研究方向为文化产业管理。

张振鹏(1973—　　),山东青岛人,深圳大学文化产业研究院副院长、教授。研究方向为文化产业管理。

Evaluation of Cultural Enterprise Growth and Analysis of Influencing Factors

Zhu Zheng   Zhang Zhenpeng

Abstract: Cultural enterprises are an important cornerstone of the development of the cultural industry. Their healthy growth is of great significance in promoting the high-quality development of the cultural industry. Based on the endogenous growth theory, this study constructs an evaluation index system, takes the cultural enterprises on the New OTC market (the New Third Board) as the research sample, systematically evaluates the growth of cultural enterprises, and analyzes its influencing factors. The results show that cultural enterprises have high debt, low profit, high operation risk, weak overall growth and poor profitability, and the accumulation of resources with intangible resources as the core helps to improve their growth quickly. Based on these, this study concludes that for the sustainable growth of cultural enterprises, it is necessary to expand the access to resources, pay attention to the development and utilization of cultural resources, strengthen organizational management, optimize the organizational structure, reduce business risks, innovate business models, improve business efficiency and enhance enterprise ability.

Key words: cultural enterprise; evaluation of growth; enterprise growth; growth factors; New Third Board

艺术影院的新媒体营销[*]

潘可武　杨环宇　于雅婷

摘　要: 新媒体技术的发展为艺术影院的营销带来了新的机遇。新媒体平台不仅提供了多样化的营销方法与手段,也打造出了更为广阔的虚拟空间,使信息传播更为及时,营销过程更具互动性,形成了线上线下相配合的营销模式。在疫情等现实因素的影响下,居家隔离和影院的暂时性停业,新媒体平台继续发挥其优势,导流观众,推动云端艺术影院的建设。这一新平台是艺术与技术合力的创造物,既为艺术电影的观众带来别样的审美体验,也拓展了艺术影院的新媒体营销新的可能性。

关键词: 艺术影院;艺术电影;新媒体营销;云端影院

一、问题的提出

媒介技术从不同的方面作用于艺术院线媒介生态系统的建构与运行,是艺术电影发展的重要推动力。随着媒介技术的发展,艺术电影在数量上有所增多,质量方面也不断精进。与此同时,艺术电影也面临着更加实际的发展需求,如何冲出各类型商业大片的包围、将其艺术内涵呈现给更多观众,成为现阶段艺术院线探索的重要命题。正如鲍德里亚(Jean Baudrillard)在《消费社会》中所说,商品过剩问题导致生产者需要使用各种营销手段来突出商品的差异性,对艺术电影来说,营销成为至关重要的一环。

艺术影院作为承载艺术电影的媒介,肩负着艺术电影展示与宣传的使命。中国电影资料馆、全国艺术电影放映联盟、单体艺术影院及商业院线配套的艺术影院等众多机构在以往的艺术电影宣传工作中发挥着主体性作用,通过组织展映、学术

＊　基金项目:福建省高校人文社科基地新媒体传播研究中心(闽江学院)一般项目"艺术院线的新媒体传播研究"(FJMJ2020A01)的阶段性研究成果。

交流等方式推动艺术电影走近大众。而当前,新媒体在信息聚合与离散方面所表现出的绝对优势,使其成为艺术影院最大的信息集散地,发挥出了空前的影响力,为艺术影院的营销带来了前所未有的新局面,新媒体营销成为艺术影院营销的重要方式。

在新冠疫情的影响下,网上艺术影院得以全面发展,成为艺术影院的有机组成部分,形成虚拟空间艺术影院和现实空间艺术影院共存发展的模式。云端影院也成为一种集放映、交流、宣传、互动等功能为一体的文化空间,拓展了艺术影院未来发展的可能性。基于艺术影院发展的新状态、新趋势,本文主要以艺术影院为研究对象,通过走访中国电影资料馆艺术影院、北京 MOMA 百老汇电影中心、尤伦斯当代艺术中心(UCCA)艺术影院以及多家拥有固定艺术电影放映厅的商业影院,与艺术影院相关负责人进行深入访谈,建立资料与数据基础,以此为依据,对艺术影院的新媒体营销情况进行探究与总结。

二、艺术电影营销的主体

商业电影是触达大众的,其本质是需要迎合更多受众的文化商品,而艺术电影无法在受众体量上与商业电影相比拟,其题材、叙事策略及表现手法等方面的先锋性,决定了艺术电影必须另辟蹊径,把握细分市场,综合运用不同手段来表现独特性并吸引特定观众群体。因此,艺术电影放映、营销的主体由不同属性、职能的组织与机构组成,表现出主体多元的特征。

(一)中国电影资料馆

中国电影资料馆成立于 1958 年,隶属于中国广电总局的档案馆部门,是我国的国家级电影档案馆和电影理论研究教育机构,主要由收集整理部、影视部、多媒体部、电影史学研究室等部门构成。

在功能方面,中国电影资料馆主要侧重于影片的整理、保存与放映。作为一个国家级的电影资料档案馆,其本身具有丰厚的影片储藏量,且在档案整理、拷贝修复、制作母盘等方面具有专业性优势。中国电影资料馆与各大使馆、文化中心以及海外电影资料馆保持着密切交流,为外国影片的引入建立了稳定的渠道。此外,北京市新闻出版广电局与中国电影资料馆合作,进行统一选片、供片和排片,保证了影片的品质和片源机制的完善,这也使得中国电影资料馆在片源的选择上,具有得天独厚的优势。

中国电影资料馆虽然有着官方背景,也是政策的具体执行者,但是在经济收入方面并不是很乐观。作为一个国有国营的机构,其商业活动的空间较为有限,主要的经营方式有常规的放映、主题策展、电影节活动、拷贝费用收取、定量版权费用以及外片引进的片额分成等。相较于追求经济效益,中国电影资料馆更着力于挖掘在资料保存、学术研究、文化交流等方面的社会效益。中国电影资料馆不仅能搜集遗落在世界各个角落的中国优秀影片,进行保存和展映,使其艺术价值得以展现,而且还通过对新人导演和优秀影片的发掘来推动优秀电影的代际传承。除此之外,中国电影资料馆还是世界艺术电影交流的平台和窗口,为艺术电影的创作者和爱好者提供互动的渠道,形成了兼具艺术性和文化性的社会空间。

(二)全国艺术电影放映联盟

全国艺术电影放映联盟是由中国电影资料馆牵头,联合国内主要电影院线、电影创作领军人物、网上售票平台等力量,共同发起的长期放映艺术电影的社团组织。

全国艺术电影放映联盟的建立是源于中国电影市场银幕数量不断增加,但中小成本艺术电影依然缺乏放映渠道和空间的现实状况。不过单体艺术影院建设面临着较大商业风险,新设一条独立于 48 条院线之外的艺术院线也不具有可行性,因此在国家广播电影电视总局的指导下,全国艺术电影放映联盟这一集合优势头部资源的"虚拟艺术院线"逐步发展和完善起来,它是"中国第一个全国范围的艺术电影放映推广机构,是艺术院线的先行先试者"[①]。全国艺联在全国除了西藏自治区以外的其他 30 个省(直辖市、自治区)均有加盟影院,在培育艺术电影观众群体、提高影片上座率和发展长线放映方面发挥了重要的功能及作用。

全国艺术放映联盟的运营资金主要来源于政府支持和企业投资,例如,2018年 6 月,《财政部关于调整专资使用范围和分配方式的通知》中更是进一步对这一条款进行了明确说明,提出"可以用于对加入人民院线、艺术影片放映联盟的影院,放映传承中华文化,具有艺术创新价值的国产影片予以资助,资助金额不高于放映支出的 50%,每家影院合计不高于 20 万元"[②]。此外,上映影片的票房收入成为全国艺联得以持续发展的重要支撑。在追求经济效益的同时,全国艺联也通过影展、电影讲座、主题交流活动等方式形成了独特的推广放映体系,为艺术电影自身的价

---

① 武建勋.中国"艺术院线"发展的困顿与突围之路——以全国艺术电影放映联盟为例[J].电影文学,2020(6):3-7.

② 武建勋.启示与优化:中国艺术电影政策体系化探究[J].电影评介,2019(21):8-12.

值实现和艺术电影受众的培养发挥了重要作用,实现了经济效益和社会效益并重的运营方式。

(三)单体艺术影院及商业院线配套的艺术影院

单体艺术影院的创立隐含着较大的商业风险和经营压力,因此目前国内的单体艺术影院数量较少,分布上主要集中于经济较为发达的一线城市。以北京当代MOMA百老汇电影中心为例,它被看作国内第一家真正意义上的艺术影院,是安乐影业有限公司旗下的院线部分,创办经验多来源于香港百老汇电影中心。虽然很多单体艺术影院是半公益性质,但实质上它们仍然是民间的纯商业背景的艺术影院。

从起源及发展来看,艺术院线与商业院线是相斥且相依的。虽然两者在经营模式、排片标准等方面有较大差异,但整个电影产业的进步、电影文化的发展,需要两者共同繁荣、相互补充,因此产生了多家拥有固定艺术电影放映厅的商业影院。北京万达(CBD店)、卢米埃北京芳草地影城、中影国际影城北京千禧街店、北京百丽宫影城国贸店等影院采用了商业电影和艺术电影放映相结合的方式,在北京当代MOMA百老汇艺术中心、尤伦斯当代艺术中心等单体艺术影院之余,给艺术电影提供了更大的营销空间,以商业电影的盈利带动艺术电影的发展,也以艺术电影来丰富受众的审美选择。

相较于有政策支持的资料馆和有企业投资的放映联盟,单体艺术影院和商业院线配套的艺术影院则面临着更为实际的经营压力,能否实现自给自足和实现更高的经济收入关乎这些影院的长期发展情况,因此形成了平衡艺术片与商业片放映比例、出售衍生品、开发书店和咖啡店等经营方式,以此满足自身运转所需。由此来看,对于单体艺术影院和商业院线配套的艺术影院来说,关乎生存与发展的经济效益问题成为不得不重视的首要命题。

作为艺术电影保存、放映、宣传的载体,中国电影资料馆、全国艺术电影放映联盟、单体艺术影院及商业院线配套的艺术影院等各类主体都为艺术电影的发展提供了空间与资源,这三类组织机构虽然在属性、职能、经营方式等方面存在差异,也在盈利和公益方面诉求不同,但是三者互为补充,皆以宣传艺术电影、培育艺术电影观众以及为本土创作者提供土壤为目的,发挥各自的资源优势与市场优势,共同维护艺术电影的高品质与多样性,推动中国艺术电影的长足进步与发展。

三、艺术影院的新媒体营销方式

艺术电影虽然具有强烈的艺术性,但它的本质还是一种工业化生产的文化产品。艺术电影艺术价值与经济价值只有在票房和衍生品的售卖中完成。借助微博、微信、短视频、虚拟社区等新媒体平台展开多途径营销,成为当前艺术电影走入市场的重要实践。

(一)口碑营销

口碑是高可信度的信源,因信息发送者和接受者之间多为相互信任程度高的熟人关系,因此接受度更高;口碑是双向流通的,往往产生于两者对同一对象的交谈中,在谈话中互相获得自己想要的信息;口碑不容易受到干扰且更容易进入消费者的记忆系统。① 各种基于熟人即时社交的平台,使得艺术电影通过口口相传,到达适合的观众。

口碑营销模式的扩散性、流动性较强,可信度高,与电影的娱乐化、感性化、情绪化相关联,运用网络口碑营销手段,是吸引客户并为垂直行业的品牌带来更多销售量的最佳方式。经相关调查显示,70%的消费者信任在线口碑评论,74%的消费者认为口碑是他们观看电影的关键因素。例如《二十二》《百鸟朝凤》等艺术电影因播出后获得良好口碑而实现逆袭,在豆瓣等评分网站获得高分的艺术电影往往也受益于良好的口碑。在林象文化主理人的采访中他表示很多观众因为他们放映高评分艺术电影《大象席地而坐》而认识他们,也就是说小型的民间放映机构因为放映了口碑良好、知名度高的艺术影片而达到了拓客的目的。2021 年上映的首部 4K 全景声粤剧电影《白蛇传·情》,在上映之初,微信各大视频号就发布了电影相关的各种物料,例如小布看电影、猫眼电影、广东粤剧院、泡芙影视、一条等,短视频文案诸如"200 万人通宵追的国风大片""巅峰水墨特效,这才是古装该有的样子""一部不该被埋没的绝美国风电影"等,吸引人们的注意,从而走到电影院观看这部影片。据统计,《白蛇传·情》总票房超 1 347.6 万元,打破戏曲电影《李三娘》历史纪录,成为目前中国影史戏曲类电影票房的冠军。

将目光放到国外,捷克艺术电影机构也非常注重电影的口碑营销,"影联"通过年度会议来推动口碑营销。在这些会议上,确定要发行的影片将放映给各影院和

---

① 郭国庆,杨学成,张杨.口碑传播对消费者态度的影响:一个理论模型[J].管理评论,2007(3):20-26.

电影俱乐部的经理观看,并且与这些机构长期保持联系,即使没有巨额营销预算,其质量也能够在粉丝中传播开来。发行商和影院还会组织一些特别的电影盛事如"影院盛宴""女性之夜"或"秘密影院"等,以独特的体验方式与情感方式来帮助艺术影院推广影片。

(二) 事件营销

事件营销是指通过具有创造性的事件,吸引大众,从而成为公众热议的话题,以扩大影响力。例如电影《地久天长》的男女主演王景春、咏梅凭借该片获得第 69 届柏林电影节最佳男演员银熊奖和最佳女演员银熊奖,由此产生了较大的社会影响。在抖音、快手等短视频平台,两位演员领奖、致辞的影像被反复播放,广为传播,由此提高了观众对于电影的关注。还有电影《百鸟朝凤》,作为一部充斥着人文关怀、艺术气息浓厚的文艺片,在商业院线它的票房很自然地遭受到了《北京遇上西雅图之不二情书》《美国队长 3》等原本就拥有一众粉丝的商业电影的打击。一开始这部影片也采用了常规的营销手段,例如在上映前,请周铁东、喇培康、谢维嘉、吴思远、张昭、叶宁、赵军等影业大佬撰文表示支持,点映过程中,又请徐克、贾樟柯、张一白等著名导演到场交流讨论,为影片造势。但尽管如此,影片的票房并不理想。而在上映一周后,在新媒体的传播助力下,《百鸟朝凤》的排片逐渐增多,票房一路飙升,成功实现了逆转,最终达到了 8 690 万元的票房。影片的成功得益于"方励悲情下跪"风波,此次事件也吸引了更多自媒体和官媒报道,随之而来是更多关于影片内容的讨论帖,扩大了下跪事件以及电影本身的影响力,吸引了越来越多的人关注这部电影。片方成功找到了影片与观众的情感契合点,主动出击,再度借由吴天明导演的去世进行事件营销,加之张艺谋、陈凯歌等知名导演,刘昊然、黄璐等当红明星,以央视为代表的官媒,网络大 V 等民间意见领袖在朋友圈、微博、豆瓣等渠道发声造势,成功引领了该片的影片舆论。

新媒体的赋权,使得艺术电影的营销不仅是电影产品的营销,同时成为媒介事件,人们消费了电影,也消费了新媒体本身。

(三) 软文营销

软文营销因其承载的是软性宣传的文字内容,更富有知识性和深度,因此受众接受度更高。微信公众平台经过变革和发展,呈现出稳定的生态,除了头部效应依然明显,还涌现出一批优质的中长尾账号,长尾效应逐渐凸显出来。这种"内容为王"趋势加强、"去低质化"成刚需的转变,反映了平台受众对内容质量和价值的高要求,体现了用户在自我成长的同时对公众号内容有了更多的期待。又因为微信作为以图文为主要呈现形式的内容分享平台,图文传递的信息更深更广,留住了更多严肃的、深度的、精英化的内容。微信公众号平台更适合承载影评这种有深度和思考性的内容,也成为软文营销的主要阵地。

例如《地球最后的夜晚》在微信平台的营销主要以更加专业化、有深度和思考性的内容为主,公众号"综艺报"在 2018 年 12 月 2 日发布名为"60 分钟一镜到底,《地球最后的夜晚》幕后揭秘│干货"的推文,其中主要阐述了这部电影一镜到底的拍摄过程,包括拍摄难点、技术、设备及方法等,并解答了一些拍摄技术问题,涉及较多专业名词。公众号"电影艺术杂志"在 2018 年 12 月 28 日发布了名为"源于电影作者美学的诗意影像与沉浸叙事——《地球最后的夜晚》主创访谈",主要内容是针对专业问题对主创人员展开提问和讨论。还有公众号"吴天明青年电影专项基金"发布名为"《地球最后的夜晚》:伟大诗意发明的见证"主要通过国内外影评人对它的赞许来提高受众对这部电影的期待。

艺术电影的软文营销不同于一般意义的软文营销,而是更偏向以各个角度挖掘与电影有关的故事及专业知识,目的是针对目标人群扩大电影影响力。

(四) 社群营销

互联网社群是被商品满足需求的消费者,以兴趣和相同价值观集结起来的固定群组,而艺术电影与网络社群的结合,既能够为艺术电影的传播交流带来便利,又能够为艺术院线的会员维护提供保障。

通过在各社交平台及短视频平台建立社群,艺术影院得以为艺术电影的同好们提供更即时、更全面、更丰富的信息,并且还可以通过组织交流活动维护社群。这种虚拟社区的建立,不仅有助于影片资讯的传递、粉丝的维护,还能够为艺术影院的发展完善建言献策,观影结束后通过虚拟社区进行的反馈搜集能够为艺术电影的后续排片提供最直接而有力的支持,会员的反馈建议也能够为影院的会员制度改善、影院内部运营的修整改进贡献力量,有利于艺术影院掌握用户的实际需求,为后续的营销和服务积累可供参考的经验。据艺联发行负责人英琦介绍,"艺联在各地都成立了会员群、公众号等联络组织,并且会经常联合当地知名影评人、资深影迷等关键意见领袖举办观影会等活动,其目的是通过相关数据反馈把艺术电影观众的需求和口味抓得更准",以此来获得受众观影需求和偏好,从而增加艺术电影与受众之间的黏性。① MOMA 百老汇电影中心节目与宣传推广经理杨洋

① 潘可武,李静. 媒介生态视域下首都艺术院线发展研究[J]. 文化产业研究,2019(1):28 - 45.

在接受本课题组深访时也表示,有效的会员数量是比较有限的,而且会员卡具有时效性,过期后需要续费才能享受会员权益。但线上售票平台提供的优惠力度更大,因此传统的会员卡并不十分吸引人。而新媒体的出现为会员维护提供了捷径,提升了会员的稳定性,影院通过微信平台建立会员群,及时在群里共享资讯,也会将活动方包场多出的电影票作为福利发放给群内的会员,以此来提高会员的活跃度。

(五)情感营销

情感营销的关键就是抓住受众的心理需求,通过引发与观众心理的沟通和情感的交流来吸引观众。艺术电影的情感营销与电影所诠释的情感息息相关,例如《困在时间里的父亲》是一部聚焦于阿尔兹海默症的影片,该篇获得第93届奥斯卡金像奖最佳影片提名,并于2021年6月18日在中国上映。作为一部外语片,其在国内知名度较小,宣发也面临实际困难,然而值得关注的是,在6月1日电影制作方就注册了官方抖音账号并开始发布剧情简介类短视频,在宣传初期反响平平,单条视频获赞数均在五百以下。6月11日起,该官方号发起了关于阿尔兹海默症的内容,以采访的形式记录普通观众与患阿尔兹海默症的亲人之间的真实事件,以真情实感打动受众,单条视频的点赞量提升数十倍。影片上映后,官方发布的视频以剧情片段与观众观影时的表现相结合,将影片中最为感人的部分与真实故事结合起来展示,收获了上万的点赞数。"作为独生子女将来养老会承担多大压力?""阿尔兹海默症患者家属最不希望TA忘记什么?""阿尔兹海默症的老人最怕忘记什么?"等这些深刻而实际的话题极大地带动了观众的情感变化,引发了观众的进一步思考。官方账号创造性地将社会生活中人们关注的话题与影片联系起来,客观上也为电影起到了引流的作用。与这种营销方式异曲同工的还有电影《送我上青云》,这部电影于2019年8月16日上映,因电影内容关注和反映了女性的成长与发展,上映之时又正值社会上对于女性问题的讨论,契合了女性力量崛起、性别平等等话题,因此该电影官方抖音号发布的内容也以女性话题为切入点,采访了不同地区、不同职业、不同年龄的女性关于年龄焦虑、个人成长的话题,其中不乏较为知名的人士如演员宋佳、知名辩手马薇薇等。通过对这些生活中的女性内心的剖析,能进一步贴合短视频用户的现实情况,与观众产生情感上的共鸣。在不到两个月的宣传期内,《送我上青云》官方公众号共发布短视频133条,总计收获点赞数达175.4万,为电影的上映制造了一定的话题量和讨论度。目前交往在云端早已拓展为传播在云端,即大数据、智能算法、云储存以及平台设计,决定或过滤用户的

"可见性"。① 微信、抖音与快手等平台所建构与维系的社交信任机制建立了艺术电影购买情感基础,而互联网情绪极化现象的研究应用,也能够形成基于情感的媒介事件,使得艺术电影能够收获视觉的注意力。

四、艺术影院的新媒体营销特征

艺术影院借助新媒体展开多种方式的营销活动,表现出了一定的共性特征。新媒体传播的方式克服了传统营销受众有限、方式单一、成本较高等问题,以更加灵活、自由的方式与受众保持积极互动,激发受众的主动创造性,为艺术电影提供了可供发挥的虚拟空间,这种空间无形而巨大。举例来看,2020 年微信公众号数量已经超 2 000 万个,微信月活跃账户数达 11.51 亿人次。截至 2021 年 6 月,我国网络视频(含短视频)用户规模达 9.44 亿,较 2020 年 12 月增长 1 707 万,占网民整体的 93.4%。② 新媒体平台巨量用户与信息所形成营销矩阵扩大了营销效果。概而言之,艺术电影在新媒体营销的过程中,既有积极主动创新模式,又被其他新媒体用户的二次创作,借助新媒体平台在用户数量和流量资源上的优势,通过多元的话语体系,完成了营销过程。

(一)及时性

新媒体营销的及时性体现在内容创作、传播、接受的全过程中。

在创作方面,新媒体营销的及时性得益于内容制作与发布的便捷性,艺术影院、电影制作方乃至观众群只需注册账号,即可在微博、微信、短视频平台、虚拟社区发布营销文案及视频,且这些内容往往不需要制作方花费大量的时间精力来创作,随手拍加多平台转发的方式使很多受众能加入宣传过程之中,成为"自来水"式的宣传主体。大量的同质内容在电影宣传期同步出现正是众多用户在新媒体平台获得主体性的力量的汇聚。

传播过程中的及时性离不开网络技术的支持。"移动通信技术的不断进步提高了数据传输在单位时间内的速率和体量,用户随时随地都可线上观看高品质视听内容,拓展了视听传播的媒介场景。移动互联网智能技术快速发展,手机等便携智能终端设备成本降低、使用普及,以多样态方式驱动短视频大众化、智能化地传

① 郭小平,杨洁茹.传播在云端:平台媒体化与基础设施化的风险及其治理[J].现代出版,2021(6):30-37.
② 第 48 次中国互联网络发展状况统计报告[R].北京:中国互联网络信息中心,2021.

播和应用"。① 因此,每一条投放的文案与视频在理论上而言都具有被平台用户接受的可能性。

在接受层面,微信、微博、短视频平台等 App 都依托于智能手机,突破了传统媒体营销的时间、空间限制,充分地利用了受众的碎片时间,契合了受众希望随时随地获取信息的需求。例如手机移动终端,不仅成为人的延伸,成为艺术电影营销信息生产传播与接受的中介,而且能够通过付费系统直达电影文本,观看即营销,观看即完成日常性审美。

(二) 互动性

新媒体营销增强了观众和艺术影院、电影制作方、艺术电影本身的互动。托夫勒曾在 1980 年预测,"未来"的消费者将是生产者和消费者共同作用的产物,即认为消费者和生产者的界限将进一步模糊,消费者将在技术赋能之下加入创作的过程。消费者不再是被动的创造者,而是成为共同创造者,与企业进行清晰而直接的对话。② 当今的新媒体营销模式印证了这一预测,在新媒体平台中,不仅能够通过点赞、留言、评论、私信等方式与创作者进行互动,用户的主动创造性也将得到极大的发挥,他们能利用自己的账号对创作内容进行模仿、加工和改编,创作的主客体边界不断模糊甚至消失殆尽。新媒体平台上的账号主体,有中央广播电视总台、中国电影资料馆、各级地方卫视、各大视频门户网站乃至各个影视作品制作方等官方渠道,除此之外,更多的则是非官方的个人账号。这类账号的主体中有受过相关教育或者有特殊技能的创作者,也有大量的"草根",他们不仅在阅读推文、观看视频的过程中接受信息,也在发布作品、交流互动的过程中创作信息。这种庞大的、涵盖多种角色的用户规模带给短视频平台融合的特质,也带来了多方共同创作的繁荣景象。正如亨利·詹金斯(Henry Jenkins)在《文本的盗猎者——电视粉丝与参与式文化》中所述,观众们利用媒体所提供的符号原材料进行创作,也能创造出独特的艺术世界。作为营销主体的各类艺术影院和艺术电影创作方在创作营销内容之余,更需处理好来自多方的营销信息,引领营销热点和倾向。

此外,新媒体营销也兼具社交属性,带动了受众与受众之间的互动。微博、微信、短视频平台、虚拟社区等致力于发挥娱乐特性,打造"热点",这种热点效应不仅

---

① 张鹤炀. 技术·用户·文本·未来:对电视剧短视频传播的四重分析[J]. 当代电视,2021(8):94-98.

② 郭鹤天. 社交媒体中的产销者——以社交媒体 Instagram 为例探讨独立策展和艺术创作的研究:它将走向何方[J]. 传播力研究,2019(3):199-201,205.

存在于虚拟的网络世界之中,而是广泛影响到人们的社会生活,指引和改变着人们认识世界的方式。对于影片制作过程、演员行为的展示提供给受众大量信息,这种传统宣传方式较难提供的花絮、"秘闻"甚至八卦能为受众提供大量的谈资,而这也正是群众在社交过程中最为热衷的话题。在这种"全民热议"的背景之下,普通消费者很难做到使自己置身事外、不为所动。出于社交需要的考虑,人们更是无法不对其产生关注,由此引发了主动的信息获取和搜集,并在进一步的社交中广为传播。因此,总有人受到从众心理和社交需求的影响加入追随者之列,同时其本身也转换为宣传者和话题制造者,成为"从众效应"的制造者之一,进而吸引更多的"从众者"。如此循环,最终实现了某一影片的爆红,这也意味着营销行为的成功。

(三)线上线下相结合

新媒体为艺术影院带来了新的营销方式,同时也影响和改变着一些传统的营销方式。展映、学术交流等原本实体空间的宣传活动表现出线上线下相结合的趋势,借助新媒体的资源优势,这些活动的营销效果得以进一步提升。

借助电影节展映单元的发行思路,目前国内已经出现了不少主题性展映的影片放映尝试。一般而言,主题影展的目的更多是为了整体的活动品牌建设或是为较少有机会进入全院线放映的影院提供少量或限量与观众见面的机会。中国电影资料馆的艺术影院是国内举办主题展映的先行者,北京当代 MOMA 百老汇电影中心每年也会参与不同主题的电影展映,随着商业影院对品牌化和差异化经营意识的提升,电影主题展映的放映方式正为越来越多的影院所接受,影展放映城市也逐渐从单一城市个别影院放映扩展到多城市多个影院放映。近年来较有代表性的展映,如 2019 年 9 月在 798 国际艺术交流中心举行的"辉煌 70 年——影像中的共和国进程"主题展览,通过新中国成立以来的各个时期的电影片段来表现我国的建设历程与奋斗历史,以影像、图片为媒介,将新中国成立 70 周年以来取得的伟大成就以直观的方式呈现出来,对于进入展映空间的观众来说,不仅通过这样的形式走进电影并了解其背后的文化内涵,也获得了一次沉浸式的文化体验。

针对某一部电影或某一类电影开展论坛、探讨会等学术交流活动也是艺术电影寻找知音的主要途径之一,这种交流更多地局限于学者、知识分子圈层,以面对面的"说"与"听"为基本形式。

传统的展映和学术交流主要在实体空间内展开,这也意味着大量艺术电影的潜在消费者受时间、空间限制,亲身参与的机会较为有限。新媒体环境所打造的虚拟空间赋予了"在场"新的含义,身体不在场的受众可以通过在线方式加入观展和交流的过程。线上代表着虚拟空间,线下代表着实体空间,线上和线下相结合,也使得观众获得感官上、心理上的双重体验。并且由于互联网络技术的不断发展,艺术电影得以通过更加丰富的形式和载体在受众群体之间流通。话语权不断下放、匿名性的虚拟环境中,重新构造自我身份认同成为可能。在新冠疫情等现实因素的推动之下,云端艺术影院等新形式也得到了极大的发展空间。

五、云端艺术影院的云营销

新媒体的出现改变了人们的观影习惯,电影资源获取的便利性使越来越多的观众可以通过具有电影资源的移动应用、视频网站观看电影。这种单纯的线上观影并未取代影院观影的行为,对于多数消费者来说,线上观影往往作为一种日常性的、随意化的影片"浏览",而影院观影则带有更浓的仪式感和社交意味,两种观影方式互为补充。自疫情发生以来,全国电影院暂停营业,影院观影的方式受制于现实条件而难以实现,线上观影成为消费者重要的选择。云端艺术影院一方面作为拓宽艺术电影展映的渠道,满足受众的影视娱乐需求;另一方面作为一种新兴的商业运作模式,成为新态势下资本逐利的方式。2019 年,Gartner 推出《多渠道市场营销中心魔力象限》报告,提出了多渠道营销中心(Multi-channel Marketing Hub)这一概念,并解释为:一种技术,该技术可协调公司与多渠道客户群之间的沟通并为其提供服务,这些渠道包括网站、移动、社交、直接邮件、呼叫中心、数字广告和电子邮件。[①] 多渠道营销中心观念已经具备云营销的特质,云端艺术影院的营销也随着云端观影的发展而逐步发展起来。

(一)"云"观影——作为空间的云端艺术影院

列斐伏尔认为:(社会)空间容纳了各种被生产出来的物以及这些物之间的相互关系,即它们之间的共存性与同时性关系——它们的(相对的)秩序以及/或者(相对的)无序。[②] 换言之,空间是一种社会关系的容器,存在于同一空间中的主体之间是广泛关联起来的。在传统的观影过程中,影院空间内包含的主体有观众、电影和影院本身,观众与观众之间的交流、观众与电影之间的观赏与被观赏以及观众与影院之间的时空关系共同赋予了观影行为仪式感与社交属性,而云端艺术影院

---

① 龙思薇,周艳. 营销云:以客户体验为中心的新型营销[J]. 现代传播(中国传媒大学学报),2021(12):132 – 136.
② 亨利·列斐伏尔. 空间的生产[M]. 刘怀玉,等,译. 北京:商务印书馆,2021:109 – 110.

作为一个虚拟空间,也是各主体交融互渗的场所,牵涉着多方面的辩证关系,但必须通过多种途径打造真实性,才能让观众更加真实地感受到空间的存在。

因此,云端艺术影院作为艺术电影与观众进行交互的平台,模拟了线下观影全流程,例如提前售票、准时开场检票、分享交流活动等,观众如果错过放映时间,将不能观看影片,体现出云端艺术影院时间上的约定性;云端艺术影院特定的放映入口,模拟了线下影院必须到场观看的特性,体现了其在空间上的规定性;观者主动参与云端影院活动,建构着整个空间展映活动,在观影过程中作为解码者对影片进行个性化阐释,并通过讨论区表达自己的观影体验,使云观影活动更具有互动性和社交性。在这些方面,爱奇艺云端影院以及和观映像已经做出了有益的探索。

(二)"云"营销——作为营销方式的云端艺术影院

不可否认,云端影院这一形式的产生是作为特殊时期的临时"替代品",但在实际应用过程中,其本身的价值和发展空间得以凸显,既表现出常态化存在的可能性,又为艺术影院的新媒体营销提供了新思路。

目前,云端艺术影院已经能综合运用多种新媒体手段,对艺术影片进行放映和推广。UCCA 尤伦斯当代艺术中心在 2020 年 6 月推出的以"紧急中的沉思:人类的迁徙"为主题的云观影活动,通过官方微信公众号进行放映预告,这一约定性的行为锁定了潜在观众,通过直播平台放映电影后,还会组织主创人员和专家学者进行交流对谈,剖析艺术电影的文化内涵,例如《他人之屋》映后交流会即邀请了潘可武、李铭韬等学者,从文化背景、影片基调、审美表达乃至人与空间等多元视角解读电影,带给观众更加深入的思考。放映状况及交流的内容同样会在微信公众平台上发文总结,此外,还会提供给参与者一张活动票根,满足受众对于观影仪式感的向往。云端艺术影院带给观众的不仅仅是"观看"的行为,更是一种完整的文化体验,能让更多的人体会到艺术电影的魅力。

新媒体和大荧幕之间的选择并非是"非此即彼"的,这成为电影行业结构转变所形成的新共识。"云观影""云沙龙""云影展"的组合既克服了以往艺术电影排片少的困境,又减少了路演、宣发所消耗的时间和经济成本,与此同时,也集结了大量有相同爱好的受众,推动线上观影从私人的观看行为发展为赛博社群化的群体观影,逐步形成规模化的、常规化的系列活动。未来,云端艺术影院将会进一步增强与实体影院的互动,通过线上点映的方式向艺术影院引流,以多样的线上交流活动扩大观影群体,为艺术电影争取更为广阔的生存空间。

六、结语

艺术带我们走出当下,走出封闭,走出空间表象,走进远离我们的东西,走进自然,走进象征,走进表征性空间。① 以艺术性为首要追求的电影在内容和题材上必然带有先锋性,这也决定了艺术电影的受众范围较小,在市场收益方面难以与商业电影比肩。

因此,艺术影院不仅要以推广艺术电影为己任,展现富有艺术价值的审美取向,还要考虑到文化产业所涉及的商业问题。新媒体的出现提供给艺术影院更丰富的营销方式选择,给予艺术影院在艺术性与商业性之间平衡的可能,使艺术影院的新媒体营销呈现出传播及时性、互动性、线上线下相结合的特征。艺术影院未来的发展趋势将更凸显"云"属性,以媒介技术赋能艺术影院的营销,不断满足人们多种多样、日益分化的文化消费需求。

作者简介

潘可武(1970—),广西宾阳人,中国传媒大学研究员、博士生导师,福建省高校人文社科基地新媒体传播研究中心研究员。研究方向为影像美学、视觉传播、新媒体艺术。

杨环宇(1998—),吉林桦甸人,中国传媒大学艺术研究院 2020 级硕士研究生。研究方向为传媒艺术与文化。

于雅婷(1998—),山东青州人,中国传媒大学艺术研究院 2020 级硕士研究生。研究方向为传媒艺术与文化。

---

① 亨利·列斐伏尔.空间的生产[M].刘怀玉,等,译.北京:商务印书馆,2021:341.

New Media Marketing of Art Theaters

Pan Kewu   Yang Huanyu   Yu Yating

Abstract：The development of new media technology has brought new opportunities for the marketing of art theaters. New media platforms not only provide diverse marketing methods and means but also create a broader virtual space, making information dissemination more timely and the marketing process more interactive, and forming a marketing model that works online and offline. Under the influence of the epidemic and other realistic factors, residents are isolated at home and cinemas are temporarily closed. The new media platform continues to give full play to its advantages to serve the audience and promote the construction of cloud art theater. This new platform is the product of the combination of art and technology. It brings not onlyd ifferent aesthetic experiences to the audience who appreciate art films but also expands new possibilities for new media marketing of art theaters.

Key words：art theater; art film; new media marketing; cloud art theater

设计驱动创新多层面悖论
及应对策略的案例研究[*]

钟　竞　张记闻　顾　一　罗瑾琏

摘　要:设计驱动创新是创新领域的前沿新兴话题,其对语义创新的强调使创新过程复杂与多样,充斥着竞争性需求与矛盾。本文以悖论管理理论为基础,针对两家设计咨询公司,采用深度访谈、现场观察、二手数据等方法收集案例数据,并运用扎根理论分析法对设计驱动创新悖论与应对方式进行探析。研究发现:① 设计驱动创新涌现出组织层面战略聚焦悖论、项目层面内外生的需求悖论以及个人层面的能力倾向悖论。设计咨询公司的业务运作模式、本土化情境中的工作习惯以及快节奏的竞争环境导致设计驱动创新中潜在的悖论张力显著化。② 组织中分化策略与整合策略共存,员工采用分化策略建立快速的行动体系,管理者主导整合策略贯彻悖论认知。③ 从悖论应对的结果来看,公司在内部管理效率和外部客户关系方面表现卓越。本研究丰富了本土情境下的创新研究,为设计驱动创新提供相关管理启示,同时也深化了创造性专业领域内的悖论研究。

关键词:设计驱动创新;悖论;分化策略;整合策略

一、引言

作为市场拉动创新和技术推动创新以外的第三种创新,设计驱动创新通过塑造独特的产品符号和情感价值获得商业上的成功。国外企业如 Alessi 和苹果,就是通过设计创新促进产品开发、扩张市场、提高商业化成功率(Dalpiaz et al.,

---

* 基金项目:教育部人文社会科学研究一般项目"团队领导包容的承启机制及多层面驱动创新效应研究"(19YJA630125);国家自然科学基金项目"内化于心何以外显于形:创新使命的多层次意义建构及对企业突破性创新影响效应研究"(72072128);国家自然科学基金项目"学习—认知视角下双元领导行为的多层效应与转换过程研究"(71772138)。

2016)。设计驱动创新除了提高企业绩效以外,还回应了体验经济背景下用户的情感需求和社会文化变革需求。《中国制造 2025》亦明确强调了设计创新对于提高中国企业的自主创新能力、出口产品竞争力和可持续发展能力,实现国家创新驱动战略、推动"中国制造"向"中国创造"转变的重要战略意义。

尽管设计驱动创新代表着一种崭新的创新范式,受到广泛关注,但对于如何应对过程中出现的管理挑战,学术界仍然缺乏相关的成果。学术界已经认识到竞争性需求的存在,而悖论管理理论提供了一个新的视角探索组织如何处理竞争需求,使人们对管理挑战产生更多新的认识。随着环境动态性和复杂性的增强,悖论日益普遍,学者越来越多地采用悖论框架、悖论逻辑等为组织现象提供重要而深刻的洞察(孙秀霞和朱方伟,2016)。设计驱动创新中包含诸多悖论和挑战,因此,从悖论视角入手探索设计驱动创新具有现实意义。

设计驱动创新涉及组织的不同层面,这意味着很有可能存在多层次的悖论。以 Lewis(2000)、Sebastian(2018)等为代表的研究者指出,过去对于悖论的研究大多只针对某一层面,而缺乏对多层次悖论的关注,向管理者提供的悖论应对方案仍有所欠缺。组织层面的悖论会影响组织成员,成员个人层面的悖论应对也会影响组织(James,1991)。除了管理者,设计师在设计驱动创新的悖论管理中也会发挥作用,可能会产生不同于过去的悖论应对策略。

本文以悖论管理理论为基础,选取两家设计咨询公司,采用深度访谈、二手数据等方法收集案例数据,运用扎根理论分析探究设计驱动创新的悖论与应对方式。我国现有的设计驱动创新研究集中于制造业,设计咨询企业作为创意知识密集型企业,与制造业企业合作日趋紧密,明确设计咨询企业所面对的悖论与应对方式有助于实现制造业整体升级、落实国家战略,提升企业综合竞争力。本研究回应 Smith 和 Lewis(2011)的呼吁,从悖论视角审视设计驱动创新中的多层次管理挑战,有助于深入理解创意知识密集型企业的创造性过程和规律。

二、文献回顾

(一)悖论管理理论

企业中存在的竞争性需求会产生紧张关系,这种紧张关系被称为悖论(paradox)、冲突(contradiction)、困境(dilemma)、辩证(dialectics)、双元(dualism/duality),在最初的研究中没有清晰区分。Quinn 等(1990)等将这些概念进行区分,强调悖论无须在两个或多个矛盾对立声音之间做出选择。Lewis(2000)提出目前被广泛认可的悖论定义——悖论是一组相互矛盾又关联的要素,它们同时且持续存在。以往研究分析了组织内部的各种悖论,主要涉及团队创新(韩杨等,2016;花常花等,2021)、组织变革(Seo et al.,2002)等领域。Smith 和 Lewis(2011)用整合性的观点将组织内部核心的悖论归结为四类:学习、归属、组织和绩效,并指出组织悖论不仅发生在以上四个类别内,也存在四类的交叉。

悖论的应对主要从两个方面考察(庞大龙等,2019),一是个体应对方式,二是组织的集体策略。个体层面的悖论应对主要探究领导者的作用和悖论思维的重要性,研究发现,具有认知复杂性、行为复杂性、整合性行为的行动者更容易接受悖论(Carmeli and Halevi,2009;Denison and Quinn,1995)。组织的集体策略上,Poole 和 Van de Ven(1989)提出四种对策:接受、空间分离、时间分离和综合。第一种策略侧重于被动接受,而后三种策略寻求主动解决。Lewis(2000)将悖论应对归纳为防御性策略和主动性策略,前者试图掩盖悖论两极之间的关系,避免两极同时存在,短期内缓解悖论张力,而后者从更长远的角度来应对悖论,以利用其带来的潜力。周禹等(2019)将悖论应对策略划分为 3 类管理范式:防御、统合和转化。马赛和李晨溪(2020)发现企业一部分采用二选一策略,一部分运用兼顾平衡的整合机制。

防御性策略多与负面结果相联系(庞大龙等,2019),主动性策略往往引起正向结果(Lewis and Smith,2014)。然而,Abdallah 等(2011)提出主动性策略也只能部分缓解悖论,Cuganesan(2017)认为防御性、极化悖论两极的策略也能带来积极的结果。现有研究发现,有效应对悖论能够实现创新(罗瑾琏等,2021;胡京波等,2018),实现长期可持续性(林海芬等,2019)。尽管某些应对方式可能与某些悖论联系更为紧密(Luescher and Lewis,2008),但并没有明显的一一对应关系。依据管理者是否同时支持和探索利用活动,悖论应对分为整合型和分离型两种策略,整合型策略强调统筹安排,同时实现探索和利用活动,而分离型策略更加侧重探索或者利用,有主次方面的关系,满足一方主要需求,抑制另一方,不同的悖论应对策略会促进不同创新焦点的发展(罗瑾琏等,2018)。

(二)设计驱动创新中的管理挑战

Defillippi 等(2004)认为在创造性情境中,企业的工作多是发散、冲动和混乱的,必然存在管理上的挑战。

设计驱动创新中的管理挑战主要集中在三个层面:① 个体层面上强调设计师的重要作用。设计创新者往往面临着设计混乱,除了需要直觉和捕捉文化发展趋势的能力,还需要熟悉技术和创新流程,才能将想法成功嵌入新产品中(陈雪颂和陈劲,2016),如何引导创新个体发挥能力与潜力是重要的管理挑战(Verganti,2013)。② 团队层面上强调团队的多样性思维。多样性带来的差异会使成员产生隔离感,抑制信任,缺乏团队凝聚力,影响团队的顺畅工作(Beckman,2006)。实现多样性和凝聚力之间的平衡是重要的管理挑战。设计驱动创新涉及各专业协作,多元团队如何整合知识信息,实现灵感转化是重要的议题。③ 组织层面上,组织在市场压力和创造力之间挣扎(Verganti,2010)。内在设计驱动力促使反思现有产品语义,寻找新的解决方案,但设计驱动创新没有明确回报,组织需要战略性地协调资源。短期内,组织面临潜在的失败带来市场压力,而从长期来看,成功的设计驱动创新能够提高利润。

目前,多数国外学者采用案例呈现并归纳设计驱动创新的管理挑战,该方法能够较深入地描绘管理过程中这些挑战的悖论特性和复杂性。然而,作为设计驱动创新主体之一的设计咨询企业,在连接客户企业和消费者之间所起到的桥梁作用,尚未引起研究者重视,此类企业所面对的管理挑战,尤其是中国情境下设计驱动创新的悖论尚不明确。鉴于此,本研究选择典型的设计驱动组织——设计咨询企业进行案例研究,探索其在创新中面对的悖论、悖论产生的根源以及悖论应对方式,以期深化创新管理研究,并为管理者提供多层次的悖论管理建议和措施。

三、案例背景与研究设计

(一)案例选择与背景

本文选取两家设计咨询公司——Frogdesign 上海工作室(FD)和 Designaffairs 上海分公司(DA)作为分析对象,双案例研究既有一定的理论普适性又不失故事性(Graebner,2007),通过两个案例的互相印证补充对比,可以加深对同一现象的理解。案例的典型性在于:其一,设计咨询公司是设计驱动创新的倡导者、驱动者与执行者,业务涉及多方面的合作,组织中会涌现更多竞争性的需求,能够为研究提供丰富的素材与见解;其二,外部环境和公司性质相似,都有良好的绩效表现,为分析其管理应对方式提供了基础。两家企业都地处上海,在中国的业务 FD 排名第二而 DF 位居第五,都是被国内认可的顶尖设计公司。同时,本研究充分考虑案例企业信息的可信度和充裕度,两家企业公开信息充足,且都有中高层管理者在上海高校兼任教职,本研究小组亦与之保持着长期合作关系,能够进行深入交流。

FD前身是1969年在德国创办的设计事务所,1975年总部迁入美国,因苹果系列产品的设计而闻名,业务逐渐扩展到商业创意和战略咨询等领域。2007年,上海工作室成立,由最初的2人团队发展到目前有来自15个国家及地区的60多名员工,服务于中国、亚洲区及由欧美进入中国及亚洲市场的客户,工作室从新天地搬到了常德路800号创意园区内占地1500平方米的办公空间内。FD上海工作室目前向客户提供组织增长策略设计、企业创业设计、组织赋能设计等服务。

DA于1950年作为西门子设计中心而诞生,1997年改名Designaffairs,2007年脱离西门子独立,目前在慕尼黑、爱尔兰根和上海设有分公司,已获至少250个重要国际设计奖项,被评为全球最有价值创意机构的设计公司。2010年进入中国市场,与设计师刘力丹的Xplus工作室合并,成立DA上海分公司,目前已超过40人(32名全职员工和其他自由职业者及实习生),2013年搬到上海M50创意园。DA上海分公司为客户提供用户界面和材料设计、互动创新、原型设计、品牌战略等服务。

(二)数据来源与收集

本文数据来自多个渠道,详见表1。2017年12月—2019年5月,为了避免潜在的单一来源偏见,分别采访了两家企业的核心管理人员(总监、设计总监等)和设计师。采用半结构化访谈,在了解公司历史和结构、成员与客户关系以及业务模式等的基础上,主要针对业务实施以及在其中遇到的困难与应对方案进行提问,适时进行灵活追问。对设计驱动创新中遇到的难题与应对方式,引导受访者提供具体认知或实例做法,每位受访者的采访时间从50分钟到120分钟不等,均经过录音和转录以确保可靠性。被访者的具体信息如表2所示。

表1 案例数据来源及编码

数据来源	数据对象	资料内容	获取目的	收集方式
一手资料	案例企业管理者	一对一访谈共约12小时	了解在设计驱动创新过程中的悖论与应对处理方式	半结构化访谈
	日常工作观察	旁听、观察与记录,共10小时	了解企业文化与工作环境,印证访谈信息	观察记录
二手资料	公司内部资料	会议记录、项目白皮书、内部指导书等	提供更丰富的材料,作为一手数据的佐证	阅读与整理
	公开信息	企业官网、社交媒体、新闻报道	了解行业相关信息,作为一手数据的佐证	

表 2　受访者信息

编码	职务	性别	入职年限	访谈时长	编码	职务	性别	入职年限	访谈时长
F1	总监	男	2 年	95 分钟	D1	区域总负责	男	6 年	63 分钟
F2	设计副总监	男	3 年	120 分钟	D2	运营总监	女	8 年	112 分钟
F3	资深设计师	女	4 年	70 分钟	D3	资深设计师	女	3 年	101 分钟
F4	设计师	女	2 年	80 分钟	D4	设计师	男	1 年	53 分钟

本文对文本数据进行了汇总和分类,并在 24 小时内记录观察结果(Yin,2014)。对一手资料,将对 DA 人员的访谈依次标记为 D1—D4,FD 人员的访谈依次标记为 F1—F4。在二手数据方面,将与 DA 相关的资料汇总文档标记为 SD,与 FD 相关的汇总文档标记为 SF。整个数据处理过程包括数据分析、回顾文献、撰写理论笔记这 3 类工作的反复迭代。采用扎根理论方法,对于核心构念如悖论类型、悖论应对策略和结果分别由两位研究者进行编码,并在文献和数据发现中不断迭代归纳后达成共识,以期找到与现有理论趋同和差异之处。

四、案例分析及研究发现

(一)设计驱动创新呈现的多层面悖论

1. 组织层面:战略聚焦悖论

组织层面的战略聚焦悖论由生存关注与影响力建设构成。一方面,生存关注注重的是短期内企业的存续,企业需要通过满足现有客户需求,获得稳定的收入。在资源有限的情况下,组织需要谨慎分配资源,如 DA 公司运营总监所说,公司会优先从专长领域入手创造积极成果传递价值,保留已有客户。而 FD 公司也十分重视与已有客户的再合作,默契的合作关系能减少磨合提升效率。另一方面,影响力建设代表着长期主义,需要组织不断尝试,突破现状。自我突破是有效的方法,能让组织获得更广泛的知识,深入理解本土文化,以实现长期的成功。FD 公司致力在亚洲市场培育创新设计文化,在不同的垂直领域向各行各业的客户开发与交付划时代的创新成果。DA 公司强调设计奖项和媒体曝光对于建立声誉的作用,因为重量级的设计奖项能够赢得同行的尊重,吸引客户。

短期生存和长期发展之间关系的协调是重要的战略主题,看似矛盾但实际上相互依存。关注盈利使得企业能够在一定程度上抵御风险。深耕同一领域能深化组织对领域内的社会文化趋势的理解,加强在领域内的影响力。聚焦长期影响力亦能够促进长期的财务成功,外界越认同企业品牌和设计理念,越有可能接受企业的产品和服务,催生新的业务,形成良性循环。

2. 项目层面:内外生的需求悖论

设计咨询公司的项目既有美学、语义上的需求,又有商业上的限制,形成设计可能性与商业约束之间的悖论张力。两家公司的设计师从自身专业的价值出发,希望不设限的探索过程为未来的无限可能提供想象空间,持续推动企业不断改进和挑战目前的主流文化。但项目受到商业约束,需满足客户企业提出的项目要求,而出于财务稳健和避免失败的考虑,企业也不青睐过于冒险和夸张的设计。

设计可能性将创新过程推向一种不受控、不确定的和非线性的状态。这种不事先详细计划并不预估结果的过程能够保证成员对最终的设计成果保持开放。而商业约束则将过程推向受控的、确定性的和线性的过程,通过一系列确定的衡量标准规避过程中的潜在风险,如设计师过度设计的倾向。另外,设计可能性和商业约束之间又互相联系,商业约束为设计可能性设立了界限。一定程度的商业约束能促使创意工作者走出舒适区,客户的要求会打破创意工作者的惯例。当设计师利用自己的创造力和商业伙伴一起达成目标,他们就能成为真正的专业人士,实现设计的最终落地。

3. 个体层面:能力倾向悖论

个体层面的能力倾向悖论表现为直觉判断与技能使用。直觉判断指无须有意识推理就本能地理解事物的能力,通过感官和直觉探索未知,寻找设计机会,为产品赋予新的语义。创建新语义需要处理大量模糊的信息,这一过程中直觉起到重要作用,是设计师必不可少的能力。技能使用指设计执行能力,组织成员借助分析软件等方式将无形的、无法言说的东西展现出来。例如,强调形象化是语义创建的重要步骤,快速的原型制作和可视化能够促进有效的沟通和信息传递。

直觉判断与创造力相关,其主观性使得设计师往往只能用笼统的词语去描述,因此造成沟通上的困难。"有时候沟通比设计更重要,因为其实设计也是一种沟通,只不过是通过图像,像服务设计和新零售都是很抽象的"(F2,设计副总监)。技能使用与执行力相关,使事物变得有形、使人见识到思想的成果、用理性客观的方式实现成果等(Andriopoulos,2003)。由于语义创新没有明确的标准,组织成员需要用一种容易被理解和被说服的方式讲好产品"故事",帮助客户理解设计理念。否则,在没有实体形象的情况下将难以传达产品语义。"设计工具就是与管理层、股东、公司等进行沟通的。任何设计师都应该具有直观清晰沟通的能力"(D2，运营总监)。

直觉判断与技能使用既互相矛盾又互有补益。新语义创建包含概念创造、概念筛选以及形象化阶段，需要同时使用直觉和技能。设计师在直觉引领下，通过一种非理性的拉动，产生新想法。而通过技能应用，可以化无形为有形，用理性方式表达艺术，连接专业与非专业的意见沟通，更好地实现语义的创新。

在设计驱动创新中存在组织、项目与个体层面的悖论(见表3)，两家公司的受

表3 悖论涌现的层次、张力及典型证据实例

涌现层次	悖论张力	典型证据实例
组织层面：战略聚焦悖论	生存关注	"因为我们上海就三十几个人……项目过多的话，精力就没有办法聚焦。因此，我们会去算项目能够带来的利润是多少，通过比较决定"(D2，运营总监) "我们关注利润，因为稳定的收入是组织立身之本，每个地区一定会有自己的财务目标，不论说是季度的还是年度的"(F1，总监)
	影响力建设	"我们这种机构不像BAT每年要和股东交代营收，更重要的是我们创造的价值和影响力"(F2，设计副总监) "客户会看中你曾经拿过什么奖项、过去合作的公司等"(D3，资深设计师)
项目层面：内外生的需求悖论	设计可能性	"我们的基本原则就是创造未曾探索过的领域以及创造不曾出现的范围"(D3，资深设计师) "我们可以看到自己在社会中所做的事情的价值"(F4，设计师)
	商业约束	"竞争优势就是做出来的产品落地性很强，因为我们能帮助客户真正去成功的方式就是让他的产品、我们的设计能够商品化，商品化才能获得利益"(D2，运营总监) "我希望所有的团队都能够设计出客户可以实践的东西。如果尝试失败了，不止会导致浪费时间和精力，更会让客户不高兴"(F2，设计副总监)
个体层面：能力倾向悖论	直觉判断	"一般而言，这是每个专业设计师每天都会做的事情。我们知道如何根据自己的直觉做出社会、概念和美学决策……我们知道什么时候是对的"(D3，资深设计师) "我借由观察和阅读来让自己保持创意活力。直觉对我来说是一种重要的个人财富"(F3，资深设计师)
	技能使用	"首先要明确，让设计成真是你的工作，你必须非常擅长这件事"(D1，区域总负责) "使创意可见和有形是一件非常有意义的事情……在还未成型之前，创意只是无意识的文字，而当有形时，它与这个世界发生联系"(F3，资深设计师)

访者提出这些悖论所涉及矛盾要素之间的冲突，也认识到其间的协同，愿意接受相互矛盾的约束条件。因此，本文提出如下命题：

命题 1 设计驱动创新中涌现出多层次的悖论。组织层面上表现为生存关注和影响力建设之间的战略聚焦悖论，项目层面上表现为设计可能性和商业约束之间的内外生需求悖论；个体层面上表现为直觉判断与技能使用之间的能力倾向悖论。

（二）悖论应对策略

1. 分化策略

分化策略是对悖论引起的紧张局势的反应，包括在时间、空间上分离紧张关系的两个极点（周禹等，2019）。分化策略侧重快速决定，解决眼前困境。"快速做出选择实施或暂时搁置的判断后立刻执行，相比于卡在那里什么都不做要好"（F3，资深设计师）。采取时间分化策略时，组织成员首先集中精力应对一个目标，再到下一个，以有效提高沟通效果和项目的推进。空间分化则将工作分配给组织中的不同团队，不同成员聚焦于不同的目标，确保完成度。组织成员被充分授权，有一定的行动自由，且组织支持设计师的个人偏好，因此，这种分配往往出于自愿。

分化策略容易由员工主导，组织成员将悖论管理与自己的行动方式紧密联系可以掌握主动权，建立起快速执行的行动体系。分化策略提供一条快速可操作的便捷路径，因而组织成员能够摆脱同时应对冲突目标的焦虑。正如 F3 所说，"我们正处在一个以效率为中心的'小问题'时代：我们如何更快？聚集在一起，集中在一个共同的、明确的目标上，而不是在分歧中浪费无尽的时间"。

命题 2 在组织成员推动下，组织采用分化策略（时间与空间）应对设计驱动创新多层次悖论，建立快速执行的行动体系。

2. 整合策略

Smith（2005）指出，两种竞争性的需求总可以找到一种方法来满足。这种将悖论的元素视为必要且互补的，使用既/又的思维方式协调整合紧张关系的两个极点的方式被称为整合策略（马赛和李晨溪，2020）。如表 4 所示，两家公司的管理者都在不同层次、不同情境下去捕捉悖论两极之间协作的可能性。

通过在战略层面提出整合性的目标，管理者强调悖论两极间的相关关系，如DA 提出"提供品牌塑造、创新和以人为本的解决方案，致力于创造变革"的宗旨，涉及代表短期生存关注的"解决方案"与长期影响力的"创造变革"，以此提高组织成员对悖论两极的关注度。超前的愿景，能增强组织成员抵御当前紧张局势和挫败感的能力(Ekman，2012)。另外，管理者还通过转换情境来肯定悖论两极同时存在的可能性。"真正的专业人士是能够同时驾驭直觉与技能的，优秀的设计师需要拥有的能力不仅包括创造力还有执行力"(F2，设计副总监)。当管理者将看似矛盾的直觉判断与技能使用转移到人员招聘和职业发展的情境中，组织成员就不难理解两者之间的相关关系。类似地，管理者强调项目赢得客户认可的关键除了内容，还要注重沟通方式。通过换位思考，设计师与客户形成互相信任与尊重的关系，有可能实现设计可能性和商业约束之间的相互促进融合。

表 4　悖论应对策略的编码展示

构念	二级编码	一级编码	典型证据实例
悖论应对策略	分化策略	时间分离	"这段时间在设计上消耗的精力会多些，等这一阶段过了以后，就会抽离出来，进入关注商业的其他环节"(D3，资深设计师)
		空间分离	"我们一般是把某一块的工作，比如建模，给最强的人"(F3，资深设计师)
	整合策略	强调联系	"很多时候矛盾乍看无法解决，但往抽象层面去研究，我们就可以看到更多的可能性。比方说石头和玫瑰，你去挖掘它们背后代表的含义，石头代表永恒，玫瑰代表真心，这两者都可以作为永恒的爱情的指代。在喀斯特地貌里，确实存在着石头玫瑰这一说法"(D1，区域总负责)
		情境转换	"设计可能性与商业约束的冲突关键并非在'目标是什么'上，而是在'如何表达'上"(F1，总监)

设计咨询公司独特的业务运作模式能帮助扩散悖论认知，促使集体反思，形成更广泛、包容的感知。"我们所有的管理者都参与到不同的项目中，担任意见领袖并参与内部反思"(F2，设计副总监)。在管理者的引导下，组织成员建立悖论认知。悖论思维培养了一种考虑所有需求的决策思维，长期来看能帮助创意者应对知识密集型环境中固有的悖论和创意产业推动的艺术和商业压力(马赛和李晨溪，2020)。

命题 3　在管理者主导下，组织贯彻悖论认知，采取整合策略应对设计驱动创新多层次悖论。

3. 两家公司在分化策略上的差异

总体上，DA 倾向时间分化策略，FD 偏向空间分化策略。组织层面悖论上，两家公司都将擅长领域内的项目视为常规类，而将新领域或实验性的项目定义为概念性项目。DA 会在不同的时间段进行不同性质的项目以实现长期和短期的战略目标。"每年我们都会有一段时间做自己感兴趣的项目,也是给设计师作为一种调剂"(D2,运营总监),而 FD 拆分出一支团队(FrogLabs)专门负责概念性的项目,其他人则专注于常规项目。

类似地,个体层面悖论上,DA 鼓励个人采用时间分化策略按照不同的时间节点转换工作重点。"项目一般可以分为 6 个阶段……整体的趋势是由开放性的直觉判断到非开放性的技能使用"(D3,资深设计师)。FD 则进行空间分化,将直觉判断与技能使用分配至不同部门。创意部门遵循直觉判断,提出设计灵感与思路,技术部门依靠设计工具将设计师的直觉判断具像化。项目管理部为项目分配项目经理,项目经理负责与客户沟通。FD 还在办公室深处设立与正式办公区域分开的会客区域,包含模型区和一个封闭式的会客室,与客户的项目沟通都是在这个专用区域进行。通过定义不同的空间用途,实现在设计需求与商业需求间的灵活转换。

4. 两家公司在整合策略上的差异

整合策略的有效应用不仅需要融合悖论两极,还需要通过跨层次的传达来确保组织上下有相同的理解与行动。沟通方式上,DA 更为正式,定期召开会议自上而下地沟通,还会通过电子邮件等其他正式沟通渠道,不断重述管理者对整合策略的详细解释,保证信息理解的精确传递。DA 有固定的早餐会和下午茶时间,成员可以自行参加,自由沟通。

而 FD 的沟通往往是非正式的,无论是由管理者还是下属发起的非正式对话都无须遵循规定的结构,也欢迎其他成员加入,随机展开互动。这种沟通随时可能发生,触及组织中的每个人,更为随机、频繁、主动和迅速。同时,会议形式相对非正式,成员围坐在开放的公共区域的木桌旁进行例会。"很多公司开会都是专门到一个会议室里去,但我们认为在开放空间里大家围坐在一起的桌子反而提供了一个更安全的空间"(F1,总监)。FD 还打造了一个线上线下联动的平台 perspectives(曾用名:frogdesign mind),允许成员对整合策略下形成的宏观认知如组织愿景等进行不同解读,互相启发传递并统一认知与理解。

(三)悖论应对结果

个体层面悖论的有效应对,可以提高员工工作效率,释放员工潜力。项目层面悖论的有效应对,促进项目效率与客户关系,而组织层面悖论的有效应对,可以强化对新老客户的吸引力。两家公司均将整合和分化策略结合起来应对悖论,实现了卓越的组织绩效,具体而言,在内部管理效率与外部客户关系上有着突出表现(见表5)。

表5 悖论应对结果编码展示

构念	二级编码	一级编码	典型证据实例
悖论应对结果	内部管理效率	项目效率	"我们通过有效项目量/总项目量衡量整体的工作,不仅是量,其实还有质的部分。一般来说,比例要达到50%以上"(D2,运营总监)
		员工效率	"因为会给大家发加班工资,大家每周都会提交自己的工作总时长。实际上,更为直观的是,大家的加班时间变短了"(F3,资深设计师)
	外部客户关系	老客户关系维护	"为了避免不定因素,我们倾向于长期灌溉、慢慢培养一段稳定的、相互信任关系"(F2,设计副总监)
		新客户关系建立	"IDEO是方太长年的合作伙伴,我们和方太之前从来没有合作过。但是从去年下半年开始,方太也会把我们和IDEO放在一个项目里去比较"(D2,运营总监)

内部管理效率反映组织价值创造的效率。组织按照年度核算有效项目量/总项目量衡量项目的饱和度。有效项目的判断标准是依照交付方案的产品最终落地生产,即企业成功地贯彻了设计驱动创新战略。员工效率则基于每个项目按照合同规定的小时数/员工在标准周内工作的总小时数来计算,其中,标准周内工作的总小时数由员工自行上报。"这个比值并非越高越好,一般在70%属于非常高效的了,因为大家不是机器人,不可能随时随地都能保持极高的工作效率"(D2,运营总监)。组织成员参加行业交流、培训,同事间互助等不直接产生绩效的时间会被预留出来。

外部客户关系主要关注回访率以及新客户的行业和规模。回访率反映老客户的满意度和忠诚度。设计咨询公司既是设计业务,又是关系业务,老客户的项目比例达到70%—80%。组织成员与客户建立深入的、具有个性化的关系后,原有客户往往会成为固定的长久合作对象,甚至带来最大的关键收益。这种营销口口相传,几乎没有成本,也带来了更多的本土客户,帮助组织更好地理解本土市场。新客户的行业与规模体现组织在不同行业的市场占有率以及认可程度。DA在家电领域的市场影响力巨大,已赢得众多大企业客户的青睐,同时也开始与初创公司合作。FD重视行业巨头客户,还采用"设计入股"模式,将一些原本没有机会合作的、资金有限的公司转化为新客户,通过这种模式被孵化的初创企业转化为忠诚客户,建立稳定互信的关系。

命题 4 分化与整合策略的共存能够有效地应对设计驱动创新多层次悖论,对内部管理效率和外部客户关系产生正向影响。

五、讨论

(一) 促发悖论张力显著的原因

1. 业务模式蕴含的悖论张力

优秀的设计咨询公司能按照客户目标的理想状态来制定策略,不断开辟新业务,为客户提供重新定义市场并产生巨大价值的机会。设计咨询公司的产品本质上是对用户有意义的产品。因此,产品要同时具有强大的商业价值和审美价值。从业务运营上来说,能够形成合作的项目需要能满足商业因素和影响力因素。

两家公司都以项目制运作,每个项目团队都由一群设计专业人士组成,以多元化的项目团队形式存在,在运作过程中各自发展出独特的设计方法论,不论何种类型的项目均遵循一套有依据的可重复流程来保证推进。客户来自不同领域使得设计师无法在几个月内深刻地了解每个行业的所有细节,而体系化的方法论能指导设计师分析、解决问题,以其前瞻性的头脑预测趋势和场景。同时,在贯彻方法论的过程中,设计团队与客户始终保持紧密的联系。基于客户调研结果,设计师找到设计机会之后,团队和客户共同创造,将设计机会转变为可用的观点,成为设计中的主要概念和产品的核心创新之处,这意味着设计团队要在设计可能性与商业约束的要求之间寻找有创新潜力的缺口。这个过程对设计师是极大的挑战,需要结合直觉和技能的运用。因为问题是尚未甚至从未发生的,所以走进调研对象的主观世界去解读消费者的价值诉求依靠直觉,但同时又要按一定规则来处理信息,入户拜访或其他沉浸式的访谈技巧能帮助研究者了解用户旅程,洞察产品如何提供更大的价值,最终促成新的机会。

2. 本土化情境带来的悖论张力

两家公司深谙中国情境下的设计咨询业务模式,重视运用源自西方的设计方法论和设计调研过程,同时努力将业务模式的优势集中在设计服务体验与成果落地执行上。

国内的客户企业在对内对外的沟通上往往不够顺畅、直接,不同部门对同一问题也存在不同的理解,内部本身限制多,决策时间长,项目推进缓慢,无法达到原有的计划目标。由于汇报往往是垂直的,缺乏横向的沟通,因此,设计咨询公司需要派专人进入客户企业内部进行协调,花费额外的时间和精力与客户充分沟通,建立信任。与设计咨询公司衔接时,中国客户企业往往比较含蓄。项目开始时,设计咨询公司必须要弄清楚研究问题和目的,这直接影响设计方法的选择。在设计驱动创新过程中需要深挖客户真实意图,避免因为需求不清导致的反复设计。"与客户透彻全面沟通是保证不做无用功的先行法则……比如他是说场面话还是在说他想要的,要能够区分"(F2,设计副总监)。

同时,中国快节奏的竞争带来持续的外部压力。很多本土项目都对成功落地有严苛的要求,客户希望在尽可能短的时间产生尽可能好的成果。成功的设计驱动创新需要准确预测社会文化趋势,然而快节奏的环境更不容易发现理解社会文化趋势。因此,需要简化设计流程,并深化理解以接纳这种中国特有的短期项目的挑战。"我们做过最短的案子只有三周,压缩了相当多的调研时间"(D3,资深设计师)。快节奏竞争环境促使业务模式为顺应中国市场而做出改变,组织内部震荡使得创新悖论的张力更加显著。

(二)悖论应对策略异同的根源

两家公司都采用了分化与整合策略,因为这两种策略各有利弊,有必要通过两种策略的并存以实现完美的悖论应对效果。采用分化策略很难在目标间平衡精力,很可能会无意识对产生过度关注某一目标的倾向。"在项目复盘的时候,才发现自己在项目中过多地倾注了个人感情,有点过于坚持自己的一些设计想法,当时是当局者迷的"(D4,设计师)。整合策略的阐述方式往往较为抽象,"需要进行充分解释才能被广泛理解,而沟通就使得这件事更为复杂、成本更高"(D2,运营总监)。如果不通过充分有效的沟通,整合策略将只是停留在文字上,而导致虚假的协同。分化策略能够为整合策略的良好实施提供铺垫,而整合策略则帮助固化行之有效的分化策略。相比于采取单独的分化策略与整合策略,两者共存不仅避免了过度的管理陷阱和虚假协同,还有效融合了两者的优势。分化策略能够为整合策略的行动落地提供基础,而整合策略能够避免分化策略走向失控。

尽管两家公司都使用了分化与整合策略,但是在具体的做法上存在差异。不同的策略沟通方式在两家企业中都取得了很好的效果。这说明设计驱动创新中的悖论应对实践,会有不同的方案适应不同的组织环境。

DA深受德国文化的影响,十分务实和稳健。德国文化带来的时间敏感性促使DA尽可能多地使用时间分化策略:各个层面的计划书、每日待办事项都有明确的时间线;对每个重要时间节点有把握,还对每一步行动、目标有清晰的认识;执行力强,且在失败的情况下能回溯原因。时间维度的分化策略强调步骤的先后,因此可以按部就班,行动节奏一致,所以策略执行的速度相对较快,便于掌握与考核进度。DA 保守稳健的行动方式也体现在整合策略的沟通方式上,侧重于自上而下的正式沟通,在组织内部形成一套明确的制度,除了全员例会以外,也强调基于较小的组织单位如项目团队中进行高频率的内部沟通。

FD 作为一家来自硅谷的公司,崇尚自由无畏、平等开放,行动方式更为大胆激进。自由无畏使组织内的等级感与工作边界感较低,组织成员自主权和灵活性高。平等开放展现对个体的尊重与关注。FD 从工作环境出发,建立包容各种需求的办公室。在对 1 700 平方米的办公室做功能分区时,除了内部设计师的需求,还考虑到了客户、外部专家甚至参观者的需求,同时满足私密性和实用性。与客户沟通的工作始终在这个区域内进行,有助于客户积极地接受信息,这为空间分化策略的实施提供重要基础。在沟通方式上,尽管 FD 的人员规模大于 DA,非正式沟通却很好地发挥了作用。在 FD,上下级之间有着充分的接触,双向的沟通体现了尊重理解与共同创造。非正式的讨论往往是即兴的,设计师们常常借鉴即兴表演中使用的技巧,用"是的,还有呢"(Yes, and)来作为沟通中的主要方式,而不是急着否定任何可能的想法,这使得非正式讨论能够尽兴,组织内部信息流动活跃。

六、结论与贡献

(一) 研究结论

如图 1 所示,通过两家设计咨询企业的案例研究,本研究发现设计驱动创新涌现出多层面悖论,即组织层面战略聚焦悖论、项目层面内外生的需求悖论以及个体层面的能力倾向悖论。出现多层次悖论是由于设计咨询公司的业务运作模式蕴含潜在的悖论张力,而本土化情境中的客户沟通习惯以及快节奏的竞争环境促使悖论张力显著。

进一步地,本文发现两家公司均采用分化和整合策略应对悖论,两种策略的共存有利于组织绩效:分化策略使成员专注于目标,为成员提供微观层面的行动指导,建立快速行动体系。整合策略以管理者为主导,在战略层面通过提出整合性的描述、转换情境来充分包容悖论两极同时存在的可能性。在管理者的启发下,加强成员对悖论两极同时的关注度,并在内部形成悖论认知,减少焦虑和冲突感,长期应对持续出现的不同悖论张力。两家案例公司分化策略与整合策略并存,但在具体的实践方法由于组织文化的差异而有所不同。

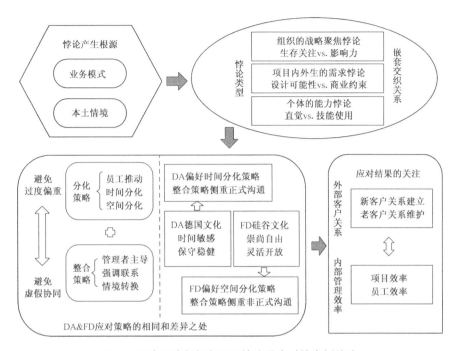

图 1 设计驱动创新多层面悖论及应对的案例结论

（二）研究贡献

本研究的理论贡献主要体现在三个方面：首先，本文回应了 Lewis 提出以悖论为视角来检视组织运作的呼吁，归纳出设计驱动创新过程中组织、项目和个体层面的悖论现象。从业务模式和本土情境揭示出设计驱动创新中悖论产生的独特根源，有助于深化对悖论现象的理解。

其次，本文发现分化与整合策略共存是应对设计驱动创新多层次悖论的有效方式，一定程度上对主流结论做出了挑战。以往研究往往只强调管理者应对悖论的重要性，而本研究发现组织成员的自我管理行动在悖论应对中也具有重要的意义，悖论管理并不只涉及改变组织结构或自上而下的沟通，组织成员如设计师的日常行动也与悖论应对直接相关。本研究阐释了悖论管理过程的复杂性，既有自上而下规划的要素又离不开自下而上涌现的行为。

最后，本文丰富了中国情境下的设计驱动创新理论研究。国外学者就设计驱动创新在西方国家情境下做了不同主题的研究，在中国情境下该领域研究仍然有较大的拓展空间。以往的研究对象多数集中在传统制造业，本文针对设计咨询公司的案例研究是朝着对设计驱动创新各主体的更完整理解所迈出的一步。本研究解析创意密集型知识企业的创造性过程,揭示设计咨询公司在面临本土情境的挑战下,其悖论的表现形式和应对悖论的策略,为该领域的探索提供了初步见解。

(三)管理启示

从实践的角度来看,随着中国制造 2025 的临近,如何有效管理设计驱动创新,保证创新的成功率愈发重要。在国家政策支持下,中国制造业企业与设计咨询企业的合作日趋增长,明确设计咨询公司面对的悖论与应对方式,有助于设计驱动创新的实现,引领制造业升级、落实国家的战略定位,提升企业综合竞争力。本文揭示了行业内领先的两家设计咨询公司在业务模式运作的共通之处,对同行业的企业具有启发意义。

在本土情境下,两家公司所展现的多层次悖论表明要实现组织绩效的提升,不仅要认识、接受悖论,更要利用悖论带来的新机会。组织在进行创新管理或应对突发事件时,需要调用不同资源,而在应对悖论过程中将相关人员纳入其中,将大大降低时间和经济成本,从而使得组织可以迅速应对。研究呼应了多层次悖论管理的需要,成功的悖论应对不仅需要管理者的引导,也需要组织成员的自发行动和有效配合,是组织上下共同的责任,突出了组织的整体性。

两家公司的悖论应对展现了整合和分化策略的共存,揭示悖论应对不仅是"两者皆是"(both/and)的思维,也应该包含"任选其一"(either/or)的逻辑。"任一"指向对悖论两极间冲突关系的认识,即分化策略,"两者皆是"则指向对悖论两极间互补互促的关系,即整合策略。分化与整合策略共存,呼唤的是在面对需兼顾又冲突的目标时,管理者除了寻求"整合",还有必要专注于应对当下。企业可以根据自身文化特征构建整合策略沟通方式,并在时间上或空间上取舍分化策略。

(四)研究局限与未来展望

本文主要存在以下局限:第一,仅选择两家地处上海的设计咨询公司作为研究对象,公司所处地区不同或在设计驱动创新中重视的因素存在差异,可能影响研究结果的普适性。设计咨询公司作为一种创意型企业,本文的研究结果是否能够拓展到其他知识密集型企业中仍需进一步论证。第二,访谈等方式获取的数据多为回顾性数据,可能无法阐明全部内容和细节。未来研究可以选择定性与定量相结合的方式进行研究,检验分化与整合策略共存的悖论应对方式对设计驱动创新绩效的影响程度。第三,本文发现不同组织在具体行动选择上受组织文化的影响,受限于访谈时长与内容,并未就其他因素进行深入的研究探讨。另外,本研究聚焦于悖论管理的成功案例,未来可探究设计驱动创新中悖论管理失败的案例以及无效的应对悖论方式。

参考文献

［1］DALPIAZ E，RINDOVA V，RAVASI D. Combining logics to transform organizational agency：Blending industry and art at Alessi［J］. Administrative Science Quarterly，2016（61）：347‐392.

［2］孙秀霞，朱方伟. 项目驱动型组织如何破解效率与柔性的均衡困境———一项多案例比较研究［J］.南开管理评论，2016（19）：77‐90.

［3］LEWIS M W. Exploring paradox：Toward a more comprehensive guide［J］. Academy of Management Review，2000（25）：760‐776.

［4］SEBASTIAN R，HARGRAVE T J，VAN DE VEN A H. The learning spiral：A process perspective on paradox［J］. Journal of Management Studies，2018（55）：1507‐1522.

［5］JAMES G M. Exploration and exploitation in organizational learning［J］. Organization Science，1991（2）：71‐87.

［6］SMITH W K，LEWIS M W. Toward a theory of paradox：A dynamic equilibrium model of organizing［J］. Academy of Management Review，2011（36）：381‐403.

［7］QUINN R E，CAMERON K S，BALLINGER L R. Paradox and transformation：Toward a theory of change in organization and management［J］. Annual Review of Astronomy & Astrophysics，1990（12）：740‐744.

［8］韩杨，罗瑾琏，钟竞. 双元领导对团队创新绩效影响研究———基于惯例视角［J］.管理科学，2016（29）：70‐85.

［9］花常花，罗瑾琏，闫丽萍. 知识权力视角下悖论式领导对研发团队创新的作用及影响机制研究［J］.科技进步与对策，2022，39（2）：139‐149.

［10］SEO W E，CREED W E D. Institutional contradictions，praxis，and institutional change：A dialectical perspective［J］. The Academy of Management Review，2002（27）：222‐247.

［11］庞大龙，徐立国，席酉民. 文化双融视角下的组织悖论多元范式整合［J］.管理学报，2019（16）：17‐26.

［12］CARMELI A，HALEVI M Y. How top management team behavioral integration and behavioral complexity enable organizational ambidexterity：The moderating role of contextual ambidexterity［J］. Leadership Quarterly，2009（20）：207‐218.

［13］DENISON D R，HOOIJENG R，QUINN R E. Paradox and performance：Toward a theory of behavioral complexity in managerial leadership[J]. Organization Science, 1995(6): 524 - 540.

[14] POOLE M S, VAN DE VEN A H. Using paradox to build management and organization theories[J]. Academy of Management Review, 1989(14):562 - 578.

[15] 周禹,刘光建,唱小溪. 管理学"矛盾视角"的概念内涵与主要范式[J].管理学报,2019 (16):1280 - 1289.

[16] 马赛,李晨溪. 基于悖论管理视角的老字号企业数字化转型研究——以张弓酒业为例 [J].中国软科学,2020(4):184 - 192.

[17] LEWIS M W, SMITH W K. Paradox as a metatheoretical perspective: Sharpening the focus and widening the scope[J]. Journal of Applied Behavioral Science, 2014(50):127 - 149.

[18] ABDALLAH C, DENIS J L, LANGLEY A. Having your cake and eating it too: Discourses of transcendence and their role in organizational change dynamics[J]. Journal of Organizational Change Management, 2011, 24(3):333 - 348.

[19] CUGANESAN S. Identity paradoxes: How senior managers and employees negotiate similarity and distinctiveness tensions over time[J]. Organization Studies, 2017(38):489 - 511.

[20] 罗瑾琏,唐慧洁,李树文,等.科创企业创新悖论及其应对效应研究[J].管理世界,2021 (37):105 - 122,8.

[21] 胡京波,欧阳桃花,曾德麟,等. 创新生态系统的核心企业创新悖论管理案例研究:双元能力视角[J].管理评论, 2018(30):291 - 305.

[22] 林海芬,胡严方,刘宏双,等. 组织稳定与创新的悖论关系研究[J].科学学与科学技术管理, 2019(40):3 - 17.

[23] LUESCHER L S, LEWIS M W. Organizational change and managerial sensemaking: Working through paradox[J]. Academy of Management Journal, 2008(51):221 - 240.

[24] 罗瑾琏,管建世,钟竞,等.迷雾中的抉择:创新背景下企业管理者悖论应对策略与路径研究[J].管理世界,2018(34):150 - 167.

[25] DE FILLIPPI R, GRABHER G, JONES C. Introduction to paradoxes of creativity: Managerial and organizational challenges in the cultural economy[J]. Journal of Organizational Behavior, 2004(25):787 - 790.

[26] 陈雪颂,陈劲. 设计驱动型创新理论最新进展评述[J].外国经济与管理,2016(38): 45 - 57.

[27] VERGANTI R, ÖBERG A. Interpreting and envisioning—A hermeneutic framework to look at radical innovation of meanings[J]. Industrial Marketing Management, 2013(42):86 - 95.

[28] BECKMAN C M. The influence of founding team company Aafiliations on firm

behavior[M]. Cambridge University Press，2006.

[29] VERGANTI R. Design as brokering of languages：Innovation strategies in Italian firms[J]. Design Management Journal，2003，14(3)：34 - 42.

[30] EISENHANDT K M, GRAEBNER M E. Theory building from cases：Opportunities and challenges[J]. Academy of Management Journal，2007(50)：25 - 32.

[31] YIN R K. Case study research：Design and methods[M]. 5th Edition. Blackwell Science Ltd. ，2014.

[32] ANDRIOPOULOS C. Six paradoxes in managing creativity：An embracing act[J]. Long Range Planning，2003，36(4)：375 - 388.

[33] SMITH W K，TUSHMAN M L. Managing strategic contradictions：A top management model for managing innovation streams[J]. Organization Science，2005(16)：522 - 536.

[34] EKMAN S. Authority and autonomy[M]. Palgrave Macmillan，2012.

作者简介

钟　竞(1974 —)，江西南昌人，同济大学经济与管理学院副教授，管理学博士。研究方向为组织行为与创新管理。

张记闻(1994 —)，上海人，同济大学经济与管理学院硕士。研究方向为组织与人力资源管理。

顾　一(1998 —)，江苏南通人，同济大学经济与管理学院硕士研究生。研究方向为组织与人力资源管理。

罗瑾琏(1962 —)，湖南湘潭人，同济大学经济与管理学院教授，管理学博士。研究方向为人力资源管理。

Case Study on Multi-level Paradoxes and Coping Strategies of Design-Driven Innovation

Zhong Jing   Zhang Jiwen   Gu Yi   Luo Jinlian

Abstract: Design-driven innovation is an emerging topic in the field of innovation, and semantic innovation makes the innovation process become complex, diverse, and full of competitive demands and contradictions. Based on the theory of paradox management, this paper takes two design consulting companies as the research object, collects case data through in-depth interviews, on-site observation, and second-hand data, and uses the grounded theory to analyze the paradoxes and coping strategies of design-driven innovation. The results show that: ① Multi-level paradoxes emerge in design-driven innovation. The paradox on the organizational level is about the strategic focus, the paradox on the project level is about the internal and external needs, and the paradox on the individual level is about personal ability. The business operation mode, localized working habits and fast-paced competitive environment of design consulting companies lead to the remarkable tension of potential paradox in design-driven innovation. ② Organization members adopt a separation strategy to establish a rapid action system, while managers adopt an integration strategy to implement the paradox cognition. Such kind of responses allows the coexistence of these two different strategies. ③ In terms of coping with paradoxes, the coexistence strategies lead to excellent performance in internal management efficiency and external customer relations. This study enriches the innovation research in China, provides useful experience for design-driven innovation, and deepens the paradox research in innovation.

Key words: design-driven innovation; paradox; separation strategy; integration strategy

文化贸易

自由贸易协定是否促进了中国核心文化产品的出口[*]

张文秋　赵君丽

摘　要:在全球经贸规则重塑的重要历史阶段,研究 FTA 对中国文化产品出口的影响效果有利于探索和构建中国"文化产品贸易规则体系",符合"文化强国"战略的实施与推进。文章以 1996—2017 年中国对 43 个国家文化产品出口的面板数据为样本,分离出传统关税减免效应,从 FTA 整体、条款深度和条款可执行性三个层次考察了中国 FTA 对核心文化产品出口的影响作用。结果表明:① FTA 显著促进了中国文化产品出口,其条款可执行性在此过程发挥了重要作用。② FTA 对制度质量低、地缘文化关系近和发展中国家样本中的促进效果更显著,但应对高制度质量国家文化贸易壁垒的能力有限。③ FTA 对视觉艺术品的出口促进作用最强,其次是手工艺品、表演和庆祝活动类以及书籍报刊类产品。④ 文化合作条款对表演庆祝类产品的出口促进作用最显著;视听条款在有效促进表演庆祝类产品出口的同时,限制了书籍报刊类产品的出口,而数据保护条款对各类产品都表现出较强的抑制作用。

关键词:自由贸易协定;核心文化产品出口;贸易引力模型;贸易壁垒

一、引言

自 20 世纪 90 年代以来,发达国家的文化产业快速发展,文化产品较强的政治作用、盈利能力和文化传播效应日益显现(臧新等,2012)。相较于发达国家,我国

---

* 基金项目:国家社科基金项目"'双循环'新格局下我国纺织服装产业转型升级研究"(21BJY106);教育部人文社会科学规划项目"中国纺织产业'一带一路'沿线国家投资研究"(20YJAGJW007);中央高校基本科研业务费专项资金资助项目(2232018H‑09);2021年度东华大学"一带一路"智库研究专项上海市"科技创新行动计划"软科学研究项目(22692106000)的阶段性研究成果。

文化产业仍然处于全球价值链的低端(郭新茹等,2014),文化企业参与国际竞争的能力还比较弱(杨连星和孙新朋,2018)。近年来,随着全球贸易不确定性增加,中国核心文化产品出口规模陡然下降。在经济结构转型升级的新时期,建设文化强国、增强国家文化软实力,需要为中国核心文化产品出口构建高质量的贸易制度环境。

自由贸易协定(Free Trade Agreement,FTA)为降低贸易政策不确定性带来的贸易成本和风险提供了思路。截至 2017 年,各国[①]向 WTO 报告的 FTA 协定达 670 个,其中有 456 个已经生效[②],以 FTA 为主体的国际贸易新格局正在逐步形成(韩剑等,2018)。截至 2019 年,中国分别同 24 个国家和地区签署了 16 个FTA,中国与这些贸易伙伴之间的货物贸易额占中国对外贸易总额的 38%,对中国产品出口贸易有推动作用(Baier and Bergstrand,2007)且贸易创造效应(李荣林和赵滨元,2012)和出口产品质量提升效应(王明涛和谢建国,2019)显著。从世界范围来看,以关税为代表的"第一代贸易政策"已基本受到约束和削减,而"边界内措施"正在成为国际经贸谈判的重点(盛斌和魏方,2019),部分 FTA 将文化合作、视听和知识产权保护等与传统货物贸易弱相关却与文化贸易相关性强的内容纳入协定,因此,对于 FTA 总体与具体条款影响文化产品贸易的效果有待深入研究。

在面对全球经贸环境不确定性增加、促进中国文化产业高质量融入"外循环"的背景下,FTA 快速发展对总体贸易层面的促进作用是否同样适用于文化产品贸易层面?FTA 条款深度和法律可执行性将对文化产品贸易产生何种影响?中国已签署的 FTA 具体条款对我国细分文化产品出口的影响效果如何?文化产业发展战略不同的各国对文化贸易采取的贸易壁垒手段有何差异?将如何影响我国文化产品出口?对这些问题进行研究有助于探索和构建中国"文化贸易规则体系",为中国未来的自由贸易协定升级提供一些启示。

二、文献综述与研究的出发点

中国文化产品出口贸易流量主要受文化、制度因素的影响(黄玖立和周泽平,2015)。由于文化产品所具有的"文化属性",文化特征变量对核心文化产品出口影

---

① 本文表述涉及的"国"均为"国(地区)","国家"均为"国家(地区)","国别"均为"国别(地区)"。
② 数据来源于 WTO 统计数据。

响显著(樊琦和杨连星,2017)。较小的文化距离有利于文化贸易(范兆斌和黄淑娟,2017),但文化距离增大带来的不确定性和寻求偏好差异(刘慧和綦建红,2019)不利于文化产品出口(曲如晓等,2015)。对此,通过友好城市和孔子学院等文化交流路径可在一定程度上削弱文化距离的抑制作用(韦永贵等,2018;顾江和任文龙,2019),促进基于文化认同的贸易创造效应(彭雪清等,2019)。然而,当面对东道国制度环境不完备对文化产品出口所造成的抑制影响时,文化交流平台所带来的弥补作用是有限的(许坚和张文秋,2019)。文化因素对经济活动的润滑剂作用(Alesina and Giuliano,2015)归根到底仍然受制于正式制度环境(包群等,2017)。

在影响文化贸易的正式制度因素中,贸易制度安排被纳入研究范畴。各国试图通过自由贸易协定实现文化贸易规则的统一与协调(孙南翔,2015)。从文化产业强国的实践来看,当主动参与区域经贸安排时,韩国通过双多边区域贸易协定促进文化产品走出去(魏简康凯和张建,2017),并积极利用FTA争取东南亚等对韩国文化产品需求高的海外市场(Park,2020)。美国所主导的FTA具有显著的文化产品出口创造效应(陈晓清和詹正茂,2008),其采取负面清单谈判策略,削减了FTA伙伴可采用或维持文化政策措施的权限,限制了缔约方适用文化贸易管制的范围和手段(张晓君,2014)。在细分的文化产品层面,美国通过TPP等加强其电影版权的域外保护,促进美国电影在海外市场的扩张(何荣华,2016)。美国强势的文化贸易"自由主义"引起追求"文化多样性"国家的警惕,因而在贸易协定中采用更迂回的金融措施软化其文化贸易战略,同时坚持缔约方对数字网络议题不设限,以通过数字网络传播文化内容(Gilbert Gagné,2019)。

从中国的实践来看,当面对贸易伙伴国较高的关税壁垒时,贸易摩擦成本阻碍了中国文化产品对"一带一路"沿线国家出口(方英和马芮,2018),但文化贸易壁垒不是抑制中国文化产品出口的主要因素(郭新茹等,2018)。在中国主导或参与区域贸易安排的研究中,FTA对中国细分文化产品的影响效果存在差异(蒙英华和黄宁,2012;曹麦等,2013),对整体文化产品出口规模(王洪涛,2014;李婧,2015)、出口效率(方英和马芮,2018)和出口价格(田晖等,2018)存在正向影响。具体条款层面的研究发现,中澳贸易协定的著作权集体管理等版权条款为双边版权贸易提供制度保障,有利于提升中国版权出口贸易竞争力(何荣华,2020)。然而,选择代理变量时,使用同属APEC成员(曲如晓和韩丽丽,2010;臧新等,2012;郭新茹等,2018)还是同属东盟成员(蒙英华和黄宁,2012),对评价自贸区影响中国文化贸易效果的结论迥异。

现有文献对自由贸易协定影响中国文化产品出口提供了理论参考和方法指导,但是仍然存在以下不足:① 贸易壁垒是否影响中国文化产品出口未达成一致结论,导致对细分文化产品受到的贸易壁垒甄别不足。② 国内现有 FTA 研究多集中于货物贸易领域的贸易效应评估,对文化贸易制度安排的针对性研究不足;而研究文化贸易的文献或将 FTA 纳入控制变量,或对具体文化贸易条款进行国别对比和现状评述,对 FTA 影响中国文化产品出口的专项性实证研究仍然不足。③ FTA 同时涵盖"关税措施"和"非关税措施",而在文化贸易相关实证文章中却未将两者进行区分与剥离,致使 FTA 作用的具体来源难以甄别。④ 中国 FTA 在议题深度与条款可执行性方面存在质量差异(吴小康和韩剑,2019),那么议题深度与条款可执行性方面的质量差异是否会影响 FTA 对文化产品出口的作用效果?是否存在国别与产品异质性?还需进一步的实证检验与论证。基于此,本文以1996—2017 年中国对 43 个贸易伙伴核心文化产品出口的面板数据为样本,将自由贸易协定作为核心解释变量,控制传统 FTA 关税减免的影响,从条款深度与可执行性两个质量维度对 FTA 的作用效果进行分解,系统考察 FTA 对中国文化产品出口的国别、条款与产品异质性作用效果的同时甄别贸易壁垒的作用情境与影响效果。

三、模型与数据

(一)计量模型设定

在借鉴 Tinbergen 构建的贸易引力模型和现有对文化产品贸易影响因素分析(曲如晓和韩丽丽,2010;黄玖立和周泽平,2015;刘希等,2017;方英和马芮,2018)的基础上,选取贸易伙伴地理、经济、科技、文化、政治和制度方面的控制变量,记为X_{it},得到模型(1),以检验 FTA 总体上是否会影响中国核心文化产品的出口规模:

$$\ln CV_{it} = \alpha_0 + \alpha_1 FTA_{it} + \beta X_{it} + \lambda_t + \mu_i + \varepsilon_{it} \qquad (1)$$

式中:$\ln CV_{it}$ 表示 t 年中国对 i 国核心文化产品出口额的对数值;核心解释变量FTA_{it} 表示 t 年 i 国与中国签订 FTA 的情况;λ_t 为时间固定效应;μ_i 为国别固定效应;ε_{it} 为随机误差项。

自由贸易协议涉及较多的关税减免承诺,为了分离出 FTA 传统关税措施变化带来的影响,文章借鉴韩剑等(2018)的做法,在模型(1)中引入关税变量,此时FTA_{it} 反映的是非关税壁垒的影响作用,如模型(2)所示:

$$\ln CV_{it} = \alpha_0 + \alpha_1 FTA_{it} + \beta X_{it} + \gamma \text{Tariff}_{it} + \lambda_t + \mu_i + \varepsilon_{it} \tag{2}$$

为考察贸易协定质量差异是否会影响其作用效果的发挥,本文从条款深度(depth)与可执行性(enforce)两个维度对 FTA_{it} 的作用效果进行分解,如模型(3)和(4)所示:

$$\ln CV_{it} = \alpha_0 + \alpha_1 FTA_{it} \times \text{depth}_{it} + \beta X_{it} + \gamma \text{Tariff}_{it} + \lambda_t + \mu_i + \varepsilon_{it} \tag{3}$$

$$\ln CV_{it} = \alpha_0 + \alpha_1 FTA_{it} \times \text{enforce}_{it} + \beta X_{it} + \gamma \text{Tariff}_{it} + \lambda_t + \mu_i + \varepsilon_{it} \tag{4}$$

(二) 样本选择与数据来源

本文选取的考察期为 1996—2017 年,剔除中国文化产品出口规模较小或 FTA 未生效的样本,最终确定 43 个贸易伙伴[①]为研究样本。同时,为消除可能存在的异方差影响,本文对部分变量做对数化处理。数据来源于联合国贸易统计数据库、中国自由贸易区服务网、世界银行 RTA 深度数据库、中国外交部网站、《孔子学院年度发展报告》、美国传统基金会和 CEPII 数据库。

(三) 变量说明

1. 被解释变量

本文依据《联合国教科文组织文化统计框架》,将整理出的中国对贸易伙伴核心文化产品出口额(CV_{it})作为被解释变量。

2. 核心解释变量

本文的核心解释变量为是否同中国签署自由贸易协定,记为 FTA_{it},表示 t 年 i 国与中国签订 FTA 的情况。与曲如晓和韩丽丽(2010)以及臧新等(2012)不考虑加入自贸区的时段性仅考察样本国"是否属于同一贸易区"不同,本文按照双重差分中处理组虚拟变量与处理期虚拟变量乘积 $\text{treat}_i \times \text{post}_t$ 的方法对 FTA_{it} 进行赋值,另记为 $FTA \times D_{it}$。若 t 年 i 国同中国已签订 FTA 则取值为 1,否则取值为 0。考虑到 FTA 条款内容存在异质性且法律可执行度不同(吴小康和韩剑,2019),本文将 FTA_{it} 分解为协定深度与可执行性两个维度,分别记为 $FTA \times \text{depth}$ 和 $FTA \times \text{enforce}$。借鉴 Hofstede 等(2010)评价 RTA 的文本分析方法,采用 "WTO_+"和"WTO_X"议题数量占总议题的比重赋值 $FTA \times \text{depth}$,采用"具有法律

---

① 总样本包括阿根廷、巴西、秘鲁、智利、哥伦比亚、加拿大、墨西哥、美国、日本、韩国、马来西亚、印度、印度尼西亚、菲律宾、新加坡、沙特阿拉伯、泰国、伊朗、越南、奥地利、比利时、捷克、丹麦、芬兰、法国、德国、希腊、意大利、荷兰、挪威、波兰、葡萄牙、俄罗斯、西班牙、瑞典、瑞士、土耳其、英国、埃及、尼日利亚、澳大利亚、新西兰和中国香港地区。

可执行性"议题数量占总议题的比重赋值 FTA×enforce。

3. 控制变量

（1）经济规模（GDP_{it}）和经济发展水平（$RGDP_{it}$）。本文选用贸易伙伴国内生产总值和人均国内生产总值表示对文化产品出口有重要影响（曲如晓和韩丽丽，2010）的经济规模和经济发展水平。

（2）文化距离（$CulDis_{it}$）。借鉴綦建红和杨丽（2012）与方慧和赵甜（2017）的做法，在 Kogut 和 Singh（1988）提出的文化距离公式中引入贸易伙伴国在 t 年份与中国建交累计年数的倒数项 $1/y_{ti}$，得到如下测度公式：

$$CulDis_{it} = \frac{1}{6} \sum_{k=1}^{6} \frac{(I_{kc} - I_{ki})^2}{V_k} + \frac{1}{y_{ti}}$$

式中：$CulDis_{it}$ 表示中国 t 年与 i 国在 6 个维度[①]的总文化距离；k 表示第 k 个维度（$k=1,2,3,4,5,6$）；I_{kc} 和 I_{ki} 表示中国与 i 国在 k 维度上的得分；V_k 表示贸易伙伴国在 k 维度上得分的方差。各文化维度数据来源于 Hofstede 官网[②]，建交时间来源于中国外交部官网[③]。此时，$CulDis_{it}$ 更符合国家间文化距离动态演变的事实，其值越大表明两国文化差异越大。

（3）国事访问次数（$Visit_{it}$）。两国领导人的国事互访有利于促进政治交流、构建良好的政治关系（刘希等，2017）。因此，本文采用中国国家主席、总理和部长出访以及接待来访的贸易伙伴国高层领导次数表示 $Visit_{it}$ 变量。

（4）文化交流平台（$Platform_{it}$）。参考孔子学院影响文化产品贸易的研究（顾江和任文龙，2019；许坚和张文秋，2019），本文使用贸易伙伴国相关部门向中国汉办申请并合作办学的孔子学院这一文化交流平台的数量表示该指标。

（5）制度质量（$Quality_{it}$）。借鉴谢孟军和王立勇（2013）对制度质量影响中国出口贸易的研究，本文采用美国传统基金会公布的经济自由度指数（Index of Economic Freedom[④]）衡量贸易伙伴国的制度质量水平。

（6）地理距离（$Distance_{ci}$）。地理距离所造成的运输成本对文化贸易的负面影

---

① Hofstede 等（2010）提出的国家文化模型包括权力距离、不确定性规避、集体/个人主义、男性/女性度、长/短期导向、放纵与约束 6 维度。

② Hofstede 个人官网网址：http://geert-hofstede.com。

③ 中国香港采用 1997 年为基准年份。

④ 经济自由度指数涵盖产权、政府诚信、司法效力、税收负担、政府支出、财政健康、商业自由、劳工自由、货币自由、贸易自由、投资自由和财政自由十二个指标。

响逐渐下降（黄玖立和周泽平，2015），但鉴于文化产品出口仍从属于货物贸易范畴，应控制地理距离的影响。因此，本文引入中国北京到各国（地区）首都（行政中心）的地理距离进行控制。

（7）科技创新水平（$Patent_{it}$）。学者们多采用互联网普及率作为科技水平的代理变量，本文侧重于考察贸易伙伴科技创新过程的专利与版权保护意识，因此选用考察期内贸易伙伴历年居民所申请的专利总数来衡量各国科技创新水平，专利总数越高表明科技创新水平越高，其版权保护也越强。

（8）外资规模（FDI_{it}）。FDI 对流入地文化产业增长存在抑制作用（顾海峰和卞雨晨，2021），贸易伙伴文化产业增长受阻会影响其文化贸易竞争力。因此，本文将外资规模纳入控制变量。

（9）关税贸易壁垒（$Tariff_{it}$）。借鉴韩剑、冯帆和李妍（2018）分离 FTA 传统关税措施的做法，本文使用 UNCTAD 以（非农业或非燃料）商品进口关税税率衡量的关税水平来反映贸易伙伴的关税贸易壁垒，商品进口关税税率越高表明使用传统关税措施进行贸易保护的程度越高。

本文对主要变量进行了描述性统计和相关系数分析①，变量之间的相关度较低，通过方差膨胀因子检验，得到 VIF 均值为 2.47，表明模型不存在严重的共线性问题。通过 Hausman 等相关检验将模型确定为固定效应模型。由于地理距离短期内固定不变，本文借鉴谷媛媛和邱斌（2017）的做法，选取最小二乘虚拟变量模型，引入时间虚拟变量并使用聚类稳健标准误。

四、实证结果与分析

（一）基准回归

表 1 中 LSDV1 仅对控制变量进行回归检验。LSDV2 中加入的 FTA 核心解释变量通过了 1% 显著性检验，且使模型更好地解释了中国文化产品出口的增长。LSDV3 分离出 FTA 传统关税措施后，核心解释变量更多地反映出非关税条款的作用效果，FTA 对中国核心文化产品的促进作用稍有降低但仍然显著。在 FTA 质量分解层面，如 LSDV4 和 LSDV5 所示：FTA 条款深度对文化产品出口促进作用不显著，但条款可执行性越强越有利于增加文化产品出口。综上所述，总体样本回归结果表明：分离出传统关税减免效应的 FTA 总体上显著促进了中国文化产

---

① 各变量描述性统计和相关系数分析受制于篇幅未能报告，可联系笔者提供。

品出口，并且 FTA 条款的法律可执行性在此过程中表现出重要的正向作用。

表 1　总样本检验结果

变量	lnCV				
	FTA 总体效应			FTA 条款深度	FTA 可执行度
	LSDV1	LSDV2	LSDV3	LSDV4	LSDV5
FTA×D_{it}		1.123 4***	1.105 8***		
		(0.221 5)	(0.233 5)		
FTA×depth				0.256 7	
				(0.340 5)	
FTA×enforce					0.336 9***
					(0.097 4)
ln GDP	1.285 8***	1.312 0***	1.308 6***	0.606 6	0.359 9
	(0.159 6)	(0.152 5)	(0.154 5)	(0.538 4)	(0.541 4)
ln RGDP	−0.185 4	−0.088 3	−0.114 6	1.176 4**	1.403 4**
	(0.182 7)	(0.156 5)	(0.174 9)	(0.554 3)	(0.556 1)
CulDis	−0.154 3	−0.103 1	−0.096 5	−0.168 2	0.089 6
	(0.114 7)	(0.111 1)	(0.115 0)	(0.280 7)	(0.296 7)
Visit	0.028 7**	0.027 7***	0.027 4***	−0.000 9	−0.000 5
	(0.011 3)	(0.009 6)	(0.009 7)	(0.002 7)	(0.002 7)
ln Platform	0.289 6***	0.209 4***	0.210 0***	0.058 2**	0.054 0**
	(0.074 7)	(0.074 4)	(0.074 7)	(0.025 8)	(0.025 8)
Quality	0.039 3*	0.032 3*	0.031 0*	−0.012 1**	−0.010 1*
	(0.019 6)	(0.017 7)	(0.018 3)	(0.005 7)	(0.005 7)
ln Distance	−1.057 5***	−0.919 7***	−0.919 4***	−0.106 7	−0.006 8
	(0.211 5)	(0.198 8)	(0.201 1)	(0.235 1)	(0.224 6)
ln Patent	−0.354 2***	−0.302 3***	−0.297 3***	0.147 5**	0.132 8**
	(0.095 0)	(0.092 3)	(0.092 8)	(0.060 4)	(0.058 0)
ln FDI	0.015 9	0.010 8	0.010 8	−0.001 6	−0.002 6
	(0.016 3)	(0.014 5)	(0.014 7)	(0.003 3)	(0.003 3)
Tariff	−0.017 7		−0.008 9	−0.020 3***	−0.020 1***
	(0.021 7)		(0.019 5)	(0.007 1)	(0.007 0)
国别效应	Yes	Yes	Yes	Yes	Yes
时间效应	Yes	Yes	Yes	Yes	Yes

（续表）

变量	lnCV				
	FTA 总体效应			FTA 条款深度	FTA 可执行度
	LSDV1	LSDV2	LSDV3	LSDV4	LSDV5
Cons	−2.3289 (3.0130)	−5.4033* (2.9762)	−4.9689 (3.0465)	−8.2646 (8.9111)	−5.4407 (8.9028)
R^2	0.5278	0.5494	0.5497	0.9432	0.9441
OBS	946	946	946	943	943

注:"***""**"和"*"分别代表在 1%、5% 和 10% 的显著性水平下显著;括号内数据为标准误;OBS 表示样本数。以下各表同。

从其他变量的回归结果来看,市场规模、双边政治关系和文化交流对文化产品出口的促进作用十分显著,而地理距离仍然起到阻碍作用,这与学者们的研究结论基本一致。值得注意的是,Tariff 符号为负表明关税壁垒抑制了文化产品出口。ln Patent 在 1% 的水平上显著为负,表明创新水平较高的国家较为严格的专利保护机制给中国文化产品的出口制造了贸易壁垒。

(二) 从贸易伙伴异质性角度的分样本讨论

为了考察 FTA 影响文化贸易的异质性作用,本文首先从贸易伙伴地缘关系、制度质量、经济发展水平和文化距离四个角度进行分样本讨论①。

1. 基于地缘关系视角的分析

如表 2 中 LSDV6—11 所示:FTA 对文化产品出口的促进效果在地缘关系近的样本中显著,而在地缘关系远的样本中表现出抑制作用,分解维度与总体作用效果一致。因此,与韩国、新加坡和东盟等地缘关系较近的贸易伙伴增加 FTA 议题深度和条款可执行性更有利于中国文化产品出口规模扩大。

---

① 本文将贸易伙伴分别按低于或高于全样本地理距离、制度质量和文化距离均值,分为"地理距离近"和"地理距离远""制度质量较低"和"制度质量较高""文化距离小"和"文化距离大"的组别;按 OECD 数据库经济发展水平的分类依据将样本分为发达国家(地区)和发展中国家(地区)。

表 2　按地缘关系分样本检验 FTA 的异质性影响

变量	lnCV					
	FTA 总体效应		FTA 条款深度		FTA 可执行度	
	LSDV6	LSDV7	LSDV8	LSDV9	LSDV10	LSDV11
	地缘关系近	地缘关系远	地缘关系近	地缘关系远	地缘关系近	地缘关系远
FTA×D_{it}	0.686 8*** (0.189 8)	−0.107 2 (0.184 5)				
FTA×depth			1.722 1* (0.963 2)	−0.383 1 (0.520 6)		
FTA×enforce					0.695 4*** (0.201 3)	−0.114 3 (0.234 4)
控制变量	控制	控制	控制	控制	控制	控制
国别效应	Yes	Yes	Yes	Yes	Yes	Yes
时间效应	Yes	Yes	Yes	Yes	Yes	Yes
R^2	0.861 7	0.878 5	0.854 5	0.878 8	0.861 1	0.878 4
OBS	547	396	547	396	547	396

2. 基于制度质量差异视角的分析

从表 3 的 LSDV12—17 可以发现：贸易伙伴制度质量较低时，FTA 对中国文化产品出口的促进作用更为明显；而在制度质量较高的样本中，签订 FTA 起到的正向促进作用效果不显著。这意味着有较强法律可执行性的 FTA 作为一种正式制度安排，可以在一定程度上补充贸易伙伴贸易制度安排上可能存在的不完善，但是，中国目前的 FTA 条款对高制度质量国家更为隐蔽的文化贸易壁垒的应对能力比较有限。

表 3　按制度质量分样本检验 FTA 的异质性影响

变量	lnCV					
	FTA 总体效应		FTA 条款深度		FTA 可执行度	
	LSDV12	LSDV13	LSDV14	LSDV15	LSDV16	LSDV17
	较低	较高	较低	较高	较低	较高
FTA×D_{it}	0.917 5*** (0.346 6)	0.161 1 (0.209 3)				

（续表）

变量	lnCV					
	FTA 总体效应		FTA 条款深度		FTA 可执行度	
	LSDV12	LSDV13	LSDV14	LSDV15	LSDV16	LSDV17
	较低	较高	较低	较高	较低	较高
FTA×depth			6.977 3* (3.833 9)	0.352 5 (0.625 5)		
FTA×enforce					0.917 5*** (0.251 2)	0.267 1 (0.171 5)
控制变量	控制	控制	控制	控制	控制	控制
国别效应	Yes	Yes	Yes	Yes	Yes	Yes
时间效应	Yes	Yes	Yes	Yes	Yes	Yes
R^2	0.882 2	0.799 3	0.877 4	0.799 1	0.882 2	0.799 9
OBS	467	476	467	476	467	476

3. 基于经济发展水平差异视角的分析

表 4 中 LSDV18—23 的回归结果表明发达国家专利保护壁垒显著抑制了中国文化产品对其出口，而发展中国家主要采用关税贸易壁垒对文化产品实行进口限制。中国同发展中国家签订的 FTA 对文化贸易促进作用更强，同时，具有较强法律可执行性的 FTA 对敦促发展中国家履行其在进口文化产品方面的相关承诺更为有效，而合作层次更深的 FTA 对向发达国家出口文化产品有一定的促进作用。

表 4　按经济发展水平分样本检验 FTA 的异质性影响

变量	lnCV					
	FTA 总体效应		FTA 条款深度		FTA 可执行度	
	LSDV18	LSDV19	LSDV20	LSDV21	LSDV22	LSDV23
	发展中国家	发达国家	发展中国家	发达国家	发展中国家	发达国家
FTA×D_{it}	1.258 4*** (0.253 9)	0.430 8 (0.369 8)				
FTA×depth			0.111 5 (1.055 1)	1.143 5* (0.626 7)		
FTA×enforce					0.606 8** (0.221 9)	0.452 8* (0.252 1)

（续表）

变量	lnCV					
	FTA 总体效应		FTA 条款深度		FTA 可执行度	
	LSDV18	LSDV19	LSDV20	LSDV21	LSDV22	LSDV23
	发展中国家	发达国家	发展中国家	发达国家	发展中国家	发达国家
ln Patent	−0.068 7 (0.107 0)	−0.344 7*** (0.121 9)	0.136 1 (0.116 7)	0.170 4 (0.237 3)	0.092 5 (0.077 2)	0.157 0 (0.241 0)
Tariff	−0.039 6*** (0.011 4)	−0.237 0 (0.175 4)	−0.022 8* (0.011 1)	−0.099 0 (0.077 4)	−0.021 6** (0.008 1)	−0.106 8 (0.078 6)
控制变量	控制	控制	控制	控制	控制	控制
国别效应	Yes	Yes	Yes	Yes	Yes	Yes
时间效应	Yes	Yes	Yes	Yes	Yes	Yes
R^2	0.776 1	0.545 1	0.890 3	0.771 4	0.897 5	0.770 2
OBS	418	528	418	525	418	525

4. 基于文化距离视角的分析

表 5 中 LSDV24—29 显示：FTA 对文化产品出口的促进效果在文化距离较小的样本显著，分解维度的作用效果与总体一致。因此，与文化相近的儒家文化圈内贸易伙伴[①]探讨更深层次如文化合作、产业合作、区域合作和教育培训等方面的 FTA 议题的升级，有助于中国文化产品出口。

表 5 按文化距离分样本检验 FTA 的异质性影响

变量	lnCV					
	FTA 总体效应		FTA 条款深度		FTA 可执行度	
	LSDV24	LSDV25	LSDV26	LSDV27	LSDV28	LSDV29
	文化距离小	文化距离大	文化距离小	文化距离大	文化距离小	文化距离大
FTA×D_{it}	0.704 2*** (0.193 6)	−0.139 5 (0.369 8)				
FTA×depth			1.857 6*** (0.566 4)	−0.544 3 (0.448 9)		

---

① 在本研究的儒家文化圈样本中主要包括中国香港地区和印度尼西亚、日本、马来西亚、菲律宾、韩国、新加坡、泰国、越南。

（续表）

变量	lnCV					
	FTA 总体效应		FTA 条款深度		FTA 可执行度	
	LSDV24	LSDV25	LSDV26	LSDV27	LSDV28	LSDV29
	文化距离小	文化距离大	文化距离小	文化距离大	文化距离小	文化距离大
FTA×enforce					0.732 6*** (1.174 8)	−0.100 4 (0.275 3)
控制变量	控制	控制	控制	控制	控制	控制
国别效应	Yes	Yes	Yes	Yes	Yes	Yes
时间效应	Yes	Yes	Yes	Yes	Yes	Yes
R^2	0.868 9	0.874 1	0.861 8	0.874 5	0.868 1	0.873 8
OBS	503	440	503	440	503	440

（三）从文化产品和 FTA 条款层面的讨论

本文对核心文化产品和 FTA 具体条款进行细分，以考察产品和条款的异质性作用表现。

1. 从细分核心文化产品视角进行分析

本文按照《2009 年联合国教科文组织文化统计框架》对核心文化产品进行细分，计量结果见表 6。从总体效应上看，签署 FTA 首先对视觉艺术品的出口促进作用最强，其次是手工艺类、表演和庆祝活动类以及书籍和报刊类产品，然而，FTA 对音像和交互媒体以及自然和文化遗产类文化产品的促进作用较小。这与蒙英华和黄宁（2012）的实证结论不同。另外，自然文化遗产、视觉艺术与书籍报刊类"文化属性"强的产品受专利保护壁垒的抑制作用更强，而传统关税壁垒对手工艺和音像媒介产品的抑制作用显著。

表 6 FTA 对细分文化产品异质性作用检验

变量	lnCV					
	LSDV33	LSDV34	LSDV35	LSDV36	LSDV37	LSDV38
	自然文化遗产	表演庆祝活动	视觉艺术	手工艺	书籍和报刊	音像交互媒体
FTA×D_u	0.021 4 (0.437 7)	0.904 0** (0.398 7)	0.913 0*** (0.293 0)	1.060 2** (0.406 2)	0.963 2** (0.462 3)	0.599 5* (0.349 7)

（续表）

变量	ln CV					
	LSDV33	LSDV34	LSDV35	LSDV36	LSDV37	LSDV38
	自然文化遗产	表演庆祝活动	视觉艺术	手工艺	书籍和报刊	音像交互媒体
ln Patent	−0.461 2***	−0.171 8	−0.237 8**	−0.209 7	−0.285 4*	−0.215 9*
	(0.126 2)	(0.150 5)	(0.112 9)	(0.155 7)	(0.146 9)	(0.120 1)
Tariff	−0.036 8	−0.043 8*	−0.046 9*	−0.036 8**	−0.009 9	−0.063 6***
	(0.034 9)	(0.022 1)	(0.018 8)	(0.018 6)	(0.035 4)	(0.018 2)
控制变量	控制	控制	控制	控制	控制	控制
国别效应	Yes	Yes	Yes	Yes	Yes	Yes
时间效应	Yes	Yes	Yes	Yes	Yes	Yes
Cons	−21.414 9***	−0.716 8	−2.093 9	−0.523 5	−15.449 3***	−10.716 2**
	(6.832 5)	(4.937 1)	(4.353 5)	(5.278 4)	(5.513 8)	(4.615 0)
R^2	0.426 5	0.451 7	0.520 3	0.422 2	0.473 8	0.563 4
OBS	897	943	943	943	943	943

2. 从核心文化产品细分 FTA 条款的视角进行分析

结合条款可执行性，本文对 FTA 中的"WTO"条款进行分类[①]以考察其异质性影响。表 7 中的 LSDV36—41 表示：数据保护条款对各类文化产品出口的抑制作用较强，视听、文化合作和区域合作条款对核心文化产品的正面促进作用较为明显，而教育培训条款的促进作用并不明确。其中，文化合作条款对表演与庆祝活动类产品的促进作用最为显著，对书籍报刊和音像媒体类产品的影响次之；而视听条款[②]在显著地促进了表演与庆祝活动类产品出口的同时，也限制了书籍报刊类产品的出口。

---

① 本文重点选择中国 FTA 中法律可执行性条款覆盖较多的"WTO$_x$"议题进行细分回归检验。

② 中国和韩国签署的自由贸易协定中涉及视听条款。

表7　FTA条款异质性检验结果

变量	lnCV					
	LSDV36	LSDV37	LSDV38	LSDV39	LSDV40	LSDV41
	自然和文化遗产	表演和庆祝活动	视觉艺术	手工艺	书籍和报刊	音像和交互媒体
数据保护	—	−0.882 5** (0.265 4)	−1.078 3*** (0.112 3)	−1.027 6* (0.489 8)	−1.407 9*** (0.264 8)	—
视听	—	1.305 4*** (0.249 1)	1.074 4*** (0.224 1)	−4.145 8*** (0.685 1)	−2.816 9*** (0.299 6)	—
文化合作	1.060 5 (1.284 3)	2.823 7*** (0.305 7)	0.205 6 (0.202 7)	−2.192 7*** (0.549 7)	0.912 7* (0.309 2)	2.014 7* (1.256 3)
区域合作	5.517 3 (3.025 7)	4.253 5*** (0.458 5)	2.561 6*** (0.347 1)	−4.565 7*** (1.077 1)	−1.566 7** (0.451 3)	—
教育培训	—	0.517 6 (0.264 1)	0.179 7 (0.124 0)	−2.348 7*** (0.612 6)	−1.687 2*** (0.146 8)	−3.274 8 (1.957 1)
控制变量	控制	控制	控制	控制	控制	控制
R^2	0.243 0	0.852 2	0.865 4	0.943 0	0.842 4	0.826 2
OBS	137	286	286	286	286	211

五、结论与政策建议

　　探索和构建中国"文化产品贸易规则体系"是一项重要的议题,本研究以1996—2017年中国对43个贸易伙伴核心文化产品出口额的面板数据为样本,从区域经济一体化视角分析了FTA对中国文化产品出口贸易的影响作用。研究发现,分离出传统关税减免效应的FTA显著促进了中国文化产品出口,并且条款的法律可执行性在此过程中发挥了重要的正向影响。同时,FTA的促进作用存在国别、产品与条款异质性,具体表现为:① FTA对文化产品出口的促进效果在地缘关系近和文化距离小的样本中更显著,而在地缘关系远和文化距离大的样本中表现出抑制作用。② 有较强法律可执行性的FTA作为一种正式制度安排,在一定程度上补充了低制度质量国家贸易安排的不完善,但中国现有的FTA条款应对高制度质量国家更为隐蔽的文化贸易壁垒的能力有限。③ 发达国家主要采用专利保护壁垒,而发展中国家主要采用关税贸易壁垒对中国文化产品实行进口限制,中国同发展中国家签订具有较强法律可执行性的FTA对文化贸易促进作用更强,而签署合作层次更深的 FTA 有助于中国向发达国家出口核心文化产品。
④ 总体上,FTA 对视觉艺术品的出口促进作用最强,其次是手工艺类、表演和庆
祝活动类以及书籍报刊类产品,然而,FTA 对音像交互媒体以及自然文化遗产类
产品的促进作用较小。⑤ 在具体条款层面,数据保护条款对各类产品都表现出较
强的抑制作用;文化合作条款对表演庆祝活动类产品的促进作用最为显著,其次为
书籍报刊和电影类产品;而视听条款在有效促进表演庆祝活动类产品出口的同时,
也限制了书籍报刊类产品的出口。因此,本文提出以下促进文化产品贸易规则体
系构建的政策建议:

(1) 注重文化产品出口的两"质"提升与文化贸易规则的专"款"协商。中国文
化产品在元素提取、研发设计和生产过程的"文化价值"提质的同时,注重与发展中
国家在手工艺品和音像媒介产品关税减让条款上的谈判并升级条款可执行性表
述,加强同发达国家就知识产权条款与文化合作条款的深度谈判,探索书籍报刊产
品的著作权集体管理等版权条款安排,引导文化产品向不同发展水平国家出口贸
易结构质量的优化。

(2) 完善文化遗产的地理溯源机制,增强中国 FTA 的文化版权制度安排。在
FTA 框架下探索增设"文化地理标志"(Cultural Geographical Indications)条款,
明晰相近文化元素的开发边界,增加与韩国、新加坡和东盟等地缘文化关系近的
FTA 贸易伙伴间关于文化合作、区域合作、视听、保护遗传资源和民间文艺条款的
覆盖度与可执行性表述。保护中国文化遗产和文化多样性、降低使用文化元素的
侵权风险,同时增强中国文化产品的可识别度,减少与文化产品相似的贸易伙伴在
海外共同市场的文化贸易摩擦风险。

(3) 加强中国数字文化贸易防御机制建设,构建出口目的地多样化的文化产
业"外循环"。反向总结数据保护条款对中国各类文化产品较强出口抑制作用的启
示,面对目前国际竞争力不足的发展现状,中国文化产业应合理利用数据保护条款
保障本国数字文化安全,警惕发达国家要求缔约方对数字文化议题不设限以通过
数字网络传播文化内容的手段。在国际经贸环境不确定性增加的背景下,建立关
税与文化贸易壁垒风险预警机制,引导文化产品出口企业综合考量出口目的地制
度环境与贸易优惠政策,多样化选择出口市场以增强文化产品出口的良性外循环。

参考文献

[1] 臧新,林竹,邵军.文化亲近、经济发展与文化产品的出口——基于中国文化产品出口的实证研究[J].财贸经济,2012(10):102-110.

[2] 郭新茹,刘冀,唐月民.价值链视角下我国文化产业参与国际分工现状的实证研究——基于技术含量的测度[J].经济经纬,2014,31(5):81-86.

[3] 杨连星,孙新朋.文化产品出口增长:来自价格还是质量[J].世界经济研究,2018(2):84-97,135-136.

[4] 韩剑,冯帆,李妍.FTA知识产权保护与国际贸易:来自中国进出口贸易的证据[J].世界经济,2018,41(9):51-74.

[5] 李荣林,赵滨元.中国当前FTA贸易效应分析与比较[J].亚太经济,2012(3):110-114.

[6] 王明涛,谢建国.自由贸易协定与中国出口产品质量——以中国制造业出口产品为例[J].国际贸易问题,2019(4):50-63.

[7] 盛斌,魏方.新中国对外贸易发展70年:回顾与展望[J].财贸经济,2019,40(10):34-49.

[8] 黄玖立,周泽平.多维度距离下的中国文化产品贸易[J].产业经济研究,2015(5):93-100.

[9] 樊琦,杨连星.文化特征对文化贸易出口二元边际的影响[J].国际贸易问题,2017(12):108-116.

[10] 范兆斌,黄淑娟.文化距离对"一带一路"国家文化产品贸易效率影响的随机前沿分析[J].南开经济研究,2017(4):125-140.

[11] 刘慧,綦建红.文化距离对中国企业出口持续时间的影响——基于GLOBE项目的调查数据[J].上海财经大学学报,2019,21(2):65-79.

[12] 曲如晓,杨修,刘杨.文化差异、贸易成本与中国文化产品出口[J].世界经济,2015,38(9):130-143.

[13] 韦永贵,李红,周菁.友好城市是文化产品出口贸易增长的动力吗——基于PSM的实证检验[J].国际经贸探索,2018,34(6):19-33.

[14] 顾江,任文龙.孔子学院、文化距离与中国文化产品出口[J].江苏社会科学,2019(6):55-65,258.

[15] 彭雪清,夏飞,陈修谦.文化认同是中国对东盟文化产品出口的催化剂吗——基于LSDV的实证检验[J].国际经贸探索,2019,35(12):57-69.

［16］许坚,张文秋.国际文化交流平台与中国文化产品出口——基于全球 1356 所孔子学院的数据［J］.文化产业研究,2019(4):202-220.

［17］包群,谢红军,陈佳妮.文化相近、合作信任与外商合资关系的持久性［J］.管理世界,2017(3):29-43.

［18］孙南翔.文化与 FTAs:文化贸易规则的制度实践［J］.国际商务(对外经济贸易大学学报),2015(4):91-101.

［19］魏简康凯,张建."一带一路"倡议下中日文化产品出口的法制思考［J］.国际展望,2017,9(1):126-145,150.

［20］陈晓清,詹正茂.国际文化贸易影响因素的实证分析——以美国 1996—2006 年对外文化贸易双边数据样本为例［J］.南京社会科学,2008(4):90-94.

［21］张晓君.国际经贸规则发展的新趋势与中国的立场［J］.现代法学,2014,36(3):154-160.

［22］何荣华.双边自由贸易协定中的版权条款对我国文化产业的影响［J］.政法论丛,2016(5):42-50.

［23］方英,马芮.中国与"一带一路"沿线国家文化贸易潜力及影响因素:基于随机前沿引力模型的实证研究［J］.世界经济研究,2018(1):112-121,136.

［24］郭新茹,彭秋玲,刘子琰.文化距离、文化贸易壁垒对中国文化产品出口的影响效应分析［J］.江苏社会科学,2018(6):106-115,274.

［25］蒙英华,黄宁.中国文化贸易的决定因素——基于分类文化产品的面板数据考察［J］.财贸研究,2012,23(3):40-48.

［26］王洪涛.中国创意产品出口贸易成本的测度与影响因素检验［J］.国际贸易问题,2014(10):132-143.

［27］李婧.中韩自由贸易协定对两国文化贸易的影响［J］.国际经济合作,2015(12):46-49.

［28］田晖,宋清,楚恬思.制度因素与我国对外直接投资区位关系研究——"一带一路"倡议的调节效应［J］.经济地理,2018,38(12):32-39.

［29］何荣华.浅析中澳自由贸易协定中的著作权条款［J］.中国经贸导刊(中),2020(2):18-19.

［30］曲如晓,韩丽丽.中国文化商品贸易影响因素的实证研究［J］.中国软科学,2010(11):19-31.

［31］吴小康,韩剑.中国的自贸区战略只重量而不重质吗?——基于 RTA 文本数据的研究［J］.世界经济与政治论坛,2019(4):1-28.

［32］方慧,赵甜.中国企业对"一带一路"国家国际化经营方式研究——基于国家距离视角

的考察[J]. 管理世界,2017(7):17 - 23.

[33] 刘希,王永红,吴宋. 政治互动、文化交流与中国 OFDI 区位选择——来自国事访问和孔子学院的证据[J]. 中国经济问题,2017(4):98 - 107.

[34] 谢孟军,王立勇. 经济制度质量对中国出口贸易影响的实证研究——基于改进引力模型的强国(地区)面板数据分析[J]. 财贸研究,2013,24(3):77 - 83.

[35] 顾海峰,卞雨晨. 财政支出,金融及 FDI 发展与文化产业增长——城镇化与地方水平的调节作用[J]. 中国软科学 A,2021(5):26 - 37.

[36] 谷媛媛,邱斌. 来华留学教育与中国对外直接投资——基于"一带一路"沿线国家数据的实证研究[J]. 国际贸易问题,2017(4):83 - 94.

[37] ALESINA A, GIULIANO P. Culture and institutions[J]. Journal of Economic Literature, 2015, 53(4):898 - 944.

[38] BAIER S L, BERGSTRAND J H. Do free trade agreements actually increase members' international trade? [J]. Journal of International Economics,2007,71(1):72 - 95.

[39] PARK S H. Taking cultural goods seriously: Geographical indications and the renegotiation strategies for the Korea-EU FTA[J]. Global Policy,2020,11(S2):23 - 30.

[40] GILBERT G. Trade and culture: The United States[J]. International Journal of Cultural Policy, 2019, 25(5):615 - 628.

[41] HONN H, MAVRODIS P C, SAPIR A. Beyand the WTO? An antomy of EU and US preferential trade agreemeats[J]. The World Economy, 2010,33(11):1565 - 1558.

[42] TINBERGEN J. Shaping the world economy[J]. Thunderbird International Business Review, 1963, 5(1):27 - 30.

[43] HOFSTEDE G H, MINKOV M. Cultures and organizations: Software of the mind [M]. 3rd ed. London: McGraw-Hill, 2010.

[44] KOGUT B, SINGH H. The effect of national culture on the choice of entry mode[J]. Journal of International Business Studies, 1988:411 - 432.

作者简介

张文秋(1994—),江苏连云港人,东华大学旭日工商管理学院博士生。研究方向为文化贸易、文化经济学。

赵君丽(1975—),河南商丘人,东华大学旭日工商管理学院教授、博士生导师。研究方向为产业经济、国际经济学研究。

Do Free Trade Agreements Boost the Export of China's Core Cultural Products

Zhang Wenqiu   Zhao Junli

Abstract：In the important historical phase of the great transformation of global economic and trade rules，researching the effect of free trade agreements (FTAs) on the export of China's cultural products is conducive to exploring and building China's trade rule system of cultural products and promoting the implementation of the strategy of "developing a leading cultural nation". Taking the panel data of the exports of China's cultural products to 43 countries from 1996 to 2017，this paper analyzes the effect of traditional tariff cuts and exemptions，and the impact of FTAs on the export of China's core cultural products from three different aspects-the scopes，depth and enforceability of FTAs. The results show that：① The clauses of FTAs play a key role in boosting China's cultural product export. ② FTAs have effectively promoted the samples of the countries with an imperfect system or similar geographical culture，as well as developing countries. However，FTAs can be hard to address the cultural trade barriers of countries with a well-established system. ③ FTAs have the best effect on promoting the export of visual works of art，followed closely by handicrafts，performance and celebration activity，books and newspapers products. ④ Clauses of cultural cooperation have the greatest effect on boosting the export of products of performance；audio and visual clauses effectively boost the export of products of performance and celebration activity while restricting the export of books and newspapers；clauses of data protection on all kinds of products greatly inhibit the export of all kinds of products.

Key words：free trade agreement；export of core cultural products；gravity model of trade；trade barrier

语言相似度、"一带一路"倡议
与中国电影出口 *

周　锦　卢雨晴

摘　要:电影出口是文化贸易的重要组成部分,但中国电影贸易仍处于初级阶段。基于 1999—2019 年数据,在与美国、英国等 8 个代表性国家的电影国际竞争力比较中,发现中国暴露出市场占有率低、竞争力弱等问题。以 2008—2017 年中国与 75 个贸易对象国的电影出口数据为依据,构建双重差分模型,分析在"一带一路"背景下影响中国电影出口贸易的因素。实证结果表明:语言相似度、是否为"一带一路"沿线国家等因素对电影出口有促进作用,而制度距离对其有阻碍作用。基于此,中国电影的出口可从两方面推进,一是努力追赶电影出口贸易已成熟的国家,二是增强中国电影的海外宣传。通过推广汉语语言学习以及利用"一带一路"的先决条件提高传播效率,加强中国电影的国际竞争力。

关键词:电影出口;语言相似度;文化距离;"一带一路"倡议;双重差分法

一、引言

巨大的消费潜力、互联网的迅猛发展、国内外市场需求等都将文化产业推向了新的高度。其中,电影产业作为文化产业的典型代表备受关注。然而,中国电影的海外市场与国内市场发展极不平衡,主要表现在屡创国内票房新高的本土电影在海外票房惨淡。例如,作为国产电影唯一冲进世界电影票房前一百名的《战狼 2》,全球票房高达 8.70 亿美元,但有 8.54 亿美元(占 98.15%)都来自国内市场,仅有 1 607.66 万美元(占 1.85%)来自海外市场。总的来说,中国电影的国际认知度和认可度普遍较低,每年海外票房收入不足国内票房收入的十分之一。电影出口带

---

* 基金项目:国家社科基金艺术学一般项目"基于社交网络下的数字文化产业创新机制和生态体系路径建设研究"(21BH162)的阶段性研究成果。

来的不仅是直观上的经济效益，更多的是潜在的文化效应。电影作为文化软实力的重要组成部分，承担着树立中国形象、传播中国文化的重要责任。习近平总书记曾强调，"要用海外乐于接受的方式，易于理解的语言，讲述好中国故事，传播好中国声音"。十九大也明确表示，希望推进国际传播能力建设，提高国家文化软实力。"好故事""好声音"以电影这种艺术形式展现，让海外了解真实、立体、全面的中国，最终有助于增强中国的综合实力。

为了提高中国电影的国际影响力，我国已颁布一系列政策支持其在海外市场的发展。2001 年我国正式加入 WTO 并颁布《关于广播影视"走出去工程"的实施细则》，提出广播影视"走出去工程"的目标，这是我国首次将文化"走出去"上升为国家战略。2013 年中国电影发展迎来新契机，我国提出了共建"丝绸之路经济带"和"21 世纪海上丝绸之路"（以下简称"一带一路"）的倡议。"一带一路"沿线国家众多，横跨欧亚非大陆，这个倡议无疑将对沿线国家和地区的政治、经济、环境、文化产生全方面的影响，同时为中国电影"走出去"指明方向，拓宽道路。2016 年第十二届人大常委会议通过的《电影产业促进法》中明确指出，"国家鼓励开展平等、互利的电影国际合作与交流，支持参加境外电影节（展）"。2017 年我国成立"影视文化进出口企业协作体"，打造对外传播中国影视作品的集成平台，推动更多优秀的国产影视作品"走出去"，这很大程度上表明了走出国门、全面发展是中国电影的大势所趋。

二、文献综述及理论基础

目前，我国电影的发行数量虽多，但出口规模小且单片海外票房不佳，电影产业长期存在贸易逆差。其次绝大多数出口的电影为动作片，文艺片只在法国和日本占有一定市场，但近几年动作类型片逐渐衰落，其他类型影片的内容和制作水平仍有待提升（朱玉荣等，2014；刘藩和周婷，2014；张宏，2017）。中国电影产业如何发展得更加国际化成为近年来讨论的焦点。

（一）电影国际竞争力

一些学者从电影产业的国际竞争力着手，一是对竞争力构建的分析，Howse和 Mclarney（2006）认为任何产业集群的国际竞争力都是由国内市场的四个特征组成的：需求条件、要素禀赋、企业竞争和支持产业，以美国、加拿大、中国等作为例子来详细讨论电影产业，指出美国电影产业的国际竞争力最强，同时中国电影观众的潜在规模使其对其他国家具有吸引力。李晓灵、王晓梅（2011）以软实力为重点，构建中国电影国际竞争力评价体系。二是反映竞争力结果的指标,许多研究都通过国际市场占有率、贸易竞争力指数、显示性比较优势指数等从不同角度衡量中国电影的国际竞争力,虽然中国是文化产品出口大国,但是影视产品出口比重低,国际竞争力弱,与美国存在较大差距(赵书华等,2011;方英等,2012;王国安和赵新泉,2013)。

(二)电影贸易影响因素

除此之外,有不少学者探究电影贸易的影响因素并进行实证检验。Marvasti等(2005)以美国电影为例,发现文化(教育、宗教等)、空间距离、进口国经济规模和保护程度是影响美国电影出口额的重要因素。Disdier等(2010)认为共同语言和文化品位相近促进双边流动,并且过去的殖民联系加强了文化产品的双边贸易。Holloway(2017)从新角度提出需求的季节性、奥斯卡奖的提名以及来自本地和进口电影的竞争都对电影出口有一定影响。国内学者对此也有研究,分析得出贸易对象国的国内生产总值、人均生产总值,属于同一个文化圈和自由贸易区与中国电影的出口额呈正相关(段元萍、王鑫鑫,2015)。徐元国和徐心楚(2015)则对文化距离进一步分析,基于多层线性模型论证了续集、高成本制作、明星号召、口碑在不同的四个国家文化维度(个人/集体主义、不确定性规避、权力距离和约束、放纵)下与电影出口的关系。

(三)语言相似度、"一带一路"倡议与电影出口的理论逻辑

语言相似度和"一带一路"倡议如何影响国际贸易,学者也从不同角度进行了讨论。吕延方和王冬(2017)基于动态面板计量模型研究,认为培育与"一带一路"沿线国家的贸易关系,加强经济合作,互通有无,可以促进区域内贸易增长。语言距离会阻碍国际贸易发展的结论基本达成共识,降低语言距离,会带动中国的出口贸易的增长(王晓宇、杨言洪,2019)。因此,"一带一路"倡议需要将语言要素纳入其中,通过顶层设计,实现沿线国家文化产业发展,促进语言相关产品出口(苏剑,2020)。但现有文献未对语言相似度和"一带一路"倡议对于我国电影出口的影响进行相关研究。

如图1所示,语言相似度和"一带一路"倡议影响中国电影出口的理论逻辑主要体现在以下两点:一是直接作用。语言相似度,也就是语言之间的亲近,会影响不同国家之间对于语言类产品的文化互动效果,语言距离会造成信息不对称。像电影这样的文化产品就是语言产品或服务的核心内容,高质量的适应性文化产品供给,会降低交易成本,促进文化认同,增加贸易可能性。二是间接作用。基于"一

带一路"倡议下的紧密联系,会影响这些国家之间经贸往来的路径依赖,通过倡议的顶层设计,促进文化交流,增加文化消费多样化。两者结合在一起,促进具有中国特色文化产品向"一带一路"国家输出,增进国家之间的文化交流。

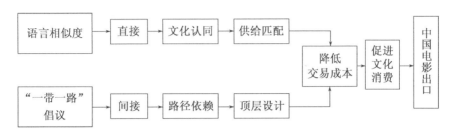

图 1　语言相似度和"一带一路"倡议影响电影出口的理论逻辑

基于此,本文余下内容安排如下:首先,将对中国电影进行国际竞争力分析比较;其次,构建双重差分模型,研究语言相似度、文化距离、"一带一路"倡议等因素对中国电影出口的影响;最后,根据前文分析结果,提出促进我国电影出口的建议,期望能为中国电影出口贸易的发展提供参考。

三、中国电影贸易国际竞争力的现状比较

中国电影自 20 世纪 80 年代起进行商业化转型,电影贸易发展起步晚。如表 1 所示,从时间上来看,1994—2019 年中国电影出口贸易分为两个主要阶段。第一阶段:1994—2000 年,中国电影出口呈顺差状态,1996 年电影出口总额达到峰值6 565 133 美元。第二阶段:2001—2019 年,中国电影进口额远大于出口额,呈逆差状态。2001 年电影产品出口额开始大幅度下降,之后虽有波动回升但整体仍不及 2000年以前。2006—2011 年,贸易逆差持续扩大,2009 年逆差达到最大值 32 890 436 美元。2012 年之后,贸易逆差再次缩小,至 2019 年,贸易逆差缩小为 1 369 209 美元。

表 1　1994—2019 年中国电影产品进出口额和贸易逆差　　　　单位:美元

年份	出口额	进口额	贸易逆差	年份	出口额	进口额	贸易逆差
1994	2 921 326	1 657 394	1 263 932	1999	2 902 253	2 856 263	45 990
1995	3 763 126	2 233 896	1 529 230	2000	2 398 205	2 259 266	138 939
1996	6 565 133	1 431 852	5 133 281	2001	146 542	1 122 677	−976 135
1997	4 567 705	1 278 285	3 289 420	2002	186 127	1 225 243	−1 039 116
1998	4 102 903	1 654 574	2 448 329	2003	79 528	985 647	−906 119

（续表）

年份	出口额	进口额	贸易逆差	年份	出口额	进口额	贸易逆差
2004	61 345	2 128 109	−2 066 764	2012	295 881	4 921 266	−4 625 385
2005	12 102	1 691 373	−1 679 271	2013	110 161	2 586 670	−2 476 509
2006	173 872	15 133 275	−14 959 403	2014	125 170	2 197 117	−2 071 947
2007	156 776	27 079 330	−26 922 554	2015	138 575	1 699 407	−1 560 832
2008	96 971	25 363 740	−25 266 769	2016	61 953	1 198 725	−1 136 772
2009	278 344	33 168 780	−32 890 436	2017	168 349	1 606 920	−1 438 571
2010	183 205	27 392 879	−27 209 674	2018	95 650	1 098 976	−1 003 326
2011	76 436	18 095 433	−18 018 997	2019	106 729	1 475 938	−1 369 209

数据来源:根据联合国贸易和发展会议(UNCTAD)有关数据计算得出。

当前,我国电影市场形势仍然严峻。以 2019 年为例,当年国内电影总票房达 642.66 亿元,其中进口电影票房为 230.91 亿元,国产电影总票房为 411.75 亿元,进口电影在配额 34 部的限制下,仍能占国内票房的四成。反观印度,无电影进口限制却能保持本土电影 90% 的市场占有率。因此,本文综合选取竞争力指数(TC)和对称性显示比较优势指数(SRCA)两个指数,根据 2019 年北京电影学院发布,卢斌等(2019)主编的《全球电影产业发展报告》中"电影产业指数"排名前九名国家,包括美国、英国、法国、德国、日本、韩国、印度、俄罗斯、中国等进行电影市场国际竞争力的现状比较分析。

如图 2 显示,我国仅在 1999 年和 2000 年 TC 指数为正,2001—2019 年竞争力指数小于 0,尤其是 2005—2011 年接近−1,表明我国这几年电影产品竞争力非常弱,2012 年之后竞争力指数有所上升,但电影贸易仍处于劣势地位。印度和英国 TC 指数大部分为正,说明是电影产品净出口国。韩国的电影竞争力与中国相近,2006—2019 年的 TC 指数接近−1。法国、德国、俄罗斯、美国竞争力指数波动大,进出口交叉明显。

由图 3 可以看出,中国的 SRCA 指数总体趋势与 RCA 指数保持一致,1999 至 2019 年指数一直小于 0,说明中国电影出口目前缺乏比较优势,但近几年有上升趋势。印度仍然是电影出口最具比较优势的国家,从 1999 至 2017 年 SRCA 指数都大于 0 且半数年份 SRCA 值大于 0.5,说明国际竞争力非常强。英国的 SRCA 指数也较为稳定,均值为 0.190,具有一定的比较优势和国际竞争力。美国自 2012 年起,SRCA 指数由负转向正,电影的国际竞争力有所增强。

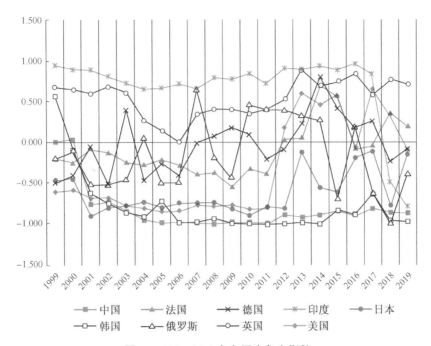

图 2　1999—2019 年各国竞争力指数

数据来源:根据联合国贸易和发展会议(UNCTAD)有关数据计算得出。

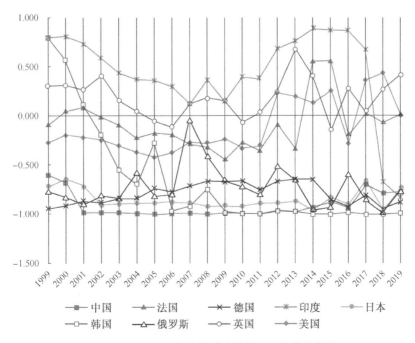

图 3　1999—2019 年电影对称性显示比较优势指数

数据来源:根据联合国贸易和发展会议(UNCTAD)有关数据计算得出。

综合上述分析,通过 TC 指数和 SRCA 指数可得出结论:从整体竞争力情况来看,印度、英国、美国的电影出口处于领先水平,竞争力强,而中国电影的国际竞争力与之相比存在巨大的差距,缺少优势。从发展趋势上来看,中国近几年的国际竞争力有所提升,但增长幅度有限,电影贸易的逆差形势并没有改变。

四、中国电影出口的影响因素模型构建

(一) 模型设定

本文构建双重差分模型,采用双重差分法(DID),假设研究政策的效果仅作用于特定的对象。选取 2008—2017 年,75 个中国电影出口贸易国作为样本,其中 31 个为"一带一路"沿线国家。参考冯娅和刘驰(2020)做法,本文将已经签署"一带一路"合作文件的国家作为实验组,尚未签署文件的国家则作为控制组,假设"一带一路"倡议在电影产品出口的影响上仅作用于处理组,设定计量模型如式(1)所示:

$$\ln EX_{cit} = \alpha_0 + \alpha_1 \mathrm{did}_{cit} + \alpha_2 \mathrm{time}_{cit} + \alpha_3 \mathrm{treated}_{cit} + \alpha_4 \mathrm{lan}_{cit} + \beta X_{it} + \upsilon_{it} \qquad (1)$$

式中:c 表示中国,i 表示中国电影出口国,X_{it} 为控制变量,α_0 表示截距项,υ_{it} 表示随机误差项。

(二) 变量说明

1. 被解释变量

$\ln EX_{cit}$ 为被解释变量,表示 t 时期中国对 i 国电影产品出口贸易额,数据源于联合国商品贸易统计数据库(UN Comtrade)。本文使用的是《2009 年联合国教科文组织文化统计框架》中电影贸易在 2007 年协调制度(HS)中的 2 个代码:370610,已曝光和冲洗的电影胶片(无论其是否有音轨或只有宽度小于 35 毫米的音轨)和 370690,已曝光和冲洗的电影胶片(无论其是否有音轨或只有宽度小于 35 毫米的音轨)。需要指出的是,观众可通过电影院、碟片、电视和互联网多种渠道观看电影,由于非影院收入无法获取,本文所提到的中国电影出口额仅是电影院的票房收入。另外,本文仅限于中国大陆地区,不包括中国台湾、香港及澳门地区。

2. 核心解释变量

$\mathrm{treated}_{it}$ 为判断 i 国是否与中国签署了"一带一路"合作文件的虚拟变量,数据来源于"中国一带一路网"。time_{cit} 为表示判断"一带一路"倡议是否发生的虚拟变量。

did_{cit} 等于 $\mathrm{treated}_{it} * \mathrm{time}_{cit}$,用来判断"一带一路"倡议是否有效。"一带一路"

倡议在 2015 年 3 月正式发布,因此选择 2015 年作为政策冲击的年份(冯娅和刘驰,2020)。

lan$_{cit}$ 为语言相似度,语言作为一种社会文化因素对中国电影的出口也会产生极大的影响,数据来源于国际经济信息研究中心(CEPII)数据库中的 language LP2。语言相似度(lan)根据多个语言维度指标综合计算而得,其中包括共同官方语言(COL)、共同口语(CSL)、共同母语(CNL)等。这些语言维度指标不仅反映了两国语言的互通程度,还反映了两国之间在其他意义上的共通性,如两国之间可以用共同的口语直接交流,也可以通过官方语言的笔译或口译间接交流,由此产生的语言相似性更能反映出两国自主交流的能力。Lohmann(2011)使用语言障碍指数来衡量语言距离,根据世界语言结构地图数据库(WALS),对不同语言的特点进行赋值,最后由结论表明语言障碍是双边贸易的重要阻碍因素。俞路(2017)使用国际经济信息研究中心(CEPII)数据库中各语言指数来分析语言因素对不同类型商品的贸易影响,并认为直接沟通能力(共同口语)对双边贸易影响最大,语言因素的影响随着产品复杂度的提高而增大。陆菁和傅诺(2018)利用 CEPII 数据测度语言距离与数字贸易的关系,指出语言相似度对数字贸易便利性产生显著正向作用。本文预期语言相似度与电影出口额存在正相关关系。

3. 控制变量

文化距离(cdis):表示贸易对象国与中国之间文化特征的差异,数据来源于 Hofstede 个人官网。Hofstede(1983)最早对文化距离进行测算,提出权利距离、不确定性规避、个人主义/集体主义、男性化/女性化、长期/短期价值取向以及放纵/约束六大文化维度。2015 年调整为四大文化维度:权利距离、不确定性规避、个人主义/集体主义以及男性化/女性化,但由于 2015 年国家数据较少,且与 2010 年数据相差不大,本文仍采用 2010 年测量数据,计算公式如下:

$$cdis_{ic} = \sqrt{(I_{ik} - I_{ck})^2} \qquad (2)$$

式中:cdis$_{ic}$ 表示 i 国与中国的文化距离,I_{ik} 表示 i 国在 k 文化维度上的得分,I_{ck} 表示中国在 k 文化维度上的得分。文化距离小表示两国之间具有相同或相似的标准价值观,彼此间文化认同度高。本文预测,文化距离与电影出口额存在负相关关系。

经济发展水平(pgdp):以中国电影出口对象国的人均国民生产总值来衡量,数据来源于世界银行数据库(World Bank)。电影作为非必需文化产品,其消费需要一定的收入水平支持。通常经济发展水平越高,对电影等文化消费需求越大,预期为正。

经济规模(gdp):贸易对象国的经济规模用国内生产总值(GDP)来衡量,数据来源于世界银行数据库(World Bank)。一般来说,贸易出口对象国的经济规模越大,其潜在市场就越大,贸易量就越大,预期为正。

科技水平(sci):贸易对象国的科技水平用互联网普及率来衡量,数据来源于世界银行数据库(World Bank)。随着信息传递方式的不断改变,电影产品的消费也依托于各个国家的科技发展水平。一方面,通过互联网可以让全世界更好地了解中国文化和中国电影,另一方面科技水平的发展为观众提供了更好的观影条件,使观众更能感受电影的魅力。因此,预期进口国的科技水平对我国电影出口具有促进作用。

地理距离(gdis):选取中国与 75 个国家首都之间的直线距离作为自变量之一,数据来源于国际经济信息研究中心(CEPII)数据库。Tinbergen(1962)在传统贸易引力模型中将地理距离作为内生变量,得出地理距离与贸易流量成负相关的关系。在传统贸易中,由于运输成本,国家之间的距离会严重阻碍两国间的贸易往来,预期为负。

制度距离(pdis):表示贸易对象国与中国在制度的规则、规范和认知三个方面的差异,数据来源于世界银行全球治理指标数据库(WGI)。制度距离根据六项指标综合测度而得,具体包括公众话语权与问责制、政治稳定性、政府效率、监管质量、法治水平、腐败控制。制度距离的测定方法有多种,包括绝对值法、欧式距离、Kogut 和 Singh 指数等,本文使用欧式距离计算方法,具体计算公式如下:

$$\text{pdis} = \sqrt{\sum_{k=1}^{6}(P_{ik} - P_{ck})^2} \tag{3}$$

式中:P_{ik} 表示 i 国在 k 制度指标上的得分,P_{ck} 表示中国在 k 制度指标上的得分。中国电影的出口必须接受并适应贸易对象国的制度,也就是说电影产品的输出必须跨越中国与进口国之间的制度距离。预期制度距离与电影出口额成负相关。

贸易自由度(free):中国与出口国之间是否签订自由贸易协定的虚拟变量,数据来源于中国自由贸易区服务网。贸易对象国和中国签了自贸协定,意味着两国之间的产品和服务可以自由流动,这对于电影出口具有促进作用,预期为正。

变量的描述性统计如表 2 所示。

表 2　变量的描述性统计

变量	平均值	标准差	最小值	最大值
ln EX	14.18	2.220	4.680	20.39
lan	0.460	0.160	0.090	0.760
ln gdp	25.76	1.740	22.21	30.60
ln pgdp	9.570	1.060	6.710	11.45
ln sci	3.660	0.870	0.440	4.610
ln cdis	1.070	0.450	−0.450	1.810
ln gdis	8.990	0.470	7.650	9.870
ln pdis	0.930	0.510	−0.300	1.800
free	0.130	0.330	0	1

数据来源:笔者整理。

五、中国电影出口影响因素实证分析

(一) 平行趋势检验

为检验双重差分估计的有效性,需要对实验组和控制组进行平行趋势检验(余明桂等,2016)。由图 4 显示,在"一带一路"倡议正式发布前,实验组和控制组的电

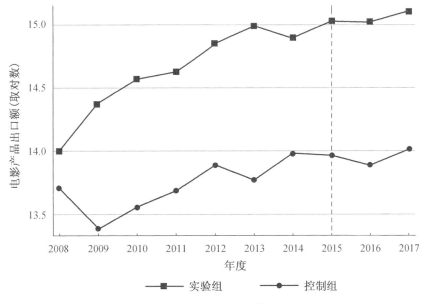

图 4　中国电影出口平行趋势检验

影出口具有相似的增长趋势,而在"一带一路"倡议发布后,实验组和控制组的电影出口出现了增长趋势。因此,本文使用 DID 模型来检验"一带一路"倡议对中国电影出口的影响。

(二)双重差分检验结果分析

表 3 为双重差分检验的结果,可以看出"一带一路"倡议并没有对中国电影出口产生显著的促进作用,可能是因为样本时间较短,政策效应具有滞后性。同时,由于电影出口数据获得的限制性,本文数据只截至 2017 年,也有可能影响了对政策实施效果评估。但是,与此同时研究表明,对"一带一路"沿线国家的电影产品出口显著为正,其回归系数为 1.372,在 1‰ 的置信水平上显著,与中国电影出口呈正相关。这说明我国目前倡导的"一带一路"倡议,是基于"一带一路"沿线国家之间长久以来交流形成了良好的贸易往来基础,对促进中国电影出口、中国文化传播有显著的积极作用。实证研究表明,持续推进"一带一路"倡议具有重要意义,通过与更多国家签署合作文件,加强多边贸易合作和文化交流,可以实现沿线国家的共同发展。

表 3　双重差分检验结果

	模型一	模型二	模型三	模型四	模型五
did	0.183 (0.33)	0.216 (0.25)	0.248 (0.24)	0.230 (0.24)	0.289 (0.23)
time	0.246 (0.23)	0.178 (0.17)	0.206 (0.17)	0.188 (0.17)	0.113 (0.17)
treated	0.906*** (0.19)	1.394*** (0.15)	1.655*** (0.14)	1.437*** (0.18)	1.372*** (0.17)
lan		2.579*** (0.41)	2.491*** (0.40)	2.427*** (0.39)	2.270*** (0.34)
ln gdp		0.846*** (0.03)	1.153*** (0.04)	1.130*** (0.04)	1.114*** (0.05)
ln pgdp			−0.833*** (0.13)	−0.727*** (0.13)	−0.761*** (0.13)
ln sci			0.178 (0.12)	0.185 (0.12)	0.199* (0.11)
ln gdis				−0.143 (0.13)	−0.0790 (0.14)

（续表）

	模型一	模型二	模型三	模型四	模型五
ln pdis				−0.300*	−0.329**
				(0.15)	(0.15)
lncdis					0.069 0
					(0.19)
free					1.456***
					(0.17)
常数项	13.710***	−9.442***	−10.102***	−8.882***	−8.887***
	(0.13)	(0.79)	(0.77)	(1.48)	(1.46)
N	750	750	750	750	750
Adj-R^2	0.050 0	0.468	0.526	0.529	0.573
F	0.047 0	0.464	0.522	0.523	0.567
常数项	14.45	199.5	183.365	146.88	129.2

注："***""**""*"分别表示1%、5%以及10%的显著性水平；Adj-R^2表示调整后的R^2。

　　语言相似度（lan）衡量两国间的语言距离，与电影出口呈正相关，且在1%的置信水平上显著，与预期一致，其回归系数为2.270，在所有变量中最大，因此电影出口贸易最主要的影响因素是语言。在其他变量不变的情况下，语言相似度（取值范围[0,1]）每增加0.1个单位，我国电影出口额就增长22.7%。贸易对象国的语言与中文的相似程度直接决定了其对中国电影需求的大小，国家间的语言相似，有利于贸易对象国对外来文化的理解与欣赏，从而增加对该国电影的进口，而语言的差异则会造成贸易对象国对电影内容理解有障碍，存在"文化折扣"问题，从而失去观影兴趣，最终导致电影在该国的出口额减少。

　　此外，文化距离（cdis）实证结果并不显著，这在某种程度上说明Hofstede通过权力距离、不确定性的规避、个人主义/集体主义、男性化/女性化、长期取向与短期取向、自身放纵与约束六个维度衡量出的文化距离并不适用于电影的出口。电影文化本身就是复杂的，具有多种无法量化的因素，所以仅六个维度无法准确衡量电影层面上的文化距离。此外，随着全球化的发展，不同文化在交流融合，文化的疆界也越来越模糊，这使得文化距离的实际影响力在逐渐减小。这两点可能是文化距离与电影产品出口无显著相关关系的直接原因。

　　国内生产总值（gdp）代表贸易对象国的经济规模，与中国电影出口呈正相关，与预期相符。而代表经济发展水平的人均国民生产总值(pgdp)与中国电影出口成反相关关系,且都在1‰的置信水平上显著,与预期不符。该结果表明,贸易对象国的经济规模更能促进中国电影出口,国内生产总值越高,经济规模越大,越利于中国电影产品的输出。

互联网普及率(sci)代表着贸易对象国的科技水平,结果表明与电影出口呈正相关,并且在1‰的置信水平上显著,与预期相符。结果说明,对象国使用互联网的人数多,科技水平高,就意味着给电影产品的输出提供了良好的传播渠道,这会进一步促进中国电影的出口。制度距离(pdis)与中国电影出口贸易在1‰的置信水平上呈显著负相关关系,与预期相符。这表明两国间的制度差异越大,产生贸易摩擦的可能性也就越大,势必不利于电影贸易的展开。贸易自由度(free)结果表明与电影出口成正相关,并且在1‰的置信水平上显著,与预期相符。中国推进自由贸易区战略,有利于我国构建开放型经济,提升服务业国际竞争力,有利于促进电影等文化产品贸易。地理距离(gdis)得到的结果不显著,这说明在实际电影出口贸易中,地理距离并不是制约我国电影出口的因素。全球化趋势在一定程度上打破了传统地理距离的限制,而互联网和物流的快速发展又进一步拉近了两国之间的距离,因此与贸易对象国之间的地理距离并不会对电影的出口产生显著影响。

六、结论及政策建议

本文分为两个部分,第一部分基于1999—2019年中国与其他八个国家的电影进出口数据,选取竞争力指数和对称性显示比较优势指数指标进行国际竞争力比较,分析发现目前中国电影所占市场份额小,竞争力弱,与美国、英国、印度等电影贸易大国有较大差距。第二部分基于双重差分模型,进一步探讨影响中国电影出口规模的因素。采用75个国家在2008—2017年的数据进行实证分析,结果表明语言相似度、是否为"一带一路"国家以及贸易对象国的国内生产总值、互联网普及率对电影出口规模有显著促进作用,而制度距离对其有显著抑制作用。其中,语言相似度和是否为"一带一路"沿线国家对中国电影出口贸易的影响最为明显。文化距离、地理距离虽与电影出口额呈负相关关系,但影响不显著。

根据研究结论,中国电影在海外提升知名度、增强出口竞争力、扩大出口规模要基于以下两个路径:

一是向电影产业国际竞争力强的国家学习,积累经验。综合各项竞争力指标,美国、英国和印度电影的海外贸易发展最为突出。美国虽然只有几百年的历史,但善于汲取世界各地的文化精华进行融合创新,利用外国演员、外国导演、外国题材来吸引外国观众,使自己成为世界文化中的重要组成部分。这也正是中国电影目前所欠缺的,尽管中国有着几千年的历史,文化底蕴深厚,但是整体创新力不足,难以将过去的文化资源过渡到现代的文化语境中。在全球化背景下,不能将文化重新阐释、创新开发以适应不同文化背景的观众。而与中国毗邻,同属于亚洲文化圈的印度在此方面表现出色,在保留传统文化精髓的同时,创新艺术表达,形成独树一帜的电影风格,吸引海内外观众。

电影是一个对知识、技术、创造要求极高的文化艺术载体,需要注重相关人才的培养与挖掘,同时也要求建立健全开放、极具活力的电影创作环境和机制。英国电影协会(BFI)统筹规划了英国电影的国际化发展,它特别强调对新生代人才的培养,每年拨出专项基金以鼓励参与电影创意产业项目的人才,积极为英国制片人创造与海外合作的机会。美国和印度都拥有成熟的电影创作环境。好莱坞和宝莱坞作为世界级电影生产工厂,制作了无数优秀的电影作品,而中国虽有数十个影视基地,但规模都远小于前两者,影片生产类型也较为单一,不够综合。例如,中国规模最大的影视基地——横店仅能拍摄古装类型的影视作品,无法满足日益多元化的影视消费需求。好莱坞与宝莱坞均由该国电影行业的龙头企业做牵引,集中力量发展电影产业,而中国目前的电影生产力量较为分散,没有形成大面积的产业集聚。美国、英国和印度电影的发展对中国有着深远的借鉴意义,是中国电影前进的方向。

二是提高中国电影海外传播效率,拓宽传播渠道。从回归结果来看,中国可以从制度距离、语言距离、“一带一路”背景上着手。尽管两国间的制度距离很难从根本上消除,但可以削弱其带来的影响。电影作为跨越时空的文化传播媒介,应弱化意识形态,尽可能规避制度限制。通过多方面、多渠道建立起两国的友好互信,为电影出口扫除障碍。

语言是制约电影出口的关键因素。在 2015 年和 2017 年的“中国电影国际传播”调研报告中都着重强调了语言对于中国电影传播造成的障碍,语言间的差异大大降低了传播效率,与本文结论一致。2015 年的报告中指出 70% 的海外受访者认为中国电影的字幕翻译难懂(黄会林等,2016),而 2017 年针对北美观众的报告中明确指出观看中国电影的六大障碍中,“对字幕翻译的不适应”占据榜首(黄会林等,2018)。因此,减小语言差异对中国电影出口带来的负面影响刻不容缓。本文建议从三方面入手:首先是在世界范围内推广汉语,建立起汉语语言产业。此方面可借鉴已成熟的英语培训产业,多开设兼具汉语教育与文化交流的机构,如孔子学院,使汉语学习深入世界,提高海外对汉语语境的熟悉度。严格制定相关的汉语标准化考试,借鉴发展成熟的托福、雅思考试。短期内,中国很难仅通过语言培训快速破除语言对电影出口的限制,因此可以优先在语言与汉语相似度较高的国家大力推广汉语学习。其次,电影制作上多采取中外合拍模式,增强国际合作。这种模式下,不仅各国的优秀资源可以被整合,还可顾及多国观影习惯,也可直接利用海外企业的营销渠道宣传电影,一举多得。在字幕翻译上,相关专业人员应根据不同受众的习惯和特点,采用融通中外的表述,做到精准答意,增加对外话语的感染力,而政府也应加大对外译制产业的投资力度,增强对相关人员的专业培训,全面提高中国电影的译制水平,减少因字幕原因带来的文化折扣。最后,优先选择内容贴近生活、简单易懂,且具有普世价值的优秀中国电影进行传播,使文化背景不同的观众都能与影片产生情感共鸣,将中国文化以电影为载体传播出去。

实证结果显示了"一带一路"给中国电影贸易带来的积极影响,因此可以采取逐步推广的办法,先将电影出口重心放在"一带一路"沿线国家上,加强战略合作,开展多种形式的文化交流活动,提高中国文化在"一带一路"沿线国家上的曝光度,有针对性地进行宣传。努力实现海外受众对中国电影的持续性消费,即形成电影消费的成瘾性。当中国电影在"一带一路"国家中已有积极的口碑、稳定的观影人数时,再将宣传力度逐步转移至非"一带一路"国家,最终实现中国电影的全球化传播,树立起中国形象。这是最大化利用有限的资源,优化传播效率。

电影赋予中国文化以新的艺术表达,而出口贸易又为电影产业增添创新动力。走出国门的中国电影将与世界不同文化交流融合,取长补短,为世界增添"中国声音"、增加"中国故事",综合措施的采取下会全面提升国家的文化软实力和国际竞争力。

参考文献

[1] 朱玉荣,区劲,邹梦竹.中国电影贸易发展中的问题、原因及政策举措——从美国电影业发展的比较为视角[J].对外经贸实务,2014(5):83-86.

[2] 刘藩,周婷.中国电影输出海外的困境——中国电影对外贸易的现状、问题和对策[J].同济大学学报(社会科学版),2014,25(5):51-57,67.

[3] 张宏.中国电影产业贸易结构及其国际化战略路径的思考[J].当代电影,2017(12):

50‑53.

［4］HOWSE J，MCLARNEY C. The big pictures：Source of national competitiveness in the global movie industry［J］. The Journal for Decision Makers，2006，31(3):19‑44.

［5］李晓灵,王晓梅.软实力竞争浪潮下中国电影国际竞争力评价体系的建构［J］.北京电影学院学报,2011(1):32‑37.

［6］赵书华,王久红,荣博.中美视听服务贸易自由化与市场开放度研究［J］.财贸经济,2011(6):81‑86.

［7］方英,李怀亮,孙丽岩.中国文化贸易结构和贸易竞争力分析［J］.商业研究,2012(1):23‑28.

［8］王国安,赵新泉.中美两国影视产业国际竞争力的比较研究——基于全球价值链视角［J］.国际贸易问题,2013(1):58‑67.

［9］MARVASTI A，CANTERBERRY E R. Culture and other barriers to motion pictures trade［J］. Economy Inquiry，2005，43(1):39‑54.

［10］DISDIER A C，TAI S H T，FONTAGNÉ T，et al. Bilateral trade of cultural goods［J］. Review of World Economics，2010，145(4):575‑595.

［11］HOLLOWAY I R. Learning via sequential market entry：Evidence from international releases of U. S. movies［J］. Journal of International Economics，2017，104:104‑121.

［12］段元萍,王鑫鑫.中国电影贸易出口影响因素的实证分析［J］.西安财经学院学报,2015,28(3):53‑58.

［13］徐元国,徐心楚.国家文化维度、电影市场信号与票房绩效——基于HLM模型的实证分析［J］.国际贸易问题,2015(12):15‑26.

［14］吕延方,王冬."一带一路"有效实施:经济规模、地理与文化距离［J］.经济学动态,2017(4):30‑40.

［15］王晓宇,杨言洪.区域国别视角下语言距离对中国向西亚北非出口贸易的影响及潜力分析［J］.上海对外经贸大学学报,2019,26(2):99‑108.

［16］苏剑."一带一路"倡议与语言的有效互动:语言红利的生成逻辑［J］.江海学刊,2020(5):94‑98,254.

［17］卢斌,牛兴侦,刘正山.电影蓝皮书:全球电影产业发展报告(2019)［R］.北京:社会科学文献出版社,2019.

［18］冯娅,刘驰."一带一路"倡议对我国工业机器人出口贸易的影响研究——基于双重差分法的实证检验［J］.湖北社会科学,2020(12):79‑89.

［19］LOHMAN J. Do language barriers affect trade？［J］. Economics Letters，2011(110):159‑162.

[20] 俞路.语言文化对"一带一路"沿线各国双边贸易的影响——基于扩展引力模型的实证研究[J].世界地理研究,2017,26(5):21-31.

[21] 陆菁,傅诺.全球数字贸易崛起:发展格局与影响因素分析[J].社会科学战线,2018(11):57-66,281-282.

[22] HOFSTEDE G. National cultures in four dimensions: A research-based theory of cultural differences among nations[J]. International Studies of Management & Organization, 1983, 13:1-2, 46-74.

[23] TINBERGEN J. Shaping the world economy: Suggestions for an international policy[M]. New York: The Twentieth Century Fund, 1962.

[24] 余明桂,范蕊,钟慧洁.中国产业政策与企业技术创新[J].中国工业经济,2016(12):5-22.

[25] 黄会林,朱政,方彬,等.中国电影在"一带一路"区域的传播与接受效果——2015年度中国电影国际传播调研报告[J].现代传播(中国传媒大学学报),2016,38(2):17-25.

[26] 黄会林,孙子荀,王超,等.中国电影与国家形象传播——2017年度中国电影北美地区传播调研报告[J].现代传播(中国传媒大学学报),2018,40(1):22-28.

作者简介

周　锦(1979—　),江苏扬州人,南京信息工程大学雷丁学院副教授,硕士生导师。研究方向为文化产业经济学。

卢雨晴(1999—　),江苏泰州人,南加州大学应用经济与计量专业硕士研究生。研究方向为文化产业经济学。

Empirical Study on Linguistic Similarity, the Belt and Road Initiative and Export of Chinese Films

Zhou Jin   Lu Yuqing

Abstract：Film export is a significant part of cultural trade，but China's film trade remains rudimentary. Data from 1999 to 2019 witnesses China's low market shares and weak competitiveness in comparison with the international competitiveness of eight representative countries，including the United States and the United Kingdom. According to film export data from 2008 to 2017 between China and 75 trading partners，this paper aims at analyzing the factors that influence the export of Chinese films in the context of the Belt and Road initiative through the establishment of the difference-in-differences model. The empirical results show that factors like linguistic similarity and countries along the Belt and Road positively affect the export of films，while institutional distanceis a hindrance. Based on this，the export of Chinese films can be promoted from two aspects：One is to endeavor to catch up with countries whose film export trade is mature，and the other is to enhance the overseas publicity of Chinese films. The international competitiveness of Chinese films will be strengthened by means of popularizing Chinese language learning and improving transmission efficiency via a prerequisite of the Belt and Road initiative.

Key words：film export；linguistic similarity；cultural distance；The Belt and Road initiative；difference-in-differences

国产电影"出海"困境的重要原因与战略选择*
——基于贸易引力模型的实证分析

吴亮芳　张慧敏

摘　要:电影是核心文化产品,肩负文化"走出去"的时代使命。我国电影"走出去"历程长,但效果不理想,仍然存在国际竞争力小与影响力小的显著劣势。通过贸易引力模型的实证分析发现:文化距离是造成我国电影海外贸易困境的重要原因。文化距离阻碍我国电影出口贸易,且不同文化维度距离对我国电影出口的影响不一致,但儒家文化圈的文化属性可以中和文化距离带来的部分负面影响。基于此,对国产电影"出海"提出文化认同最大公约数战略与文化圈多元共生战略。

关键词:文化距离;国产电影;电影出口

2011 年 4 月,文化部颁布《关于促进文化产品和服务"走出去"2011—2015 年总体规划》,标志着我国文化产业"走出去工程"政策体系的主体构建基本完成。政策利好趋势下,我国文化产业"走出去"迎来蓬勃发展期。

电影是核心文化产品,肩负文化产业"走出去"的时代使命。对此,我国早在 2010 年就发布《关于促进电影产业繁荣发展的指导意见》,提出"积极实施电影'走出去'战略"。2014 年,又出台《关于支持电影发展若干经济政策的通知》,提出"利用文化专项资金支持电影产业发展,支持中国电影企业走出去"。2017 年 3 月,《中华人民共和国电影产业促进法》实施,标志着电影产业的发展正式上升至国民经济和社会发展规划层面。可见,无论是宏观环境,还是电影专项政策,都给予国产电影极高的期望与导向。

然而,国产电影"走出去"并不理想。整体上,贸易逆差大,呈扩大化趋势;贸易

---

*　基金项目:湖南省教育厅优秀青年项目"数字出版内容资源开发模式的类型与选择研究"(19B341)的阶段性研究成果。

竞争力指数始终小于 0,并呈下降趋势;贸易影响力低,票房和口碑与进口电影相差甚远。这种情况不仅与其政策利好环境不符,而且与其作为核心文化产品的地位不相称。本文引入贸易引力模型,实证分析国产电影"出海"困境的重要原因,即文化距离,并基于霍夫斯泰德的文化维度理论进一步实证分析具体文化维度距离的影响方式,同时还实证分析儒家文化圈的影响情况。根据实证结果,最后提出国产电影"出海"战略,以助力其顺利"走出去",进而为我国文化产业"走出去"与中国文化软实力提升贡献绵薄之力。

一、问题提出:国产电影"出海"困境

国产电影"出海"困境主要体现为贸易竞争力与贸易影响力两个方面。贸易竞争力的整体情况与区域情况都需要电影贸易额为依据。然而,国家统计局、国家电影局等官方网站及相关统计出版物至今都没有全面公布我国电影进出口贸易数据,故本文从联合国商品贸易统计数据库(UN Comtrade Database)获取所需数据。联合国商品贸易统计数据库是迄今为止最全面的贸易统计数据来源,覆盖世界上绝大多数的国家地区,数据信度与效度高,其有关电影贸易数据能够满足本研究需求。基于此,以下按照邵军等(2014)[①]学者的方法,调取联合国商品贸易统计数据库中 37 类影音制品的 HS-6 位数编码数据进行贸易竞争力分析,具体调取规则如表 1 所示。

表 1　联合国商品贸易统计数据库数据调取规则

产品分类标准	产品分类层面	报告国	伙伴国	数据名称	年限
HS2007	37 类-6 位数编码	中国	世界:选定的贸易国	进出口总额	2010—2019

国产电影贸易影响力涉及面广。依据研究的可行性,本文从票房与口碑两方面分析,数据来源于国家统计局、国家电影局、豆瓣电影网、IMDB 网站、Box Office Mojo 网站、猫眼等平台。

(一) 贸易竞争力

贸易竞争力是直观反映我国海外贸易现实情况的重要指标。衡量国家贸易竞

---

① 邵军,吴晓怡,刘修岩. 我国文化产品出口贸易联系持续期及影响因素分析[J]. 世界经济文汇,2014(4):36-47.

争力最常用的是贸易竞争力指数（TC 指数）。TC 指数由产品进出口贸易差额与贸易总额相比得到，用公式表示为 $TC = \dfrac{出口额 - 进口额}{出口额 + 进口额}$。当 TC 指数大于 0 时，则表示产品竞争力强，反之则弱。电影贸易竞争力是国家贸易竞争力的重要组成部分，且同样可用其出口额与进口额的比率来衡量。基于此，我国电影贸易竞争力完全可用 TC 指数计算得到。

根据联合国商品贸易统计数据库数据，我国 2010—2019 年电影总贸易额情况如表 2 所示。

表 2　2010—2019 年中国电影进出口概况

单位：美元

年份	出口	进口	差额
2010	1 072 933 906	1 929 456 774	−856 522 868
2011	1 174 378 404	2 167 066 161	−992 687 757
2012	1 211 128 344	2 278 613 140	−1 067 484 796
2013	1 217 756 821	2 321 811 338	−1 104 054 517
2014	1 192 484 287	2 273 231 562	−1 080 747 275
2015	1 184 757 436	2 195 593 680	−1 010 836 244
2016	1 070 707 745	2 227 804 102	−1 157 096 357
2017	1 082 822 693	2 372 879 268	−1 290 056 575
2018	1 131 340 003	2 618 858 096	−1 487 518 093
2019	1 105 578 138	2 708 183 351	−1 602 605 213

由以上数据可看出，2010—2019 年中国电影的进口总额远大于出口总额，处于贸易逆差较大的状态。其中，2019 年逆差约 16.03 亿美元，为近几年来差距之最。整体上，逆差呈扩大趋势。根据数据进一步测算得到我国电影国际贸易竞争力指数（TC 指数），如图 1 所示。

由图 1 显示，2010—2019 年我国电影海外贸易 TC 指数始终小于 0。整体上，随着我国电影产业不断发展，TC 指数总体反而呈下降趋势，表明我国电影贸易竞争力与其他国家的差距正在拉大。

当将我国电影贸易总额细化至区域时，贸易竞争力又呈现不一样的结果。目前，我国国产电影海外市场主要分为亚太地区、北美地区和欧洲地区。考虑到数据

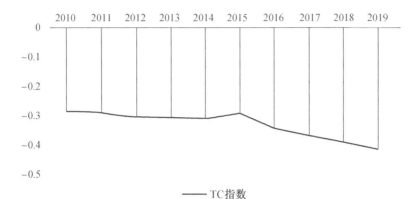

图 1 中国电影国际贸易竞争力指数趋势

的完整性以及历年我国对这三大区域的国家进行电影贸易的频繁程度,选取亚太地区的新加坡、澳大利亚,北美地区的美国、墨西哥,欧洲地区的法国、英国这 6 个国家为例来说明不同贸易区域电影贸易竞争力存在差异。

据联合国商品服务贸易数据库数据,2010—2019 年各地区代表国家与我国的贸易情况如表 3 所示。

表 3 国产电影与主要贸易区域的贸易情况

单位:美元

亚太地区				
代表国家	新加坡		澳大利亚	
年份	进口额	出口额	进口额	出口额
2010	2 137 251	48 668 434	3 625	36 499 817
2011	2 170 278	43 403 865	179 691	41 706 737
2012	2 328 780	44 083 018	277 223	37 651 155
2013	1 304 859	47 567 774	295 620	31 675 139
2014	1 645 864	45 006 983	14 838	18 105 320
2015	2 237 382	40 481 906	78 576	18 072 595
2016	2 911 881	29 622 240	2 635	22 908 477
2017	1 838 260	27 780 857	45 909	25 082 825
2018	1 567 333	26 042 255	206 848	24 141 701
2019	1 703 554	23 189 460	330 035	22 347 202

(续表)

欧洲地区				
代表国家	法国		英国	
年份	进口额	出口额	进口额	出口额
2010	12 385 807	4 835 326	73 504 029	3 173 979
2011	10 371 571	2 369 223	89 174 409	4 375 576
2012	7 233 357	1 065 830	66 039 791	3 870 976
2013	7 278 697	1 098 739	63 825 373	4 805 441
2014	8 023 586	878 310	57 958 336	4 453 532
2015	7 442 328	1 310 976	43 185 081	3 793 353
2016	6 499 506	1 414 293	34 809 976	3 956 536
2017	6 825 235	1 122 422	3 757 465	4 144 442
2018	7 924 473	680 569	5 693 826	3 417 638
2019	6 955 564	492 381	6 293 340	2 365 199

北美地区				
代表国家	美国		墨西哥	
年份	进口额	出口额	进口额	出口额
2010	431 708 886	64 288 353	3 826 584	4 166 684
2011	440 728 914	62 005 563	4 314 693	4 234 818
2012	469 162 207	66 306 850	5 493 160	5 986 276
2013	552 595 923	60 004 368	5 351 774	5 604 869
2014	541 458 847	56 278 208	7 902 613	7 765 665
2015	585 725 829	45 450 249	9 065 060	9 928 010
2016	503 601 913	34 517 528	16 474 791	9 097 119
2017	510 759 850	31 268 757	22 709 189	10 006 380
2018	583 348 058	28 284 361	13 663 417	11 060 277
2019	508 010 135	21 013 022	16 720 848	13 854 814

从以上数据可看出,我国国产电影出口至亚太地区呈现出明显的贸易顺差,而出口至欧洲地区、北美地区则几乎都是贸易逆差。利用 TC 指数进一步测算可得到区域间贸易竞争力的折线图,如图 2 所示。

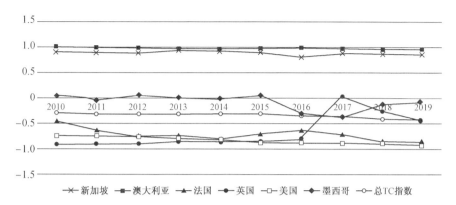

图 2 国产电影与区域代表国之间的 TC 指数

由图 2 清晰显示,我国电影历年出口至亚太地区的新加坡、澳大利亚 TC 指数都大于 0,且在指数 1 上下浮动,也显著高于我国电影出口的总 TC 指数;而我国电影出口至欧洲地区法国与英国、北美地区美国与墨西哥的 TC 指数则普遍小于 0,甚至远低于我国电影出口的总 TC 指数。这种情况体现国产电影对不同区域贸易的两个特点:国产电影出口至亚太地区的贸易竞争力显著高于欧洲地区与北美地区;国产电影出口至亚太地区国家的贸易竞争力显著高于总体电影贸易竞争力水平。可见,在总体贸易竞争力指数小于 0 的背景下,具体到某一区域、某一国家,贸易竞争力又有差异。

综上,从 TC 指数看,国产电影总体贸易竞争力弱,而进一步细分不同区域间的贸易竞争力则有强有弱。

(二)贸易影响力

贸易影响力是反映海外贸易现实情况的重要指标,可从很多方面体现。基于数据分析的可行性,以下从票房与口碑两方面展开探讨。

从票房看,国产电影的海外票房情况与进口电影在我国票房情况相差甚远。据国家统计局数据,近年来进口电影在国内的票房收入不断增长,2017 年高达258.07 亿元,占国内总票房 46.2%。然而,国产电影海外票房收入变化趋势却不尽如人意,一度下跌后仅迎来小幅度增长。整体上,国产电影与进口电影在票房上体现的影响力差异悬殊,如图 3 所示。

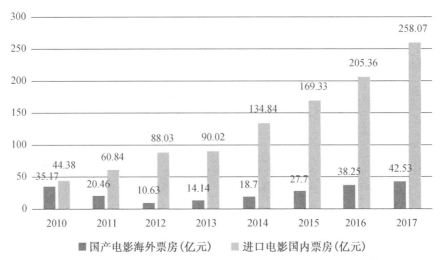

图3　2010—2017 年国产电影海外票房与进口电影国内票房①

据图 3 所示,2010—2017 年我国国产电影海外票房分别为 35.17 亿元、20.46 亿元、10.63 亿元、14.14 亿元、18.7 亿元、27.7 亿元、38.25 亿元、42.53 亿元,而进口电影国内票房则为 44.38 亿元、60.84 亿元、88.03 亿元、90.02 亿元、134.84 亿元、169.33 亿元、205.36 亿元、258.07 亿元。两者差额最低为 9.21 亿元,最高达 215.54 亿元。

从口碑看,国外电影在我国的认可度与国产电影在国外的认可度差距也十分明显。国内国外可信度及权威性高的电影网站分别为豆瓣电影网与互联网电影资料库(简称"IMDB")。据豆瓣电影网 2020 年统计的 TOP250 电影排行榜,取排名前 100 位的电影统计结果如表 4 所示。

表 4　豆瓣电影网 TOP100

制片地区	电影部数(含合拍片)	豆瓣网平均评分
美国	62	9.24
英国	14	9.11
中国大陆	9	9.18

① 数据来源:国家统计局(http://www.stats.gov.cn/);国家电影局(http://www.chinafilm.gov.cn/);国家统计局、电影局暂未公布 2018、2019 年的国产电影海外票房数据,选取 2010—2017 年为数据样本。

（续表）

制片地区	电影部数（含合拍片）	豆瓣网平均评分
日本	8	9.06
法国	9	9.14
德国	8	9.04
意大利	8	9.16
加拿大	5	9.00
韩国	5	9.12
印度	2	9.10

据表 4 所示，在排名前 100 位的电影中，国外电影 85 部，占比 85％。这 85 部影片中，又以美国电影为主，多达 62 部，约占 72.94％。相反，国产电影仅有 9 部进入前 100 位，占比 9％。与此同时，国外电影在我国评分较高，多为 9 分以上。可见，国外电影在我国口碑好，认可度高。反观国产电影，在国外的境遇则远不如此。

由于电影票房与综合评分相关关系较弱，高评价低票房与高票房低评价现象时有发生。因此，在论述国产电影在国外口碑情况时，将从国内高评价以及国内高票房两个角度进行。据豆瓣电影网 2020 年统计的 TOP250 电影排行榜前 100 位数据，国产电影有 9 部高评价电影，国外评分情况如表 5 所示。

表 5　优质国产电影国外评分情况①

豆瓣排名	电影名称	IMDB 评分	豆瓣评分
2	《霸王别姬》	8.1	9.6
17	《西游记大结局之仙履奇缘》	8.0	9.2
28	《活着》	8.3	9.3
29	《末代皇帝》	7.7	9.3
41	《鬼子来了》	8.2	9.3
43	《西游记第壹佰零壹回之月光宝盒》	7.7	9.0
44	《我不是药神》	7.9	9.0
51	《大闹天宫》	8.1	9.4
62	《让子弹飞》	7.3	8.8

---

① 数据来源：IMDB 网站（https://www.imdb.com/）数据由笔者自行整理。

据表 5 所示,豆瓣均分为 9.21 的国产电影在国外仅收获 7.92 的均分。可见,高分高评价的国产电影在国外的评分并不高的现象实属普遍。此外,在 IMDB 根据贝叶斯算法统计的前 100 位电影排行榜中,国产电影无一上榜。这一结果正说明国产电影的国外认可度不高。

与此同时,高票房电影在 IMDB 上的评分也不高,如表 6 所示。

表 6　2020 年国产电影票房排行榜及 IMDB 评分①

电影名称	国内票房/亿元	IMDB 评分
《八佰》	31.09	7.1
《我和我的家乡》	28.3	6.7
《姜子牙》	16.03	6.4
《金刚川》	11.23	5.7
《夺冠》	8.36	6.7
《拆弹专家 2》	6.02	7.3
《除暴》	5.38	6.2
《宠爱》	5.1	5.5
《我在时间尽头等你》	5.05	6.8
《误杀》	5.01	6.8

如表 6 数据所示,我国高票房电影在国外也仅获得 6.52 的均分。因此,无论是国内高评价电影,抑或国内高票房电影,国外口碑评价皆不佳。

可见,无论是从票房或是口碑分析我国电影的国际影响力,国产电影与国外电影在影响力方面的差距都十分明显。《全球电影产业发展报告(2019)》数据显示,2017 年电影产业全球影响力指数为 0.24。

进一步对我国电影贸易的三大区域影响力进行研究时发现,我国电影在不同区域贸易影响力差距也十分明显。在票房上,出口至亚太地区的国产电影票房收入明显高于北美和欧洲地区。例如,2011 年大火的武侠电影《龙门飞甲》,在马来西亚、新加坡分别收获票房 1 027 440 美元、662 765 美元,而在美国上映电影票房仅 170 276 美元,在英国上映电影票房仅 186 美元。2013 年以毒品为题材的警匪片《毒战》,在马来西亚上映即收获 502 607 美元的票房,而在美国上映影片票房仅

---

① 数据来源:猫眼、中商产业研究院、IMDB 网站,笔者自行整理。

128 195 美元,芬兰上映影片票房仅 2 002 美元。与此同时,国产电影在北美遭遇的"文化折扣"又往往比欧洲低,由此出口至北美地区的国产电影票房收入又高于欧洲地区。例如,2018 年国内票房之冠《红海行动》,在美国上映即收获 1 543 547 美元的票房,而在英国上映仅 109 866 美元。同年上映的《唐人街探案 2》在美国获得 1 983 984 美元的票房,而在英国上映仅有 203 284 美元。①

在口碑上,国产电影在不同国家地区的评价也存在较大差距。整体上,出口至亚太地区的电影评分普遍高于欧美地区。例如,据韩国 naver 电影网站数据,我国高票房影片《战狼 2》获得 9.5 的高分,高评价高分影片《霸王别姬》《活着》《末代皇帝》《鬼子来了》《西游记第壹佰零壹回之月光宝盒》分别获得 9.3、9.28、9.22、8.92、9.21 的高分。在日本,《霸王别姬》更是获得 4.39 的高分(5 分制)。② 而在法国,据法国 allocine 电影网站数据,《霸王别姬》《末代皇帝》《战狼 2》仅分别获得 3.6 分、3.8 分、3.9 分(五分制),其认可度则大不如亚太地区。

综上,无论是从票房还是从评分口碑的角度看,国产电影总体贸易影响力弱,而进一步细分不同区域间的贸易影响力又不同。

二、实证设计:基于贸易引力模型

通过数据分析发现,我国电影"走出去"面临贸易竞争力弱、贸易影响力低,且区域间差异大的现实困境。为何国产电影"走出去"如此艰难? 究其原因,国产电影"走出去"受政策壁垒、翻译水平、影片质量、传播渠道等多方面影响。其中,文化距离被认为是电影"走出去"受限的重要原因。例如,魏婷、夏宝莲(2008)③认为中国多数影视产品的内容制作过于强调民族性,造成文化折扣过大;甘婷婷(2019)④认为文化距离是中国影视剧在海外传播效果不好、影响力不大的重要原因;蔡颂、邓雅川(2020)⑤认为"文化折扣"现象与"西方配方"现象是我国电影跨文化传播两个主要问题。

———————————

① 数据来源:Box Office Mojo 网站(https://www.boxofficemojo.com)。
② 数据来源:Yahoo! movie.com。
③ 魏婷,夏宝莲.中国影视文化贸易现状及原因分析[J].国际经贸探索,2008(3):65 – 70.
④ 甘婷婷.我国电视剧跨文化传播中的文化折扣问题研究——以《甄嬛传》为例[J].视听,2019(1):97 – 101.
⑤ 蔡颂,邓雅川.从跨文化传播看"文化折扣"与"西方配方"现象[J].武陵学刊,2020,45(1):39 – 40.

目前,现有文献研究的往往是文化距离对影视的影响,鲜有文献聚焦于国产电影。影视相较于电影,其外延甚广。尽管这些研究成果有一定的借鉴意义,但终究因研究对象宽泛,难以对国产电影"走出去"提供精准分析。另外,现有文献对文化距离的影响研究较为零散,且大多基于理论层面阐述,尤其缺乏定量分析。

基于此,以下聚焦于造成国产电影"出海"困境的重要原因的实证分析,即根据国产电影贸易数据,引入贸易引力模型对文化距离如何影响国产电影"出海"进行实证研究,并进一步探寻国产电影贸易竞争力与贸易影响力区域差异大的原因,为其"出海"战略选择提供客观依据。

(一)基本模型

1687年,英国物理学家牛顿提出万有引力定律,认为两个物体之间的引力与它们的质量乘积成正比,与两个物体之间的距离的平方成反比,用公式表示为 $F = \dfrac{GMm}{R^2}$。受到万有引力定律的启发,1962年、1963年学者 Tinbergen 与 Poyhonen 分别将万有引力定律引入国际贸易领域,提出最初的贸易引力模型。他们一致认为,两国之间的贸易规模与他们各自的经济总量成正比,与两国之间的距离成反比,模型结构可表示为 $T_{ij} = \dfrac{AY_i Y_j}{D_{ij}}$,其中,$A$ 为权重系数,T_{ij} 表示某年 i 国与 j 国之间的贸易流量,Y_i、Y_j 分别表示 i 国与 j 国各自的经济总量,D_{ij} 表示 i 国与 j 国之间的地理距离。1966年,Lineman 在最初的引力模型基础上加入人口变量,认为两国之间的贸易规模还与人口有关,人口多少与贸易规模成正相关关系。1989年,Berstrand 则更进一步用人均收入替代人口数量指标,并引入汇率等虚拟变量。随着学者们对引力模型结构的研究越来越深入,贸易引力模型的形式不断丰富且全面,一般形式可以表示为" $T_{ij} = A_0 Y_i^{a1} Y_j^{a2} D_{ij}^{a3} A_{ij}^{a4}$ ",为便于回归,通常将其转化为自然对数线性形式[1],即

$$\ln T_{ij} = a_0 + a_1 \ln Y_i + a_2 \ln Y_j + a_3 \ln D_{ij} + a_4 \ln A_{ij} + \varepsilon_{ij} \qquad (模型1)$$

式中:a_0 为常数项,ε_{ij} 为随机误差项。相较于最初的贸易引力模型,新增的 A_{ij} 则涵盖影响国际贸易流量的其他因素,便于不同时代特征下的国际贸易研究。由此,利用贸易引力模型解决实际问题的研究成果也越来越多。据知网检索结果,相关

---

① 李豫新,郭颖慧.边境贸易便利化水平对中国新疆维吾尔自治区边境贸易流量的影响——基于贸易引力模型的实证分析[J].国际贸易问题,2013(10):120-128.

成果主要集中在包括农产品、高新技术产品、文化产品等在内的产品贸易影响因素以及产品贸易的潜力效应等方面研究。基于贸易引力模型的完善以及研究成果的丰硕,本文引入贸易引力模型对文化距离影响国产电影出口进行实证研究,并进一步探寻不同区域贸易竞争力与贸易影响力差异大的原因。

(二) 样本与变量选择

结合我国贸易的主要对象国以及 Bbox Office Mojo 网站收录的电影票房数据中我国电影主要出口国,选取澳大利亚、加拿大、瑞士、德国、西班牙、法国、英国、印度、日本、韩国、墨西哥、马来西亚、荷兰、新西兰、菲律宾、俄罗斯、新加坡、泰国、乌克兰、美国、越南、南非等 22 个主要贸易对象国为研究样本,并以 2010—2019 年中国对这 22 个贸易对象国的电影产业出口贸易数据(T_{ij})作为被解释变量。数据来自联合国商品服务贸易数据库。

1. 核心变量

本文旨在实证研究文化距离对国产电影出海的影响,故在模型 1 的基础上增加核心变量文化距离。

对于文化距离的量化,本文以霍夫斯泰德文化维度理论为依据,先对文化距离定性再定量。霍夫斯泰德文化维度理论建立在大量的实际调查基础上,是当今最有影响力的跨文化理论。在长期的发展过程中,该理论已形成 6 个文化维度,即权力距离(PDI)、个人主义与集体主义(IDV)、男性主义与女性主义(MAS)、不确定性规避(UAI)、长期导向和短期导向(LTO)、放纵与约束(IVR)。对于每一文化维度的量化,Kogut 和 Singh 于 1988 提出了相应的计算公式,如下:

$$\text{CULDIS}_{kij} = (I_{ki} - I_{kj})^2 / V_k \qquad \text{(公式 1)}$$

式中:CULDIS_{kij} 表示中国与贸易对象国 j 国的在 k 文化维度上的文化距离,I_{ki} 与 I_{kj} 分别表示中国与 j 国在 k 文化维度上的得分,V_k 表示所有样本国家在 k 文化维度上得分的方差。据此,两国之间的总文化距离可通过 6 个文化维度计算得出,具体如下:

$$\text{CULDIS}_{ij} = \frac{1}{6} \sum_{k=1}^{6} (I_{ki} - I_{kj})^2 \ / \ V_k \qquad \text{(公式 2)}$$

将文化距离这一核心变量加入基本模型中,构建如下模型:

$$\ln T_{ij} = a_0 + a_1 \ln Y_i + a_2 \ln Y_j + a_3 \ln D_{ij} + a_4 \ln \text{CULDIS}_{ij} + \varepsilon_{ij} \qquad \text{(模型 2)}$$

如前所述,文化距离根据霍夫斯泰德文化维度理论可分为 6 个单一文化维度距离,而模型 2 仅能研究总文化距离对国产电影出口的影响。因此,为研究单一文化维度距离对国产电影出口影响,本文按照蒋辰春和田晖(2011)①的方法,对 6 个单一文化维度分别进行回归,构建以下模型:

$$\ln T_{ij} = a_0 + a_1 \ln Y_i + a_2 \ln Y_j + a_3 \ln D_{ij} + a_4 \ln \text{PDI}_{ij} + a_5 \ln \text{IDV}_{ij} +$$
$$a_6 \ln \text{MAS}_{ij} + a_7 \ln \text{UAI}_{ij} + a_8 \ln \text{LTO}_{ij} + a_9 \ln \text{IVR}_{ij} + \varepsilon_{ij} \qquad (\text{模型 3})$$

各国在每一文化维度上的得分可于霍夫斯泰德网站获取。根据得分以及 Kogut 和 Singh 于 1988 提出的文化维度计算公式对不同文化维度距离进行量化,并取其均值得各国与我国总文化距离数值,如表 7 所示。

表 7　样本国与中国的总文化距离与单一文化维度距离数值

国家	PDI	IDV	MAS	UAI	LTO	IVR	CULDIS
澳大利亚	3.61	7.25	0.09	0.81	7.83	5.08	4.11
法国	0.29	3.85	1.96	5.79	1.03	1.32	2.38
德国	4.15	3.27	0.00	2.26	0.03	0.59	1.72
俄罗斯	0.35	0.53	3.33	7.80	0.06	0.04	2.02
英国	4.15	7.04	0.00	0.05	2.33	4.66	3.04
日本	1.38	1.00	3.11	7.10	0.00	0.75	2.22
韩国	0.82	0.01	2.70	5.59	0.30	0.06	1.58
印度	0.02	1.16	0.37	0.18	2.33	0.01	0.68
南非	1.97	3.00	0.03	0.67	5.05	3.50	2.37
乌克兰	0.29	0.04	5.63	7.80	0.00	0.23	2.33
加拿大	3.44	5.32	0.73	0.60	4.67	4.45	3.20
马来西亚	1.18	0.05	0.95	0.07	3.80	2.50	1.43
墨西哥	0.00	0.15	0.03	4.99	7.13	12.25	4.09
荷兰	3.61	5.32	10.01	0.98	0.72	4.45	4.18
新西兰	6.89	5.15	0.24	0.67	5.24	5.98	4.03
菲律宾	0.40	0.21	0.24	0.67	5.24	5.98	2.12
新加坡	0.07	0.00	1.20	0.89	0.40	1.11	0.61
美国	3.28	7.46	0.06	0.47	6.68	4.45	3.73

---

① 田晖,蒋辰春.文化距离与国际贸易流量研究的综述[J].现代经济信息,2011(22):233,252.

（续表）

国家	PDI	IDV	MAS	UAI	LTO	IVR	CULDIS
越南	0.20	0.00	2.50	0.00	1.62	0.28	0.77
西班牙	1.08	1.42	2.13	5.79	2.73	0.92	2.35
泰国	0.52	0.00	3.79	2.14	5.43	1.01	2.15
瑞士	4.33	3.41	0.06	1.45	0.30	4.06	2.27

2. 控制变量

为使模型的拟合度更优，本文在前人研究基础上，结合电影出海的一些特征，增加模型的控制变量：一类为基础引力模型所必备的贸易流量指标与地理距离指标；另一类为文化距离之外的可能影响国产电影出海的其他因素，并对模型中所有的控制变量进行相应说明。

（1）国内生产总值 GDP_{it}、GDP_{jt}：一般认为，贸易国的经济规模对该国产品的需求与供给有着较大的影响，一国的经济规模可由该国国内生产总值大致体现。第 t 年中国国内生产总值用 GDP_{it} 表示，贸易对象国国内生产总值用 GDP_{jt} 表示。我国与贸易对象国的国内生产总值数据来自世界银行。

（2）地理距离 DIS_{ij}：地理距离是影响国家贸易往来的重要因素。两国之间的地理距离以首都的直线距离进行测算，用 DIS_{ij} 表示。地理距离数据来自 CEPII 数据库。

（3）经济差距 $DGDP_{ij}$：根据英国经济学家约翰·穆勒提出的相互需求理论以及 GDP 所指代的国家经济规模这一现实意义，本文认为贸易两国之间的 GDP 差距大小对贸易活动有一定影响。也就是说，当两国的 GDP 差距小时，双方能够产出水平、质量相当的商品，有利于进出口贸易。GDP 差距大时，贸易对象国的国内商品不能与即将进口的商品保持同一水平，对本国经济发展易造成危害，因而设置贸易壁垒，以此保护本国经济。所以，中国与对象国的 GDP 差值可能是国产电影出口的影响因素之一，用 DGDP 表示。GDP 数据来自世界银行。

（4）自由贸易区 APEC：随着区域一体化的趋势越来越明显，自由贸易区有利于成员国之间的经济合作，贸易区内的国家会为彼此提供货物贸易、服务贸易等方面的优惠政策；而没有签署自由贸易区的国家在对外贸易时易遇到贸易壁垒，从而限制本国商品出口。若对象国为国产电影提供优惠政策，将有利于中国电影"走出去"。因而本文将中国与对象国之间是否属于同一个自由贸易区作为贸易优惠政策的指标,并以亚太经济合作组织为标准,用 APEC 表示,属于取值为 1,否则为 0。22 个电影主要贸易对象国中属于同一贸易区有澳大利亚、加拿大、日本、韩国、马来西亚、墨西哥、新西兰、菲律宾、俄罗斯、新加坡、泰国、美国和越南等国家。

(5) 共同语言 LAN:电影是集视觉、听觉为一体的文化产品,依靠画面再现场景,依靠语言展现思想。语言不同需要翻译转换,以字幕或配音的方式展现。翻译有其局限性,有时不能完全地转换原文含义。国产电影出口时,一般增加翻译字幕而非重新配音,但部分国家对字幕的接受度低,从而对国产电影的出口情况有影响。因此,本文将是否拥有共同语言即中文也作为变量,用 LAN 表示。具有共同语言取值为 1,否则为 0。据 CEPII 数据库数据,22 个电影主要贸易对象国中与我国拥有共同语言的国家为新加坡、马来西亚。

在增加以上控制变量后,将模型 2 修改为模型 2 - 1,具体如下:

$$\ln T_{ij} = a_0 + a_1 \ln \text{GDP}_{it} + a_2 \ln \text{GDP}_{jt} + a_3 \ln \text{DIS}_{ij} + a_4 \ln \text{CULDIS}_{ij} + a_5 \ln \text{DGDP}_{ij} + a_6 \ln \text{APEC} + a_7 \ln \text{LAN} + \varepsilon_{ij} \tag{模型 2 - 1}$$

同时,将模型 3 修改为模型 3 - 1,具体如下:

$$\ln T_{ij} = a_0 + a_1 \ln \text{GDP}_{it} + a_2 \ln \text{GDP}_{jt} + a_3 \ln \text{DIS}_{ij} + a_4 \ln \text{PDI}_{ij} + a_5 \ln \text{IDV}_{ij} + a_6 \ln \text{MAS}_{ij} + a_7 \ln \text{UAI}_{ij} + a_8 \ln \text{LTO}_{ij} + a_9 \ln \text{IVR}_{ij} + a_{10} \ln \text{DGDP}_{ij} + a_{11} \ln \text{APEC} + a_{12} \ln \text{LAN} + \varepsilon_{ij} \tag{模型 3 - 1}$$

3. 交互变量

据《中外文化知识词典》释义,"文化圈"是指由文化特质构成的一个复合素。这一复合素辗转播迁,历久不变。许陈生和程娟(2013)[1]在实证研究文化距离影响中国文化创意产品出口时发现,在非儒家文化圈的出口国家中文化距离存在显著的消极影响;而处在同一文化圈的出口国家中,文化距离产生的影响并不明显。因此,文化圈的国家文化特征极有可能与文化距离存在交互作用。变量间交互作用是指一个变量的结果受其他多个变量的影响,一些现象不是受一个变量单独作用时出现,而是在几个变量同时作用时才会出现。为保证实证结果的准确性,本文拟在模型中引入文化圈与文化距离的交互变量。由于儒家文化源于中国且影响广大,本文选定儒家文化圈建立交互变量 $\text{CULDIS}_{ij} * \text{RJ}$。22 个主要贸易对象国中与中国同属于儒家文化圈有日本、韩国、新加坡、越南、马来西亚、菲律宾、泰国等 7

---

① 许陈生,程娟. 文化距离与中国文化创意产品出口[J]. 国际经贸探索,2013,29(11):25 - 38.

个国家。当 RJ＝1 时,即两国属于同一文化圈,此时的文化距离将受文化圈的影响,我国电影出口的总文化距离将被削弱或增强;反之,则不受影响。构建模型 4 如下:

$$\ln T_{ij} = a_0 + a_1 \ln \mathrm{GDP}_{it} + a_2 \ln \mathrm{GDP}_{jt} + a_3 \ln \mathrm{DIS}_{ij} + a_4 \ln \mathrm{CULDIS}_{ij} + a_5 \ln \mathrm{DGDP}_{ij} +$$
$$a_6 \ln \mathrm{APEC} + a_7 \ln \mathrm{LAN} + a_8 \ln \mathrm{CULDIS}_{ij} * \mathrm{RJ} + \varepsilon_{ij} \qquad (模型 4)$$

三、结果分析:文化距离与儒家文化圈的影响

构建模型后,本文以 2010—2019 年我国电影出口贸易数据为样本,其样本数据为面板数据,即"在一段时间内跟踪同一组个体的数据"[1],横截面维度为 22,时间维度为 10。根据面板数据回归操作,利用计量软件 Stata12.0 对构建模型进行回归分析。一般来说,估计面板数据的策略有混合估计模型、固定效应模型等。由于模型中解释变量较多、考察时期较短,且包含不随时间变化而变化的变量,如文化距离、地理距离等,固定效应模型的使用受到一定限制。根据廖泽芳、宁凌(2015)[2]学者运用贸易引力模型实证分析的方法,本文运用混合估计模型进行稳健回归。回归结果如表 8 所示。

表 8　国产电影出口的回归结果

变量	模型 2-1	模型 3-1						模型 4
		(1)	(2)	(3)	(4)	(5)	(6)	
$\ln \mathrm{GDP}_{jt}$	0.406*** (0.068)	0.402*** (0.074)	0.526*** (0.072)	0.446*** (0.077)	0.401*** (0.075)	0.412*** (0.066)	0.318*** (0.062)	0.396*** (0.067)
$\ln \mathrm{GDP}_{it}$	0.231 (0.629)	0.458 (0.658)	0.225 (0.612)	0.402 (0.635)	0.467 (0.644)	0.233 (0.686)	0.034 (0.602)	−0.366 (0.708)
$\ln \mathrm{DGDP}_{ij}$	−0.565** (0.240)	−0.751*** (0.259)	−0.594** (0.210)	−0.717*** (0.241)	−0.765*** (0.242)	−0.561* (0.311)	−0.292 (0.205)	−0.052 (0.387)
$\ln \mathrm{DIS}_{ij}$	−1.163*** (0.154)	−1.317*** (0.097)	−1.054*** (0.098)	−1.357*** (0.116)	−1.382*** (0.111)	−1.380*** (0.119)	−0.694*** (0.128)	−0.997*** (0.203)

① 陈强. 高级计量经济学及 Stata 应用[M].北京:高等教育出版社,2014:250.
② 廖泽芳,宁凌.21 世纪海上丝绸之路之中国与东盟贸易畅通——基于引力模型的实证考察[J].经济问题,2015(12):1-7.

（续表）

变量	模型 2-1	模型 3-1						模型 4
		(1)	(2)	(3)	(4)	(5)	(6)	
ln CULDIS$_{ij}$	−0.434** (0.215)							−0.641** (0.270)
ln PDI$_{ij}$		−0.146*** (0.046)						
ln IDV$_{ij}$			−0.108*** (0.016)					
ln MAS$_{ij}$				0.062*** (0.022)				
ln UAI$_{ij}$					−0.020 (0.016)			
ln LTO$_{ij}$						−0.038 (0.037)		
ln IVR$_{ij}$							−0.341*** (0.057)	
ln CULDIS$_{ij}$ * RJ								1.006** (0.502)
APEC	1.194*** (0.265)	1.034*** (0.243)	0.860*** (0.243)	0.952*** (0.258)	1.065*** (0.248)	1.116*** (0.243)	1.371*** (0.272)	1.170*** (0.269)
LAN	0.320 (0.216)	0.612*** (0.105)	0.386*** (0.107)	0.727*** (0.122)	0.697*** (0.123)	0.686*** (0.118)	0.788*** (0.114)	0.389* (0.207)
Cons	24.658 (15.377)	24.539 (15.190)	21.110 (15.246)	24.512 (15.247)	25.245 (15.399)	25.892 (15.410)	22.372 (14.683)	26.229 (15.335)
R^2	0.366	0.381	0.383	0.371	0.361	0.362	0.417	0.372

注："***""**""*"分别表示符合1%、5%和10%的显著性水平；括号内为相应的标准误差。

（一）文化距离阻碍国产电影出口

回归结果显示，总文化距离（CULDIS$_{ij}$）对我国电影出口具有负面影响，且在5%的显著性水平上统计显著。这与我们预期的一致。两国的文化距离越大，文化相似程度越低，我国国产电影出口所遭遇的"文化折扣"力度相应增大，进而阻碍国产电影出口。

然而,进一步对总文化距离细分发现,不同维度的文化距离影响有明显差异。男性主义与女性主义(MAS)是唯一一个具有正面效应的解释变量,在 1% 的显著性水平上对我国电影出口具有显著的正面影响。中国是一个偏男性文化的国家,当两国在男性主义与女性主义(MAS)维度上的差异越明显,越有可能促进国产电影出口。这一结果与实际情况相符。例如,《战狼 2》将爱国主义与动作戏完美结合,刻画的英雄主义形象与硬汉形象,无不体现着我国的男性文化特征。从霍夫斯泰德文化维度得分来看,泰国是一个偏女性文化的国家,当《战狼 2》这样一部男性文化凸显的电影作品出口至泰国时,其激起的水花并不逊于中国,甚至出现"秒抢而空""一票难求"的盛况。可见,《战狼 2》出口至泰国能取得如此佳绩,与男性主义与女性主义(MAS)具有正面效应有关。

从检验结果来看,权力距离(PDI)、个体主义与集体主义(IDV)、放纵与约束(IVR)三个文化维度距离对国产电影出口呈负面影响,以系数分别为 -0.146、-0.108、-0.341,且都在 1% 的显著性水平上显著影响国产电影出口。这表明,若电影出口对象国与我国在这三个文化维度上的文化差异越大,即对象国权力距离越小、个体主义文化倾向性越强、越偏放纵文化,就越可能阻碍国产电影出口。从系数上可看出,这一现象在放纵与约束文化维度上表现得更明显。以下以《西游记之大闹天宫》为例说明权力距离维度的负面影响,以《攀登者》为例说明个体主义与集体主义、放纵与约束维度的负面影响。

电影《西游记之大闹天宫》围绕神魔两族争夺统领三界权力而展开,明显的权力、地位色彩标榜着我国高权力距离的文化特征。在回归选定的 22 个样本国家中,马来西亚的权力距离居我国之上。该片出口至马来西亚收获极高的票房,高达 2 665 655 美元。反之,出口至低权力距离的澳大利亚,票房收入惨淡,仅占马来西亚票房的 4.5% 左右。

电影《攀登者》塑造了中国登山队为了国家使命勇于攀登、将个人利益抛诸脑后的民族大义精神,队员之间相互配合的团队精神,以及坚忍不拔的刻苦精神。这些正是我国集体主义文化与约束文化的体现,是根植于中国人民内心深处的文化价值观,一经上映就产生极大反响。然而,据 Box Office Mojo 网站数据,该片出口至英国收获的总票房仅 28 114 美元。从霍夫斯泰德六大文化维度得分来看,英国个体主义导向明显,放纵文化偏向强。由此,英国观众对该影片所体现的民族大义精神与严格的社会规范难以理解。

由回归结果显示,不确定性规避维度(UAI)和长期导向与短期导向维度

(LTO)皆对国产电影出口呈负面影响,但其统计结果并不显著。这表明,中国与电影出口对象国在这两个文化维度上的文化差异对国产电影出口可能没有影响。值得注意的是,这一结果也可能是理论本身存在的问题导致。霍夫斯泰德文化维度理论虽是跨文化理论中至今最具有影响力的理论,但也存在不完善的地方。

按霍夫斯泰德文化维度理论,美国是一个低不确定性规避的国家,中国是一个高不确定性规避的国家。后来,研究学者芝加哥大学奚恺元与哥伦比亚大学韦伯在对中美学生进行研究时发现,在不同情境中不确定性规避结果并非一成不变。[①]随着研究的深入,研究者一般认为,霍夫斯泰德在不确定性规避维度上没有对具体情境具体分析,致使分析跨文化差异时结果不准确。在长期导向与短期导向文化维度上,霍夫斯泰德认为中国注重长期导向,美国注重短期导向,呈现明显的两极化发展。陈晓萍(2016)在《跨文化管理》一书中曾指出,"虽然中国人传统上注重长期导向,但从目前对人们行为的观察来看,却发现许多人有急功近利的心态和行事倾向……而在欧洲和美国,超过百年的房屋很多,建造和维修的质量都属上乘……我的预测是中国人的长期导向日趋减弱,而美国人的短期导向也日趋减弱"[②]。基于霍夫斯泰德官网的统计数据,长期导向与短期导向文化维度对国家间文化交流是否仍然重要,又是如何影响文化交流? 这些问题的答案暂不得而知。因此,理论本身缺陷也可能是导致统计结果不显著的主要原因。

(二) 儒家文化圈中和文化距离的负面影响

从模型4的回归结果来看,交互变量 $\ln CULDIS_{ij} * RJ$ 在5%的显著性水平上对我国电影出口具有强正面影响。当 $RJ=1$ 时,即电影出口对象国与我国同属于儒家文化圈时,文化距离 $\ln CULDIS_{ij}$ 的系数为正的1.006加上负的0.641,最终系数为正的0.365。而当 $RJ=0$ 时,文化距离 $\ln CULDIS_{ij}$ 的系数为负的0.641。据此可以认为,当电影出口对象国与我国同属于儒家文化圈时,由于文化间的相似性对国产电影中输出的文化容易认同,两国由文化距离带来的负面影响部分将被中和,从而促进国产电影的出口。

这一结论与实际情况相符。表9为属于儒家文化圈的7个国家与非儒家文化圈的3个国家同我国的文化距离情况。

① 陈晓萍. 跨文化管理[M]. 3版. 北京:清华大学出版社,2016:37.
② 陈晓萍. 跨文化管理[M]. 3版. 北京:清华大学出版社,2016:40.

表 9　部分儒家文化圈与非儒家文化圈国家同我国的文化距离

文化圈	国家	CULDIS$_{ij}$
儒家文化圈	日本	2.22
	韩国	1.58
	马来西亚	1.43
	菲律宾	2.12
	新加坡	0.61
	越南	0.77
	泰国	2.15
非儒家文化圈	德国	1.72
	俄罗斯	2.02
	印度	0.68

据表 9 所示,处于非儒家文化圈的德国同我国的文化距离为 1.72,处于儒家文化圈的泰国、日本同我国的文化距离为 2.15、2.22。相比较而言,德国同我国的文化距离小于泰国、日本。然而,从电影贸易情况来看,2010—2019 年我国出口至德国的贸易总额于三者中最低,具体情况如表 10 所示。

表 10　德国、泰国、日本与我国电影贸易总额情况　　　　　单位:美元

年份	国家		
	德国	泰国	日本
2010	16 769 377	44 623 524	47 368 592
2011	16 351 632	51 019 214	52 726 840
2012	15 265 552	58 174 668	63 961 809
2013	12 061 000	47 387 877	63 149 156
2014	2 089 425	46 618 077	63 607 678
2015	18 288 815	44 619 774	54 228 167
2016	10 969 698	38 319 169	58 454 824
2017	14 324 350	38 433 439	60 457 401
2018	21 968 064	36 167 002	79 200 424
2019	19 149 123	34 446 349	65 423 506

四、结论与建议

电影具有文化与经济的双重属性,其中文化属性是其根本属性。这就决定了电影贸易与一般商品贸易不同,其"走出去"的根本目的在于文化传播,增强全球文化格局中的话语权。然而,统计分析表明,我国电影"出海"存在贸易竞争力弱与贸易影响力低的现实困境。为求我国电影海外贸易现实困境的重要原因,本研究依据国产电影贸易数据,创新性地引入贸易引力模型对其重要原因——文化距离的影响进行实证分析。与同类研究不同,本研究不仅聚焦于文化距离影响的实证分析,力求其影响情况的客观性,还对具体文化维度距离进行实证研究。另外,本文创新性地引入儒家文化圈这一交互变量,旨在分析国产电影"出海"时有的对象国与我国文化距离大、但贸易逆差小的现象。

根据实证研究结果,本文可得出如下具体结论:一是文化距离是影响我国电影海外贸易的重要原因,且对我国电影海外贸易起阻碍作用。二是具体到霍夫斯泰德文化维度理论的不同维度,文化距离对我国电影海外贸易的影响不尽相同,如男性主义与女性主义(MAS)在1%的显著性水平上具有正面效应;权力距离(PDI)、个体主义与集体主义(IDV)、放纵与约束(IVR)在1%的显著性水平上具有负面影响;不确定性规避(UAI)、长期导向与短期导向(LTO)具有负面影响,但显著性水平不明显。三是儒家文化圈对文化距离的负面影响具有中和作用。

实证研究强调客观事实,强调现象之间的关联,强调变量之间的因果联系。国产电影作为中国文化海外传播的重要文化产品,实证分析得出文化距离是造成其"出海"困境的重要原因,且具体文化维度距离影响情况有差异,同时儒家文化圈能在一定程度上中和文化距离的负面影响。由此,以下根据研究结论提出文化认同最大公约数战略与文化圈多元共生战略。

(一)文化认同最大公约数战略

如果说文化距离着眼于文化差异,那么文化认同则是寻求文化共性,两者都影响着电影"出海"。彭雪清等(2019)[①]学者梳理了文化认同与文化距离之间的影响机制,结果显示文化认同、文化距离、文化出口三者间存在正向关系,如图4所示。

---

① 彭雪清,夏飞,陈修谦.文化认同是中国对东盟文化产品出口的催化剂吗——基于LSDV的实证检验[J].国际经贸探索,2019,35(12):57-69.

图 4　文化认同、文化距离与文化出口的关系①

　　由图 4 表明,文化认同增强后,文化距离会缩小,文化出口会增加。可见,文化认同是促进文化出口的催化剂,在文化差异的基础上寻求文化认同则是消除文化距离带来的消极影响的有效举措。

　　习近平总书记曾提出全国各族人民价值观的最大公约数,正确处理一致性与多样性关系。根据文化层次理论,文化由表层、中层与核心层构成,中层文化与核心层文化才是影响人们社会规范与价值观的原因所在。可见,习近平总书记提出的价值观最大公约数实质就是文化认同最大公约数。把文化认同最大公约数运用至国产电影海外贸易战略中,是指找寻到我国和电影海外贸易对象国之间的文化认同最大公约数,在此基础上尽可能消除由文化距离带来的阻碍作用。这一战略得以奏效的依据为:根据实证结果,文化距离是阻碍我国电影海外贸易的重要因素,且具体文化维度距离的影响有负有正,还有文化维度距离影响呈不明显特征。该战略具体实施思路如图 5 所示。

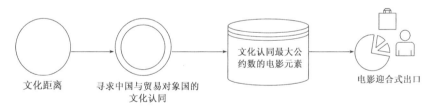

图 5　文化认同最大公约数战略图解

　　根据文化认同最大公约数战略实施思路,首先要对我国与电影海外贸易对象国的总文化距离和具体文化维度距离进行测算;其次,寻求两国之间文化价值观与社会规范的一致性,并结合电影要素进行科学的题材选择、剧本创作、电影拍摄与宣传推广等;最后,根据文化维度距离细分电影海外贸易国,进行迎合式出口。目

---

① 彭雪清,夏飞,陈修谦.文化认同是中国对东盟文化产品出口的催化剂吗——基于 LSDV 的实证检验[J].国际经贸探索,2019,35(12):57 - 69.

前,我国电影功夫片类型仍颇受海外观众欢迎,其他类型电影出口提升空间很大。据此,本文认为现阶段实施文化认同最大公约数战略时主要采取两方面措施。

一是发挥"功夫"元素的文化认同作用,助力国产电影出口。功夫电影是我国电影"走出去"的先锋军,是电影海外贸易最响亮的名片,更是中国电影文化的独特风景。依据霍夫斯泰德的文化维度理论,功夫电影传递的是显著的男性主义文化特征。实证结果表明,男性主义与女性主义(MAS)是唯一一个具有正面效应的文化维度,即无论是偏男性主义文化维度的国家,还是偏女性主义文化维度的国家,其文化距离对国产电影的输入都无阻碍,甚至会起促进作用。因此,国产电影出口时,不仅要继续拍摄高质量的功夫电影,坚持立足中国文化,讲好中国故事,紧跟时代步伐;还要把被广泛认同的"功夫"元素融入其他电影类型中,与历史片、科幻片等电影类型有机结合,充分发挥"功夫"元素的文化认同,助力其他电影类型"出海"。这正如学者周文萍所言:"动作电影要把功夫这个元素融合到各种类型的影片中,功夫片会走向泛化,成为一种无所不在的元素。"①

二是细分贸易对象国,迎合式出口。实证结果表明,权力距离(PDI)、个体主义与集体主义(IDV)、放纵与约束(IVR)具有负面影响,都为1‰的显著性水平。如何减少这些文化维度距离的负面影响?韩国经验值得我们借鉴。韩国在海外设立电影出口战略中心,专注目标国电影市场研究。从文化距离视角看,韩国电影出口战略中心主要是根据目标国的文化特征针对性出口电影。经过探索,韩国对集体主义特征明显的中国、日本主要出口家庭伦理片、爱情片,而对个人英雄主义强烈的欧美市场偏重于出口战争片与灾难片。由此,我国现阶段进行电影海外贸易时也可以细分贸易对象国,迎合式出口。例如,在权力距离文化维度上,我国与印度的文化距离仅为0.02,都属于高权力距离国家。据此,对印度出口电影时应偏重于《西游记之大闹天宫》类的具有高权力距离文化特征的电影。

另外,实证结果表明,不确定性规避(UAI)、长期导向与短期导向(LTO)具有负面影响,但显著性水平不明显。对此,国产电影出口并不应忽视此俩文化维度的负面影响,而是应在电影的具体情节中考虑贸易对象国的文化差异,避免文化折扣。

(二)文化圈多元共生战略

文化圈概念最初由德国人类传播学家莱奥·弗雷贝纽斯提出。文化圈理论形

---

① 牛梦笛. 功夫电影:海外观众了解中国的窗口[EB/OL]. (2018 - 08 - 13). https://baijiahao. baidu. com/s? id=16086509767266662536&wfr=spider&for=pc.

成于 20 世纪初的西方国家,历经百余年发展,已有许多研究成果。现有文化圈理论认为:文化圈不只局限于地理空间范围,同一文化圈中可以包括许多民族,形成民族群;世界上存在许多文化圈,而每个文化圈都包括其特有的物质文化和精神文化,都是由文化发源地和文化受容地共同组成,由中心影响周边。随着研究深入,文化圈理论既强调同一文化圈的一致性,也注意异质文化圈的差异性。正是由于差异性的存在,文化圈能吸纳异质文化,并重塑自身核心文化价值,从而愈发具有包容性、开放性和独特性。这样,文化圈既能强化自身生命力,又可以在文化差异的基础上增加文化认同感。①

实证结果表明,儒家文化圈对文化距离的负面影响有中和作用,且为高显著性水平。由此,本文把文化圈的特性与作用机制应用于国产电影海外贸易,提出文化圈多元共生战略。在我国电影海外贸易中实施文化圈多元共生战略,是指在电影出口过程中既要充分挖掘儒家文化圈内国家亲缘度高的文化元素,又要以文化融合的方式增进儒家文化圈外国家对我国文化的亲缘度。具体来说,实施文化圈多元共生战略主要从以下两方面着手:

一是针对儒家文化圈内国家,根据文化元素亲缘度高低选择电影创作题材、宣传推广方式等,并增加出口量。儒家文化圈内国家在文化上与我国同质同源,有着深厚的历史渊源,彼此的价值观、社会规范与思维方式等具有很大的相似性与很强的文化亲和力。例如,我国和越南同属于儒家文化圈。越南的政治结构、家庭组织、生活方式、教育制度、伦理道德皆受儒家文化的深远影响②,而这些方面的内容对标到影片题材则与阶级、权力、伦理紧密相关。换言之,我国电影出口至越南,应该重视阶级、权力、伦理相关的题材输出。另外,由于圈内国家文化亲缘性较之圈外国家普遍较高,针对儒家文化圈内的国家,应增加电影出口。例如,韩国、日本、泰国与我国同属于儒家文化圈,文化亲缘性高,而美国、德国属于非儒家文化圈,与我国文化亲缘性低,同等条件下应增加对属于儒家文化圈国家的电影输出。

二是针对非儒家文化圈国家,采用文化融合方式增加文化亲缘性,促进国产电影"走出去"。非儒家文化圈国家与儒家文化圈具有差异性,与我国文化亲和度低,但文化圈本身具有吸纳异质文化的特质。这种吸纳异质文化的特质实质是以文化

① 刘德怀,梁桂娥. 东盟科研管理网络文化圈的创构研究[J]. 云南科技管理,2013,26(6):13 - 16.

② 陈林,周琼,梁儒谦. 加强中越儒家文化交流探析——基于文化认同的视角[J]. 西部学刊,2019(24):34 - 38.

融合为基础。在国产电影"出海"过程中,实施文化融合方式可选用国外题材拍摄与中外合拍两种有效措施。

选用国外题材摄制电影,是对国外文化以中国方式进行解码、重新编码的过程。在采用此举措来实现增强文化亲缘性目标时,应重视剧本内容与中国文化的契合度。例如,改编自莎士比亚《哈姆雷特》的影片《夜宴》,之所以能在国外尤其是美国取得较好反响,正是因为《哈姆雷特》中各阶级为争夺权力而进行殊死较量的主题与中国高权力距离文化特征实现了高度契合,在享受《哈姆雷特》拥有丰富读者群这一红利的同时,也于无形中向国外观众传播了中国文化。

中外合拍既可以是国内外制作团队在摄制技术方面的合作,也可以是国内外影视明星的互相搭档。在文化圈多元共生的战略指导下,中外合拍只要能发挥国内外制作团队在摄制技术方面合作的优势,或者是国内外影视明星互相搭档的优势,便能轻松搭建起电影内核叙事与观影群众的沟通桥梁。无论是哪一种合拍方式,中外合拍在一定程度上都能确保影片中文化融合的可取性以及表达的准确性、易理解性。① 获得第 60 届奥斯卡金像奖最佳影片以及最佳导演等 9 个奖项的《末代皇帝》,由中、意、英三国合拍。该影片并不完全拘泥于历史事实,影片里头的许多元素都有着极其丰富的象征内涵,比如活了半个世纪的蝈蝈等,可谓是中外合拍电影天花板式的存在。目前,在我国电影摄制过程中,不少制片组开始采取中外合拍的方式,具体体现在选用外国制片组、选用外国影视演员等。可以说,中外合拍既是促进文化融合以增进国家间文化亲缘性的重要方式,也是未来国产电影发展的一种趋势。②

作者简介

吴亮芳(1980—   ),湖南新化人,管理学博士,湖南师范大学历史文化学院文化产业管理系副教授、硕士生导师。研究方向为文化产业与跨文化传播

张慧敏(2000—   ),湖南浏阳人,武汉大学国家文化发展研究院 2021 级硕士研究生。研究方向为文化产业管理。

---

① 施诺诚. 中国电影产业出口工作的对策研究[J]. 中外企业文化,2020(9):90 - 91.
② 胡凯,王清. 文化融合与文化对话:合拍片《音乐家》的跨文化叙事策略探析[J]. 视听,2020
(10):15 - 17.

Important Reasons and Strategic Choices for the Dilemma of Overseas Export of Domestic Films
— Empirical Analysis Based on the Gravity Model of Trade

Wu Liangfang   Zhang Huimin

Abstract: Film is the core cultural product, shouldering the cultural "going out" mission of the times. Chinese film has a long but unsatisfactory process of "going global". There still exist two prominent disadvantages of small international competitiveness and influence. Through the empirical analysis of the gravity model of trade, the paper finds cultural distance is an important element that results in the overseas trade dilemma of Chinese films. The influence of cultural distance at different dimensions on Chinese film export is inconsistent. However, Confucian culture can neutralize some negative effects of cultural distance. On account of this reason, this paper puts forward the strategy of the greatest common divisor of cultural identity and multicultural symbiosis strategy to accelerate the export of Chinese domestic films.

Key words: cultural distance; domestic film; film export

产业政策

政府补助对广告上市公司绩效影响研究

——基于面板固定效应模型

韩　研

　　摘　要:采用面板固定效应模型估计政府补助对广告上市公司经营绩效的影响,并检验股权结构、股权激励和股权性质等股权特征因素对上述关系的调节作用。研究发现:政府补助对广告上市公司经营起到"援助之手"作用,能有效提高广告上市公司经营绩效。股权特征因素中仅有股权结构对上述关系起调节作用,其中股权集中度起强化作用、股东制衡度起弱化作用。此外,资产负债率和资产规模与广告上市公司绩效正相关,但高管持股比例与之负相关,广告上市公司股权激励存在"壕沟防御效应"。

　　关键词:政府补助;广告公司股权;结构股权;激励调节作用

一、引言

　　如果将广告业看作是国民经济的"晴雨表",广告上市公司就是广告业发展的"风向标",其重要性不言而喻。广告公司借助资源整合、兼并收购、资本运作等手段相继上市,被认为是破除低集中度、泛专业化、外资主导等行业发展困境,实现规模化经营和增强自身话语权的有效手段。然而在经历初期的"跑马圈地"并购浪潮之后,我国广告上市公司逐渐在资本利用和业务布局等方面暴露出种种问题,给行业整体绩效带来了负面影响。加之近年来受到国内外宏观经济低迷的持续冲击以及大数据技术给行业发展带来的挑战,多数广告上市公司"自我造血"能力日渐羸弱,依靠政府补助维持日常运营已经成为普遍现象,诸如分众传媒、蓝色光标这样的行业领导企业每年接受的政府补助金额也动辄达千万以上。财报披露的数据显示①，2014—2018 年分众传媒获得的政府补助平均达 6.930 亿元，蓝色光标为 0.283 亿元；从政府补助占净利润比重来看，分众传媒是 11.505％，蓝色光标则为 18.324％。那么，政府补助提振广告上市公司经营绩效了吗？

当前有关广告业的研究主要停留在中观产业层面，围绕产业评价、产业互动和产业转型等议题展开。即使有涉及微观公司层面的，分析的重点也集中在数字时代广告公司业务重构等议题上，缺乏对广告上市公司及其经营状况的关注。与本文主题直接相关的研究，主要集中在政府补助对文化类上市公司绩效的影响上。部分学者研究认为政府补助有助于解决文化上市公司融资难题，促进公司增加研发投入，进而提高公司经营绩效。与此相对，另有部分学者的研究却指出政府补助对文化上市公司经营绩效的贡献不大甚至存在负相关关系，与公司自身的治理因素相比政府补助相对来说只能起到部分作用。

事实上，公司治理因素的确能在政府补助与公司经营绩效之间"扮演"重要的调节作用，良好的公司治理能够通过恰当的权责配置和利益分配，更好地发挥政府补助的正面作用。进一步地，以股权结构、股权激励和股权性质为代表的股权特征因素是公司治理的重要组成部分，对于公司管理层激励、代理权竞争和重大经营决策等都具有很大影响。围绕股权特征与公司经营绩效之间关系的研究也是当前上市公司经营绩效研究的重点方向。

基于此，本文选择我国广告上市公司作为研究对象，围绕政府补助对广告上市公司绩效影响进行理论和实证分析，并且关注股权特征对上述关系的调节作用，弥补当前学界对这一问题研究的空白。相关结论希望能为广告业的政策校准和广告上市公司的经营决策提供参考和借鉴。

二、理论与假设

（一）政府补助与广告上市公司经营绩效

尽管先前有学者通过研究发现，政府补助可能会诱发公司寻求政治关联、"粉饰"业绩以及弱化努力等负面影响进而损害公司绩效，但这一现象多发于传统行业领域。与国外广告业相比，我国广告业整体发展水平仍然较低，在组织专业化、企业创新以及行业竞争力等方面存在着诸多问题，无法完全依靠自身力量有效应对

---

① 资料来源，根据"巨潮资讯网（http://www.cninfo.com.cn/new/index）"公布的相关公司年报自行整理。

外资广告公司的市场竞争,政府干预不可避免。政府补助是一种常见的政府干预方式,是政府发挥宏观调控作用、配置资源的重要手段,也是应对市场失灵、弥补负外部性的有效手段之一。短期来看,政府补助通过提供直接的资金支持,缓解广告上市公司日常经营的成本压力;长期来看,政府补助起到信号传递和导向作用,引导社会力量参与对广告上市公司的投资,从而对公司经营产生持续影响:一方面吸引优秀人才加入、增强研发创新投入,另一方面提高广告上市公司在资本市场上融资的成功率。基于此,本文提出研究假设1(H1)。

H1 政府补助与广告上市公司经营绩效正相关。

(二)股权特征的调节作用

本文关注的股权特征因素主要包括股权结构、股权激励和股权性质,其中股权结构反映股权在各股东间的集中与分散程度,可以从股权集中度和股权制衡度两个方面来分析;股权激励考虑的是高管拥有的股票占比;股权性质则涉及国有股、法人股和流通股三方面,但考虑到我国广告上市公司基本为民营企业,样本所选公司国有股比例为零,因此本文不探讨国有股的影响。

1. 股权结构的调节作用

当前,需求主导的市场结构使得广告公司处于不利的地位,广告公司需要针对市场需求以外部环境的变化快速调整经营决策,这对公司内部治理机制和决策机制提出了巨大挑战。与股权集中的公司相比,股权分散的公司股东持股比例较低,股东拥有的控制权也较小,且缺乏对公司管理层的必要监督,公司经营决策上会表现得更加短视。一旦获得政府补助,则有可能会降低努力行为,甚至将政府补助作为弥补亏损的收入而非创新研发投入,进而导致政府补助对公司经营的积极影响难以发挥,无法提升公司"造血"能力。由此,增加大股东持股比例、提高股权集中度,对于广告公司而言十分必要。尽管有学者认为,股权的过度集中会导致大股东的"利益侵占"行为,即实际控制公司的大股东直接干预甚至绕开管理层决策,掠夺政府补助满足自身利益而非用于公司发展。但事实上,只要保持合适的股权制衡就能在有效规避上述风险的同时,解决由股权分散带来的治理问题和经营决策问题,提高政府补助的使用效率和正面效应。由此,关于股权集中度的调节作用提出假设2(H2)。

H2 股权集中度正向调节政府补助与广告上市公司经营绩效的关系。

股权制衡强调的是公司大股东相互制约、互为监督,任何大股东都无法私自挪用包括政府补助在内的公司资源,并且有较大激励来监督和约束管理者将补助用于改善经营、扩大创新上,从而产生"利益协同效应"。但当与控股股东持股比例势均力敌甚至更加占优时,公司大股东之间会出现民主或者合谋现象。前者的影响类似股权分散的情况,股东间决策很难取得一致性,造成公司经营决策的低效;后者则会使得公司股权集中度过高,导致"利益侵占"行为的出现。无论哪种结果,都会弱化和抑制政府补助的积极效应。基于上述分析提出研究假设 3(H3)。

H3 股权制衡度负向调节政府补助与广告上市公司经营绩效的关系。

2. 股权激励的调节作用

所有权与经营权的分离使得股东与公司高管形成了一种委托代理关系。由于双方之间存在信息不对称问题,因此双方关系中存在着逆向选择和道德风险问题。高管持股被认为是解决这类代理问题的有效手段,它通过给予公司高管一定的剩余索取权,将股东对高管的外部激励和约束变成高管的自我激励,促使高管自身的利益与股东及公司的利益趋同。近些年的研究也表明持股的高管通常更重视企业的长期发展,因此有充分的动机对政府补助加以有效利用,发挥政府补助对企业创新和持续经营的积极作用,从而改善公司经营绩效,这一结论在文化类上市公司中同样得到了验证。因此,关于高管持股的调节作用提出假设 4(H4)。

H4 高管持股正向调节政府补助与广告上市公司经营绩效的关系。

3. 股权性质的调节作用

股权分置是我国股票市场特有的现象,指的是上市公司总股本按照性质的不同可以分为非流通股和流通股,前者以法人股为代表,后者以社会公众股为代表。一般地,流通受限的法人股往往更注重由长期投资带来的稳定收益,法人股占比越高,持股的企业法人或者具有法人资格的事业单位越有激励参与到对上市公司管理层的行为监督中来,提高管理层对政府补助的使用效率,发挥政府补助对公司绩效的正向作用,这在文化传媒类上市公司的相关研究中得到了验证。流通股的特点是流转限制相对较少,但持股人多为散户或小型机构投资者。这些持股人投机动机较强并且抗风险能力差,公司股价一旦有所波动往往就会选择"用脚投票",因此缺乏督促管理层采取有效措施发挥政府补助积极作用的激励。因此,关于股权性质的调节作用,提出假设 5(H5)和假设 6(H6)。

H5 法人股比例正向调节政府补助与广告上市公司经营绩效的关系。

H6 流通股比例负向调节政府补助与广告上市公司经营绩效的关系。

三、模型与数据

（一）变量选取

1. 因变量和自变量

因变量为广告上市公司经营绩效（y）。常见的公司绩效测量指标有股市指标如托宾 Q 值、会计指标如总资产收益率和效率类指标如全要素生产率。这三类指标相比而言，股市指标受股市有效性影响较大，效率类指标受测算方法选择影响较大，因此本文选择使用会计指标作为公司绩效指标选取的来源。考虑到政府补助的目的不仅仅是给广告上市公司"输血"，还在于提高公司"造血"能力，因此选择能够反映公司自我造血能力的营业收入作为本文因变量的测量指标。

自变量为政府补助（sub）。选择用样本公司年报中"非经常性损益项目及金额"科目下的"计入当期损益的政府补助"作为自变量。考虑到政府补助金额通常较大，对其原始数据作对数化处理。政府补助金额为 0 的，作原始数据加 1 处理。

2. 调节变量

调节变量为股权特征，包括股权激励、股权结构和股权性质。其中，股权激励（mang）选择用高管持股占总股本的比重来衡量；股权结构选择用第一大股东持股比例来衡量股权集中度（top1），第二到第五大股东持股比例总和与第一大股东持股比例的比值来衡量股权制衡度（herf5）；采用法人股占总股本的比重（f_1）以及已上市流通股占总股本的比重（f_2）分别作为法人股和流通股的衡量指标。

3. 控制变量

借鉴当前公司经营效率影响因素的有关研究，结合数据可获得性，本文选择的控制变量主要有两个：① 公司总资产（scale），反映公司规模大小，规模大的上市公司可能存在规模效应，表现出更高的经营绩效水平。这里同样对公司总资产原始数据进行对数化处理。② 公司资产负债率（dar），反映公司运用财务杠杆来增加收益的风险和回报情况，用公司负债总额占资产总额的比重来表示。

（二）模型设定

本文回归分析的基准模型如式（1）所示，用于检验政府补助以及资产负债率、资产规模等变量对广告上市公司经营绩效的影响：

$$\ln y = \alpha + \beta_1 \ln \mathrm{sub}_{it} + \beta_2 \mathrm{dar} + \beta_3 \ln \mathrm{scale} + \beta_4 \mathrm{top1} + \beta_5 \mathrm{herf5} + \beta_6 \mathrm{mang} + \beta_7 f_1 + \beta_8 f_2 + \varepsilon$$

$$(1)$$

在式（1）基础上，分别加入政府补助与股权特征变量的交互项，用于检验股权特征对政府补助与广告上市公司经营绩效关系的调节作用。其中: ln subtop1 表示政府补助与股权集中度的交叉项, ln subherf5 表示政府补助与股权制衡度的交叉项, ln submang 表示政府补助与股权激励的交叉项, ln subf_1 表示政府补助与法人股的交叉项, ln subf_2 表示政府补助与流通股的交叉项。

(三)数据来源

借助媒介提供信息传播服务是广告公司的典型特点,在 Wind 数据库中符合这一特点的广告公司主要涉及广告代理、户外广告和营销服务三类。考虑到 2014 年之前上市的广告公司较少,以上市时间 5 年以上、主营业务为广告为标准挑选样本,并剔除连续亏损的 ST 股和部分指标数据缺失严重的公司,最终选择 15 家广告代理公司、2 家户外广告公司和 8 家营销服务公司共计 25 家公司作为研究对象,时间跨度从 2014—2018 年,共计 125 个样本。企业营业收入、政府补助以及资产相关数据来自 Wind 数据库中样本公司财务数据和政府补助数据,企业股权相关数据来自东方财富网、巨潮资讯网发布的样本公司年报。

表 1 报告了本文实证研究涉及的主要变量及其描述性统计分析结果。可以看

表 1　变量及其原始数据描述性统计分析

变量类型	变量名称	度量方法	Mean	Std. Dev.	Min	Max
因变量	公司绩效(y)	营业收入/万元	269 000	398 000	1	2 310 000
自变量	政府补助(sub)	政府补助金额/万元	3 965.335	14 479.77	0	104 000
调节变量	股权集中度(top1)	第一大股东持股比例	0.322	0.18	0.066	0.879
	股权制衡度(herf5)	第二到第五大股东持股比例总和与第一大股东持股比例的比值	1.080	0.743	0.092	3.393
	股权激励(mang)	高管持股比例	0.205	0.251	0	0.881
	法人股(f_1)	法人股占总股本比例	0.254	0.250	0	1
	流通股(f_2)	已上市流通股占总股本比例	0.651	0.256	0	1
控制变量	公司总资产(scale)	公司资产规模/万元	336 000	442 000	1 014	1 900 000
	公司资产负债率(dar)	公司负债总额占资产总额比例	0.386	0.171	0.009	0.955

出,25 家广告上市公司在营业收入(y)、政府补助(sub)和资产规模(scale)方面都呈现出较大的差异,其中营业收入最低仅为 1 万元,最高超过 200 亿,平均水平在 26.9 亿元左右;政府补助最低为 0,最高为 10.4 亿元,平均水平在 3 965 万元左右;资产规模最低的公司仅为 1 014 万元,最高则高达 190 亿元,平均水平为 33.6 亿元。与此同时,第一大股东持股比例(top1)平均为 32.2%,说明样本公司股权集中程度相对较高。股权制衡度(herf5)的统计分析表明,样本公司第二到第五大股东与第一大股东之间能形成一定制约关系,双方之间的持股比例比值(herf5)的均值在 1.0 左右,表明样本公司股权制衡度相对较高。高管持股比例(mang)最小值为 0,最大值为 88.1%,说明有的样本公司高管并不持有公司股权,而有的则持有较高比例,这一比例的均值为 20.5%。如果考虑到样本公司前五大股东持股比例均值在 66% 左右,20.5% 的高管持股比例已经较高。此外,样本公司的股权性质多为流通股(f_2),这一比例均值超过 65%,表明样本公司的持股人以散户居多。样本公司资产负债率(dar)的均值是 38.6%,低于 50%,表明样本公司的负债情况处在一个较低水平。

四、结果与讨论

豪斯曼检验(Hausman Test)结果表明本文应采用固定效应模型,在此基础上采用分层回归的方法逐步对研究假设进行检验,表 2 报告了基本结果。其中,模型 1 检验的是自变量、调节变量、控制变量等主变量与因变量之间的相关性,模型 2—6 在模型 1 的基础上依次加入自变量与调节变量之间交叉项,以检验股权特征的调节效应。为了降低潜在的共线性问题以及确保交叉项模型(模型 2—6)中主变量回归系数有意义,本文还对交叉项进行了中心化处理。

表 2 政府补助对广告上市公司经营效率影响

	模型 1	模型 2	模型 3	模型 4	模型 5	模型 6
ln sub	0.150** (0.075)	0.165*** (0.073)	0.138* (0.073)	0.147* (0.075)	0.143* (0.076)	0.133* (0.078)
dar	1.191* (0.648)	1.302* (0.641)	1.425** (0.643)	1.215* (0.651)	1.296* (0.668)	1.321* (0.668)
ln scale	0.772*** (0.200)	0.779*** (0.197)	0.781*** (0.196)	0.802*** (0.205)	0.794*** (0.203)	0.817*** (0.207)

（续表）

	模型 1	模型 2	模型 3	模型 4	模型 5	模型 6
top1	−0.331 (2.419)	−0.773 (2.392)	−0.571 (2.370)	−0.225 (2.431)	−0.248 (2.429)	−0.037 (2.449)
herf5	0.079 (0.353)	0.070 (0.347)	0.043 (0.346)	0.100 (0.355)	0.078 (0.354)	0.069 (0.354)
mang	−1.449* (0.743)	−1.165 (0.746)	−1.411* (0.728)	−1.314* (0.770)	−1.599** (0.777)	−1.716** (0.811)
f_1	−0.883 (0.799)	−0.285 (0.844)	−0.620 (0.791)	−0.669 (0.859)	−0.877 (0.802)	−1.026 (0.819)
f_2	−1.008 (0.619)	−0.782 (0.620)	−1.038 (0.606)	−0.997 (0.621)	−1.100* (0.635)	−1.310* (0.719)
ln subtop1		0.703** (0.360)				
ln subherf5			−0.170** (0.077)			
ln submang				0.159 (0.229)		
ln subf_1					−0.118 (0.170)	
ln subf_2						0.149 (0.179)
Constant	2.097 (3.034)	0.906 (2.59)	2.108 (2.860)	2.241 (3.192)	2.522 (3.162)	1.775 (3.089)
Observations	125	125	125	125	125	125
R-squared	0.537	0.557	0.562	0.540	0.540	0.541

注:括号里是标准差;" *** "表示 $p<0.01$," ** "表示 $p<0.05$," * "表示 $p<0.1$。

（一）主效应检验结果

模型 1—6 的结果表明,政府补助（ln sub）与样本广告上市公司绩效（ln y）之间的相关系数都是正的,并且至少在 10% 水平下显著。这说明,政府补助的提高能显著促进广告上市公司绩效的提升,样本公司并没有因为获得了政府补助而降低自己的行动努力,导致政府补助效果的降低。由此假设 1 得到验证。

资产负债率和公司资产规模（ln scale）与公司绩效之间至少分别在 10% 和 1%

水平下显著正相关。说明广告上市公司提高资产负债率和资产规模,譬如通过举债扩大生产规模,可有助于公司进一步开拓市场、增强公司经营活力,促进公司绩效的提升。

股权激励与公司绩效之间的相关系数都是负的,这一结果在除模型 2 之外的其他模型中都通过了显著性检验,表明高管持股比例的提高会损害公司绩效,样本广告上市公司的股权激励存在"壕沟防御效应"。结合股权激励的描述性统计分析结果,这可能跟当前广告上市公司高管持股比例较高、治理层缺乏对管理层的有效监督和控制有关。在此情势下,高管可能会做出更加有利于个人而非公司的决策,譬如利用手中的管理权推行更加有利于自己的薪酬制度,实现自身价值的最大化,从而损害股东甚至公司利益。

模型 1—6 的结果还表明,尽管法人股(f_1)和流通股(f_2)与广告上市公司绩效之间的相关系数都是负数,但是这种相关性并没有通过显著性检验。

(二)调节效应检验结果

就股权结构的调节作用来说,模型 2 的结果表明政府补助与股权集中度(top1)的交叉项(ln subtop1)和公司绩效在 5% 水平下显著正相关,两者相关系数为 0.703,说明股权集中度的提高会强化政府补助对样本公司的正面影响,即广告上市公司大股东并没有滥用手中的控制权继而引发"利益侵占"现象,而是通过督促管理层将政府补助用于业务开发与拓展之中,提高公司经营绩效,因此假设 2 得到验证。模型 3 的结果表明,政府补助与股权制衡之间的交叉项(ln subherf5)和公司绩效的相关系数为 −0.170,并且在 5% 水平下显著,说明股权制衡度的提高会弱化政府补助对广告上市公司绩效的正面影响。结合股权制衡的描述性统计分析结果可以认为,广告上市公司的股权制衡处于较高水平,第二到第五大股东对第一大股东形成较强制约,在一些重大问题譬如如何使用政府补助上可能较难取得一致意见,由此降低政府补助对公司绩效的正向效应,由此假设 3 得到验证。

就股权激励和股权性质的调节作用来说,模型 4—6 的结果表明,股权激励、法人股(f_1)和流通股(f_2)这三个股权特征因素对政府补助与广告上市公司绩效之间的关系并不起调节作用,因为这三个股权特征因素与政府补助的交叉项(ln submang、ln subf_1、ln subf_2)与公司绩效之间的相关性都没有通过显著性检验,假设 4—6 没有得到验证。

五、结论与建议

基于 2014—2018 年 25 家广告上市公司的相关数据,本文实证检验了政府补助对广告上市公司经营绩效的影响,以及以股权结构、股权激励和股权性质为表征的股权特征因素对上述关系的调节作用。相关结果表明:① 政府补助能有效推动广告上市公司经营绩效的提高;② 广告上市公司股权集中度的提高能强化政府补助的上述积极效应,股东间的股权制衡则会对政府补助的积极效用起到弱化作用;③ 广告上市公司高管持股比例与公司绩效负相关,资产负债率和资产规模的提高则能显著促进广告上市公司绩效的改善。

本文的边际贡献体现在以下三点:① 将当前广告业研究视角从中观产业层面引入微观公司层面,并且重点关注作为广告业发展"风向标"的广告上市公司经营状况;② 将政府补助与公司绩效间关系的研究领域进一步拓展到广告业这一细分行业,为该主题理论研究提供广告业的经验素材;③ 将股权结构、股权激励和股权性质等股权特征因素纳入分析框架,从理论和实证角度分析和检验了股权特征对政府补助与广告上市公司绩效关系的调节作用。

本文研究结论为广告上市公司的后续经营决策提供了理论参考,为此本文提出以下对策建议:① 政府层面,应强化政府补助对广告上市公司绩效提升的"援助"作用。政府有关职能部门,一是保持现有拨前资格审查力度,对广告上市公司的盈利能力、成长能力等指标进行综合性科学评估,根据评估结果选择补助对象,尽可能确保确有需要、较大潜力的广告上市公司获得政府补助;二是适当增加政府补助的规模和申请范围,一方面鼓励相关部门增加对广告上市公司的补助力度,另一方面将申请补助范围从广告上市公司拓展到骨干广告公司,从点到线推动广告业发展;三是加强拨后监督管理力度,建立关于广告公司接受政府补助的"黑名单"制度,定期动态地对接受补助公司的绩效进行量化评估,一经发现存在挪用他处或者补助一直未见正面成效的,坚决停止对其补助并列入"黑名单"。② 广告上市公司层面,应进一步优化股权结构、完善自身治理机制,更好地发挥政府补助对公司经营的扶持和援助作用。一是适当提高股权集中度,建立高效便利的决策管理制度体系,防止因股权分散带来的内部沟通不畅及其引致的决策低效问题;二是降低高管持股比例,可以考虑以提高薪酬水平替换持股数量作为对公司高管的激励手段;三是适当提高资产负债率水平,利用债权融资手段丰富公司资金来源渠道,短期内提高公司资产规模和生产规模,激发公司生产和经营活力。

参考文献

[1] 王战,石瑞.广告公司上市与相关产业之间的关系[J].东南传播,2012(6):8-10.

[2] 陶喜红,丁兰兰.基于区位熵的中国广播电视广告区域竞争力分析[J].新闻大学,2018(3):125-131,152.

[3] 苏林森,郭超凯.改革开放以来中国广告业、宏观经济与政策的互动关系[J].新闻大学,2015(5):114-118.

[4] 曾琼,刘振.计算技术与广告产业经济范式的重构[J].现代传播(中国传媒大学学报),2019,41(2):132-137.

[5] 姚曦,李斐飞.精准·互动——数字传播时代广告公司业务模式的重构[J].新闻大学,2017(1):116-124,152.

[6] 臧志彭.政府补助、研发投入与文化产业上市公司绩效——基于161家文化上市公司面板数据中介效应实证[J].华东经济管理,2015(6):80-88.

[7] 方初,于津平.政府补贴对企业研发活动和经营绩效的影响——基于文化类上市企业的实证分析[J].南京社会科学,2019(9):151-156.

[8] 刘鹏,赵连昌,杜啸尘.文化产业财政补贴绩效评价及影响因素研究——基于上市公司的实证分析[J].中国海洋大学学报(社会科学版),2015(3):55-60.

[9] 车南林,唐耕砚.政府补贴对文化传媒上市企业经营绩效的影响[J].当代传播,2018(2):74-78.

[10] 唐建荣,李晴.治理结构、R&D投入与绩效的逻辑分析——兼议政府补助的作用路径[J].审计与经济研究,2019(2):67-78.

[11] 饶静,万良勇.政府补助、异质性与僵尸企业形成——基于A股上市公司的经验证据[J].会计研究,2018(3):3-11.

[12] 孙永祥,黄祖辉.上市公司的股权结构与绩效[J].经济研究,1999(12):23-30,39.

[13] LA PORTA R, LOPEZ-DE-SILANES F, SHLEIFER A. Corporate ownership around the world[J]. Journal of Finance, 1999,54(2):471-517.

[14] 汲昌霖,韩洁平.制度环境与企业成长——基于政治关联抑或能力建设的策略选择[J].江汉论坛,2017(7):11-16.

[15] 赵璨,王竹泉,杨德明,等.企业迎合行为与政府补贴绩效研究——基于企业不同盈利状况的分析[J].中国工业经济,2015(7):130-145.

[16] KLEER R. Government R & D subsidies as a signal for private investors[J]. Research Policy, 2010, 39(10):1361-1374.

［17］朱德胜,周晓珮.股权制衡、高管持股与企业创新效率［J］.南开管理评论,2016(3)：136－144.

［18］余壮雄,董洁妙,米银霞.补贴竞争的奖赏机制与效率分析［J］.经济学动态,2019(1)：28－42.

［19］赵景文,于增彪.股权制衡与公司经营业绩［J］.会计研究,2005(12)：59－64,96.

［20］齐秀辉,卢悦,武志勇.股权特征对机构投资者与创新投入的调节作用［J］.科技进步与对策,2018(5)：14－20.

［21］王关义,刘苏.我国文化传媒企业股权结构与企业绩效关系的实证研究［J］.中国出版,2018(9)：34－39.

［22］张宏伟,时亮.我国传媒上市公司股权结构与经营绩效实证研究［J］.出版科学,2015(6)：17－22.

［23］胡慧源,吴建军,高莉莉.基于产业关联的广告业统计指标体系优化构建［J］.统计与决策,2014(12)：31－34.

作者简介

韩　研(1983—　),江苏连云港人,南京师范大学党委巡察工作办公室讲师。研究方向为运筹与优化。

The Impact of Government Subsidies on Performance of Listed Advertising Companies
— Based on the Panel Fixed Effect Model

Han Yan

Abstract: The panel fixed effect model is used to estimate the impact of government subsidies on the business performance of listed advertising companies and test the adjustment function of equity characteristics like equity structure, equity incentives and nature of equity on the above relationship. The study finds that government subsidies act as the "helping hand" in the operation of listed advertising companies, which can effectively enhance their business performance. Equity structure is the sole factor that regulates the above relationship, among which ownership concentration plays a role of reinforcement while the counterbalance degree of blockholders brings in attenuation. Furthermore, the asset-liability ratio and asset scale have a positive correlation with the performance of listed advertising companies, but a negative correlation appears between the shareholding proportions of senior executives and the performance of listed advertising companies. There is an entrenchment effect in the equity incentive of listed advertising companies.

Key words: government subsidy; advertising companies; equity structure; equity incentive; adjustment function

文化产业政策变迁中政府行为特性演变研究 *
——基于政策文本的空间计量实证分析

贺　达

摘　要：完善以高质量发展为导向的文化产业政策是"十四五"时期繁荣发展文化产业的内在要求。在政策施行过程中，央地政府行为是影响文化产业政策效应的重要因素。本文运用空间计量模型（SAC）实证检验了中央和地方政府、地方政府之间在文化产业政策变迁中的策略互动行为。研究发现，在纵向共同反应方面，地方政府在文化产业政策制定上跟随模仿中央政府，且在 2011 年之后跟随反应强度有所提升；地方政府间的策略互动行为在 2011 年前后发生改变，由不存在空间相关性向模仿性横向竞争策略转变。本文发现有利于进一步优化中央和地方政府职能，规范地方政府行为，完善以高质量为导向的文化产业政策，实现文化产业高质量发展。

关键词：文化产业政策；纵向共同反应；地方政府竞争；空间溢出效应

一、引言

"十四五"时期是推动我国文化产业高质量发展、提升国家文化软实力、建成文化强国的历史关键期。习近平总书记在湖南长沙考察调研时强调："文化产业是朝阳产业，大有前途。谋划'十四五'发展要高度重视发展文化产业。"为实现文化产业高质量发展，党的十九大报告提出要"完善文化经济政策，培育新型文化业态"；党的十九届四中全会提出"要完善以高质量发展为导向的文化经济政策"。不难看出，完善以高质量发展为导向的文化产业政策是"十四五"时期繁荣发展文化产业

---

* 基金项目：江苏省教育厅 2020 年度高校哲学社会科学研究一般项目"文化产业政策变迁中的政府行为特性演变研究"（2020SJA0049）的阶段性研究成果。

的重要抓手。

在政策施行过程中,央地政府行为是影响文化产业政策效应的重要因素。政府是文化产业政策制定和实施的主体。地方政府因其"理性经济人"特征,在与中央政府、与其他地方政府的博弈中,可能会出现执行政策动力不足、存在盲目性等问题,从而导致政策效果差强人意。因此,为精准描绘文化产业政策施行过程中的央地政府行为,本文以各级政府颁布的文化产业政策文本数作为各级政府行为的代理指标。通过梳理统计文化政策图书馆的政策文本发现,自2000年"文化产业"概念首次被中央文件提出至2019年末,政府出台且至今有效的文化产业政策共计3 535条。2011年前中央政府每年新增文化产业政策数量超出31个省(市、区)地方政府新增数量总和(除去2005年和2006年),2011年后地方政府每年新增文化产业政策数量高于中央政府数量,并呈现指数式增长趋势(图1)。数据显示,在"十五"和"十一五"期间,全国31个省(市、区)地方政府出台的文化产业政策数量约为中央政府的0.83倍,而在"十二五"和"十三五"期间,地方政府出台的文化产业政策数量约为中央政府的3.01倍。地方政府与中央政府出台的文化产业政策数量比值出现如此大的变化,其原因是什么? 在各级政府利益博弈的过程中,中央和地方政府的行为如何变化?

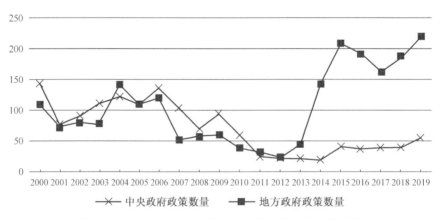

图1 2000—2019年中央和地方政府文化产业政策数量

注:数据来源于文化政策图书馆、中经网中国文化产业政策库等,笔者搜集整理,下同。

基于此,本文从中央与地方政府以及地方政府间的博弈关系出发,在理论层面探讨了在文化产业政策变迁中的中央和地方政府、地方政府间行为演变。运用空间计量模型(SAC)实证检验了中央和地方政府、地方政府间在文化产业政策变迁中的策略互动行为。对比已有研究,本文可能的贡献主要体现在:第一,本文基于各级政府利益博弈视角,给出了一个理解地方政府行为的理论逻辑框架;第二,基于梳理中央和地方政府出台的政策文本数量来衡量文化产业政策力度,拓展了已有文化产业政策研究的度量视角;第三,本文实证检验了中央和地方政府、地方政府间文化产业政策变迁过程中的行为演变过程及其理论机制。

二、理论假说

文化产业政策是政府制定和实施的旨在促进和规范文化产业发展的一系列政策的总和。[1]有关文化产业政策的研究,学界普遍肯定了文化产业政策对文化产业发展的促进作用。现有文献普遍将文化产业政策作为一种狭义的产业政策,视为一种自上而下的外生变量[2],研究主要集中在文化产业政策有效性研究和效果评估方面[3],缺乏对文化产业政策形成机制和政府行为的研究。在文化产业政策变迁过程中,中央和各地方政府间的利益博弈直接影响产业政策的实施效果[4],因此研究中央和地方政府在产业政策制定和实施过程中的行为有其现实意义。

政府是文化产业政策制定和实施的主体,地方政府既是中央政府文化产业政策的执行者,也是地方发展文化产业具体政策的制定者。[5]政策主体间存在两类策略互动行为,一类是中央政府和地方政府间纵向共同反应行为,另一类是地方政府之间的横向策略互动行为。论及一般产业发展,中国特色的财政联邦主义和官员晋升锦标赛理论[6-7]指出我国既存在中央政府和地方政府间的纵向共同反应行为,又存在地方政府之间的横向策略互动行为。[8]有别于一般工业管理部门为工信部或发改委,文化产业的政府管理部门不仅包括文旅部及其下属机构,更多地被中共中央宣传部及其下属机构管理。[9]从经验层面看,服务于从上到下的"推动文化产业成为国民经济支柱性产业"愿景,各地宣传部门(或文广新局)间也存在着如何发展本地文化产业、中央政策执行情况、学习借鉴先进地区文化产业发展经验等问题。类似的,在文化产业政策变迁中政府间行为既包括中央政府和地方政府间的纵向共同反应行为,也包括地方政府间的横向策略互动行为。

(一)中央和地方政府间的纵向共同反应行为

在我国的政治集权体制下,现实的多层级政府结构中下级政府对上级政府的纵向共同反应行为非常明显。[10]以促进文化产业发展为例,中央政府批准建设国家级文化产业示范（试验）园区、国家文化产业示范基地；出台"十一五""十二五""十三五"文化产业发展规划；财政部设立文化产业发展专项资金鼓励文化产业发展。为了呼应中央文化产业发展规划并充分利用政策，各级地方政府相应地会批准建设一批省级、市级、区级示范园区和基地；出台相应文化产业发展规划；设立省级、市级和区级层面文化产业发展专项资金[11]，实现自上而下的发展型政府职能。[12]因此在文化产业政策变迁中，我国地方政府行为对中央政府存在典型的纵向共同反应行为。

2010年10月十七届六中全会通过的《中共中央关于深化文化体制改革推动社会主义文化大发展大繁荣若干重大问题的决定》提出要"推动文化成为国民经济支柱性产业"，这一战略目标在2011年3月被写进《国民经济和社会发展第十二个五年规划纲要》。自此，文化产业增加值占GDP比重与文化产业增加值增速指标被各地区相继纳入地方政府绩效考核范围。因此2011年地方政府对中央政府的纵向共同反应强度会进一步加大。

据此提出假说1：在文化产业政策变迁过程中，由于政治集权和经济分权，中央和地方政府存在纵向共同反应行为，即地方政府对中央政府存在跟随型纵向共同反应行为，且反应强度有所提升。

（二）地方政府之间的横向策略互动行为

对地方政府间横向策略行为的研究，Akai and Suhara（2013）认为地方政府间可能有策略性竞争、策略性替代、相互独立和不存在策略互动行为多种可能。[13]中国的政策实施往往采用"试验—扩散"模式，在这种模式下，当某些地区通过实施某一文化产业政策取得产业快速增长时，其他地区会进行经验学习并效仿。已有研究表明，地方政府间文化财政支出上存在竞争行为。[14]特别是在2011年"十二五"规划提出推动将文化产业建设成为国民经济支柱性产业（文化产业增加值占GDP比重达到5%）后，各级政府陆续将文化产业增加值占GDP比重及其增速纳入政府绩效考核范围，在政治集权和经济分权的体制背景下地方政府间存在横向竞争策略互动行为。数据层面和经验层面都证实了这一点。从数据上看，2011年后地方政府文化产业政策数量呈现指数式增长；从经验层面看，近年来各地大量重复建设文化产业园区和频频上演的名人故里争夺战等现象也证实了地方政府间的竞争性行为。

但在2011年前，考虑到文化产业发展在相当长时间里没有被纳入我国地方政府绩效考核范围，地方政府可能缺乏与经济建设同等的热情来发展文化产业。据中华人民共和国可持续发展国家报告(2002)调查表明各地区政府发展的优先目标按重要性排序,依次是财政收入增长、GDP 增加、人口增长、基础设施完善、本地区教育等。文化产业发展排名靠后,并不作为地方政府间竞争的主要目标,因此在"十五"和"十一五"期间地方政府间竞争首要目标主要集中在 GDP 和财政收入等方面,在文化产业发展方面缺乏策略性行为。

据此提出假说 2:2000 年以来的文化产业政策变迁过程中,地方政府行为由不存在空间相关性向横向竞争策略转变。在"十五"和"十一五"期间,地方政府普遍将文化产业发展排在较为靠后的位置,不太重视文化产业发展,地方政府间行为不存在空间相关性;而"十二五"以来由于文化产业被纳为国民经济支柱性产业这一发展目标受到普遍重视,地方政府间呈现出相互模仿和竞争行为。

三、研究设计

(一)实证模型设定

为验证以上理论假说,考虑到文化产业政策变迁中地方政府行为可能既存在因果关系,也可能受到共同随机冲击的影响,即同时存在空间滞后效应和空间误差效应,本文参照王美今等(2010)的研究[8],建立将空间自回归模型和空间误差模型结合起来的更为一般的空间计量模型对地方政府间横向策略互动行为进行识别;同时引入可观测的共同因子识别地方政府对中央政府的纵向共同反应行为,避免高估地方政府间横向策略互动行为程度。为进一步避免截面数据弱相关和伪识别问题,本文将扰动项设置成为空间自相关形式,具体模型设定如下:

$$y_{it} = \rho \sum_{j \neq i} \omega_{ij} y_{jt} + \theta y_{ct} + X_{it}\beta + u_{it} \tag{1}$$

$$u_{it} = \lambda \sum_{j \neq i} \omega_{ij} u_{it} + \varepsilon_{it} \tag{2}$$

$$\varepsilon_{it} = \mu_i + \nu_{it} \tag{3}$$

式中:y_{it} 表示地区 i 在时期 t 的地方政府行为;y_{jt} 表示地区 j 在时期 t 的地方政府行为;y_{ct} 表示时期 t 中央政府行为,不随个体变化只随时间变化;ω_{ij} 表示空间权重矩阵 W 中的元素,反映了省际空间关系;$\sum_{j \neq i} \omega_{ij} y_{jt}$ 是地区 i 文化产业政策变量的空间滞后项,以与地区 i 竞争地区 j 政策变量的加权值计算,反映地方政府间横向策略互动行为;X_{it} 是对地方政府政策变量产生影响的控制变量,β 为其系数;u_{it} 服从空间自相关;λ 为空间误差系数;$\nu_{it} \sim i.i.d(0, \sigma_\nu^2)$ 为随机扰动项,且与 y_{ct} 和 X_{it} 不相关；$\mu_i \sim i.i.d(0,\sigma_\mu^2)$ 且 $E(\mu_i\nu_{it})=0$。空间滞后系数 ρ 和 θ 是本文研究的关键。ρ 显著为正，说明地方政府间存在横向策略互补行为或存在竞争；显著为负，说明地方政府间存在横向策略替代行为或存在差异化行为。如果 θ 显著为正，说明地方政府对中央政府的纵向共同反应为追随和效仿；θ 显著为负则反之。

（二）变量选取与说明

1. 文化产业政策变迁中政府行为变量

文化产业政策变迁过程中中央和地方政府行为是本文的核心变量。对于政府行为的定量测度，宋凌云等（2016）[15]和韩永辉等（2017）[16]进行了有益的尝试。本文参考已有文献，运用词频法检索政府颁布的与文化产业发展相关的政策文件数量，通过手工收集、筛选和整理政府颁布的针对文化产业发展的行政法规及规范性文件、部门规章，如各类"决定""通知""要求""规划""行动计划"等，来测度政府行为。政府颁布的政策数量越多、出台政策越频繁，表示政府对于文化产业发展的支持力度越大。按照政策制定层级，本文将地方政府每年出台的新增文化产业政策文本数量 IP_{loc} 作为被解释变量 y_{it} 的代理变量，将中央政府每年出台的新增文化产业政策文本数量 IP_{cen} 作为中央政府政策变量 y_{ct} 的代理变量。

2. 空间权重矩阵选取

确定地区竞争对象及其权重是识别地方政府文化产业政策变迁过程中策略互动行为的关键。空间权重矩阵 $\boldsymbol{W}$ 度量了不同地区空间关系的紧密程度，体现了对一个地区而言其他地区的相对重要性。本文参考 Revelli（2005）的做法[17]，采用使用最为广泛的地理相邻空间权重矩阵 $\boldsymbol{W}_1$，通过判断两个省或直辖市之间是否存在有共有边界来设定该矩阵。空间权重矩阵均经过行处理，保证每一行之和为 1。具体设定为：

$$\omega_{ij}^1=\begin{cases}1 & \text{地区 } i \text{ 和 } j \text{ 相邻}\\0 & \text{其他}\end{cases} \tag{4}$$

为保证回归结果的稳健性，本文参照郭庆旺和贾俊雪（2009）的研究[18]，从经济资源流动的角度入手，引入人口规模空间权重矩阵 $\boldsymbol{W}_2$。文化产业发展相对于其他产业而言更需要创意人才集聚和需求的拉动，因此选取各省（市、区）人口规模差值的倒数作为权重元素。具体设定如下：

$$\omega_{ij}^2 = \frac{1/\Delta P_{ij}}{\sum_j (1/\Delta P_{ij})} \tag{5}$$

其中 ΔP_{ij} 为地区 i 和 j 人口规模的差。

3. 控制变量说明

本文依据现有研究和中国现实设定控制变量 X_{it}，主要包括四类。第一类为反映在制定文化产业政策时各省(市、区)治理结构的影响，以财政分权变量 fisdec 度量。财政分权以本地区财政收入占国家总体财政收入的比重计算，是中央政府赋予地方政府在债务、税收和预算等方面的自主权。财政分权程度越大，地方政府自主决策空间越大，从而影响政府政策制定行为。第二类是反映省(市、区)不同经济社会特征的变量，以城镇居民人均可支配收入 ln income 和城镇化水平 urban 度量。其中对城镇居民人均可支配收入取自然对数值，城镇化水平等于非农人口数除以总人口。第三类为反映文化产业政策实施对象的发展情况，即地方文化产业发展变量，以各地区文化产业增加值 ln add 和文化产业市场化水平 market 度量。其中对文化产业增加值取自然对数值，文化产业市场化水平用文化市场经营机构数/(文化市场经营机构数＋文化事业机构数)计算。第四类变量反映在文化产业政策变迁过程中制度变革导致的政府行为变化。自 2011 年"十二五"规划提出要"推动文化成为国民经济支柱性产业"，文化产业增加值占 GDP 比重及增速指标被相继纳入各地区地方政府绩效考核范围，地方政府文化产业政策数量在 2011 年前后表现迥异(详见图 1)。因此，引入虚拟政策变量 dum2011 来反映这一制度变革的影响，以 2011 年为界，之前取值为 0，当年及之后年份取值为 1。

表 1 为变量的描述性统计。

表 1　变量的描述性统计

变量	定义	观测值	均值	标准差	最小值	最大值
IP_{loc}	地方政府文化产业政策数量	620	3.431	6.651	0	78
IP_{cen}	中央政府文化产业政策数量	620	70.024	39.838	18	143
fisdec	财政分权程度	620	1.617	1.362	0.037	7.131
ln income	城镇居民人均可支配收入	620	9.175	1.264	4.77	11.54
urban	城镇化水平	620	0.513	0.149	0.109	0.933
ln add	各地区文化产业增加值	620	4.813	1.928	0.225	14.958
market	文化产业市场化水平	620	0.812	0.128	0	0.994
dum2011	0-1 虚拟政策变量	620	0.45	0.498	0	1

（三）样本和数据来源

本文使用的是 2000—2019 年全国 31 个省（市、区）的面板数据（基于数据可得性和统计口径一致性，中国香港、中国台湾、中国澳门未加入样本），所有计算使用计量分析软件 Stata12.0 完成。① 文中政策相关的数据来源于中国文化政策图书馆，通过数据库的整理并经过手工筛选，发现自 2000—2019 年中国共颁布还现行有效的各类文化政策法规规章等相关政策文件共计 3 535 件，其中属于中央政府层面的文化产业政策文件共计 1 408 件，属于各省（市、区）地方政府层面的文化产业政策文件共计 2 127 件。数据处理中剔除了明显属于文化事业类的政策文件。② 文中产业层面的数据来源于《中国文化及相关产业统计年鉴》《中国财政年鉴》《中国统计年鉴》《中国文化文物统计年鉴》及各省（市、区）统计年鉴。③ 文中虚拟变量设定是依据 2011 年文化产业被国务院《十二个五年规划纲要》列为国家战略并纳入地方政府考核体系，因此 2011 年成为中国文化产业发展的重要节点。

四、实证结果分析

（一）空间相关性检验

为了证实选用空间计量模型的合理性，在实证分析前需要对回归数据做空间相关性检验。本文采用 Moran's I 检验方法，检验文化产业政策变迁过程中地方政府行为是否存在统计意义上的空间相关性，被检验的数据是地方财政每年出台的新增文化政策数量 $IP_{loc_{it}}$。Moran's I 指数的计算公式如下：

$$\text{Moran's I} = \frac{\sum_{i=1}^{n}\sum_{j=1}^{n}\omega_{ij}(Y_i - \overline{Y})(Y_j - \overline{Y})}{s^2 \sum_{i=1}^{n}\sum_{j=1}^{n}\omega_{ij}} \tag{6}$$

式中：$\overline{Y} = \frac{1}{n}\sum_{i=1}^{n}Y_i$；$s^2 = \frac{1}{n}\sum_{i=1}^{n}(Y_i - \overline{Y})^2$。$Y_i$ 表示 i 省（市、区）地方政府文化产业政策数量；n 为省（市、区）数量；ω_{ij} 表示空间权重矩阵中的元素。Moran's I 指数取值为 $[-1, 1]$，小于 0 表明地方政府行为存在负的空间相关性；大于 0 表明地方政府行为存在正的空间相关性；等于 0 表示在权重 W 下各地方政府行为在空间上服从随机分布。

表 2 是地方政府文化产业政策数量的 Moran's I 指数结果，从 2000—2019 年，

除去少数几年(2000、2001、2004 和 2010 年),各年度 Moran's I 指数均通过了 10%的显著性检验,说明地方政府行为存在明显的空间相关性,适合进行空间计量回归;指数均为正表明地方政府文化产业政策数量正相关,说明地方政府间存在横向竞争的策略互动行为。

表2　地方政府文化产业政策数量历年 Moran's I 指数

年份	W_1	年份	W_1	年份	W_1	年份	W_1
2000	0.076 (0.140)	2006	0.454*** (0.000)	2012	0.128* (0.077)	2018	0.091* (0.077)
2001	0.034 (0.149)	2007	−0.176* (0.095)	2013	0.213** (0.017)	2019	0.244*** (0.009)
2002	0.193** (0.026)	2008	0.211** (0.013)	2014	0.127* (0.091)		
2003	0.142* (0.069)	2009	0.130* (0.083)	2015	0.182** (0.033)		
2004	0.057 (0.224)	2010	−0.088 (0.305)	2016	0.165** (0.045)		
2005	0.254*** (0.006)	2011	0.350*** (0.000)	2017	0.133* (0.081)		

注:括号内是 p 值;"***""**""*"分别表示参数在显著性水平 1%、5%和 10%下显著。

本文还按照何江和张馨之(2006)提出的规则,通过 LM-error、LM-lag 检验验证 SAC 模型的合理性。全样本检验结果显示 LM-Error(Robust)=23.561 2,p-Value=0.000 0 和 LM-Lag(Robust)=21.837 1,p-Value=0.000 0,检验结果均显著,即同时存在空间滞后效应和空间误差效应,因此选择 SAC 模型。

(二)中央和地方政府纵向共同反应行为识别

表3 报告的是基于实证模型(1)的检验结果。第一列是加入虚拟政策变量 dum2011 对 2000—2019 年全样本进行回归。虚拟政策变量 dum2011 系数显著为正,表明 2011 年"十二五"规划提出要"推动文化成为国民经济支柱性产业"这一变革,确实影响了地方政府行为。第二列和第三列分别是按时间将样本分为 2000—2010 年和 2011—2019 年进行回归。

本文首先分析地方政府对中央政府的纵向共同反应行为。由表3 可见,第一列中央政府文化产业政策数量 IP_{cen} 的回归系数为 0.036 4,在 1%统计水平下显著。从经济意义看,该回归系数表明中央政策数量每增加1件,显著促进单个地方政府政策文化数量增加0.0364件。这与现实相符,以2013年为例,中央政府出台政策数量比上年增加17件,31个省(市、区)地方政府总计出台比上年增加18件。平均到单个地方政府约为中央政府政策数量每增加1件,地方政府增加0.0341件。

表3 分时段中央和地方政府行为识别(地理相邻空间权重矩阵 W_1)

	IP_{loc} (2000—2019)	IP_{loc} (2000—2010)	IP_{loc} (2011—2019)
IP_{cen}	0.0364***	0.0331**	0.0894***
	(0.0116)	(0.0144)	(0.0328)
fisdec	3.2409***	3.9712***	2.4149**
	(0.8924)	(1.3736)	(1.095)
ln income	0.1493	0.4961**	1.0881
	(0.2347)	(0.2427)	(1.0648)
urban	3.5752*	3.3490*	3.3144
	(1.8830)	(1.9430)	(5.7544)
ln add	−0.1145	−0.9412**	0.4278
	(0.1894)	(0.3834)	(0.2641)
market	−2.3910	−5.6080*	0.5930
	(2.1578)	(2.9327)	(2.7365)
dum2011	2.1742*	—	—
	(1.1311)		
rho	0.2468*	0.1700	0.3802***
	(0.1467)	(0.3004)	(0.1341)
lambda	−0.2922*	−0.2588	−0.4153**
	(0.1705)	(0.3385)	(0.2005)
样本量	620	341	279
Log-likelihood	−1973.4421	−1008.8136	−791.2823
Direct_effect_ipcen	0.0375***	0.0345**	0.0941***
	(0.0118)	(0.0147)	(0.0334)
Indirect_effect_ipcen	0.0108	0.0088	0.0494**
	(0.0074)	(0.0478)	(0.0221)
Total_effect_ipcen	0.0483***	0.0433	0.1435***
	(0.0125)	(0.0485)	(0.0424)

注:"***""**"分别表示在1%、5%和10%的显著性水平下显著;括号内是标准误。

不论在全样本回归还是分时段样本回归中,中央政府文化产业政策数量 IP_{cen} 的回归系数始终为正且显著,可见在制定文化产业政策方面,地方政府对中央政府始终存在跟随型纵向共同反应行为。第二列中央政府文化产业政策数量 IP_{cen} 的回归系数为 0.033 1,在 5％统计水平下显著;第三列中央政府文化产业政策数量 IP_{cen} 的回归系数为 0.089 4,在 1％统计水平下显著,这表明在"十二五"和"十三五"期间这种跟随型纵向共同反应的强度呈现上升趋势。综上,假说 1 得以验证,即在文化产业政策变迁过程中,地方政府对中央政府存在跟随型纵向共同反应行为,且反应强度有所提升。

(三) 地方政府间横向策略互动行为识别

空间滞后系数 ρ 是判定地方政府间横向策略互动行为的关键。由表 3 显示,ρ 的全样本估计为 0.246 8,在 10％统计水平下显著,这表明从全域上看地方政府间行为存在模仿和竞争现象,地方政府会对其他省(市、区)制定文化产业政策的行为做出同向反应。从分时段结果来看,2000—2010 年样本回归系数 ρ 不显著,而在 2011—2019 年样本回归系数 ρ 为 0.380 2,在 1％统计水平下显著,这表明在文化产业政策变迁过程中,地方政府间行为由不存在空间相关性向横向竞争策略转变。2000—2010 年("十五"和"十一五"期间),地方政府普遍将文化产业发展排在较为靠后的位置,不太重视文化产业发展,因此其行为不存在空间相关性;而自"十二五"以来由于文化产业被纳为国民经济支柱性产业这一发展目标受到普遍重视,地方政府间行为呈现出相互模仿和竞争行为。假说 2 得以证实。

在控制变量方面,财政分权程度 fisdec 和城镇化水平 urban 是政府制定文化产业政策的考量因素,地方分权程度越高表明地方政府的财政自主权越大,发展地区文化产业的能力和动力也越强。同时,在城镇化水平高的地区,文化产业因为具有低能耗、低污染、高附加值的产业特性,成为各地方政府重点发展的产业。城镇居民人均可支配收入 ln income、文化产业增加值 ln add 和文化产业市场化水平 market 的系数不显著,但在 2000—2010 年系数显著,说明地方政府在 2011 年之后制定文化产业政策时并没有充分考虑本地区文化产业发展现状,而更多地关注周边省(市、区)的文化产业政策制定情况,这可能会导致地区间文化产业发展出现内耗式发展、同质化竞争等问题。

(四) 稳健性检验

为考察结论的稳健性,本文将空间权重矩阵替换为人口规模空间权重矩阵 W_2 进行空间计量分析,结果见表 4。其中 IP_{cen} 在全样本和分时段回归中均显著为正,

空间滞后系数 ρ 在全样本和 2011—2019 年样本回归中显著为正,在 2000—2010 年系数不显著。这一结果与用地理相邻矩阵 W_1 回归结果相一致,证明上述结果具有稳健性。

表4　分时段中央和地方政府行为识别(人口规模空间权重矩阵 W_2)

	IP_{loc}(2000—2019)	IP_{loc}(2000—2010)	IP_{loc}(2011—2019)
IP_{cen}	0.031 3***	0.039 1***	0.070 3**
	(0.010 6)	(0.011 9)	(0.028 4)
rho	0.367 7**	−0.004 4	0.507 1***
	(0.142 2)	(0.154 1)	(0.142 8)
lambda	−0.403 8**	−0.011 3	−0.671 7***
	(0.192 4)	(0.154 7)	(0.203 2)
样本量	620	341	279
Log-likelihood	−1 973.297 1	−1 009.475 8	−791.905 0

注:"***""**"分别表示在1%和5%的显著性水平下显著;括号内是标准误。

五、结论与建议

本文从中央政府与地方政府的博弈关系和地方政府之间的博弈关系出发,在理论层面探讨了在文化产业政策变迁中的中央政府和地方政府、地方政府间行为演变机制,运用空间计量模型实证检验了中央和地方政府、地方政府间在文化产业政策变迁中的策略互动行为。研究发现:在文化产业政策变迁过程中,由于政治集权和经济分权,地方政府对中央政府存在跟随型纵向共同反应行为,且反应强度呈上升趋势。地方政府间策略互动行为由"十五"和"十一五"期间的不存在空间相关性向自"十二五"以来的模仿性横向竞争策略转变,这主要是因为自 2011 年"十二五"规划提出要推动文化产业成为国民经济支柱性产业以来各级地方政府相继将文化产业纳入政府绩效考核体系导致。

本文发现对优化中央和地方政府职能、规范我国地方政府行为、完善以高质量为导向的文化产业政策、促进"十四五"时期文化产业高质量发展均具有重要意义。相关政策建议如下:第一,中央政府在制定文化产业政策时,由于地方政府存在跟随型纵向共同反应行为,要强调产业政策的顶层设计和引领作用,防止地方政府忽视自身历史文化资源禀赋,一哄而上形成同质化竞争;第二,鼓励各地区在发挥比较优势的基础上培育竞争优势,加强政府间沟通协调,构建地方政府间竞争性合作关系,以良性竞争在地区分工中受益,防止因恶性竞争导致的效率损失;第三,健全科学合理的地方政府官员绩效考核机制,建立理性的竞争环境和秩序,规范竞争中地方政府的短视和非理性行为;第四,进一步提升文化产业在国民经济结构中的战略地位,充分发挥文化产业知识密集、高附加值、高科技含量、低成本、无污染、可重复开发等特点,使之成为新的经济增长点,为推动经济高质量发展提供重要支撑。

参考文献

[1] 杨吉华. 过剩阶段我国文化产业政策的取向[J]. 现代经济探讨,2013(7):44 - 48.

[2] 王凤荣,夏红玉,李雪. 中国文化产业政策变迁及其有效性实证研究——基于转型经济中的政府竞争视角[J]. 山东大学学报(哲学社会科学版),2016(3):13 - 26.

[3] 王亚楠,顾江. 文化市场供求失衡的原因及对策建议——基于产业政策有效性的视角[J]. 现代经济探讨,2017(3):68 - 72.

[4] 张纯,潘亮. 转型经济中产业政策的有效性研究——基于我国各级政府利益博弈视角[J]. 财经研究,2012(12):85 - 94.

[5] 邱金龙,潘爱玲,张国珍. 政府在文化产业发展中的角色解析:定位与补位[J]. 经济问题探索,2018(4):73 - 79.

[6] 周黎安. 中国地方官员的晋升锦标赛模式研究[J]. 经济研究,2007,42(7):15.

[7] 乔坤元. 我国官员晋升锦标赛机制:理论与证据[J]. 经济科学,2013,35(1):88 - 98.

[8] 王美今,林建浩,余壮雄. 中国地方政府财政竞争行为特性识别:"兄弟竞争"与"父子争议"是否并存[J]. 管理世界,2010(3):22 - 31.

[9] 李敢. 文化产业与地方政府行动逻辑变迁——基于 Z 省 H 市的调查[J]. 社会学研究,2017,32(4):193 - 217.

[10] 吴金光,毛军. 中国地方政府非税收入的空间关联网络结构研究[J]. 财经论丛,2018(2):19 - 29.

[11] 陈波,郑唯. 中国文化产业示范(试验)园区和产业示范基地投入产出效率研究[J]. 艺术百家,2017(5):7.

[12] 李文军,李巧明. 改革开放 40 年我国文化产业发展历程及其取向[J]. 改革,2018(12):11.

[13] AKAI N, SUHARA M. Strategic interaction among local governments in Japan:An application to cultural expenditure[J]. Social Science Electronic Publishing,2013,64(2):232 - 247.

[14] 贺达,顾江. 地方政府文化财政支出竞争与空间溢出效应——基于空间计量模型的实证研究[J]. 财经论丛,2018(6):12.

[15] 宋凌云,王贤彬.产业政策的增长效应:存在性与异质性[J].南开经济研究,2016(6):16.

[16] 韩永辉,黄亮雄,王贤彬.产业政策推动地方产业结构升级了吗?——基于发展型地方政府的理论解释与实证检验[J].经济研究,2017,52(8):33-48.

[17] REVELLI F. On spatial public finance empirics[J]. International Tax and Public Finance,2005,12(4):475-492.

[18] 郭庆旺,贾俊雪.地方政府间策略互动行为、财政支出竞争与地区经济增长[J].管理世界,2009(10):11.

[19] 何江,张馨之.中国区域经济增长及其收敛性:空间面板数据分析[J].南方经济,2006(5):44-52.

作者简介

贺　达(1992—　　),安徽滁州人,博士,南京农业大学经济管理学院讲师。研究方向为文化产业经济学。

Research on the Evolution of Government Behavior Characteristics During the Policy Changes in the Cultural Industry — Spatial Econometrics Empirical Analysis Based on Policy Texts

He Da

Abstract: It is the inherent requirement for the prosperous development of the cultural industry in the 14th Five-Year Plan period to perfect policies of the cultural industry guided by high-quality development. During the implementation process, the behavior of the central and local governments is a critical factor affecting the effect of cultural industry policies. Based on this, this paper adopts the spatial econometrics model (SAC) to empirically test the strategic interaction between the central and local governments, and verify it among local governments during the policy changes in the cultural industry. It concludes that in terms of common longitudinal reaction, local governments follow and imitate the central government in the formulation of cultural industry policies. The following reaction intensity increases after 2011. The strategic interaction behavior among local governments changed around 2011, transforming non-spatial correlation into an imitative horizontal competition strategy. The above results help further to optimize the functions of the central and local governments, standardize the behavior of local governments, and upgrade the cultural industry policies oriented towards high-quality development, thus realizing its high-quality development.

Key words: cultural industry policy; common longitudinal reaction; competition among local governments; spatial spillover effect

技术升级背景下农村阅读服务的碎片化困境及其治理

——基于两个案例的考察 *

潘　炜

摘　要：信息技术被视为碎片化治理的重要工具，但基于政府主导型与多元集成型两种数字化建设模式的案例研究表明，目前农村阅读服务的数字化建设仅在表层和有限程度上缓解服务供给的碎片化问题。在制度变迁滞后和技术变革陷入路径依赖的交互影响下，农村阅读服务在运行机制、技术体系和价值目标上面临更深层的、固化的结构性缝隙。应结合整体性治理与网络化治理的优势，从制度和技术两个层面探求农村阅读服务碎片化问题的治理之策。

关键词：农村阅读服务；碎片化；技术升级；治理策略

一、引言

自 21 世纪以来，一系列文化惠民工程项目的实施，推动了农村公共文化服务体系建设的快速发展，但跨部门供给体制、以项目制为主的供给模式和多元主体的无序参与，也造成了农村公共文化服务供给的分散化、碎片化问题。体制内资源被分散于各类文化惠民项目之中，交叉重复、缺乏统筹，体制外多元主体及其资源布局如同"散沙"，与体制内主体存在不同程度的离散或割裂倾向等，成为制约农村公共文化服务发展的症结。[1]这一问题在农村阅读服务领域表现尤其突出。目前的

---

* 基金项目：同济大学中央高校基本科研业务项目"农村居民的文化获得感及其阶层差异研究：基于长三角地区的考察"（03002150026）和国家新闻出版署出版融合发展（四川新华）重点实验室课题"农村全民阅读推广困境的理论根源与政策调整方向"（KT202007）的阶段性研究成果。

农村阅读服务主要由图书馆总分馆体系和农家书屋建设工程两个服务体系(项目)构成,由于制度设计上的不足,两个体系在运行目标、资源配置、管理服务和技术体系上存在不同程度的割裂问题,造成投入不足与资源浪费并存、体系化要求与分散化供给并存、社会化趋势与单中心主导并存等一系列矛盾现象,制约农村阅读服务的高质量发展。

信息技术被视为碎片化治理的重要工具,近年来兴起的碎片化治理理论均强调信息技术的关键作用,认为公共服务从碎片化走向整体化"依赖于交互技术、协作技术和一体化技术的支持"[2],信息技术可以"助力于推倒组织之间的壁垒,赋予政府及其合作伙伴跨组织合作的工具"[3]等。自 21 世纪以来,随着互联网向公共服务领域的逐渐渗透,农村阅读服务领域也不断加快信息化、数字化建设的进程。2016 年,原文化部等五部门出台《关于推进县级文化馆图书馆总分馆制建设的指导意见》,提出要"利用国家公共数字文化工程和资源,打造县域公共数字文化服务平台";2019 年,中宣部等十部门印发《农家书屋深化改革创新提升服务效能实施方案》,强调要"开展农家书屋数字化建设";各地也在图书馆总分馆数字化建设、数字化阅读推广、数字农家书屋建设等实践方面进行了多方探索。

数字化建设的意义不仅在于改变阅读服务载体和方式以适应公众文化消费模式的变迁,同时也在于对制度性问题的治理,尤其是突破制度和技术的壁垒,推动各类主体、各方资源的整合与对接,进而缓解项目制与科层制"双轨运行"模式下农家书屋与图书馆总分馆体系的割裂问题,实现阅读服务的高质量发展和供需对接。那么当前的数字化建设模式能否有效缓解制度弊端所造成的碎片化困境呢?这一问题关乎农村阅读服务的转型发展,也是本文探讨的核心议题。

目前学界对这一问题的研究相对不足,仅有少数学者从制度层面进行了定性分析。[1,4]笔者认为,每一种技术都有一套与之相对应的制度[5],技术变迁是研究制度变迁的基本要素,在互联网时代,肇始于跨部门体制和项目制的农村阅读服务碎片化问题已经不仅仅是一个简单的制度性问题,其背后是新旧技术交替时期多元主体关系的深刻变革和复杂交互。因此,研究农村阅读服务的碎片化问题以及技术转型对碎片化治理的作用,应着眼于技术转型背景下体制内外主体的结构关系和互动模式,从微观层面把握技术与制度交互作用下的服务供给逻辑和机制。

基于此,本文将在梳理学界关于数字化建设模式的观点的基础上,以两个典型案例为对象,探究不同的数字化建设模式对农村阅读服务碎片化治理的现实影响及其背后的运行逻辑,并针对现有模式的不足提出优化路径与策略,以期对相关研究的发展和实践层面的改革有所裨益。

二、政府主导还是多元集成:关于数字化建设模式的争论

在碎片化治理中,信息网络应该由政府主导建立还是多元协同共建,目前尚存争论。以集权为导向的整体性治理理论认为,"如何使政府通过资讯的科技、功能的整合,为民众提供整合的一站式服务,而不是奔波于各个部门,是整体性治理追求的境界"[6]。信息网络和数字化工具主要服务于治理层级、治理功能以及公私部门的整合,应强调政府的核心地位。以分权为导向的网络化治理理论则认为,政府虽然可以利用其地位权威来集结、协调各方主体,但政府作为网络"集成商"会面临诸多挑战,如"政府内部是否存在监控网络的适当技能、经验和资源""政府在启动资本和资金投入方面是否需要帮助""伙伴关系的构成是否要求政府采购政策难以准许的质量和非财政性因素"等,并认为如果政府缺少这些条件,就应该考虑私人公司、第三方等"外部供应商"。[3]

依托这两个理论,我国公共服务领域在数字化建设模式上也形成了政府主导和多元集成两类观点的分野。前者认为,政府、服务商、社会机构、网民等共同参与网络构建和治理,并不必然会产生协同效应,也可能产生治理碎片化问题。[7]因此,要打破公共服务中部门分化、各自为政、彼此隔离状态,关键在于打造数字化政府[8],发挥政府的中间桥梁作用与总体指导性影响力,建设一站集成式服务平台[9]。后者则认为,如果只有政府一个单一的投入主体,不仅会造成政府管理成本过高,同时还会使服务陷入"等、靠、要"的怪圈[10],并促使其他主体处于信息劣势地位,进而造成信息不对称和地位不平等问题[11],难以有效突破体制壁垒和信息壁垒,形成多元主体共建共享和互联互通格局。

从实践趋势来看,两种模式各有优缺,两类观点所陈述的问题也固然存在,但未必是关键所在。对于政府主导模式来说,碎片化的根源并不是主体的多元化,而在于条块分割的体制和项目化的供给机制,如若深层的体制机制没有改革优化,技术维度的变革仅仅只是一种边缘化的改革,更甚者,技术变革可能还会因路径依赖而强化制度性问题,上文所说的多元参与网络治理导致更严重的碎片化问题即是其表现,其结果是建立在旧技术基础上的制度受到威胁,进而造成文化发展的危机。[5]对于多元集成模式而言,信息不对称的关键也不在于政府主导或垄断,缺乏沟通协调的多元参与同样可能产生信息不对称问题;同时,政府和市场在面对未知领域时都会存在信息掌握不足的问题[12],各主体在某种程度上都处于"信息劣势

地位"。因此,问题的解决路径不是简单的多元参与,而更多在于是否构建了有利于多元参与和协同共建的生态环境,如开放的社会参与渠道、良好的社会信用和责任管理体系、有效的沟通协调机制、公平的资源共享体系等[13],以及作为"掌舵者"的政府是否构建了有效的信息网络监督机制。

那么在农村阅读服务领域,数字化建设是否能够弥合制度弊端所造成的结构性缝隙,推动图书馆总分馆和农家书屋两个服务体系在主体、资源、服务、信息等方面实现有效对接和整合? 不同的数字化建设模式在碎片化治理上的作用机制和效果是否存在明显差异,以及哪一类模式更适用于当前的体制机制和生态环境? 对这些问题的回答须结合实践案例,深入探究不同数字化建设模式下阅读服务供给的运行机制,以及这一过程中多元主体的结构关系和互动模式。

三、数字化转型下的碎片化治理:两个案例的对比分析

由于中央层面没有统一、专门的数字化建设规划,农村阅读服务的数字化长期在公共图书馆数字化项目(如全国文化信息资源共享工程、公共电子阅览室工程、数字图书馆推广工程等)的辐射下推进,是一种由城市到农村的辐射带动型发展模式。在这一模式下,农村阅读服务的数字化建设在整个县域阅读服务中处于相对被动位置,得到的资源较为分散,同时,受区域发展理念、环境资源差异等的影响,也呈现出差异化的发展面向和模式。从主体结构来看,目前农村阅读服务的数字化建设主要有政府主导和多元集成两种模式,前者主要由政府统揽,利用财政资源和政府权威进行统一的资源配置与建设布局,社会主体作为技术支持或功能模块嵌入其中,近年各地兴起的公共文化云即属于这一模式;后者是不同主体间分路径、分渠道推进的数字化模式,政府、市场、社会主体在信息平台构建或数字资源供给上彼此合作共建。相对而言,前者在资源配置、信息渠道、技术标准等方面较为统一,后者则呈多元、差异化发展。

本文从近年田野调查案例中选取 Y 县和 F 县①两个案例分别代表上述两种不同模式。Y 县是典型的政府主导型数字化建设模式,2016 年获批省级公共文化示范创建区后,Y 县构建了以县长为组长的示范区创建工作领导小组,多部门协同

---

① 笔者于 2019 年 7—9 月对山东 F 县和湖北 Y 县进行系统调研,调研对象主要是基层公共文化服务体系建设情况,其中县级图书馆总分馆体系和农家书屋是调研的重点。笔者通过访谈法、问卷法、观察法和文献法,对两个县阅读服务的供给主体结构、资源配置模式、技术体系、服务供给等进行了全面调查。

构建"Y县文化云",将"四馆一中心"、乡镇文化站等全部整合进云平台中,并在此基础上进行图书馆的数字化改造和总分馆制建设,实现了县、乡镇和部分中心村的通借通还。F县是典型的多元集成模式,在农村阅读服务中,县级文化主管部门、图书馆总分馆体系、农家书屋体系以及文化市场主体等搭建了不同的管理服务平台和独立的信息渠道,形成多元共建局面。两个案例的经济发展水平均处于全国中游(2019年笔者调研时,Y县和F县的人均GDP分别为6.24万元和6.99万元,与同年全国人均GDP 6.46万元大致相当),其公共文化服务体系建设的能力、水平和问题一定程度上能够反映全国的普遍概况。

(一)政府主导模式(Y县):表层的网络对接与深层的部门分割

2016年创建示范区后,Y县相继出台了《关于加快公共文化资源整合共享实施意见》《关于加强Y县文化云管理的意见》《关于加快建立文化馆图书馆总分馆服务体系的实施意见》等一系列政策文件,构建了覆盖各文化领域的公共文化云平台,从制度和技术两个层面整合县域内文化设施、资金、人才、服务、信息等资源,初步形成各主体间权责清晰、互联互通的关系格局。然而,由于其数字化建设仍是在传统部门分割的体制下展开,县级文旅部门主管的公共文化云并未有效整合图书馆总分馆和农家书屋两个体系的服务资源,致使一体化、网络化的表象下隐藏着深层的主体分割和服务裂解问题。

1. 碎片化问题的改进

传统的技术体系下,Y县文化旅游部门、宣传部门、县图书馆独立建设门户网站,运行上彼此独立,信息不共享、数据库不相通,农村阅读服务资源和信息分散于各个门户网站中;信息的采集和传递也以人工逐级操作为主,最常见的方式就是读者通过乡镇分馆或村图书室的借阅登记册反馈,由管理人员通过会议或电话的形式递送到乡镇文化站、县图书馆和县宣传文化部门,信息封闭化、碎片化和低效率问题突出。借搭建文化云平台的契机,Y县统一了县乡各文化机构的信息平台与技术标准,转变了传统阅读服务模式下技术平台林立、技术渠道分置的问题,有效弥合了主体间的"信息鸿沟";同时,还以政策形式建立了相关机构的权责清单(见表1),对文旅局各股室、县图书馆、各镇文化站在城乡阅读服务中的权责关系进行了划分,并具体落实到个体即具体责任人,有效缓解了传统技术模式下相关主体各自为政、信息封闭与分散的局面,一定程度上促使各主体从弱连接走向开放、协同与合作。

表 1　Y 县文化云平台阅读服务相关栏目及其责任对象一览表

栏目	子栏目	责任单位	管理员
文化资讯	不限分类	各股室、二级单位 各镇文化站	各股室 二级单位 各镇文化站
活动预告	不限分类	各股室、二级单位 各镇文化站	各股室 二级单位 各镇文化站
云图书馆	新书推荐	县图书馆 各镇文化站	夏某 各镇文化站
云图书馆	活动剪影	县图书馆 各镇文化站	夏某 各镇文化站
云图书馆	电子借阅	县图书馆 各镇文化站	夏某 各镇文化站
云图书馆	预定图书	县图书馆 各镇文化站	夏某 各镇文化站
云图书馆	竞技体育	县图书馆 各镇文化站	夏某 各镇文化站
云图书馆	业余体校	县图书馆 各镇文化站	夏某 各镇文化站
儒家文化	不限分类	县文化馆、图书馆、博物馆、 非遗中心、各镇文化站	杨某、夏某、罗某、童某 各镇文化站
云交流	文艺交流区	县文化馆、图书馆、博物馆、 体育中心、各文体协会	杨某、夏某、罗某、唐某
云交流	运动交流区	县文化馆、图书馆、博物馆、 体育中心、各文体协会	杨某、夏某、罗某、唐某
技术管理	技术维护与管理	某科技有限责任公司、县图书馆	
技术管理	内容编辑与上传	某科技有限责任公司、县图书馆	

注:本表源于 2017 年 Y 县出台的《关于加强"Y 县文化云"建设与管理的意见》。

2. 固化的结构性缝隙

制度与技术的协同改革有效缓解了 Y 县农村阅读服务中主体分离、资源分散等问题,但由于改革并未突破宣传—文旅部门二分的体制框架,在以县文旅部门为主导的数字化建设进程中,县宣传部门所属的农家书屋并未被纳入新的技术体系中,因而文化云平台的搭建仅从表层上弥合了主体间的结构性缝隙,在表层的网络结构下,农村阅读服务的两个体系之间仍存在严重的割裂、分散问题。突出表现在三个方面:

一是技术要素分离。两个服务体系无论在硬件层面的技术平台上,还是在软件层面的技术方法与渠道上,均处于割裂和分离状态。文化云中的阅读服务资源和资讯仅面向县图书馆—乡镇分馆,几乎没有农家书屋的运作功能和话语空间,而县宣传部主管的"文明网"中也仅有少量的农家书屋新闻,致使农家书屋体系基本被排斥在政府主导的信息技术平台之外——"技术平台看似开放,但却是不平等的,不能促进信息共享"[14]。这一方面造成了农家书屋在整个技术体系中的边缘化位置,另一方面也强化了技术网络和主体结构的碎片化特征。

二是运行机制割裂。县图书馆与乡镇分馆借助文化云基本形成了通借通还机制,个别农家书屋也以试点的方式被纳入通借通还体系,但从全县范围来看,绝大部分村农家书屋仍未进入县域图书流转和通借通还体系中;同时,因缺乏有效的信息渠道,主管的宣传部门和具有指导职能的文旅局—图书馆总分馆体系均无法有效掌握农家书屋的运行概况。这种管理缺位和信息不对称问题相结合,为农家书屋的建管脱节[15]提供了土壤,并促使农家书屋成为一个个封闭的、分割式的"资源沉淀池"——横向上农家书屋之间没有信息交流和资源共享,纵向上农家书屋与图书馆总分馆、宣传文化部门之间也以后者单线式资源输入为主,其结果是农家书屋内部及其与图书馆总分馆之间普遍存在的信息封闭、资源分散和服务割裂。

三是行动目标分化。"政府是公共性与自利性的矛盾统一体"[16],这种自利性从部门层面来看,就是项目制下利益部门化[17]所导致的部门间价值分化现象。虽然 Y 县以创建示范区为导向、以公共文化云为纽带,在县域各部门间塑造了"文化共同体"意识,但在具体的阅读服务工作上,宣传系统与文旅系统却因部门利益而呈目标分化和脱节状态。县文旅局虽然强调服务供给的均等化和标准化,但主要针对其主管的图书馆总分馆体系,以信息、服务共享为导向的诸多措施,如图书流转和通借通还、数字化触屏设备配备等仅面向县图书馆和乡镇分馆。县宣传部所强调的服务均等化也主要针对农家书屋体系内部,并且在实际行动中常常出现"手段与目标相矛盾"的情况,突出表现在宣传部门多倾向于将资源投向示范性的农家书屋,"表"文化"里"宣传,打造有利于宣传工作的"特色"和"典型"。这种价值目标的分化将导致农村阅读服务的两个项目之间缺乏同向发力的行为动机和价值基础。

(二) 多元集成模式(F 县):有限的整合协调与强化的要素分离

不同于 Y 县在政府主导下的快速建设模式,F 县农村阅读服务的数字化建设是一个渐进的过程,由县文旅局、县图书馆和文化企业共同推动,三者各自搭建网络平台和信息渠道,形成多中心共建和网络节点多元化的格局。文旅局和县图书馆的数字化建设主要以拓展门户网站功能、开通新媒体平台(如微信公众号)和搭建总分馆内部管理系统为主,2018 年后,壹知文化集团与县文旅局合作在乡、村布局了 7 家"壹知书屋"①(身份为图书馆分馆,其中 6 家位于乡镇文化站、1 家位于行政村综合文化中心),文化企业的信息平台和渠道开始嵌入服务网络中。三方集成的阅读服务网络一定程度上推动了相关主体及其服务资源的对接,但由于缺乏系统规划和体制性壁垒的存在,技术转型并没从根本上缓解碎片化问题,更甚者,还在相当程度上强化了信息、资源、服务等要素的分离格局。

1. 碎片化问题的缓解

由于 F 县是多中心共建模式,现阶段数字化建设在碎片化治理上的作用主要体现在各中心内部。如在图书馆总分馆体系内,新开发的总分馆信息管理系统通过将县级总馆与乡镇分馆的图书资源进行在线登记、信息化处理,推动了总馆与分馆之间的信息共享和资源对接,有效缓解了以往分馆中普遍存在的图书资源分散、难以管理等问题。在政府与企业合作的壹知书屋分馆体系中,壹知文化集团的信息平台兼具图书登记、日常借阅、流转协调、数据采集、用户管理等功能,不仅可以为 7 家壹知书屋的图书流转和信息共享提供有力支撑,同时还可以通过对当地居民阅读需求和行为信息的分析,为资源配置和服务供给的精准化提供决策参考,进而缓解阅读服务供需错位和资源分散、闲置问题等。

2. 强化的要素分离格局

由于 F 县的多元集成模式并非在统一的规划下推进,不同主体所采用的技术标准不一、信息渠道分置、信息平台多元,因此各中心内部实现网络对接的背后,是作为网络节点的中心之间更为严重的分散、割裂问题。

一是技术维度上,多元信息平台和信息渠道交叉并行、各自为政。如在公私合作的壹知书屋中,县图书馆和壹知文化集团各有一套彼此独立的信息系统,前者为图书馆总分馆信息管理系统,用以管理县级图书馆配送的图书资源,后者是壹知集团开发的全国壹知书屋信息平台,用以管理壹知集团配置的图书资源以及日常的读者服务,两个系统之间未进行整合、对接,致使一个壹知书屋内出现两个信息系统双轨运行的复杂局面。信息渠道的多元交叉突出表现在农村阅读信息的采集

---

① "县图书馆＋壹知书屋"模式是壹知文化产业集团与地方政府合作共建的一种基层图书馆总分馆模式,即以县图书馆为总馆,壹知集团在街道、乡镇和农村中设立的壹知书屋为分馆,通过采用壹知集团主导的统一的信息管理平台、读者管理机制和管理员招聘管理机制,实现壹知书屋之间的图书流转和互联互通。目前北京、河北、山东等 18 省(市)189 个基层政府、376 家企业与壹知集团建立了合作关系,在全国布局了 500 多家壹知书屋,拥有读者会员 100 多万。

上,目前存在县图书馆的读者意见征求、县文旅局的农村家庭阅读需求专项调研、壹知书屋的信息采集管理系统三个渠道和机制,三者出于"既得利益"保护或传统思维和工作惯性等原因,较少进行信息共享和统筹利用,决策管理也主要依据各自渠道的数据,其结果是获取信息的数字化不仅难以有效促进信息共享,反而还加剧了主体间的信息垄断程度,最终促成农村阅读服务中"信息孤岛""管理孤岛"的形成。

二是运行机制上,交叉重复和缺位问题并存,服务裂解现象强化。与 Y 县一样,F 县的数字化建设也在宣传—文旅部门二分框架下推进,两个部门的信息资源并未进行对接和共享,图书馆总分馆信息管理系统仅面向县级总馆和乡镇分馆,村级的农家书屋未纳入其中,致使两个服务体系间缺乏整合对接的技术基础,在图书采购、流转配送、管理服务等各方面仍遵循不同的渠道和运行机制,不仅造成了农村阅读服务的裂解化,还促使农家书屋因技术滞后、管理缺位而进入加速边缘化状态。壹知书屋分馆体系内也存在突出的交叉运行、各自为政问题。目前每个壹知书屋中均存在两套图书资源,分别由县图书馆和壹知文化集团配给、编码和管理,其流转更新也分别在总分馆体系和壹知书屋体系内,未进行整合优化,因此壹知书屋分馆模式虽然在表面上实现了政府与文化企业的合作、对接,但在具体运行过程中,两者的信息壁垒与合作壁垒依然存在。

三是行动目标上,多元主体间缺乏有效的利益协调机制,价值分化、利益博弈现象突出。如在政企关系上,壹知集团的宗旨是"创建国内最便民、最惠民、最具影响力的文化教育服务平台",借助 F 县的资源平台推广壹知书屋模式、提升文化影响力是其基本动机,而 F 县文旅局则希望通过公益合作降低服务成本、树立创新典型。由于两者在公益价值和私性目标之间缺乏有效协调,其互信情况、合作程度和持续性均存在问题。如政府规定壹知书屋内不能从事经营活动,书屋无法通过经营实现"自给自足",需要壹知文化集团持续投入资金用于雇佣管理员和配置资源,成本较高,因此后期壹知集团试图将公益合作转为政府购买,以弥补其运行成本,却被文旅局以财政紧张为由拒绝,双方合作、互信程度和可持续性因此受影响。体制内主体间也存在目标分化、行动不一的问题,如在总分馆信息系统的应用上,因县图书馆"馆内工作繁杂,无力下派人员管理",乡镇分馆(文化站)"经费由乡镇政府下拨,需服从其安排完成诸多非文化类工作",两者并未真正进行信息对接和图书流转,致使图书馆总分馆制流于形式化。这些问题的背后无疑是体制壁垒和条块分割所导致的利益分化,而利益与目标的分化将为运行割裂、技术分离和服务裂解提供思想土壤。

（三）案例小结

从两个案例的经验来看，不同的数字化模式能够在不同程度上重塑主体结构关系，但在当前的制度环境下，无论是政府主导的协同型技术变革还是多主体分散集成的技术转型模式，都只能在有限程度上促进多元主体的协调合作，难以从根本上解决农村阅读服务中存在的项目交叉、资源分散和服务裂解等问题。因此，两个案例都不同程度地"残余"碎片化问题，或在缓解制度性碎片化问题的同时又产生了新型样态的碎片化问题。

对比而言，Y 县在政府主导、多部门协同搭建文化云后，纵向层级间的县文旅局、县图书馆、乡镇分馆、部分农家书屋之间，以及横向的不同乡镇分馆之间，已经初步建构起网络化、一体化的结构关系，有效实现了互联互通和互信互动，其碎片化问题主要体现为图书馆总分馆和农家书屋两个体系之间的结构性缝隙。而 F 县在两个体系之间及其内部均存在突出的主体割裂、资源分散和信息封闭化的现象，碎片化程度更深、也更复杂。这表明在多元协同治理环境机制尚未成熟的当下，以政府为主导的数字化建设模式更适用于当前的基层实践，而缺乏协同的多元集成模式不仅难以有效发挥整合、协调的作用，甚至还会强化主体分割局面，为新的碎片化问题提供技术土壤。

四、对农村阅读服务数字化建设的反思

数字化、信息化转型能否有效解决农村阅读服务的碎片化困境？针对这一问题，本文通过对典型案例的调查分析认为，现行的两种数字化建设模式——政府主导型和多元集成型均只能在表层和有限程度上缓解碎片化问题，难以真正实现整体性或者网络化治理格局，其原因既有数字化建设本身的问题，也有制度层面的问题。但互联网技术发展至今，单纯从技术层面实现交互、协作和一体化并非难事，因而技术问题并非关键，文化体制的"痼疾"以及制度改革的滞后性才是更为深层的、根本性的原因。这种制度改革的滞后性体现在两个方面：一是制度改革滞后于技术变迁，二是制度改革滞后于治理需求的发展。

对于政府主导的部门协同型建设模式而言，制度改革与技术变迁的非同步性是导致信息技术整合功能弱化的关键。在政府体系内，宣传系统与文旅系统的部门分割是造成项目交叉、资源分散的根源。如果说十九大文化部门改革重组前，分属原文化部和原新闻出版广电总局的两个服务体系尚能在县级文广新局层面进行

整合,那么在改革后,随着农家书屋项目与新闻出版部门一起被纳入宣传系统,宣传—文化部门二分就成为农村阅读服务政策制定和资源配置的主要路径,图书馆总分馆体系与农家书屋体系在基层实现整合、对接也由此面临制度性障碍。农村阅读服务数字化建设的目标之一就是突破这种制度性障碍,推动两个部门的职能和资源"从分散走向集中,从部分走向整体,从破碎走向整合"[18]。但在部门分割体制下,具有"分利集团"[19]性质的文化部门间基于资源配置权、部门话语权及其他资源优势、机会优势的考虑,往往缺乏整合、对接的动力,这在农家书屋项目决策过程中有明显体现。① 因此,技术升级仍只能在多部门体制下沿袭传统路径推进,即图书馆总分馆体系的技术升级由文化旅游部门统筹,农家书屋的数字化转型由宣传部门主导,最终导致统一的信息技术网络下仍然是多部门间的"分割式协调"[3],难以从根本性实现主体、资源、信息、服务要素等的整合。Y 县案例即表明,即使是当前最热门、前沿的文化云技术也难以突破制度性的"痼疾"。

对于多元集成的分散建设模式而言,制度改革的滞后性不仅体现在与技术的关系上,更体现在无法适应文化治理转型的趋势和需要上。互联网时代,由多元主体构成的治理结构内在地要求建立"多中心""自组织"的"网络化"结构,而不再是单纯依靠政府的"单中心"治理结构。[20]但在当前以政府为主导的社会治理体系中,社会主体更多扮演依附性角色,权责不对等、利益分散化、体制壁垒固化、社会信用体系不健全等使得多元合作存在结构性缺失[13],这种不成熟的文化治理环境促使文化行政面临国家话语、市场话语和公民话语的失衡及复杂博弈[21],沟通不畅、协同不力、各行其是问题由此产生。在案例 F 中,作为文化资源占有方的政府与作为先进技术主导方的文化企业本可优势互补,但由于缺乏互信基础和利益协调机制,两者在合作过程中逐渐发展成一种"非零和博弈"关系,政府利用手中的强权设置有利于自身的交易秩序,文化企业在被迫顺从的同时,利用其在技术、信息、社会资本等方面的优势与之博弈,其结果是各主体间原本薄弱的信任基础更为弱

---

① 2007 年,以原新闻出版总署为首的八部委联合发布《农家书屋工程实施意见》,然而八部委(包括新闻出版总署、中央文明办、国家发展和改革委员会、科技部、民政部、财政部、农业部、国家人口和计划生育委员会)中并没有原文化部,传统专业的图书看报服务的主管部门被"排斥"在农家书屋的决策体系之外,这无疑是中央层面部门博弈的表现,而决策环节的利益博弈和主体分离不仅导致了农家书屋项目在执行、监管和评估等政策全过程上与传统公共图书馆服务体系的脱节和割裂,同时也造成文化和旅游部与中宣部国家新闻出版署在后续农家书屋相关项目的决策层面的"分道扬镳"。

化,信息共享与互动合作也难以有效推进,最终造成博弈各方利益的普遍受损。

从这两个案例的经验来看,在当前的文化体制环境下,数字化转型并未真正推动农村阅读服务从碎片化走向整体化或网络化,技术进步并没有为制度变迁提供充分的动力,与此相反,新制度经济学所主张的"制度决定论"观点——好的制度选择会促进技术创新、不好的制度选择则可能扼制技术创新[22]得到了明显的体现。在部门分割、项目化运作体制下,即便是网络化、一体化技术,也会因陷入路径依赖而出现技术要素碎片化的问题。因此,农村阅读服务碎片化问题的治理不应采取"技术先行"模式,制度与技术的协同发力才能从根本上推动农村阅读服务主体及其资源的整合。

那么制度与技术协同改革应该选择什么路径,以集权、整合为导向的整体性治理还是以分权、公私合作为导向的网络化治理? 从已有研究来看,整体性治理理论似乎更受学界青睐,如陈建(2017)[1]认为,整体性治理理论可以为应对农村公共文化服务碎片化难题带来启示;王宏鑫(2014)[4]也认为,基层公共图书馆服务体系建设要走出碎片化困境,必须要适应整体化的时代要求,借助整体性治理理论进行等。在当前以政府为主导的农村阅读服务供给中,体制内的问题无疑是关键性甚至核心性的,因此,强调体制内整合的整体性治理模式似乎更有针对性;同时,从这两个案例的情况来看,政府统揽、多部门协同的集权型建设模式在碎片化治理上的成效也相对显著。那么,整体性治理模式是否确实更适用于农村阅读服务碎片化问题的治理? 对这一问题的回答需要结合对我国农村地区治理模式的分析。

五、技术与制度协同:农村阅读服务碎片化治理的路径选择

农村地区属于我国行政管理体系和基层社会自治体系的"交会"地带,五级政府管理体系"末梢"——乡镇政府位于农村地区,同时广大农村又拥有诸多群众性自治组织,如村委会、村民小组、各类文艺团体等,前者主管图书馆分馆(乡镇文化站),后者则负责农家书屋的运行。在这种情况下,农村阅读服务供给就存在国家行政力量和基层群众自治两种运行逻辑,前者在资源配置上是严谨、统一的行政化模式,后者则是松散、分散的自主性模式。在两种治理逻辑交叠的体制下,无论是单一的整体性治理还是网络化治理,都无法完全适用于农村现行体制以及独立、全面地解决农村阅读服务供给中的碎片化问题。正如一些学者所说,不存在某一种万能的治理模式,网络化治理和整体性治理相互补充、相互升华,应统筹结合利用[23]。虽然两者都无法独立地解决当前农村阅读服务供给中存在的过度分散化

和碎片化问题,但他们对于解决问题的某一方面都具有不可替代的优势。如针对体制内不同层级、部门之间的"施政缝隙",可以发挥整体性治理的"整合"功能;针对自治体制下多元主体布局分散化、沟通协作不足等问题,可以发挥网络化治理的"连接"功能。两者有机结合才能在不违背农村治理逻辑的基础上,推动各类主体及其资源的整合与对接,进而提高农村阅读服务供给的效率效能。

那么在具体策略上如何实现两者的结合? 如前文所述,制度与技术协同发力是帮助农村阅读服务走出碎片化困境的核心策略:在以行业部门体制、项目制为依托的供给模式中,体制机制改革无疑是解决农村阅读服务供给问题的根本着力点;而技术则是"实现制度调整的最关键力量"[24],技术创新不仅可以推动管理与服务本身的转型,同时也可以不断突破制度阻力、诱发制度层面的变革[25]。应结合网络化治理和整体性治理的优势,从这两个维度出发探求治理策略。

一是重塑农村阅读服务的体制环境,完善机制设计。解决农村阅读服务供给碎片化问题时应明确,改革的目标是"去碎片化"而非"去专业化","在可预见的未来,中国并不具备否定专业化的客观理论和实践条件"[9],而"去碎片化"的策略,从主体关系来看,就是要消除"结构缝隙"和"施政缝隙"。实现这一目标,一方面需要整合宣传部门与文化和旅游部门的利益取向和职能权责,建立跨部门的决策协同机制,推动农家书屋工程与图书馆总分馆体系在决策层面的统筹对接,如中长期发展目标的统一、原则标准的对接、行动主体的统筹等,从制度层面弥合主体结构关系及其资源配置体系;另一方面也要破除体制壁垒,转变"单中心"治理结构[20]下政府主体与社会主体的割裂状态,通过政府购买、公益性众筹、合作生产供给、民主对话和参与等多种形式,破除社会主体的"进入壁垒",同时构建以诉求表达—行为约束—利益共享为导向的多元主体利益协调机制,以推动体制内外阅读服务资源的对接、共享,实现政府与社会主体共同决策、设计、生产供给农村阅读服务。

二是搭建基层阅读服务信息平台,为农村阅读服务高质量供给提供技术突破。通过统一的信息平台来整合资金、信息、技术、服务等要素,实现多元主体的网络化合作与阅读服务的整体化供给,这是在资源布局分散的农村地区进行多元合作、资源整合的必然要求。在这一过程中,多元主体应作为不同角色致力于公共价值的实现——宣传部门与文旅部门应是公共价值的促动者和引导者,县图书馆—乡镇分馆、农家书屋、文化企业及其他社会主体则是公共价值的创造者和实践者。在此原则上,发挥宣传、文旅部门的统筹作用,构建以县级图书馆为主导、文化企业参与、县乡村三级互联互通的基层阅读服务云平台系统(见图1),为中央资源与地方资源、政府资源与社会资源、农家书屋资源与图书馆总分馆体系资源的衔接整合提供一站式平台。平台功能的设计也应与制度改革策略进行对接,通过设置"利益/需求表达系统""决策中枢系统""决策支持系统"等功能模块,将各类主体嵌入农村阅读服务的决策执行体系中,构建起多元主体的利益协调、信息共享、决策协同等机制,进而为农村阅读服务的制度改革和服务优化提供技术支持,推动制度与技术的协同改革和合作互动。

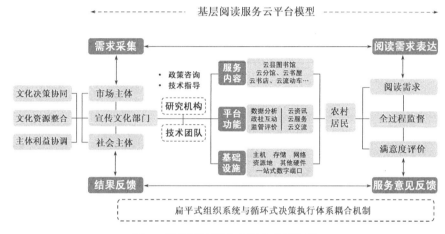

图 1 基层阅读服务云平台模型设计

六、结语

信息技术因具有连接、分享和集成等功能而被视为碎片化治理的重要工具。但在制度变迁滞后和技术变革陷入路径依赖的交互影响下,无论是政府主导的多部门协同式数字化建设模式还是多元主体分散集成模式,都只在表层和有限程度上缓解农村阅读服务的碎片化问题,在服务网络化或"一站式"的表象下,依然存在深层次的主体职能分割、资源要素分离和行动目标分化问题,制约资源配置效率和阅读服务效能的全面提升。这表明在当前的基层治理环境下,"技术先行"模式尚不足以有效推动制度的变革,渐进式的技术转型目前还无法跨过或突破体制的"痼疾",更甚者,还会因路径依赖而强化主体分割局面,进而形成制度与技术双向促成的新型碎片化问题。因此,农村阅读服务乃至整个农村公共文化服务想要走出碎片化困境,不能单纯寄希望于信息技术的引入,制度与技术的协同发力才能从深层次上改善主体分割和服务裂解问题,即只有从制度层面弥合宣传系统与文化系统、政府与社会主体的结构性缝隙,网络信息技术才能有效连接各类主体、整合不同服务资源,同时,也只有构建真正兼容各类资源、向多元主体开放的信息平台,才能真正发挥信息技术在重塑主体关系、诱发制度改革上的作用。

参考文献

[1] 陈建.农村公共文化服务碎片化问题研究——以整体性治理为视角[J].图书馆工作与研究,2017(8):5-10.

[2] DI MAIO A. Move "joined-up government from theory to reality"[J]. Journal of Industry Research,2004(20):2-4.

[3] 斯蒂芬·戈德史密斯,威廉·D.艾格斯.网络化治理:公共部门的新形态[M].孙迎春,译.北京:北京大学出版社,2008:41,68-71,82-104.

[4] 王宏鑫.基层现代公共图书馆服务体系建设的整体化状况分析[J].图书与情报,2014(5):70-74.

[5] 尼尔·波兹曼.技术垄断——文化向技术投降[M].何道宽,译.北京:北京大学出版社,2007:10.

[6] PERRI 6. Holistic government[M]. London:Demos,1997:46-49.

[7] 赵玉林.协同整合:互联网治理碎片化问题的解决路径分析——整体性治理视角下的国际经验和本土实践[J].电子政务,2017(5):52-60.

[8] 韩兆柱,翟文康.大数据时代背景下整体性治理理论应用研究[J].行政论坛,2015,22(6):24-29.

[9] 谭学良.我国县域公共就业服务的碎片化及其整体性治理——基于系统权变模型的理论与实证研究[D].武汉:华中师范大学,2014.

[10] 吴青熹.基层社会治理中的政社关系构建与演化逻辑——从网格化管理到网络化服务[J].南京大学学报(哲学·人文科学·社会科学),2018,55(6):117-125.

[11] 李静.食品安全网络化治理的理路:困境解构与政策耦合[J].理论月刊,2016(12):145-149,161.

[12] 陈玮,耿曙.政府介入能否有效推动技术创新:基于两个案例的分析[J].上海交通大学学报(哲学社会科学版),2015(23):76-84.

[13] 姜晓萍,田昭.网络化治理在中国的行政生态环境缺陷与改善途径[J].四川大学学报(哲学社会科学版),2017(4):5-12.

[14] 马卫红,耿旭.技术治理对现代国家治理基础的解构[J].探索与争鸣,2019(6):68-75,158.

[15] 陈庚,李婷婷.农家书屋运行困境及其优化策略分析[J].图书馆建设,2020,303(3):101-109.

[16] 彭海东,尹稚.政府的价值取向与行为动机分析——我国地方政府与城市规划制定[J].城市规划,2008,244(4):41-48.

[17] 傅才武,李延婷.公共文化建设为什么不能强化供给侧财政投入方式:一个解释框架[J].深圳大学学报(人文社科版),2020(3):50-64.

[18] 竺乾威.从新公共管理到整体性治理[J].中国行政管理,2008(10):52-58.

[19] 曼瑟·奥尔森.国家的兴衰:经济增长、滞胀和社会僵化[M].李增刚,译.上海:上海人民出版社,2018:92-98.

[20] 范如国.复杂网络结构范型下的社会协同治理创新[J].中国社会科学,2016(2):98-120.

[21] 廖胜华.文化治理分析的政策视角[J].学术研究,2015(5):39-43.

[22] 张海丰.技术进步与制度匹配:演化经济学的视角[J].经济问题探索,2015(7):1-6.

[23] 韩兆柱,单婷婷.网络化治理、整体性治理和数字治理理论的比较研究[J].学习论坛,2015,31(7):44-49.

[24] 张林.艾尔斯的制度经济学思想[J].江苏社会科学,2002(1):51-58.

[25] 潘炜,陈庚.农家书屋困局及其技术突破路径——来自21个省份282个行政村的调查[J].图书馆论坛,2019,39(6):98-106.

作者简介

潘 炜(1992—),湖南吉首人,同济大学人文学院助理教授,管理学博士。研究方向为公共文化政策、图书馆管理等。

The Fragmentation Dilemma of Rural Reading Service and Its Governance Under the Background of Technological Upgrading — An Investigation Based on Two Cases

Pan Wei

Abstract: Information technology is regarded as an important tool for fragmentation governance. However, two cases based on digital construction modes of the government-led and multi-integrated show that the current digital construction of the rural reading service only alleviates the fragmentation of service supply on the surface and to a limited extent. Under the interactive influence of the lagging institutional change and technological path dependence, rural reading service faces deeper and solidified structural gaps in the operating mechanism, technical system and value goals. The governance strategy of rural reading service fragmentation shall be explored in both institution and technology, combined with the advantages of holistic governance and network governance.

Key words: rural reading service, fragmentation, technological upgrading, governance strategy

体育强国背景下中国体育事业效率评价及影响因素研究[*]

周伟荣

摘　要： 为科学评估我国体育事业发展情况，结合当前我国体育强国战略，构建一个涵盖竞技体育、群众体育等多领域以及"强国""兴才""健体"等内容在内的多层次体育事业发展效率综合评价指标体系。基于 2016—2018 年面板数据，运用 DEA 方法测算了全国 31 个省（市、区）体育事业投入产出效率水平并进行区域比较，利用 Tobit 模型对其影响因素进行检验。研究发现，我国体育事业发展综合效率整体处于低效状态，管理水平和规模冗余的归因程度相当；三大区域综合效率从高到低排序依次为东部＞西部＞中部，纯技术效率排序为东部＞中部＞西部，管理效率排序则恰好相反；不同省（市、区）间差异明显，且大致分为三个梯队；互联网普及、文化消费与体育事业综合效率负相关，居民收入则与体育事业效率正相关。最后，结合研究结果从建立健全评价与反馈机制、合理规划调整体育资源投入规模等五方面提出相关优化建议。

关键词： 体育强国；投入与产出；DEA-Tobit 模型；区域比较；影响因素

一、引言

2017 年 12 月，习近平总书记在十九大报告中对全面建成小康社会进行了战略部署，并做出了加快把我国从体育大国建设成为体育强国的重要指示，这对我国体育事业的高质量发展提出了新要求。在十九大报告创新发展理念约束下，体育事业的高质量发展不应再是不计成本的投入，而应关注发展效率问题，切实降低发展成本。为此，科学评价我国体育事业发展效率水平、识别和检验影响我国体育事

---

* 基金项目：国家社科基金艺术学青年项目"公共文化支出促进居民文化消费的机理研究"（16CH175）的阶段性研究成果。

业发展效率的显著性因素,将对推进我国体育事业可持续高质量发展具有重要决策启示作用。

当前,针对体育事业相关领域发展效率进行评价研究已经取得了一些成果。多数研究通常采用 DEA 方法、Malmquist 指数及其综合模型,测算投入产出效率值以获得关于区域体育事业发展水平的较为直观结果。例如,龚三乐和刘丽辉(2016)[1]利用 2010—2012 年数据基于 DEA-Tobit 模型实证研究了东部地区 11 省(市)体育公共产品供给效率及其影响因素,发现样本期内各省(市)呈现稳步上升、持续下滑以及波动上升三种态势,供给意愿、供给资金、供给规范性、经济发展水平等因素会对体育公共产品供给效应产生显著影响;李勇和冯伟(2018)[2]同样利用 DEA-Tobit 模型基于 2015—2016 年江苏 13 个地级市相关数据分析了江苏公共体育财政支出效率及其影响因素,发现仅有 23% 左右的地区财政支出效率达到综合有效,经济水平、财政投入与财政支出效率存在正相关;游国鹏等(2016)[3]使用 DEA-Tobit 模型对我国 29 个省(市、区)2012—2013 年群众体育事业效率进行了分析,结果发现多数省(市、区)效率偏低且差异明显,管理水平是主要成因,经济发展有助于提升当地的群众体育事业效率;陈华伟等(2016)[4]基于 2009—2011 年面板数据对 31 个省(市、区)的公共体育资源配置效率进行了 Malmquist 指数测算,发现当前我国公共体育资源配置效率的提高主要源于要素投入的增加,但在配置方式和结构上需进一步优化,经济水平、居民收入和消费水平对效率都不存在显著影响;柳畅等(2019)[5]利用 DEA-Malmquist 指数对中部地区 2011—2015 年公共体育事业财政投入效率进行了研究,发现 2013 年之后中部地区该效率要优于全国平均水平但持续走低,技术水平和投入规模是中部地区体育事业发展的主要限制性因素;刘春华(2017)[6]基于 DEA-Malmquist 指数对我国 1978—2014 年的体育投入效率进行了动态分析,发现各省(市、区)无论是综合技术效率还是全要素生产率都呈现出典型的区域差异性。

上述成果为本研究的开展提供了重要的方法论启示,但也存在一些研究不足,有待弥补。其一,当前研究成果尽管发表的年限集中在近几年,但绝大多数使用的数据都是 2016 年之前的,相对滞后,无法反应近些年体育强国建设背景下我国体育事业发展情况;其二,多数研究对于体育事业的认识略显片面,仅仅从服务供给、场馆建设或者全民健身单一方面理解,由此导致其效率评价指标尤其是产出指标的选择有所侧重,不能较好反应地区体育事业综合发展水平;其三,多数研究选择从全国层面或者特定区域(如江苏或者中部)入手研究,并没有结合我国体育事业发展效率的区域特征进行归纳和总结,也就无法针对不同区域之间的异质性提出针对性的政策建议。

为弥补上述不足,本文以体育事业的投入产出效率为研究切入,结合当前我国体育强国建设战略,构建了一个涵盖竞技体育、群众体育等多领域以及"强国""兴才""健体"等内容在内的多层次体育事业发展效率综合评价指标体系,这与当前多数研究选择一些常规性评价指标形成了差异,也是本文的最大创新。同时,利用DEA 模型对全国 31 个省(市、区)体育事业 2016—2018 年的投入产出效率进行测算并进行区域比较,找出不同区域之间的典型特点,在此基础上利用 Tobit 模型对我国体育事业发展效率的影响因素进行实证分析。相关研究结论试图为体育主管部门制定最新的决策咨询提供理论参考和借鉴,共同推动"十四五"时期我国体育事业的高质量发展。

二、体育事业投入产出效率评价

(一)测算效率的 DEA 方法介绍

DEA,即数据包络分析(Data Envelopment Analysis)的简称,是根据生产前沿面评价效率的非参数估计方法,由 Charnes、Cooper 和 Rhodes 于 1978 年提出,适用于多投入多产出的有效性评价问题,且不需要设定具体的生产函数形式,主要有CCR(规模报酬不变)和 BCC(规模报酬可变)两种模型。

本文选择投入导向的 BCC 模型。由 BCC 模型计算出来的效率值为综合技术效率(TE),还可以进一步分解为规模效率(SE)和纯技术效率(PTE),且 TE＝SE * PTE。

(二)指标选择与数据说明

在体育事业建设过程中,投入要素集中在劳动要素、资本要素、土地要素等方面,具体表现为政府支持下的人力、财力、物力等投入。[1,6]参考现有文献和《中国体育事业统计年鉴》统计数据,本文选取的投入指标包括:① 人力资源,即体育系统从业总人数,包括管理人员、专业技术人员、优秀运动队运动员、工勤人员、体育行政机关公务员以及其他人员;② 财力资源,即政府文化体育与传媒支出中体育科目的总支出资金;③ 物力资源,即全民健身场地设施总面积,包括全民健身活动中心、户外健身场地设施和其他场地设施。

在产出方面,本文将体育事业的发展效益分为三个层面:① 强国。当前我国体育事业的发展从体育大国向着体育强国转变的目标迈进。这其中,竞技体育是

表1 2016—2018年全国体育事业投入产出效率

年份	地区	华北					东北			华东							华中
		北京	天津	河北	山西	内蒙古	辽宁	吉林	黑龙江	上海	江苏	浙江	安徽	福建	江西	山东	河南
2016	TE	1.00	0.93	0.72	1.00	1.00	0.91	0.90	1.00	1.00	1.00	0.80	0.81	1.00	0.60	0.83	1.00
	PTE	1.00	1.00	0.95	1.00	1.00	1.00	0.93	1.00	1.00	1.00	1.00	0.95	1.00	0.66	1.00	1.00
	SE	1.00	0.93	0.75	1.00	1.00	0.91	0.97	1.00	1.00	1.00	0.80	0.84	1.00	0.90	0.83	1.00
2017	TE	0.88	1.00	0.79	1.00	0.64	1.00	1.00	1.00	1.00	0.96	1.00	1.00	1.00	1.00	0.96	0.90
	PTE	0.99	1.00	0.81	1.00	0.76	1.00	1.00	1.00	1.00	0.96	1.00	1.00	1.00	1.00	1.00	0.90
	SE	0.89	1.00	0.98	1.00	0.85	1.00	1.00	1.00	1.00	0.96	1.00	1.00	1.00	1.00	0.96	1.00
2018	TE	1.00	1.00	1.00	1.00	1.00	0.91	1.00	0.96	1.00	0.98	1.00	1.00	1.00	1.00	0.82	0.74
	PTE	1.00	1.00	1.00	1.00	1.00	1.00	1.00	1.00	1.00	1.00	1.00	1.00	1.00	1.00	1.00	1.00
	SE	1.00	1.00	1.00	1.00	1.00	0.91	1.00	0.96	1.00	0.98	1.00	1.00	1.00	1.00	0.82	0.74

年份	地区	华中		华南			西南					西北					均值
		湖北	湖南	广东	广西	海南	重庆	四川	贵州	云南	西藏	陕西	甘肃	青海	宁夏	新疆	
2016	TE	0.63	0.96	0.80	1.00	1.00	1.00	1.00	1.00	1.00	1.00	0.92	0.80	0.98	1.00	1.00	0.92
	PTE	0.76	1.00	1.00	1.00	1.00	1.00	1.00	1.00	1.00	1.00	0.92	0.80	1.00	1.00	1.00	0.97
	SE	0.83	0.96	0.80	1.00	1.00	1.00	1.00	1.00	1.00	1.00	1.00	0.99	0.98	1.00	1.00	0.95
2017	TE	1.00	0.80	0.72	0.89	1.00	1.00	1.00	0.38	1.00	1.00	0.83	0.64	0.77	1.00	1.00	0.91
	PTE	1.00	0.85	1.00	0.92	1.00	1.00	1.00	0.39	1.00	1.00	0.87	0.65	0.85	1.00	1.00	0.94
	SE	1.00	0.94	0.72	0.97	1.00	1.00	1.00	0.97	1.00	1.00	0.96	0.98	0.90	1.00	1.00	0.97
2018	TE	1.00	0.52	0.74	0.67	1.00	1.00	1.00	0.53	1.00	1.00	0.94	1.00	0.92	1.00	0.93	0.92
	PTE	1.00	0.74	1.00	0.70	1.00	1.00	1.00	0.54	1.00	1.00	0.96	1.00	0.98	1.00	0.94	0.96
	SE	1.00	0.70	0.74	0.96	1.00	1.00	1.00	0.99	1.00	1.00	0.97	1.00	0.94	1.00	0.99	0.96

体育强国意涵中的重要组成部分,国际体育竞赛成绩比如众多高水平运动员为我们国家在历年奥运会上赢得的奖牌,都彰显了我国体育事业发展的顶层实力,是我国体育强国形象展示和传播的重要依托。为此,参考相关研究的做法[1,6],这里选取万人世界冠军数衡量竞技成绩。② 兴才。体育教育是一个国家或者地区体育事业发展的题中之义。在强调"夺冠""争胜"的竞技理念之外,建立多层次"体教结合"的体育人才培养体系,对于补全竞技体育项目短板、发挥体育运动价值、传承体育事业和精神、促进人的全面持续发展有着重要意义。为此,这里选取"专职教练员发展人数""等级运动员发展人数""职业社会体育指导员发展人数""等级裁判员发展人数""体育后备人才人数"作为体育事业人才培养产出的衡量指标。③ 健体。体育事业的发展关乎顶层体育强国形象构建以及体育强国战略实现,但也面向全体公民,以满足人民需求为落脚点,与人民健康密切相关,因此体育事业发展也是推进基层全面健身、建设"健康中国"的重要力量。全民健身与否应该成为衡量一个国家和地区体育事业发展水平的重要指标,这里选取"年度体质测试参加人数"作为衡量全民健身的指标。

本文的研究对象是全国 31 个省(市、区),并基于以上投入和产出指标寻找相关数据。具体来说,本文研究使用的样本数据时间跨度为 2016—2018 年,数据主要来源于《中国体育事业统计年鉴》和各地区统计年鉴。

(三)效率水平

由 DEA 模型测算的 2016—2018 年全国 31 个省(市、区)体育事业投入产出的效率水平如表 1 所示。

1. 综合技术效率

就体育事业的综合技术效率而言,纵向上 2016—2018 年我国 31 个省(市、区)体育事业投入产出综合效率均值为 0.92,并未达到 DEA 有效水平。就三大区域来说,东部地区体育事业综合技术效率(TE)均值最高(0.93),其次是西部地区(0.92),中部地区最低(0.91)。具体到 31 个省(市、区),上海、福建、海南、山西、重庆、四川、云南、西藏、宁夏 9 地三年间综合技术效率均达到有效水平(TE=1.0),其中东部地区有 3 个省(市)占比 33.3%,中部地区只有 1 个省占比 11.1%,西部地区有 5 个省(市、区)占比 55.6%,其余地区综合技术效率存在一定提升空间。上述结果表明,体育强国背景下中国三大区域之间的体育事业综合效率呈现东部>西部>中部的排序,这与曾争等(2015)[7]、张凤彪等(2020)[8]现有研究得到的东部>中部>西部的结果并不一致,可能原因在于上述研究在产出指标选取时多选择常规性指标如公共体育场馆数量/万人等,没有考虑体育强国这一外部约束。本研究中,西部地区综合技术效率有效(TE=1.0)的省(市、区)有 5 个,远高于中部地区的 1 个,其综合技术效率均值高于中部地区也就不难理解了。

横向上,不同省(市、区)体育事业发展效率的区域间差异较大(表2),上述保持三年综合技术效率有效(TE=1.0)的 9 个省(市、区)在全国处于第一梯队;北京、天津、河北、内蒙古、辽宁、吉林、黑龙江、江苏、浙江、安徽、江西、河南、湖北、广西、贵州、甘肃、新疆 17 个省(市、区)体育事业综合技术效率有 1—2 年处于有效阶段(TE=1.0),处于第二梯队,但仍需探索合理有效、符合自身情况的体育事业资源利用方式;山东、湖南、广东、陕西、青海 5 个省(区)体育事业综合技术效率在 3 年中均未达到有效状态,处于第三梯队。

表 2　2016—2018 年 31 个省(市、区)体育事业发展效率三大梯次

梯次	省(市、区)	个数
第一梯队	上海、福建、海南、山西、重庆、四川、云南、西藏、宁夏	9
第二梯队	北京、天津、河北、内蒙古、辽宁、吉林、黑龙江、江苏、浙江、安徽、江西、河南、湖北、广西、贵州、甘肃、新疆	17
第三梯队	山东、湖南、广东、陕西、青海	5

2. 纯技术效率和规模效率

纯技术效率是指管理因素影响的效率,规模效率主要受现有规模与最优规模间差距影响。体育事业综合技术效率受到上述两个效率的共同影响,也就是说综合技术效率的低效状态至少是因为这两个效率中的一个较低导致的。

就整体来说,2016—2018 年全国体育事业纯技术效率均值为 0.96、规模效率均值为 0.96,两者几近一样。就三大区域来说,纯技术效率均值从高到低排序分别是东部(0.98)>中部(0.95)>西部(0.93),说明东部地区体育事业发展相关管理水平是相对最高的,中部地区其次,西部地区最低。并且,中西部地区与东部地区差距较大,表明其亟须提高当地体育事业发展中的管理水平;规模效率均值从高到低排序分别是西部(0.99)>中部(0.95)>东部(0.94),这一结果正好与纯技术效率均值排序反过来,说明西部地区体育的事业发展规模相对最优,中部地区其次,东部地区最低,这可能是因为西部地区体育事业的资源使用和配置效率最高,能做到"人尽其才""物尽其用",反观东部和中部地区,由于未能做到资源的合理使用和配置,因而这两个地区的纯技术效率均值要低于西部地区,表明其亟须降低当地体育事业发展的规模冗余。

进一步地，规模效率低于纯技术效率的样本中，2016 年有天津、河北、辽宁、浙江、安徽、山东、湖南、广东、青海，2017 年有北京、江苏、山东、广东、新疆，2018 年有辽宁、黑龙江、江苏、山东、河南、湖南、广东、青海。可以看出，2016—2018 年，辽宁、山东、湖南、广东、青海 5 个地区至少出现 2 年规模效率低于纯技术效率的情况，表明这些地区更需要重视对地方体育事业的投入规模进行优化调整。

纯技术效率低于规模效率的样本中，2016 年有吉林、江西、湖北、陕西、甘肃，2017 年有河北、内蒙古、河南、湖南、广西、贵州、陕西、甘肃、青海，2018 年有广西、贵州、陕西、新疆。可以看出，2016—2018 年，陕西、甘肃 2 个地区至少 2 年出现纯技术效率低于规模效率的情况，表明这两个地区更需要改革体育事业相关资源的使用和配置方式，缓解由于管理水平低下造成的效率损失。

此外，2016—2018 年，仅有青海和新疆处于规模报酬递增（irs）阶段，其他省（市、区）均处于规模报酬递减（drs）阶段，这意味着绝大多数省（市、区）需要对其体育事业资源投入规模进行优化调整，提高资源配置效率。

三、体育事业投入产出效率影响因素检验

（一）变量选择与模型设立

已有研究主要从经济发展、人口密度、受教育水平、财政分权等方面考察其对体育相关内容的投入产出效率的影响[9-10]。其中，经济发展水平层面能够反映一个地区地方政府的治理能力，经济发展水平越高的地方，地方政府对于公共资源的使用和配置效率也就越高；人口密度越高，群众体育或者体育建设的需求会越旺盛，从而增加公共体育资源的使用效率；地区居民的受教育水平越高，那么其体育健身以及使用公共体育服务的意愿就会越强烈，当地体育公共资源的使用和配置效率也就越高；财政分权衡量的是地方政府在税收、债务和预算等方面的自主权，地方政府自主权越大，越有可能关注辖区内的公共事业发展，这关乎辖区内居民的满意度。

在具体指标选择上，参考现有研究常见做法，本文选择"地区人均 GDP"（eco）、"常住人口与辖区面积之比"（dpop）、"6 岁以上人口中大专及以上教育程度人口比例"（edu）分别作为反映地区经济发展水平、人口密度、受教育水平的指标。财政财力变量选择上，现有研究主要选择地方财政收入（支出）占全国或中央财政收入（支出）总水平的比值，但这一公式的分母相同，最终比较的是各地方政府财政

收支的相对大小,没有反映财政分权关系。与此同时,考虑到体育事业主要由地方财政负担[11],财政的自给程度影响到体育事业资金支持,借鉴相关研究做法本文选择财政自给率 afd(各省本级财政收入占各省财政总支出的比值)作为衡量财政财力的指标[12]。

除此之外,本文还考虑:① 外部替代因素。大多数体育活动本身需要实际的身体参与,但互联网与文化娱乐的发展催生出更多的线上虚拟式体验,一定程度上会对体育活动的需求产生替代效应,进而使得体育资源配置和使用效率降低。基于此判断,选择"互联网宽带接入用户"(net)和"城乡人均文教娱乐消费支出"(cul)作为外部替代因素指标。② 居民收入因素。与外部替代因素的作用相反,随着可支配收入的增加,居民参与体育的需求也可能随之增加,有利于体育事业效率提高。居民收入的衡量指标选择"人均可支配收入"(income)。③ 技术创新。一般来说,一个地区的技术进步能够带来新理念、新知识、新方法,从而提高地区生产部门的投入产出效率的提高,根据这一思路选择"地区 R&D 经费支出"(rd)作为技术创新变量指标。

在上述变量指标选取的基础上,以 DEA 模型测算的综合技术效率为因变量设立如下回归模型:

$$TE_{it} = \alpha_0 + \beta_1 net_{it} + \beta_2 cul_{it} + \beta_3 rd_{it} + \beta_4 afd_{it} + \beta_5 dpop_{it} + \beta_6 edu_{it} + \beta_7 income_{it} + \beta_8 eco_{it} + \varepsilon_{it}$$

式中:i 表示各省(市、区),t 表示时间,TE_{it} 为综合技术效率,α_0 为常数项,β_1 至 β_8 为回归系数,ε 为随机误差项。

(二)数据说明

基于上述变量和指标,这里选择 2016—2018 年全国 31 个省(市、区)的面板数据,共 93 个样本,数据来源于《中国统计年鉴》和《中国体育事业统计年鉴》,具体数据如表 3 所示。

表 3 全国 2016—2018 年体育事业投入产出效率影响因素汇总与描述性统计

变量	符号	指标说明	Mean	Std. Dev.	Min	Max
外部替代	net	互联网普及:互联网宽带接入用户数/万户	2 101.33	1 483.83	115	7 768
	cul	文化消费:城乡人均文教娱乐消费支出/(元/人)	660.72	441.18	78.48	2 592.10

（续表）

变量	符号	指标说明	Mean	Std. Dev.	Min	Max
技术创新	rd	R&D 经费支出/亿元	419.70	466.74	2.30	1 800.00
财政分权	afd	财政自给率:各省本级财政收入/各省财政总支出	0.43	0.17	0.08	0.83
人口密度	dpop	常住人口/辖区面积（人/平方千米）	454.53	699.33	2.54	3 850.79
受教育水平	edu	6 岁以上人口中大专及以上教育程度人口比例	0.13	0.07	0.02	0.42
居民收入	income	人均可支配收入/(元/人)	20 097.27	8 391.43	9 740.43	49 867.17
经济发展	eco	地区人均 GDP/(元/人)	50 211.54	21 858.68	23 092.12	106 904.90

（三）检验结果

考虑到综合技术效率(TE)的取值在 0—1 之间,被解释变量具有明显的截尾特征,为降低估计偏误,采用 Tobit 模型估计。Tobit 回归的检验结果如表 4 所示。

表 4　我国体育事业投入产出效率影响因素 Tobit 回归结果

变量	TE
net	-0.456^{***} (0.145)
cul	-0.173^{*} (0.090)
rd	0.006 (0.006)
afd	0.121 (0.112)
dpop	-0.039 (0.024)
edu	-0.310 (0.329)
income	0.015^{**} (0.006)
eco	-0.045 (0.119)

（续表）

变量	TE
_cons	0.838 *** (0.076)
N	93

注:"*""**""***"分别指统计值在10%、5%和1%水平下显著。

影响因素中,与综合技术效率之间存在显著相关关系的变量有互联网宽带接入用户数、城乡人均文教娱乐消费支出和人均可支配收入。其中,互联网宽带接入用户数和城乡人均文教娱乐消费支出分别在1%和10%的显著性水平上与综合技术效率负相关,说明互联网普及和居民文化消费水平的提高会对当地体育事业发展效率造成负面影响,这两者之间存在外部替代效应。究其原因,可能是因为随着城市网络信息技术的发展,越来越多的居民尤其是年轻人更愿意选择将时间和费用花在网络休闲娱乐上,比如短视频、网络游戏等而非体育运动和健身,或者通过使用在线教育资源居家而非去公共体育场馆健体,由此造成包括全民建设中心、户外健身设施等硬件设备的闲置或者使用低效。人均可支配收入与综合技术效率在5%的显著性水平上正相关,说明居民收入的增加有利于地区体育事业发展效率的提高。这有可能是因为人民群众的物质生活水平提高了,更加关注自身身体健康,也就更愿意花时间使用全民建设场地和设施以提高自己的身心健康水平。

其他因素与综合技术效率之间的相关性都未通过显著性检验,说明技术创新水平(rd)、财政分权(afd)、经济水平、人口密度条件以及教育因素等都不会对体育事业发展效率的变化产生显著的激励或者约束作用。这可能是因为:① 当前技术创新在推动我国体育事业发展中还没有扮演重要角色,各地体育事业发展依然处于粗放阶段,没有将其他关联领域的新理念、新方法、新技术和新成果等积极吸收进当地体育事业的发展之中。② 一直以来,地方政府财力的主要支出方向在地方经济建设上,因为经济建设相比于公共事业发展来说更容易"出成绩",也好衡量。因此,在财政分权制度下,地方政府如果自主权越高,并且中央对于地方公共事业发展没有硬性约束的条件下,地方政府在公共事业部门的支出和管理上可能就不会投入太多精力,更不用说是文化和体育事业发展了,因为这些公共事业部门"更难出成绩",这可能也导致了地方财政分权与体育事业发展效率无关。③ 经济水平发达的地区在地方治理能力上应该更为先进,因此有能力改善地区体育事业发展的效率,但也会存在不好的一面,即在体育事业发展尤其是场馆建设上的投入可能会造成浪费,进而抑制效率。就本文来说,经济水平的这种正负效应有可能正好冲抵,导致经济水平与体育事业发展效率之间不存在相关性。④ 尽管人口密度的提高有可能通过提高公共体育设施的可及性和使用频次从而提升地区体育事业的投入产出效率,但是这种积极效应有可能会被互联网普及的负面影响所抵冲,由此造成人口密度的提高并不会对地区体育事业发展效率产生影响。同样的逻辑,受教育水平与地区体育事业发展效率之间不存在相关性也就不难理解。

四、结论与建议

本文基于 2016—2018 年全国 31 个省(市、区)的面板数据,运用 DEA 模型测算体育事业投入产出的效率水平,并运用 Tobit 回归检验影响体育事业效率的因素。研究结果表明:① 2016—2018 年,我国体育事业发展综合效率整体处于低效状态,纯技术效率均值和规模效率均值大致相同;② 三大区域体育事业发展综合效率从高到低的排序依次为东部>西部>中部,纯技术效率排序为东部>中部>西部,管理效率的排序则恰好相反,为西部>中部>东部;③ 不同省(市、区)体育事业发展效率差异较大,保持稳定有效状态的地区仅有上海、福建、海南、山西、重庆、四川、云南、西藏、宁夏 9 个省(市、区),属于第一梯队,山东、湖南、广东、陕西、青海 5 个省连续三年均未达到综合技术有效状态,属于第三梯队,其他省(市、区)则属于第二梯队;④ 辽宁、山东、湖南、广东、青海尤其需要重视对地方体育事业投入规模的优化调整,陕西和甘肃则需要在如何提高地方体育事业管理水平上创新思路和方法;⑤ 居民收入与体育事业发展效率正相关,互联网普及和文化消费则与体育事业发展效率负相关。

根据上述研究结论,就改善当前我国体育事业发展效率提出以下建议:

一是建立健全体育事业发展效率评价与反馈机制。国家体育总局可以考虑连同高等院校、科研院所、体育行业协会等组织共同开发与研制标准统一的体育事业发展效率评价与监测体系,定期动态地进行评价并将结果反馈给有关部门,督促其及时调整和优化,确保辖区内体育事业发展的高效性和可持续性。

二是合理规划和调整体育资源投入的规模,改善资源配置使用方式。将竞技体育和群众体育、全民健身和全民健康的战略融入地区社会经济发展中,与地区的人口、经济发展水平相适应,提高规模效益。合理分配竞技体育和群众体育的资源投入比例,在体育人才投入上倡导资源共享,鼓励专职教练员任职体育学校教师,既有利于后备人才培养的提质增效，又能反哺体育竞技，为其输送新鲜力量；在体育场地设施使用上提倡资源共享，广泛开展全民健身活动，保障群众的体育健康权，共同支持竞技体育多出佳绩，促进全民健康。

三是改革体育事业管理体制机制。由管理和制度因素影响的纯技术效率不高是我国体育事业发展效率较低的另一个原因。现实中，"举国体制"在集中力量发展部分运动项目的同时也出现体育资源配置失衡问题，最终不利于体育事业的全面协调发展，需要进一步完善体育事业管理相关的体制机制和制度。既要在体制制度层面开放、合作，鼓励社会力量参与体育事业建设，加强传统体育组织与社会体育组织的交流，又需要在顶层体制调整中加快机制的跟进步伐，保障体育事业管理改革的有效实施和落地。

四是引导三大区域需制定差异化优化策略，个别省（市、区）需结合自身特点制定特殊性策略。东部地区省（市）体育事业纯技术效率是最高的但规模效率却是最低的，这就要求东部省（市）尤其是辽宁、山东和广东在进一步完善体育资源管理水平的同时，优化资源配置效率，从过去传统的"财政支出"导向的事业发展思路逐步转变为"政策扶持"导向的发展思路，即从重视政府对体育事业发展的财政支出变为出台相关政策激发体育人才、体育场馆提高自我运维水平。[13] 西部地区则恰恰相反，当地政府可以考虑利用好转移支付手段加大对当地体育事业发展的财政投入力度，施放其规模报酬递增效应，提高规模效率。同时，以陕西、甘肃为代表的西部地区应积极向东部地区学习体育资源配置方法和经验，提高体育事业治理能力。中部地区需要在汲取东部和西部经验做法的基础上，在管理水平和投入规模上"双管齐下"。

五是针对不同因素的影响结果制定针对性策略。各地区应加强对居民体育健身意识的强化和宣传，引导居民尤其是年轻人在日常网络休闲娱乐之余重视体育健身，提高居民主动健身的积极性和参与性。积极推动科技创新助力体育事业发展，一方面发挥技术手段在体育事业中的作用，如竞技体育中的战术分析、运动员身心状态监测、装备改进，对群众体育中的需求数据分析预测；另一方面也要注重培育体育事业内部的技术创新水平，出台相关政策加快引导体育科学研究所、体育大专院校和体育科技企业等核心力量加大在体育科技创新及其成果市场化、社会化转化方面的投入力度。

参考文献

[1] 龚三乐,刘丽辉.东部地区 11 省市体育公共产品供给效率差异及影响因素分析——对 DEA-Tobit 模型的运用[J].经济研究参考,2016(47):80 - 87.

[2] 李勇,冯伟.江苏区域公共体育服务财政支出效率及影响因素实证研究[J].体育学研究,2018(6):57 - 63.

[3] 游国鹏,刘海瑞,张欣,等.基于 DEA-Tobit 模型的我国 2012—2013 年群众体育投入产出效益评价与影响因素研究[J].天津体育学院学报,2016(3):209 - 215.

[4] 陈华伟,丁聪聪,陈金伟.全民健身公共体育资源配置效率测度及影响因素分析[J].西安体育学院学报,2016(6):666 - 672.

[5] 柳畅,李燕领,邱鹏,等.我国中部地区群众体育事业财政投入效率研究——基于 DEA-Malmquist 模型[J].成都体育学院学报,2019(3):43 - 50.

[6] 刘春华.基于 DEA-Malmquist 指数的我国政府体育投入效率研究[J].天津体育学院学报,2017(4):291 - 297.

[7] 曾争,董科,钟璞.我国省域体育公共服务的技术效率及其影响因素研究[J].武汉体育学院学报,2015(7):30 - 35.

[8] 张凤彪,王松,王家宏.我国公共体育服务效率的空间异质性研究[J].中国体育科技,2020(8):54 - 64.

[9] 袁春梅.我国体育公共服务效率评价与影响因素实证研究[J].体育科学,2014(4):3 - 10.

[10] 邱鹏,李燕领,柳畅,等.我国公共体育服务财政投入研究:规模、结构与效率[J].天津体育学院学报,2019(2):105 - 112.

[11] 李丽,杨小龙.体育公共服务财政支出区域差距及优化研究[J].中国体育科技,2019(11):21 - 30,72.

[12] 李书琴.财政分权对公共文化服务供给效率的影响[D].上海:华东政法大学,2020.

[13] 胡慧源.中国省域博物馆服务效率区域差异:走势、原因及启示[J].深圳大学学报(人文社会科学版),2020(6):64 - 71.

作者简介

周伟荣(1988—　),上海人,华东政法大学体育部讲师。研究方向:体育事业管理、运动训练学。

Research on Efficiency Evaluation and Impact Factors of Sports in China Under the Background of Sports Power

Zhou Weirong

Abstract: Combined with the current strategy of building China into a leading sports power, this research is carefully designed to scientifically evaluate the development of China's sports industry and construct a multi-level comprehensive evaluation index system on sports development efficiency that embraces such fields as competitive sports and mass sports, as well as concepts such as "a leading power", "the rise of talents" and "fitness". Based on the panel data from 2016 to 2018, the present author utilizes DEA to calculate the input-output efficiency of sports in 31 provinces in China. A comparison of it is made by region, and the Tobit model is applied to test the factors. Findings are reported as follows: First, China generally has registered inefficiency in its sports industry, which can be equally ascribable to the management level and scale redundancy. Second, the sequence of the comprehensive efficiency (in descending order) of the three regions in China is eastern region> western region > central region, pure technical efficiency: eastern region > central region > western region, and management efficiency: western region > central region > eastern region. Third, there are significant differences among different provinces, and they can be roughly divided into three echelons. Fourth, internet popularization and cultural consumption are negatively correlated with the comprehensive efficiency of sports, while personal income has a positive correlation with it. In the final section, the present author, premised on the aforementioned results, proposes suggestions for optimization in terms of five aspects including establishing a sound evaluation and feedback mechanism and reasonable planning and adjustment of the investment of sports resources.

Key words: sports power; input and output; DEA-Tobit model; region comparison; impact factors

非遗传承

基于圈层理论的传统村镇民歌遗产传承与活化策略[*]

许立勇　周从从　叶子萌

摘　要:民歌遗产与传统村镇互生共融,形成不同民歌文化圈层、民歌文化结构,在城镇化进程中,其所附着的文化和生态环境正在受到冲击。基于圈层理论和文化圈等理论,以广西为样本,分析民歌遗产各圈层结构传承与活化模式等问题,针对不同圈层提出优化路径,为民歌遗产传承与活化提供有效策略。

关键词:圈层理论;广西样本;传统村镇;民歌遗产;活化策略

民歌是人类社会生活和思想情感最直接、最真诚、最悠久的反映,有着丰富的文化内涵和深厚的历史积淀,是优秀的文化遗产。传统村镇是民歌遗产的主要载体,两者互利共生、唇齿相依。随着城乡统筹与城镇化的进程,部分传统村镇开发过度,非物质文化遗产传承无序,民歌遗产的生存环境堪忧。广西是民歌遗产富集地,素有"歌海"的美誉,民歌形式多样,民歌遗产丰富多彩。广西有662个国家级、省级传统村镇,是民歌遗产的主要聚集地以及赖以生存的基础,是优秀传统文化的重要载体和中华民族的精神家园。广西民歌遗产与传统村镇共生,圈层结构特征明显,是全国民歌遗产传承与活化的样本。

近年来,随着非物质文化遗产保护工作的不断推进,加强对民歌的研究已成为当下文化艺术领域的重要议题。在圈层理论、文化圈理论的相关理论框架基础上,以广西为蓝本,对传统村镇民歌遗产的传承活化进行综合分析,探讨民歌产业结构发展的内在规律,为我国传统村镇民歌遗产的传承活化提出策略,对促进我国民歌遗产传承、活化,发扬民歌遗产的艺术魅力,培养民族气质,传承民族文化,弘扬民族精神和民族音乐文化,具有理论意义与现实意义。

---

*　基金项目:国家社科基金艺术学项目"对外文化交流项目绩效评估研究"(21BH168)的阶段性研究成果。

一、民歌遗产圈层理论基础与广西样本

(一) 圈层理论基础

1. 圈层理论

"圈层结构"最早由德国农业经济学家冯·杜能提出,主要指社会经济的发展以城市为中心,呈圈层化向外发展。"圈层"进入社会科学的概念范畴可以追溯至中国著名的社会学家费孝通在《乡土中国》提出的"差序格局"理论,以及西方语境下的社会网络理论。[1]产业围绕核心区域进行圈层布局,由资源集聚区不断向外辐射,产业发展的圈层结构是不以人的意志为转移的生产力"趋优分布"规律作用的结果。使用圈层理论可以更好地研究文化的向外迁移、扩展或传播,以及由于文化传播所带来的文化碰撞与融合。近年来,中外学者将圈层理论应用到文化、旅游等领域,增大了研究的广度和深度,越来越强调社会综合性和人文内涵。

2. 文化圈理论

19 世纪末 20 世纪初,德国人类学家弗罗贝纽斯(L. Frobenius)提出文化圈(cultural circle)概念,"他把位于共属关系之中的一群文化因素作为文化复合来把握,而将其地理的分布命名为文化圈,并进而致力于文化圈的确定"。文化圈理论在文化传播学和人类文化学领域应用广泛,文化传播的媒介主要是人的迁移和流动,传统的民歌传播方式主要为接触传播,发展的历程中不断扩散、融合、突破、创新[2],伴随着空间距离的增加,民歌传播的阻力逐渐增大,认同感逐渐降低,形成以文化核心区为中心的集聚和扩散的圈层状结构。北京大学文化产业研究院院长向勇认为①,传统社会的人际联结依靠的是共同的社会圈层、血脉宗亲或商业利益,文化的发展一直存在精英主义和流行化、大众化的抗争冲突,大众化之后就会出现一些亚文化的圈层,文化形象和文化品牌打造要针对不同文化圈层和区域市场。

本文融合圈层理论、文化圈理论的主要观点,对传统村镇民歌遗产传承活化的向心层次性、有序性进行研究,动态、辩证、系统地分析传统村镇民歌遗产的内涵、不同圈层传承活化的模式、存在的问题等,并提出民歌遗产传承活化的策略建议。丰富了民歌遗产活化的理论体系,对于传统村镇民歌遗产传承活化、产业结构调整优化,推动民歌遗产向生态化、活态化发展具有重要的实践意义。

---

① 北大教授茶座第 91 期——向勇. 经典阅读,生命行走[EB/OL]. 北京大学官网. (2021 – 03 – 17). https://xgb. pku. edu. cn/sylm/dtxw/126054. htm.

（二）民歌遗产圈层结构的内涵

1. 民歌遗产的内涵与特点

民歌遗产是具有地方文化特色的宝贵财富，是非物质文化遗产，是民族音乐文化的结晶，是研究民族、民风、民俗的重要依据，承载着当地的政治、经济、文化和民俗等诸多方面的历史信息。民歌遗产的内涵首先是以人为依托的动态传承，有没有传承人已成为判断民歌遗产的基本标志，民歌遗产的传承不是一代代简单重复，而是在每个时代吸取不同的时代因素，在动态中不断发展、创新、消亡、因袭，从某种角度来说，民歌遗产是一种受制于传承人主观倾向的文化遗产。民歌遗产不能独立存在，会依附于传统节日、传统仪式、表演艺术等传统表现形态。民歌遗产是对民族历史、文化的直接反映，具有不同的地域属性，是一个地区的根与魂，是一项有重要价值的民族文化工程。民歌遗产具有动态传承性和非物质性，民歌遗产的外延主要指作为民歌传承媒介的语言、表演艺术、社会风俗、礼仪、节庆活动、民间传统知识等各种表现形式和文化空间。深入挖掘、传承活化传统村镇中的民歌遗产，充分展现传统村镇和民歌遗产的价值，是推动我国民族文化振兴的重大工程，是提升我国软实力的"助推器"。

2. 民歌遗产的圈层结构的内涵和功能

基于圈层理论将传统村镇民歌遗产分为内圈层、中圈层和外圈层。内圈层即传统村镇民歌遗产活化的核心区，民歌遗产资源丰富，文化底蕴深厚；中圈层即传统村镇民歌遗产活化的核心区与外围地区的衔接区或者缓冲区，民歌文化资源较丰富，文化底蕴较深厚，受内圈层影响较大；外圈层是民歌遗产活化的最外层空间，民歌遗产资源相对不够富集，民歌文化底蕴不深厚，受内圈层影响较小，更容易受现代文化或外来文化影响。

内圈层是民歌遗产传承活化的内核，是民歌遗产传承活化的基质与核心，位于民歌遗产圈层结构最核心的位置。中圈层承担着民歌遗产的多元传播功能，是连接内圈层和外圈层的纽带，民歌遗产的传统传播渠道是口头传播，传承范围小、方法单一，随着科技进步，民歌与科技结合，突破了圈层和空间的壁垒，对民歌文化进行跨时空活化，形成了中圈层，因此中圈层文化遗产不如内圈层丰富。外圈层促进了民歌遗产与外围文化圈层文化交流，推动民歌遗产走出去，是民歌遗产产业化发展的实践，借助现代高新科技，衍生出文艺演出业、文艺旅游业等新型产业业态，外圈层产业化发展要守住民歌遗产传承活化的"红线"，最终实现民歌遗产活化的长效动力。

3. 民歌遗产圈层结构与传统村镇

传统村镇是中华文明的根基和民歌遗产的基本载体,是具有活态特征的文化遗产,传承着民族的人文底蕴,其核心价值既包括各种物质形态的建筑、生活工具等,也包括民歌、民俗等文化遗产,传统村镇为民歌遗产提供了文化空间,提供了物质载体,民歌遗产赋予传统村镇文化价值。因此,传承活化民歌遗产,要着眼于其与传统村镇的有机对应关系。在民歌遗产核心圈层,传统村镇密集,民歌文化特征突出,是民歌遗产赖以存在的"核";随着空间向外延展,传统村镇密集度下降,受自然条件、人文环境等因素影响,民歌文化传播势头变弱,影响力降低,民歌遗产资源减少;在外圈层,传统村镇规模变小、分布分散,民歌遗产传播受地域空间限制,更易受到外来文化冲击,呈现弱势。本文基于圈层理论,以广西为样本,对传统村镇民歌遗产圈层结构进行分析。

(三)广西传统村镇与民歌遗产样本

广西民歌遗产丰富。民歌是广西本土文化中最有特色和最重要的组成部分,聚居在广西的壮族、侗族、毛南族、松佬族、瑶族、苗族等都是好歌善歌的民族,特定的地域文化和地理环境,创造了灿烂的民歌文化,其中尤其以壮族民歌为主。自2012 年以来,住建部、自治区住建厅等公布的全部国家级、省级广西传统村镇共662 个,是广西民歌遗产的主要聚集地,主要分布在桂东部,在许多传统村镇里,人们至今仍保持着鲜明的壮族习俗,其民歌有着浓郁的民族特色和重要的文化价值,被誉为"壮族的活化石"。[3]

广西民歌遗产独具民族特色。广西民歌有 2 000 多个歌种和唱腔,承载着深厚的民族情感和民族记忆,是千百年来广西人民劳动生产情感和文化智慧的结晶,是丰厚的非物质文化宝藏。广西民歌保持地域传统文化,反映该地域的生活、生产、风俗习惯等文化特质,饱含了纯朴的乡土气息,集绘声绘色的群众语言、形象生动的比喻、原汁原味的民族特色为一体,在中国民歌艺术殿堂独树一帜。[4]

同时,广西民歌遗产与传统村镇共生的生态环境堪忧。在城镇化进程中,依托古村落开展旅游景区、文娱旅游线路等的建设,进行区域高强度、大规模的集中开发,破坏了古村落的人文环境、古建筑的内部结构,丧失了原本的文化底蕴;或对古村落不闻不问,任其锈蚀、坍塌,导致传统村落空心化严重,民歌遗产所依赖的文化生态环境遭到不同程度的破坏。

总体上,广西遗产在整体性保护传承的基础上,初步构建了以传统村镇为基底的活化模式与范式。广西民歌与传统村镇互生共融,容纳于不同场合、不同目的、不同内容的各种传统民俗活动之中,形成不同的圈层结构,是广西的文化符号,具有重要的文化价值。基于圈层理论分析民歌遗产活化具有重要的意义和价值。

二、传统村镇民歌遗产传承与活化模式

民歌遗产传承与活化的圈层结构包含核心层、中间层和外围层,形成了由政府、传承人与被传承人、社会群众多元主体共同参加,以非遗为内容核心,以大众传播为手段,不断衍生相关产品,并辐射相关行业,最终与传统村镇附着共融共生,成为新的文化空间。

(一)核心层:"民歌+节庆"活动内核模式

民歌遗产主要通过在传统村镇举行民歌集会等方式传承和流传下来,经典民歌被反复吟唱,口耳相传。广西是壮族歌仙刘三姐的故乡,素有"歌海"之誉,每逢节日及重大节庆活动,广西各族人民以唱山歌的方式互相交流,以歌传情,以歌会友。民歌是活态的非物质文化遗产,口耳相传的传承模式的核心是保护传承人,对传承人的活态保护与对民歌文本的静态保护是延续民歌生命的双重保证。[5]

传统民歌节。"三月三"是壮族传统的歌圩,人们带着五色糯饭和彩蛋,先祭祀歌仙刘三姐的神像,祈求她赐予歌才,在田间山坡上相互对唱山歌,以歌定情,以歌会友。"三月三"是承载和展示壮族民歌遗产的重要载体和平台,可以多角度、全方位地领略和感受壮族深厚的民族传统文化,"三月三"也是传承和保护壮族民歌遗产的最有效途径。

在传统民歌节庆的基础上,部分地区衍生了国际民歌节。南宁国际民歌艺术节已经成为一个融文化、旅游、经贸为一体的综合性大型节庆活动,开启了中国与东盟文化合作的新篇章,成为广西与全国各地、世界各地文化交流的重要平台。南宁国际民歌艺术节的宗旨是继承和弘扬壮族人民的文化艺术,加强与世界各民族文化的交流和发展,为广西民歌遗产活化注入新功能,使其能够适应现代市场发展的需求[6],提升了广西民歌遗产的知名度和影响力。

文化节庆活动是对民歌遗产的还原性保护,深挖民歌遗产核心圈层的文化内涵、文化价值,展现其文化精髓和文化魅力。通过传统民歌艺术节,让民歌文化融入当下市民生活,让人们从中感悟民歌文化价值,提升文化自信,同时,搭建起民歌遗产、民歌沟通的桥梁,让民歌走出中国、走向世界,从更宏观的角度传承与活化民歌遗产。

(二)中圈层:"民歌＋科技＋教育"多元传播模式

教育培训是民歌传承与活化的有效途径。近年来,通过音乐教育传承地方本土民歌文化实现民族古老生命记忆的延续,实现对民族生存精神和生存智慧及活态文化存在的认知。民歌教育传承与活化主要有以下形式:将民歌遗产引入高校课堂,以选修课、文化大讲堂等形式开展,主要针对学生群体,例如广西百色学院在音乐专业和公选课都开设了《广西民歌课》,该课程结合课程特点和学生现状,取得较好效果;通过传承人及民间大师开办技艺培训馆等方式,以"讲师＋视频＋体验"的方式进行授课,主要面向中老年群体以及社会上对民歌感兴趣的群体。南宁市马山县自 2013 年以来,每年都举办马山县壮族三声部民歌师资培训班,吸引来自全县各中小学校的音乐老师和音乐业余爱好者百余人,授课老师为壮族三声部民歌的传承人或对壮族三声部民歌有一定研究的专家或学者,7 年来,参加培训的学员达 900 多人(次)。"校园＋社会"培训班,侧重于将民间信俗、传统技艺与技能传授于社会,达到学以致用、服务与传承并行的效果,如中国民间文艺家协会和广西文联主办的"少数民族民歌歌手培训研讨会及采风创作活动",吸引山歌专家学者和歌手 80 多人,并通过广西日报等方式进行了宣传,通过喜闻乐见的形式使群众了解山歌、学习山歌。

教育培训是以文化教育培训为主的民歌遗产保护传承活化模式,借助核心层的传统民歌遗产资源优势和外圈层的教育资源、科研资源、社会资源等的优势,能更全面、更有效地传承民歌遗产,实现了民歌遗产的保护—传承—活化"一体化"模式,能够与社会相关产业相关联,推动民歌遗产的活化利用及持续传承。

现代科技打破了传统村镇与民歌遗产的空间壁垒。聚焦民歌遗产,打造 IP,发展文化遗产 IP＋品牌合作、文化遗产 IP＋授权经济等多种形式。同时,充分利用现代媒体、VR/AR 等全新技术和设计,生动诠释民歌文化的精神内涵。例如1961 年拍摄的电影《刘三姐》全篇用广西地方民歌来表现,播出后引起了强烈的反响,而"歌仙"刘三姐也成了广西民歌的代名词。

(三)外圈层:"民歌＋创意"产业融合模式

市场经济下,挖掘民歌文化内涵,与创意相结合,开发适合市场的产品和精品,并赋予其多元营销手段,打造"民歌＋创意"融合的产业模式。例如张艺谋执导的大型山水实景演出《印象·刘三姐》,数据显示,自 2004 年 3 月《印象·刘三姐》在阳朔开始正式公演,截至 2019 年已达 6 700 余场,接待观众超 1 600 万人次。《印象·刘三姐》形成了成熟的商业运作模式,把政府的先导性投资和综合扶持与优质资本相结合,把广西民歌特色与原创剧目及运作经验相结合,通过资本运营、营销策略、营销理念、低成本策略,来达到其商业模式的创新型成功,形成了经济、社会、文化、生态等多方面的综合效益,打造中国山水实景演出第一品牌。

"民歌＋办节形式"创新,衍生了民歌节开幕式晚会《大地飞歌》《风情东南亚》晚会、《中华民歌大赛》、"绿城歌台"活动等民歌仪式品牌。南宁国际民歌艺术节的文化之"根"是壮族的"三月三"歌节,但它在办节理念、办节机制、办节内容和办节形式上进行了创新,在继承和弘扬壮族人民文化艺术的同时,加强与世界各民族文化的交流和发展,是广西与全国各地、世界各地文化交流的重要平台,使广西民歌遗产实现了从民族性、地方性到国际化的跨越式发展。

传统村镇民歌遗产传承与活化模式分析借鉴了圈层结构、文化圈的理论基础,以内容为核心、以科技为支撑、以产业为带动,与传统村镇结合,生成了不同的文化空间,呈现出市场导向带动、政策扶持、产业链拉长的区域性循环发展网络。广西民歌遗产圈层结构的核心层通过在传统村镇举行民歌集会、民歌节等"民歌＋节庆"活动内核模式传承民歌遗产,中圈层通过教育培训等"民歌＋科技＋教育"多元传播模式对民歌遗产进行传承活化,外圈层通过"民歌＋创意"产业融合衍生一系列新业态,推动民歌遗产的创新发展。同时,广西作为区域样本,传统村镇民歌遗产活化也存在着问题。

三、基于圈层理论的传统村镇民歌遗产活化问题分析

(一) 内圈层:文化空间缺失与空心化

近年来,由于城镇化的迅速推进等,传统村镇的人才不断"外流",造成常住人口大量减少,出现"人走村空"的现象,并由人口空心化逐渐转化为人口、土地、产业和基础设施等的整体空心化,导致民歌人才流失,后继无人。部分县(区)、乡镇对传统村镇保护工作不重视,出现"建设性破坏""规划性破坏"等问题,严重破坏了承载民歌遗产的文化空间和文化氛围。

民歌文化传承机制断层,面临危机。传统村镇大多位置偏僻,交通与生活不便,生活条件差,就业门路少,缺少文化娱乐设施,教育卫生条件差,保护意识薄弱。各地普遍出现传承人老龄化、断层现象明显,传唱水平降低、内容简化等问题。例如在1999年南宁国际民歌艺术节,一首《乌苏里船歌》将郭颂老师、中央电视台与黑龙江饶河县四排赫哲族乡人民政府送上法庭,该歌是在赫哲族民歌《想情郎》等原主题曲调的基础上改编完成的,警醒人们要保护民歌遗产。

缺乏群众基础。民歌多通过口头传播,这种传播方式受空间限制,且受外来文化、大众文化冲击,加之活化形式单一、内容生硬,社会公众参与热度低,缺乏群众基础,人们很难认识到传统民歌文化的价值。

(二)中圈层:"旧"遗产与"新"生活冲突

中圈层是传统民歌遗产与外界沟通的渠道和纽带,现代传媒不断发展,逐渐替代了传统村镇民歌的口头传承。现代化的生活方式使得民歌遗产的观演场所不断缩小,部分民歌遗产随着文化环境而产生适应性改变。

新的文化思潮、科技、生活方式要求民歌遗产活化要适应人群的聚集及其需求的转变,过度追求现代性,一味追求智能化、数字信息化、电商经济、人工智能化等,使民歌彻底丧失文化底蕴。追求商业化、现代化的文化心理让民歌遗产失去了传统,传统村镇的破坏让民歌遗产失去了载体。

过分追求现代化,民歌价值丧失。中圈层是民歌遗产与外界沟通的桥梁,更易受外圈层现代文化影响,出现了以现代性元素为主,将民歌遗产改编的"混合式流行音乐",民歌遗产被强行烙印"现代"特征,文化价值和艺术魅力下降。

(三)外圈层:产业趋同与创新乏力

传统民歌与现代产业结合不够紧密,活力不强。传统民歌文化和现代流行元素、现代科技不能有机结合,民歌遗产不能完全实现现代化转型。民歌遗产处于文化基因"缺失突变"与"墨守陈规"的两难境地。

产业化水平低,发展力度不足。民歌遗产的传承活化需要物质驱动,物质驱动受限,使得民歌遗产活化出现障碍,产业化建设尚未成型,缺少整体性发展规划、产业链不合理,导致民歌遗产活化力度不足。

全球化与外来文化冲击。随着工业文明的推进和现代化进程的加速,传统民歌与其他传统文化一样,不可避免地受到全球化浪潮和外来文化的冲击和影响,外来文化和传统民歌遗产之间存在着对立和冲突,对民歌文化造成冲击。

四、基于圈层理论的民歌遗产活化策略

(一)内圈层:加强多元主体保护力

政府部门应加强对民歌遗产的支持力度。政府对于已经纳入非物质文化遗产保护尤其是遗存于传统村镇的民歌项目应给予充足的支持,包括核心演出和创作团体的组建、专业研究团队的凝聚、专项发展基金的分配、民歌生态环境的拯救等,打造民歌发展平台。

重塑民歌文化肌理,保护传统民歌遗产。加强地方民歌遗产研究,进行广泛的调查摸底,用录像、录音、文字、照片等形式加大民歌遗产的搜集力度,保留完整资料,充分研究不同地区历史、文化遗产、地域文化等要素,归纳梳理地域传统村镇与民歌遗产脉络,系统研究民歌遗产格局与特色。

维护民歌遗产传统面貌。民歌遗产具有不可替代的文化价值,需要传承发展的也是其独特的文化机制和艺术魅力,民歌遗产活化要充分维护民歌遗产的本来面貌,可适当结合现代化存放技术,对相关信息进行长期、高质的保护;结合现代化传播技术,以提升传播效率。

建立健全民歌遗产传承与活化制度。建立完善民歌遗产的档案管理制度,制定健全的保护活化措施,建立专门的民歌遗产机构或专业协会,协调好传承者、研究者和开发者各自的利益关系。

(二) 中圈层:提升科技传播力

应用多元的科技方式呈现民歌遗产价值。传播媒介对民歌遗产与时俱进具有重要的建构作用。传播技术的不断进步和信息交流的高速发展,使大众传媒成为民歌文化传播的最主要途径、渠道与方式。新媒介时代尤其要关注抖音、快手、云视频等传播方式,多元化制作和传播内容。

开展形式多样、内容丰富的民歌进校园、进课堂活动。在中高等教育中开设包含民歌的教育内容,特别是在民歌资源富集地区让更多的学生接触地方民歌,并参与到民歌的表演和创作活动中来,不断提高非物质文化遗产保护与传承水平。

创建民歌文化品牌。充分挖掘民歌遗产在提升地区文化软实力中的关键作用,充分挖掘民族文化意蕴,打造民歌文化品牌,打通民歌遗产沟通外界的桥梁,激发民歌文化创新发展活力,提高民歌遗产知名度,扩大对外影响。

(三) 外圈层:提高产业活力

市场经济下,民歌文化要具有创新意识与产业思维,转变发展方式,优化产业结构,推动产业集聚,形成规模经济,提高集约化经营水平。以市场需求为导向,促进民歌的市场化是可持续发展的必然。应从市场需求开发的角度,设计适合民歌演出的商业活动,在群众中广泛开展多种多样丰富多彩的地方民歌、民俗演唱演艺活动,定期举办民歌大赛,组织民歌业余表演活动,让民歌真正走进千家万户,多渠道、多角度激发民歌的生命力。

协调好民歌传承活化与产业化开发之间的关系。民歌面临失传危机的一个重要原因就是民歌遗产的外部生态环境发生了急剧变化,保护乡村歌圩、"城市歌圩",设立民歌遗产生态保护区、民歌遗产活化博物馆,为民歌遗产传承、活化提供一个重要的平台和场所。

总之,基于圈层理论系统分析民歌遗产传承与活化的问题并提出优化建议,将民歌文化与传统城镇有机地联结起来进行考量,并对其生成的文化空间加以关照,有着较强的理论与现实意义。

参考文献

[1] 尤可可.边界重构:圈层传播的理论渊源及形成机制[J].视听界,2020(3):11-17.

[2] 胡美娟,丁正山,周年兴,等.黄梅戏文化时空扩散过程及驱动机制[J].文化产业研究,2018(2):252-267.

[3] 范秀娟.黑衣壮民歌的审美人类学研究[D].济南:山东大学,2006.

[4] 卢丽萍.浅谈广西地域文化对民歌的影响[J].音乐创作,2015(2):149-150.

[5] 段友文.非物质文化遗产视野下的民歌保护模式研究——以山西河曲"山曲儿"、左权"开花调"为例[J].山东社会科学,2013(1):100-103.

[6] 杨姗姗,黄碧宁,凌亚萍.海洋强区建设背景下广西海洋非物质文化遗产活化利用模式研究[J].广西社会科学,2018(12):39-44.

作者简介

许立勇(1978—),辽宁朝阳人,文化和旅游部海外文化设施建设管理中心研究员,文化部首批青年拔尖人才,国家行政学院文化政策与管理出站博士后,中国艺术研究院文学博士。研究方向为文化政策与管理、文化产业、文化科技。

周从从(1986—),河北衡水人,中国区域科学协会文化发展委员会副秘书长,农学、管理学双硕士。研究方向为文化政策、文化产业管理。

叶子萌(1992—),浙江杭州人,韩国大真大学教育心理博士生,广州星海音乐学院艺术管理专业硕士。研究方向为艺术产业与管理。

Study on Inheritance and Activation Strategy of Folk Song Heritage in Traditional Villages and Towns Based on the Concentric Zone Theory

Xu Liyong   Zhou Congcong   Ye Zimeng

Abstract: The blending and symbiosis of folk song heritage and traditional villages and towns form different cultural circles and structures of folk songs. In the urbanization process, its attached cultural and ecological environment is being impacted. Based on theories like concentric zone theory and cultural circle theory, taking Guangxi as an example, this paper analyzes the inheritance and activation mode of different cultural circles and structures of folk songs. It puts forward optimized paths suitable for various circles, so as to provide effective strategies for the inheritance and activation of folk song heritage.

Key words: concentric zone theory; Guangxi; traditional villages and towns; folk song heritage; activation strategy

徐州市非遗资源产业化价值分析
与发展模式研究[*]

黄　洁

摘　要：产业化是非遗保护、传承和开发利用的重要举措。在文化强国战略思想指引下，以徐州为例，运用 D-AHP 法对 20 项省级及以上非遗资源产业化价值进行评价分析，结果显示徐州非遗现阶段处在产业化资源丰厚但自身衍生能力弱、产业化成熟度低的状态。依据评估值划分出徐州非遗资源产业化程度的 3 个层次类型，在此基础上提出了"一主线双驱动三路径"的非遗资源产业化发展模式，即以非遗资源开发与文旅产业发展相衔接为主线，以政府和市场为驱动，建立社会化保护与传承、多业态联动和融合"新媒体＋"3 种产业化路径，系统解决 3 个层次类型的非遗资源产业化发展问题，助推非遗文化产业可持续向前迈进。

关键词：非物质文化遗产；产业化；D-AHP 法；发展模式

一、引言

党的十九届五中全会制定了到 2035 年建成文化强国的远景目标，提出了对非物质文化遗产（以下简称非遗）进行系统性保护的要求。非遗是不同民族文化群落长期积淀的、独特的传统文化载体，非遗保护对维系世界文化多样性、维护民族文化个性、唤醒民族"文化自觉"有着无可替代的作用。作为民族传统文化的重要组成部分，非遗日益成为文化产业发展的一支生力军。[1] 文化产业"是一个以精神产品的生产、交换和消费为主要特征的产业系统"[2]，旨在通过对传统文化的融会贯通和创新，凝练成能够为当代社会所接受的文化产品，并将其产业化。由此可见，文化产业是文化与经济的结合，也是文化资源、创意以及产业运营在一起而产生经

＊　基金项目：江苏高校哲学社会科学研究项目"徐州市非物质文化遗产的产业化问题研究"
　　（2018SJA0994）的阶段性研究成果。

济效益的产业业态。[3]非遗是丰富而宝贵的文化资源。非遗产业化就是从事非遗相关文化产品的生产和经营,即利用非遗资源发展文化产业。所以,"在有效保护非遗的基础上对其进行产业化开发,既是发展文化产业的重要途径,也是非遗融入现代社会生活而实现可持续发展的必然要求"[4]。同时,非遗内涵丰富,能够满足当下以差异化为目的的消费行为,这使得非遗可转化成为文化资本,进而为文化产业发展提供新的着力点。[5]

然而,非遗物质载体的特殊性会造成其产业化的特殊性,如果不加选择,过度推崇产业化不仅不会促进非遗的动态化保护,反而还会破坏非遗的传承和发展。[6]面对非遗产业化进程中这一亟待解决的问题,应当全面实施非遗资源产业化适宜性评估。[4]通过建立与非遗资源自身特点相匹配的开发评估指标体系,对各非遗项目进行量化分析,制定有针对性的发展策略。[1]鉴于此,本文以徐州市非遗保护与可持续发展实践为例,开展非遗资源产业化价值评价分析与发展模式研究,为区域非遗资源产业化发展提供可参考的数据和可行性建议。

二、徐州市非遗资源分布及其产业化现状

徐州是国家级"历史文化名城",是汉文化的发源地。"两汉、齐鲁、荆楚、黄河、运河"文化在这里并存交汇[7],孕育了丰富的多元文化形态,滋养了极具地域特质的民间文化艺术,赋存了独具特色的徐州非遗资源。

(一)非遗资源分布情况

徐州非遗资源丰富,形式多样,分布广泛且类型齐全。至 2021 年,徐州拥有世界级非遗 1 项,国家级非遗 9 项,省级非遗 68 项,市级非遗 159 项;有 8 位国家级非遗项目传承人,28 位省级非遗项目传承人。目前,徐州已建立了国家、省、市、县(区)四级名录体系及保护单位,界定归档 9 大门类,分别是民间文学、曲艺、传统戏剧、传统舞蹈、传统技艺、传统美术、民俗、传统医药以及体育类,其中国家级非遗涵盖了 3 大类。它们中不乏具有深厚文化价值的项目,如世界级非遗徐州剪纸,以日常生活为创作素材,形象生动、题材广泛;国家级非遗徐州香包受到习近平总书记的青睐,已成为徐州非遗的代言项目。

徐州非遗资源地域分布呈现出市区相对集中而各县较为均匀的特征。徐州拥有省级非遗共 68 项,其中徐州市区 20 项、铜山区 5 项、沛县 11 项、邳州 10 项、丰县 9 项、新沂 7 项、睢宁 6 项(图 1)。

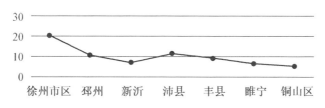

图 1　徐州市省级非遗数量分布情况

此外,在非遗项目类型方面,徐州省级及以上非遗主要以传统技艺、曲艺、舞蹈、戏剧、民俗为主。其中徐州市曲艺类 5 项、传统技艺类 7 项、民俗类 4 项。其他主要县(区)分别为沛县传统技艺类 5 项、舞蹈类 2 项、民俗类 2 项;邳州传统技艺类 4 项、曲艺类 1 项、民俗类 3 项;丰县传统技艺类 4 项、曲艺类 3 项、民俗类 3 项。由此可见,徐州非遗资源受到城乡、地域以及生活方式的影响而呈现出分布的差异性。

(二)非遗资源产业化现状

徐州市高度重视非遗的保护开发和利用,相关举措包括:① 建设徐州淮海文博园、徐州创意 68 文化产业园、徐州非遗展示馆以及若干非遗保护场所和基地;② 结合国家"文化和自然遗产日"、彭祖健康养生文化节等,多维度开展非遗保护与传承的赛事、展览和相关节庆活动;③ 与地方高校共建"淮海地区非遗研究中心""徐州市非遗数字图书馆",共同举办"中国—徐州非物质文化遗产高层论坛"。

为进一步分析研究徐州非遗产业化状况,本文选取百度、谷歌、搜狗、360 四大网络搜索引擎,对徐州省级及以上非遗项目网络关注度进行搜索,并借助主要网络销售平台研判其产业化程度。结果显示:截至 2021 年 6 月,关注度较高的是徐州剪纸,为 4.59 万;徐州香包 2.6 万、徐州唢呐 1.5 万、彭祖传说 1.5 万;国家级非遗项目邳州纸塑狮子头的关注度仅 0.22 万(表 1)。另外,通过淘宝、微博两大网络销售平台搜索结果显示,截至 2021 年 6 月,淘宝平台有徐州曹氏香包和樊哙狗肉两家网络经营店,微博平台有经营主页的分别是徐州香包 3 家、徐州剪纸 1 家、沛县狗肉烹制 1 家、沛县武术 1 家。

表1　徐州市省级及以上非遗网络调研情况

项目名称	类别	申报地区	关注度	项目名称	类别	申报地区	关注度
A1 彭祖传说	民间文学	徐州市	15 000	A11 邳州年画	美术	邳州	1 490
A2 刘邦传说	民间文学	丰、沛县	11 300	A12 邳州纸塑狮子头	技艺	邳州	2 200
A3 徐州唢呐	曲艺	徐州市	15 000	A13 铜山石刻	技艺	铜山区	1 000
A4 邳州跑竹马	舞蹈	邳州	1 900	A14 沛县狗肉	技艺	沛县	1 100
A5 睢宁落子舞	舞蹈	睢宁	860	A15 徐州饣它汤	技艺	徐州市	2 000
A6 江苏柳琴戏	戏剧	徐州市	2 200	A16 窑湾绿豆烧	技艺	徐州市	1 596
A7 徐州梆子	戏剧	徐州市	9 000	A17 马庄灯俗	民俗	徐州市	1 523
A8 徐州琴书	音乐	徐州市	3 000	A18 泰山庙会	民俗	徐州市	1 546
A9 徐州剪纸	美术	徐州市	45 900	A19 徐州伏羊食俗	民俗	徐州市	2 900
A10 徐州香包	美术	徐州市	26 000	A20 沛县武术	体育	沛县	18 600

由上述数据分析可知,徐州非遗在政府的大力保护下,完整度高,品类齐全,存量丰富,不仅蕴涵较高的地域文化价值,也具有较好的艺术审美价值和经济实用价值,具备产业开发的潜能。比如沛县狗肉代表之一的樊哙狗肉,已建立起线上线下一体化经营模式,并设有专门的养殖和加工厂,形成较为完备的产业链。但也存在整体影响力弱、对地域环境依赖性强、优势产业化项目少、产业化程度低等问题,因此需要对徐州非遗资源进行系统梳理,在其产业化价值分析评价的基础上,有针对性地提出对策建议。

三、徐州市非遗资源的产业化价值评价

对非遗资源的评价,国内外已经有较多研究方法和成果,如张希月等(2016)[8]以苏州为例初步构建了非遗资源旅游开发价值评价体系;何发霞(2020)[9]利用模糊数学评价方法确立非遗资源评价模型;梁圣蓉等(2010)[10]借助因子分析法构建非遗文化旅游价值评价的量化模型,并以南通市为例,对该模型进行了检验;韩天艺(2017)[11]采用因子分析和条件价值(CVM)方法对非遗资源进行价值评估,并以京绣等为例进行对比研究;钱永平(2012)[12]聚焦非遗名录申报过程中的价值评估,并探讨了文化遗产价值对保护实践的影响。以上关于非遗资源评价的研究主要集中在两个方面:一是以保护为目的,构建非遗自身经济学价值评估体系,包括

存在价值、传承价值、开发价值等方面;二是结合旅游,建立非遗旅游资源开发价值评价体系,包括利益相关者因素、旅游产品开发因素、遗产价值因素、遗产承载力因素等评价指标。但对非遗资源产业化进行系统评价以及针对徐州非遗资源的评价研究较少,仅有蒋艳(2014)[13]就徐州非遗旅游资源做定量评价研究。

本文从产业化角度对徐州非遗资源价值进行综合评价,从已有的非遗评价体系中选取蒋艳(2014)[13]构建的非遗旅游资源价值评估指标体系、王志平(2013)[14]构建的非遗资源价值综合评价指标体系等作为此次评估指标体系的筛选范围,并运用广泛应用在经济、规划、管理领域风险评估中的 D-AHP 法(专家—层次分析法)分析徐州非遗资源产业化价值禀赋。基于前述对徐州市非遗资源及产业化现状的统计数据,本文选取了网络调查关注度前 20 项的省级及以上非遗项目为评价对象。作为徐州市非遗典型代表,该 20 项能够较全面地反映徐州非遗资源类型和特征。

(一)构建评价指标体系

评估指标体系关系到评价过程中的整体性、科学性和可操作性。本文结合研究目标,在理论分析基础上,通过专家咨询以及问卷调查等方式,就初步开发和筛选的指标进行修改和完善,形成了非遗资源产业化的多层评价指标体系,包括文化价值、艺术价值和经济开发价值 3 个综合目标层指标,下设 16 个评价层指标(表 2)。

表 2 徐州市非遗资源产业化价值评价体系

总目标层	徐州市非物质文化遗产资源产业化价值评估															
综合目标层	S1 文化价值				S2 艺术价值					S3 经济开发价值						
评价指标层	S11 完整性	S12 稀缺性	S13 文化传承	S14 文化认同	S21 知名度	S22 美学价值	S23 教育价值	S24 情感关联	S25 创新潜力	S31 实用性	S32 品牌效益	S33 成本条件	S34 人才条件	S35 市场需要	S36 经营环境	S37 经济效益

该指标体系就文化价值而言,主要立足于非遗资源现存保护状况和传承发展状况,选取了完整性、稀缺性、文化传承和文化认同 4 个子指标;就艺术价值来说,主要立足于非遗项目在艺术审美、创新拓展上的价值,选取了知名度、美学价值、教育价值、情感关联、创新潜力 5 个子指标;就经济开发价值而论,主要立足于强调非遗资源在物质、功能方面的价值,选取了实用性、品牌效益、成本条件、人才条件、市场需要、经营环境和经济效益 7 个子指标。

(二)评价方案的实施

(1)根据体系评价模型设立 1 个总目标层、3 个综合目标层(S1、S2、S3)以及相对应的 16 个评价指标层(S1 下设 S11—S14 四个子指标,S2 下设 S21—S25 五个子指标,S3 下设 S31—S37 七个子指标)。

(2)运用 D-AHP 法,即通过专家打分方式形成群体策略以解决评价体系中无法量化的因素,进而形成 AHP 法中两两对比判断矩阵的依据。本文共邀请非遗保护、民间艺术、文化产业领域的 10 位专家参与此次评价,专家分别来自江苏省及徐州市社科联、江苏省及徐州市文旅局、徐州市政府研究室、省内高校等。

(3)由专家意见汇总得出 3 个综合目标层指标的权重。实施步骤如下:3 个指标权重之和为 1,专家对 3 个指标分别给出权重分值(精确到小数点后 1 位),如果某个指标分值出现频率在 50%以上,则将这个分值作为该项指标的权重;否则,将分值出现的频率由大到小排列并进行累加,当频率值累加达到 70%时,抽取这些频率对应分值并取均值,将该均值作为指标的权重。按该方案得到 3 个综合目标层权重分别为 S1:0.4、S2:0.3、S3:0.3。

(4)根据层次分析法判断矩阵的标度规则和专家打分结果,对 3 个综合目标层(维度)下设的 16 项评价指标分别构建两两判断矩阵(表 3—5)。

表 3　文化价值维度对比判断矩阵

S1	S11	S12	S13	S14
S11	1	1/5	1/5	1/3
S12	5	1	1	3
S13	5	1	1	3
S14	3	1/3	1/3	1

表 4　艺术价值维度对比判断矩阵

S2	S21	S22	S23	S24	S25
S21	1	1/3	3	3	1
S22	3	1	5	5	3
S23	1/3	1/5	1	1	1/3
S24	1/3	1/5	1	1	1/3
S25	1	1/3	3	3	1

表 5　经济开发价值维度对比判断矩阵

S3	S31	S32	S33	S34	S35	S36	S37
S31	1	1/5	1/3	1/7	1	1/3	1/7
S32	5	1	3	1/3	5	3	1/3
S33	3	1/3	1	1/5	3	1	1/5
S34	7	3	5	1	7	5	1
S35	1	1/5	1/3	1/7	1	1/3	1/7
S36	3	1/3	1	1/5	3	1	1/5
S37	7	3	5	1	7	5	1

借助 MATLAB 软件计算各判断矩阵的最大特征根 λ_{max} 及所对应的特征向量,并进行一致性检验。一致性指标 CI＝$(\lambda_{max}-n)/(n-1)$,实际过程中,引入判断矩阵的平均随机一致性指标 RI 值。对于 1—9 阶矩阵,阶数为 4 时,RI＝0.89;阶数为 5 时,RI＝1.12;阶数为 7 时,RI＝1.36。通过 CR＝CI/RI 计算随机一致性比例,当 CR＜0.1,即认为判断矩阵通过一致性检验。由表 6 可知,关于徐州市非遗资源产业化价值评估的判断矩阵均通过一致性检验,可以作为评价层权重的计算依据。

表 6　价值评估判断矩阵特征值、特征向量一致性检验结果

矩阵	最大特征根	特征向量	n	CI	RI	CR
S1	4.043 5	(0.07,0.39,0.39,0.15)	4	0.014 5	0.89	0.016
S2	5.055 6	(0.20,0.46,0.07,0.07,0.20)	5	0.013 9	1.12	0.012
S3	7.530 8	(0.03,0.13,0.11,0.31,0.03,0.08,0.31)	7	0.088 5	1.36	0.065

(5)计算确定各指标权重。将前期计算所得 16 项评价指标的特征向量值与各自所对应的综合目标层 3 个指标的权重值相乘,即得到 16 项评价指标对评估目标层的最终权重值 ω。计算结果见表 7。

表 7　徐州非遗资源评价体系各指标层权重计算表

总目标层	综合指标层		评价指标层	特征向量	权重
徐州市非物质文化遗产资源产业化价值评估	S1 文化价值	0.4	S11 完整性	0.07	0.028
			S12 稀缺性	0.39	0.156
			S13 文化传承	0.39	0.156
			S14 文化认同	0.15	0.06
	S2 艺术价值	0.3	S21 知名度	0.20	0.06
			S22 美学价值	0.46	0.138
			S23 教育价值	0.07	0.021
			S24 情感关联	0.07	0.021
			S25 创新潜力	0.20	0.06
	S3 经济开发价值	0.3	S31 实用性	0.03	0.009
			S32 品牌效益	0.13	0.039
			S33 成本条件	0.11	0.033

（续表）

总目标层	综合指标层	评价指标层	特征向量	权重
		S34 人才条件	0.31	0.093
		S35 市场需要	0.03	0.009
		S36 经营环境	0.08	0.024
		S37 经济效益	0.31	0.093

（6）将 16 项评价指标的最终权重值 ω 乘以 100 整合简化计算结果，得到徐州非遗资源产业化价值定量评估参数表，具体参数见表 8。

表 8　徐州非遗资源产业化价值定量评估参数表

总目标层及分值	徐州市非物质文化遗产资源产业化价值评估（100）															
综合目标层及分值	S1 文化价值（40）				S2 艺术价值（30）					S3 经济开发价值（30）						
评价指标层及分值	S11 完整性	S12 稀缺性	S13 文化传承	S14 文化认同	S21 知名度	S22 美学价值	S23 教育价值	S24 情感关联	S25 创新潜力	S31 实用性	S32 品牌效益	S33 成本条件	S34 人才条件	S35 市场需要	S36 经营环境	S37 经济效益
	2.8	15.6	15.6	6.0	6.0	13.8	2.1	2.1	6.0	0.9	3.9	3.9	9.3	0.9	2.4	9.3

（三）评价结果及分析

1. 评价结果

对徐州非遗资源产业化价值的定量评价目的在于，将非遗资源产业化中的各控制要素作为参照权重以形成对各项具体非遗资源的分层评价值，为其产业化策略和开发方向提供数据支持。因而本文选取网络调查关注度前 20 项的徐州省级及以上非遗项目为具体评价对象。评价步骤如下：

首先，由专家对 20 项非遗项目的 16 项指标层进行模糊评分，系数取值见表 9。

表 9　徐州非遗资源项目产业化价值定量评估模糊计分表

计分等级	好	良好	较好	一般	较差
系数	10、9—1.0	7、8—0.8	5、6—0.6	3、4—0.4	1、2—0.2

其次,用各项非遗的 16 个专家评分系数分别乘以 16 项指标层权重,得到其各项指标分值,最后将所有分值相加,即得到各非遗项目的定量评估总分。详细数据见表 10。

表 10 徐州 20 项省级及以上非遗资源项目定量评估表

项目	文化价值				艺术价值					经济开发价值							分值
	S11 完整性	S12 稀缺性	S13 文化传承	S14 文化认同	S21 知名度	S22 美学价值	S23 教育价值	S24 情感关联	S25 创新潜力	S31 实用性	S32 品牌效益	S33 成本条件	S34 人才条件	S35 市场需要	S36 经营环境	S37 经济效益	
	2.8	15.6	15.6	6.0	6.0	13.8	2.1	2.1	6.0	0.9	3.9	3.9	9.3	0.9	2.4	9.3	
彭祖传说	0.4	0.4	0.6	0.6	0.4	0.4	0.4	0.6	0.4	0.2	0.2	0.2	0.2	0.2	0.2	0.2	38.74
	1.12	6.24	9.36	3.6	2.4	5.52	0.84	1.26	2.4	0.18	0.78	0.66	1.86	0.18	0.48	1.86	
刘邦传说	0.6	0.4	0.6	0.6	0.6	0.4	0.6	0.8	0.4	0.2	0.2	0.2	0.2	0.2	0.2	0.2	41.34
	1.68	6.24	9.36	3.6	3.6	5.52	1.26	1.68	2.4	0.18	0.78	0.66	1.86	0.18	0.48	1.86	
徐州唢呐	0.6	0.4	0.6	0.6	0.6	0.4	0.6	0.6	0.4	0.4	0.2	0.2	0.2	0.2	0.2	0.2	41.1
	1.68	6.24	9.36	3.6	3.6	5.52	1.26	1.26	2.4	0.36	0.78	0.66	1.86	0.18	0.48	1.86	
邳州跑竹马	0.8	0.6	0.8	0.8	0.8	0.6	0.6	0.6	0.4	0.4	0.4	0.4	0.2	0.2	0.2	0.2	54.5
	2.24	9.36	12.5	4.8	4.8	8.28	1.26	1.26	2.4	0.36	1.56	1.32	1.86	0.18	0.84	1.86	
睢宁落子舞	0.6	0.4	0.6	0.6	0.6	0.6	0.6	0.6	0.4	0.4	0.4	0.2	0.2	0.2	0.2	0.2	44.64
	1.68	6.24	9.36	3.6	3.6	8.28	1.26	1.26	2.4	0.36	1.56	0.66	1.86	0.18	0.48	1.86	
江苏柳琴戏	0.8	0.4	0.8	0.6	0.6	0.4	0.6	0.6	0.4	0.4	0.4	0.2	0.2	0.2	0.2	0.2	45.56
	2.24	6.24	12.5	3.6	3.6	5.52	1.26	1.26	2.4	0.36	1.56	0.66	1.86	0.18	0.48	1.86	
徐州梆子	0.8	0.6	0.8	0.8	0.8	0.4	0.6	0.6	0.4	0.4	0.4	0.4	0.4	0.2	0.2	0.2	52.94
	2.24	9.36	12.5	4.8	4.8	5.52	1.26	1.26	2.4	0.36	1.56	0.66	3.72	0.18	0.48	1.86	
徐州琴书	0.6	0.6	0.6	0.6	0.6	0.4	0.6	0.6	0.4	0.4	0.4	0.4	0.4	0.2	0.2	0.2	46.86
	1.68	9.36	9.36	3.6	3.6	5.52	1.26	1.26	2.4	0.36	1.56	0.66	3.72	0.18	0.48	1.86	
徐州剪纸	1	0.8	0.8	0.8	0.8	0.8	0.8	0.8	0.6	0.8	0.6	0.6	0.4	0.6	0.4	0.2	71.2
	2.8	125	125	4.8	4.8	11.0	1.68	1.68	3.6	0.72	2.34	0.66	3.72	0.36	0.96	1.86	
徐州香包	1	0.8	1	1	1	1	0.8	1	1	0.8	0.8	0.6	0.6	0.6	0.6	0.6	85.42
	2.8	125	15.6	6	6	13.8	1.68	2.1	6	0.72	3.12	1.98	5.58	0.54	1.44	5.58	

（续表）

项目	文化价值				艺术价值					经济开发价值							分值
	S11 完整性	S12 稀缺性	S13 文化传承	S14 文化认同	S21 知名度	S22 美学价值	S23 教育价值	S24 情感关联	S25 创新潜力	S31 实用性	S32 品牌效益	S33 成本条件	S34 人才条件	S35 市场需要	S36 经营环境	S37 经济效益	
	2.8	15.6	15.6	6.0	6.0	13.8	2.1	2.1	6.0	0.9	3.9	3.9	9.3	0.9	2.4	9.3	
纸塑狮子头	1	0.8	1	0.8	1	1	0.8	0.8	0.8	1	1	0.6	0.2	1	0.6	0.2	73.24
	2.8	12.5	15.6	4.8	6	13.8	1.68	1.68	4.8	0.54	2.34	1.98	1.86	0.54	0.48	1.86	
邳州年画	0.6	0.6	0.6	0.6	0.4	0.6	0.6	0.6	0.4	0.4	0.4	0.2	0.2	0.2	0.2	0.2	46.56
	1.68	9.36	9.36	3.6	2.4	8.28	1.26	1.26	2.4	0.36	1.56	0.66	1.86	0.18	0.48	1.86	
铜山石刻	0.4	0.4	0.6	0.4	0.6	0.6	0.6	0.6	0.4	0.4	0.4	0.2	0.2	0.2	0.2	0.2	42.88
	1.12	6.24	9.36	2.4	3.6	8.28	1.26	1.26	2.4	0.36	1.56	0.66	1.86	0.18	0.48	1.86	
沛县狗肉	0.8	0.4	0.6	0.4	0.6	0.2	0.2	0.4	0.4	0.6	0.6	0.4	0.6	0.4	0.6	0.6	47.42
	2.24	6.24	9.36	2.4	3.6	2.76	0.42	0.48	2.4	0.54	2.34	1.32	5.58	0.36	1.44	5.58	
徐州饣它汤	0.8	0.6	0.6	0.4	0.6	0.2	0.2	0.4	0.4	1	0.8	0.6	0.6	0.8	1	0.8	56.72
	2.24	9.36	9.36	2.4	3.6	2.76	0.42	0.48	2.4	0.54	2.34	1.32	5.58	0.36	1.44	5.58	
窑湾绿豆烧	0.6	0.4	0.6	0.4	0.4	0.2	0.2	0.4	0.4	0.6	0.6	0.4	0.6	0.4	0.6	0.6	41.94
	1.68	6.24	9.36	2.4	2.4	2.76	0.42	0.48	2.4	0.54	2.34	1.32	5.58	0.36	1.44	5.58	
马庄灯俗	0.4	0.4	0.4	0.4	0.4	0.6	0.6	0.6	0.6	0.6	0.4	0.2	0.2	0.4	0.2	0.6	43
	1.12	6.24	6.24	2.4	2.4	8.28	0.42	1.26	3.6	0.54	1.56	0.66	1.86	0.36	0.48	5.58	
泰山庙会	0.4	0.4	0.6	0.6	0.4	0.6	0.6	0.6	0.4	0.6	0.4	0.2	0.2	0.2	0.2	0.2	43.06
	1.12	6.24	9.36	3.6	2.4	8.28	1.26	1.26	2.4	0.54	1.56	0.66	1.86	0.18	0.48	1.86	
徐州伏羊食俗	1	0.8	0.6	0.6	0.6	0.4	0.2	0.6	0.6	0.8	0.8	0.4	0.6	0.6	0.8	0.8	64.48
	2.24	9.36	9.36	3.6	3.6	5.52	0.42	1.26	3.6	0.72	3.12	1.32	5.58	0.54	1.92	7.44	
沛县武术	1	0.2	0.8	0.6	0.6	0.6	0.4	0.6	0.4	0.8	0.4	0.6	0.8	0.8	0.4	0.4	56.14
	2.8	3.12	12.5	3.6	3.6	8.28	0.84	1.26	2.4	0.72	1.56	2.64	7.44	0.72	0.96	3.72	

2. 评价分析

由表10的评价结果值可知，徐州非遗项目总体评分偏低，其中80分以上1项；70分以上2项；60分以上1项；50分以上4项；50分以下共12项，占本文定量评估项总数的60%，说明徐州非遗资源整体产业化程度较低。据此可以将该

20 项非遗项目的产业化程度分为 3 类(表 11)。

表 11　徐州非遗资源产业化类型分析表

成熟型产业开发类 (70 分以上)	徐州香包(85.42)、邳州纸塑狮子头(73.24)、徐州剪纸(71.2)
待完善型产业孵化类 (50—70 分)	徐州伏羊食俗(64.48)、徐州饣它汤(56.72)、沛县武术(56.14)、邳州跑竹马(54.5)、徐州梆子(52.94)
复苏型生产性保护类 (50 分以下)	沛县狗肉(47.42)、徐州琴书(46.86)、邳州年画(46.56)、江苏柳琴戏(45.56)、睢宁落子舞(44.64)、泰山庙会(43.06)、马庄灯俗(43)、铜山石刻(42.88)、窑湾绿豆烧(41.94)、刘邦传说(41.34)、徐州唢呐(41.1)、彭祖传说(38.74)

A. 成熟型产业开发类(以下称 A 类)。该类型总评估值在 70 分以上,以徐州香包、徐州剪纸为代表共 3 项,属于传统美术、技艺类非遗。通过价值分析可知,该 3 项非遗资源均保持了较高的完整度和良好的传承状态,其传统手工技艺的属性不仅具有审美、情感等价值,更是时代诉求下大国"工匠精神"的体现,资源综合评价较好。例如,徐州香包代表之一的曹氏香包已经建立起线上线下同步销售渠道,初步具备了进一步开发的产业条件。对该类型非遗资源应深度挖掘艺术形式上的地域文化特征,创新在生活中的应用并赋予一定技术内容,完善市场运作模式,实现价值增值。

B. 待完善型产业孵化类(以下称 B 类)。该类型总评估值为 50—70 分,以徐州伏羊节、徐州饣它汤等为代表共 5 项,其特点在于均具有较好的文化和经济价值,具备一定的产业化条件。但也存在有较强的经营独特性,对地域环境过于依赖的问题。例如,徐州伏羊节仅对徐州及周边区域产生影响,持续时间约为一个月,因而难以实现经济价值长期稳定增长。对该类型非遗资源应深度审视其生存环境,针对产品特点拓宽经营思路,创新影响力方式,使其顺利纳入现代市场运作。

C. 复苏型生产性保护类(以下称 C 类)。该类型总评估值在 50 分以下,以江苏柳琴戏、马庄灯俗等为代表共 12 项。该类型非遗主要为民间表演艺术、民俗类,因其在演艺形式和反映的文化内容等方面与现代生活存在一定差异,而面临发展困境。另外,如邳州年画和窑湾绿豆烧受地域限制性较大;沛县狗肉虽然已经形成较为完备的产业链,但由于当代社会人们对宠物狗保护意识的增强而遭遇消费抵触,因而产业化价值评估较低。总之,该类型产业化条件不足,产业化能力较弱。对待该类型资源应在保护非遗原真性基础上实施产业复苏,一方面结合诸如旅游资源,充分表现非遗所蕴含的历史文化记忆;另一方面,创新形式和内容,促进非遗适应现代文化发展趋势,从而增强生存活力。

四、徐州市非遗资源的产业化发展模式构建

我国"十四五"规划提出,"深入实施中华优秀传统文化传承发展工程,强化重要文化和自然遗产、非物质文化遗产系统性保护,推动中华优秀传统文化创造性转化、创新性发展。"因此,对非遗保护、传承和开发利用三者间的关系可以理解为:保护性生产,以传承为基础的开发利用,与新时代有效结合的产业性发展。据此,本文在全面分析评价徐州市非遗资源产业化状况的基础上,提出"一主线双驱动三路径"的产业化发展模式,即以非遗资源开发与文旅产业发展相衔接为主线,以政府和市场为驱动,以社会化保护与传承、多业态联动以及融合"新媒体+"[15]为路径的徐州非遗资源产业化发展模式。

(一)将非遗资源开发与文旅产业发展相衔接,由政府和市场双轮驱动非遗产业化发展

非遗是长期积淀下的活态历史成果,是优质的文化旅游资源。不同地区非遗在表现形式上的差异性,不断引发着人们的好奇心,促使人们以探究地域文化为目的进行流动,推动旅游业快速发展。数据显示,我国旅游产业收入自 2011 年的 19 305 亿元增长至 2019 年的 57 251 亿元,增长了近 3 倍,为人民日益增长的美好生活需要提供了多样化选择和接触不同区域文化的机会。非遗文化作为文化资本成为产业,并与旅游业融合是非遗产业化的重要路径之一。同时,非遗资源与旅游业相结合也经过学术界多年研究和多地区实践,被证实是行之有效的策略。因而,将徐州市非遗资源开发与文旅产业相衔接,促成以非遗为核心的文旅产业链是当前徐州市非遗资源产业化发展最为便捷和可靠的途径。

然而,多地文旅产业的发展过程中也出现了诸多问题,例如在非遗文化管理方面,因市场不当引导,产生对非遗资源的开发不足或开发过度,不能准确反映地区风俗习惯、历史记忆,造成非遗产品形式和服务趋同的现象。鉴于此,徐州市在非遗资源开发和产业化进程中应坚持政府和市场双轮驱动,共同促进非遗资源与文旅产业的深度融合,具体有以下 3 种情况:一是以政府驱动为主,进一步加强对非遗的保护、细分和管理。主要针对 C 类非遗资源,工作重点不仅限于非遗的申请、归类、纳入名册,更要对其做现状调查,进行视频、图片、研究性文字、口述资料记载等方式的全面记录。徐州亟待保护的非遗项目不仅是本文所归纳出分值较低的一

类,更多濒临消亡的非遗分散在乡村田野,应通过政府建立基本公共服务途径对它们进行保护,"确实实现以文载道、文化旅游协调并进的高质量发展"[16]。二是政府与市场协同,稳步推动非遗资源的市场化运作。主要针对 B 类非遗资源,工作重点是帮助非遗个人或企业完善并创新经营方式;通过市场探寻新的产业机制,增强非遗的生存基础。同时,在税收、经营措施上予以特殊照顾;帮助培养培训传承人的知识和技能;设立产业园给予非遗项目适度的发展空间等。三是以市场驱动为主,厘清政府与市场的关系。主要针对 A 类非遗资源,工作重点应以市场为主,政府为辅。政府搭建平台,由有实力的企业主导非遗资源开发,积极探索产业融合形式。在改革市场的同时将选择权交给市场和消费者,以此实现徐州市非遗产业化的良好运作。

(二)构建社会化保护与传承、多业态联动以及融合"新媒体＋"三个非遗资源产业化路径

针对三种不同类型的徐州非遗资源,构建与其特点相匹配的产业化发展路径,具体如下:

1. 以原真性保护为基础,探索建立社会化传承的非遗资源产业化路径

非遗在相当长的历史时期里以师徒口传心授、薪火相传为传承方式,以自然人为传承主体,这种自然性是农耕文明的产物,是文化的初始基因。故对评估值较低甚至不够评估资质的非遗应强调以保护为主,在此基础上传承和发展。然而文化会随着政治、经济、技术等因素不断发展变化,以交汇融合的形态随历史向前演进。因此,非遗也不是其诞生时"原汁原味"的模样,单纯的保护并不利于它的传承。改变自然人为传承主体,建立融合企业作为传承主体的社会化传承路径[17],形成新的非遗产业形式融入现代生产关系,是将传承纳入现代化进程的有效路径。例如,非遗产业化评估值较低的 C 类资源多为传统舞蹈、传统戏剧、曲艺等项目,可一方面建立以传承人为主体的小型研习团队,维系该类非遗的活态与原真性;另一方面,探索以团体或企业为主体,在剧目、内容甚至唱法上融合现代人喜闻乐见的方式。非遗文化只有被现代生产关系接受,才是真正意义上的传承。

2. 以文化空间为载体,构建多业态协同发展的非遗资源产业化路径

适当的文化空间是非遗资源与文旅产业相融合的重要载体。应将非遗文化与城市规划或旅游布局结合起来,创造良好的文化空间环境,进而形成多种业态、多项盈利相互补益的产业化路径,使消费人群通过对文化空间的沉浸体验强化对非遗产品或服务的认同,实现"创造—生产—传播—展览/接受/传递—消费/参与"[18]这个完整的文化产业化过程。例如,B类非遗资源中伏羊节项目发源于徐州,至今已演绎成为最具徐州地域特征的饮食文化和节庆文化,影响力已延伸至江浙地区。但是,由于对地域环境和特定时节的依赖,该项目没能成为徐州非遗文化的有力代表,也没能为徐州的文化消费带来预期收益。对此,应以文化空间为载体,以文化旅游为纽带,融合表演、活动、影视、文创等多业态方式,树立徐州伏羊节的IP;并创新产品种类与包装,打破该项目产业化中的时空枷锁,使伏羊节以区域整体品牌化形象进入消费环节,完善其产业化链条。更可联动邳州跑竹马、沛县武术等非遗展演类活动,建立徐州非遗文化IP,营造马太效应带动徐州整体非遗产业的发展。

3. 以"互联网+"为依托,创新融合"新媒体+"的非遗资源产业化路径

"互联网+"已经在非遗资源快速融入现代生产体系中显现出强大优势,如故宫系列文创产品在互联网上推广的成功案例,给广大非遗产品的行销模式提供了优质范本。因而徐州非遗产业化的成熟与完善也必然应与互联网深度融合。一是依托大数据平台掌握流行文化要素,分析文化消费取向,推导受众文化心理,并将其作为非遗产品创新的主要依据;二是依靠"互联网+"帮助非遗资源完善产业链中的经营渠道,同时契合当下对互联网依赖的生活方式。然而,互联网技术正在带动新媒体形成新的融媒体环境,大量信息正在以音频、视频、VR、AI等融合了以数字技术为核心的媒介与人实时交互,实现了真正意义上的资源利益共融环境。因此,与"新媒体+"尽快融合是非遗产业快速升级的必然路径。A类非遗资源,如徐州剪纸和徐州香包是徐州非遗典型代表,它们在评估中的高赋值是基于其影响力而非产业能力。此类非遗资源的产业化更适用于"新媒体+"路径。如,将非遗项目的创作过程编排成系列短视频在融媒体平台上传播,通过点击量推动非遗产品的电商销售;借助网络直播互动平台,开展徐州剪纸等产品的个性化定制,进一步丰富营销形式、拓宽销售路径。这种"新媒体+非遗+平台+电商"路径无疑是完善徐州非遗产业化的创新举措。

五、结语

本文从产业化角度审视非遗资源,在理论分析基础上构建了非遗资源产业化价值的评估体系,包括文化价值、艺术价值和经济开发价值3个综合目标层指标,下设16个评价层指标,全面反映了以产业开发为目的的非遗资源价值评价标准。该体系的提出加深了对非遗资源产业化价值特性的认识,也使非遗资源产业化更

具可操作性。将该指标体系运用到徐州非遗资源评价的实证中,结果显示:半数以上的非遗项目产业化条件不足,说明对非遗资源的保护和利用仍需政府大力监管与扶持;手工艺类非遗最具开发潜力,可加深市场化进程,探索创新形式和开发路径。此外,在进行市场开发利用中,应首先对非遗资源进行合理筛选,避免盲目投资对非遗原真性造成伤害。

本文依据评价结果提出了非遗资源产业化发展的徐州模式,以此为其他区域非遗产业化发展提供可参考案例。然而各地区也应在非遗资源产业化价值合理评价基础上,根据地域特征提出相应发展路径,才能使非遗文化呈现百花齐放的景象。我国正处在全面建成小康社会和迈入社会主义现代化强国新征程的关键时期,对非遗的保护、传承和开发利用是这一时期高质量文化建设的有力保障。各地方应该在国家政策引领下,积极挖掘非遗资源的潜能,努力实现从地方到民族文化的全面繁荣。

致谢:本文得到陕西师范大学人文社会科学高等研究院特聘研究员潘天波教授的指导,特此感谢!

参考文献

[1] 孙天.非物质文化遗产的产业化发展路径研究[J].艺术百家,2018(1):227-232.

[2] 胡惠林.文化产业发展与国家文化安全——全球化背景下中国文化产业发展问题思考[M].上海:学林出版社,2001.

[3] 田阡.非物质文化遗产文化创意产业发展路径研究[J].社会科学战线,2015(4):30-34.

[4] 张秉福.我国非物质文化遗产产业化的科学发展[J].甘肃社会科学,2017(6):244-248.

[5] 李昕.非物质文化遗产:文化产业发展重要的文化资本[J].广西民族研究,2008(3):164-167.

[6] 肖曾艳.非物质文化遗产产业化的困境与突破[J].学术论坛,2012(1):70-73.

[7] 唐俊杰.非物质文化遗产保护性旅游开发研究——以徐州市为例[D].徐州:江苏师范大学,2018.

[8] 张希月,虞虎,陈田,等.非物质文化遗产资源开发价值评价体系与应用——以苏州为例[J].地理科学进展,2016(8):997-1007.

[9] 何发霞.基于FHR的地方非物质文化遗产旅游资源开发模式决策研究[J].通化师范

学院学报(人文社会科学),2020(3):49-54.

[10]梁圣蓉,阚耀平.非物质文化遗产的旅游价值评估模型[J].南通大学学报(社会科学版),2011(6):96-102.

[11]韩天艺.非物质文化遗产价值评估模型研究——以京绣、毛猴为例[D].北京:首都经济贸易大学,2017.

[12]钱永平.非物质文化遗产的价值评估与保护实践[J].重庆文理学院学报(社会科学版),2012(6):1-7.

[13]蒋艳.非物质文化遗产旅游资源的定量评价研究——以徐州市为例[J].徐州工程学院学报(社会科学版),2014(11):94-98.

[14]王志平.江西非物质文化遗产保护利用与产业发展研究[D].南昌:南昌大学,2013.

[15]吴娟.融媒体环境下"新媒体+电商+文创"互动发展研究[J].文化产业研究,2020(12):153-164.

[16]丁元竹."十四五"时期非物质文化遗产系统性保护相关政策措施研究[J].管理世界,2020(11):22-34.

[17]鲁春晓.新形势下中国非物质文化遗产保护与传承关键性问题研究[M].北京:中国社会科学出版社,2017.

[18]王元,刘素华,朱易安.长三角地区非遗与文创产业的协同发展研究[J].文化产业研究,2017(12):96-105.

作者简介

黄　洁(1980—　),江苏徐州人,徐州工程学院艺术与设计学院教师。研究方向为非遗理论与实践。

Research on Value Analysis and Developmental Model of Industrialization of "Intangible Cultural Heritage" Resources Based on the Case of Xuzhou

Huang Jie

Abstract：Industrialization is an important move for the protection，inheritance，exploitation and utilization of "intangible cultural heritage". Taking Xuzhou as an example，this paper evaluates and analyzes the industrialization value of 20 "intangible cultural heritage" projects at the provincial and above levels through the D-AHP method. The result shows that Xuzhou is rich in "intangible cultural heritage" resources but weak in self-derived ability and industrialization maturity. According to the evaluation value，this paper divides the industrialization degree of Xuzhou's "intangible cultural heritage" resources into three layers. On this basis，this paper puts forward an industrialization development mode，that is，taking the integration of exploiting "intangible cultural heritage" resources and the development of the cultural tourism industry as the mainline，regarding the government and the market as two drives，and treating socialized protection and inheritance，industrial linkage，and convergence of "new media plus" as three industrialization paths，thus systematically solving the industrialization development of the three-layer "intangible cultural heritage" resources. As a result，it promotes the sustainable development of Xuzhou's cultural industry related to "intangible cultural heritage".

Key words：intangible cultural heritage；industrialization；D-AHP method；development model

纺织类非遗产业化开发潜力评价研究[*]
——以浙江为例

何　研　潘百翔

摘　要:在保持纺织类非遗工艺流程整体性和核心技艺(手工)真实性的基础上,实施产业化开发,是纺织类非遗保护和传承的必由之路。而对纺织类非遗产业化开发潜力进行评价,是提升开发成功率和效率的重要手段。本文运用德尔菲专家意见法、主成分分析法、层次分析法等研究方法,构建由价值内涵、传承稳健性、产业化基础、外部环境4个一级指标,历史价值、艺术价值等27个二级指标组成的纺织类非遗产业化开发潜力评价指标体系。以浙江省的湖州绫绢、辑里湖丝、温州瓯绣3个典型国家级纺织类非遗项目作为评价对象,运用模糊综合评价法进行评价,结果表明湖州绫绢、温州瓯绣的产业化开发潜力为中,辑里湖丝为低。最后根据评价结果,分别提出产业化开发和保护的政策建议。

关键词:纺织类非物质文化遗产;产业化;评价指标

一、问题的提出

纺织类非物质文化遗产是我国非遗的重要组成部分,具有易于市场化、产业化和拉动扶贫就业等特性,是典型的适宜进行产业化开发的非遗项目。在保持纺织类非遗工艺流程整体性和核心技艺(手工)真实性的基础上,通过产业化开发实现经济效益,不仅可以为纺织类非遗产业发展注入新动能、激发新活力,而且能反哺非遗的保护和传承工作,对助力乡村振兴、巩固脱贫攻坚成效、促进共同富裕有重大意义。中国纺织工业联合会副会长孙淮滨就曾在多次会议和讲话中强调,纺织类非遗一定要进行"创新化、产业化",这是产业振兴的重要路径,只有通过发挥产

---

*　基金项目:国家社科基金重大项目"非遗代表性项目名录和代表性传承人制度改进设计研究"(17ZDA168)的阶段性研究成果。

业化的优势、活态传承,才能达到非遗的生产性保护效果。①

进行宜产型非遗项目的产业化开发,首先要对开发潜力进行分类评价。② 如开发潜力高的非遗项目,推向市场的成功率也高,但潜力低的项目,则更需要政府进行抢救性保护,潜力介于两者之间的项目,一般按照政府主导、企业适度参与的方式进行开发和保护,这是学术界目前已经形成的共识。如何对宜产型非遗项目进行产业化开发潜力评价,是一项非常复杂的工作。如以本文所述的纺织类非遗为例,评价难度体现在以下方面:一是纺织类非遗产业化是以市场需求为导向,将非遗与时尚及百姓生活充分融合并适度规模化产生盈利的过程,这个过程中是否会因为过度开发而破坏纺织类非遗的原真性仍有争议。二是纺织类非遗类别多样,包括以苏绣、湘绣、蜀绣、粤绣以及少数民族刺绣为代表的刺绣技艺;以蚕丝织造、棉麻织造等为代表的纺织织造技艺;以蓝印花布、扎染等为代表的纺织印染技艺;以内蒙古、苗族等少数民族服饰的制作技艺等为代表的服饰技艺,用统一标准去衡量存在难度。三是纺织类非遗产业化的结合形式非常丰富,根据中国纺织工业联合会 2020 年的统计报告显示,共包括"非遗＋服装服饰""非遗＋家居文化""非遗＋收藏拍卖""非遗＋礼品社交""非遗＋文化旅游""非遗＋扶贫脱困""非遗＋影视表演""非遗＋民俗婚庆""非遗＋国际文化交流"九种形式,不同结合类型的评价量度均有差别,很难统一。

二、纺织类非遗产业化开发潜力评价指标体系构建

本文在遵循非物质文化遗产保护基本原则的基础上,运用德尔菲专家意见法、主成分分析法构建纺织类非遗产业化开发潜力的评价指标,并运用层次分析法和模糊综合评价相结合的实证方法进行研究。首先采用层次分析法对构建的指标体系进行权重计算,然后将层次分析法计算的指标权重代入模糊综合评价当中计算得到纺织类非遗产业化开发潜力的评价分值。采用层次分析法和模糊综合评价相结合的方法,既能克服层次分析法指标无法量化的问题,又可以避免模糊综合评价赋予权重的不合理,为非遗产业化提供科学可行的评价方法。另外,因为各个专家的经验、研究方向和偏好有所差别,而本文又是基于调研得到的主观评价数据,所

---

① 在中国纺织工业联合会的多篇报道已明确提出,纺织类非遗创新化、产业化是保护和传承的重要路径。
② 分类保护的理念在学术界基本形成了共识,主要体现一个思想,就是根据非遗产业化开发潜力的大小选择不同保护和传承模式。

以整个评价过程存在一定的模糊性,因此选择与模糊综合评价相结合,也使得评价过程更加科学合理。通过构建实用性强、科学便捷、全面完善的纺织类非遗产业化开发潜力的评价指标,有利于政府部门对纺织类非遗开展分类指导工作,提高决策的科学性,对非遗项目创新性保护有重大现实意义。

(一)构建机理分析

非遗产业化是一种全新的生产和保护方式,聚焦文化生产力的开发与提升,是通过以非遗的核心技艺或文化符号作为内容或素材,设计、生产和经营对应产品或服务的一整套市场化运作流程。以纺织类非遗为例,其本身是一门技艺,产业化是将技艺所形成的实物产品作为生产资源进行再开发,形成新产业链的过程。因此,设计纺织类非遗产业化开发潜力的评价指标不仅要面向技艺本身,更需要面向技艺对应的产品和整个产业链的发展情况,还要充分考虑保护技艺的真实性、完整性和传承性这些基本原则。

1. 指标体系构建的理论基础

目前国内外对非遗产业化开发潜力的评价研究刚起步,且不成体系,聚焦到纺织类的研究则更少。国外的研究大多以非遗产业化的政策或案例研究为主,如韩国的纺织工艺、日本的和服、苏格兰格子裙等保护案例。① 从国内看,研究视角集中在将非遗作为旅游资源的开发价值进行评价,鲜有从纺织类非遗设计、生产、经营等综合性角度进行的产业化评价研究。因此,针对该领域没有权威理论或学术观点支撑的现实状况,博采众长后创一家之新是指标体系设计的最优选择。本文将以非遗旅游资源的开发价值评价指标②、非遗文化和文化软实力评估体系③、区域文化资源的价值评估与实践④为基础,结合民俗学、产业经济学、市场营销学、电

---

① 曹德明等汇编了国外非物质文化遗产保护的经验和启示,在纺织类非遗保护方面案例较多的主要集中在英国、韩国、日本等国家。

② 重点参考国家旅游局制定的《旅游资源分类、调查与评价》(GB/T18972—2003)。张希月团队、陈炜等学者的关于非遗旅游资源开发评价的系列论文。

③ 在文化和文化软实力研究方面主要参考河南社科院的省级战略课题"文化强省内涵与指标体系研究",林丹、洪晓楠、陶建杰等学者的系列论文。

④ 主要参考申维辰等编写的《评估文化:文化资源价值评估与文化产业评估研究》以及安玉新、黄雪英等学者的系列论文。

子商务等学科知识,文化部、纺织工业联合会、国家旅游局等部门①的非遗产业化政策文件,参考国内外纺织非遗产业化发展的经典案例,共同支撑评价指标体系的构建,如图 1 所示。

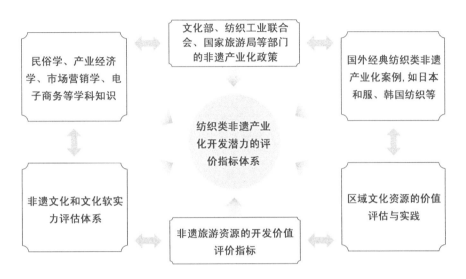

图 1　纺织类非遗产业化开发潜力评价指标体系理论基础示意图

2. 指标体系构建的基本过程

一是运用德尔菲专家意见法,通过前期理论文献资料梳理、发放问卷、现场访谈等形式,收集、整合专家意见,持续优化,设计出专家意见趋于一致的理想评价指标集。二是运用主层次分析法,对理想指标集进行分类,总结出对非遗产业化开发潜力影响的主因子,设定为一级指标,并将理想指标分别归类到一级指标项下,形成完整的评价指标体系框架。三是运用层次分析法(AHP)为指标权重赋值,形成最终可运用的评价指标体系。四是运用模糊综合评价法,以浙江省典型纺织类非遗为案例进行综合评价,根据评价结果与实际情况进行比较分析,验证指标体系的科学性、合理性和可供未来预测。基本构建过程如图 2 所示。

---

① 文化部层面重点参考《文化部关于加强非物质文化遗产生产性保护的指导意见》文非遗发〔2012〕4 号等文件;纺织工业联合会层面重点参考每年关于纺织类非遗的年度研究报告;国家旅游局层面重点梳理和参考关于推进文旅融合相关政策文件。

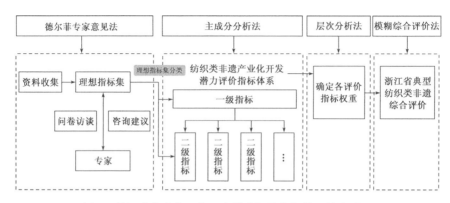

图2 纺织类非遗产业化开发潜力评价指标体系构建过程

（二）理想评价指标集确定

理想评估指标集的构建过程主要运用德尔菲专家意见法,研究团队首先收集了大量纺织类非遗产业化潜力评价的文献资料,结合民俗学、非遗学、产业经济学、市场营销学、电子商务等相关学科知识,梳理和归纳,设计调查问卷;其次,通过向政府部门、社会民众、学术界、文化事业机构、行业企业、非遗传承人等各个层面的专业人士发放问卷,汇总和归并形成指标集初稿;最后,通过中国纺织工业联合会、浙江省非物质遗产保护中心、中山大学、浙江理工大学、浙江工商大学等30多位专家集中咨询,召开专家座谈会、问卷调研或信函咨询等多种方式,对指标框架进行数十次的修改完善,最终专家意见逐步趋向一致,形成如表1所示,共27个指标构成的纺织类非遗产业化开发潜力评价理想指标集。

表1 纺织类非遗产业化开发潜力评价理想指标集

序号	指标	序号	指标	序号	指标	序号	指标
1	历史价值	8	传承人地位	15	产品定位	22	区域经济
2	艺术价值	9	传承人规模	16	产品创新	23	地域环境
3	技术价值	10	技艺特点	17	生产成本	24	集聚程度
4	精神价值	11	原材料丰富度	18	产品价格	25	经营体制
5	情感价值	12	文化空间保护	19	销售渠道	26	社会环境
6	教育价值	13	目标客户群	20	实用价值	27	利益相关者
7	经济价值	14	人才资源	21	竞品威胁		

(三) 评价指标内容框架

继续使用主成分分析法对理想指标集进行分类。首先结合 Bartlett 的球形度检验、包括 KMO(Kaiser-Meyer-Olkin 标准)样本测度,判断该分析方法是否适合,经过计算,Bartlett 的球形度检验的 $\chi^2 = 0.0015 < 0.05$,KMO $= 0.846 > 0.5$,符合标准,该方法适合。再利用主成分分析法提取了 4 个主因子,可以解释 27 个指标变量方差总和的 84.579%;根据成分旋转矩阵,将 27 个指标归类为如表 2 所示的 4 个主要影响因素,具体包括价值内涵、传承稳健性、产业化基础、外部环境。4 个一级指标彼此独立,且涵盖了理想指标集中所有主要信息。最后继续征求专家意见,对 27 个二级指标进行基本内涵解读,完稿后的指标体系如表 2 所示。

表 2　纺织类非遗产业化开发潜力评价指标体系①

一级指标	二级指标	基本内涵
价值内涵	历史价值	宗教信仰、生存环境、民族活动、可追溯的历史渊源与文化内涵等
	艺术价值	艺术创造、艺术技巧、艺术感染力、具有美感和欣赏性
	技术价值	传统工艺流程的整体性和核心技艺(手工)的真实性、技术含量、操作难易度
	精神价值	民族的生活态度、社会行为、价值观念、气质情感等群体意识和精神
	情感价值	各民族丰富内心世界、情感沉淀融入艺术设计、与消费者的黏性
	教育价值	爱国情怀、自然知识、历史知识、艺术文化知识、传统美德、社会实践、技术创新等
	经济价值	非遗技艺或产品具备经济开发、就业带动、增加收入的能力或潜力,产品的保值度、升值空间
	实用价值	适合大众生活所需
传承稳健性	传承人地位	传承人在经济社会发展中的受尊重程度(包括自身的级别,一般分为区级、市级、省级、国家级传承人)
	传承人规模	传承人人数、企业数、技艺拥有者数等
	技艺特点	知名度、操作难度、欣赏性
	原材料丰富度	原材料储备足够丰富、满足规模化生产需要
	文化空间保护	文化空间保护受重视、传承氛围好

---

① 纺织类非遗产业化开发潜力的评估指标体系经过了近六个月、数十轮的专家意见征求。特别得到了中国纺织工业联合会非遗办公室陆茵副主任的大力支持,对相关指标和基本内涵进行全面的评议和修改。

（续表）

一级指标	二级指标	基本内涵
产业化基础	产品定位	特色鲜明、定位准确、功能多样、市场竞争力强
	产品创新	规模化生产、流行设计、移植式开发、品牌打造、数字技术应用、新工艺应用、原材料开发、产品的功能性开发和创新等
	生产成本	规模化生产后产品的平均成本
	产品价格	收藏品、奢侈品有较高的市场价格、规模化产品性价比
	销售渠道	有稳定批发或零售销售渠道、内贸外贸、网上网下、移动电商等
	目标客户群	目标客户群范围，基数
	人才资源	传承人技师、设计师、管理者、业务员、生产工人、网络营销师等人才资源集聚
	竞品威胁	竞争性产品、企业
外部环境	区域经济	区域经济发展
	地域环境	处于交通便利、人文环境好的地域
	集聚程度	产业集聚度、形成产业链
	经营体制	经营体制灵活、公司化程度高
	社会环境	行业环境、政策支持
	利益相关者	地方政府、社会民众、学术界、文化事业机构、商业组织等参与度

（四）评价指标权重确定

在完成指标模型的构建后，需要对判断指标体系中各指标重要性程度，采用德尔菲—层次分析法（AHP）为指标权重赋值，形成纺织类非遗项目产业化开发潜力评价指标权重表。具体实现步骤如下。

1. 构建判断矩阵

首先利用 Saaty 标度法，邀请了来自浙江大学、中山大学、中国纺织工业联合会等单位的 10 位非遗领域专家对表 1 中的各指标进行两两比分，得到指标体系的判断矩阵。[①] 对 10 张判断矩阵利用几何平均法，得到平均后的综合判断矩阵。一

---

① 采用 1—9 级分值：A 指标/B 指标＝1 为 A 指标相比于 B 指标同等重要，A 指标/B 指标＝3 为 A 指标比 B 指标稍微重要，A 指标/B 指标＝5 为 A 指标明显重要，A 指标/B 指标＝7 为 A 指标非常重要，A 指标/B 指标＝9 为 A 指标极端重要；A 指标/B 指标＝2、4、6、8 则为相邻情况的中间值。

级指标判断矩阵为一个 4 阶方阵,二级指标判断矩阵共 4 张,阶数分别为对应指标数。

2. 数据归一化处理——乘积法

将判断矩阵各行的乘积开 n 次方:

$$\omega_i = \sqrt[n]{\prod_{j=1}^{n} b_{ij}} \qquad i = 1, 2, 3, \cdots, n \qquad (1)$$

将 ω_i 归一化后得到权重向量 $\boldsymbol{\omega}_i$:

$$\boldsymbol{\omega}_i = \frac{\omega_i}{\sum_{i=1}^{n} \omega_i} \qquad i = 1, 2, 3, \cdots, n \qquad (2)$$

经过计算,一级指标、二级指标的权重向量如表 3 所示。

表 3   纺织类非遗项目产业化开发潜力评价指标权重表

一级指标	权重	二级指标	组内权重	综合权重	排序
价值内涵 I_1	0.178 9	历史价值 I_{11}	0.048 9	0.008 8	25
		艺术价值 I_{12}	0.146 7	0.026 3	16
		技术价值 I_{13}	0.189 4	0.033 9	15
		精神价值 I_{14}	0.047 4	0.008 5	27
		情感价值 I_{15}	0.050 5	0.009 0	24
		教育价值 I_{16}	0.048 9	0.008 8	25
		经济价值 I_{17}	0.231 4	0.041 4	11
		实用价值 I_{18}	0.236 8	0.042 4	10
传承稳健性 I_2	0.266 1	传承人地位 I_{21}	0.151 8	0.040 4	13
		传承人规模 I_{22}	0.252 7	0.067 3	4
		技艺特点 I_{23}	0.252 8	0.067 3	3
		原材料丰富度 I_{24}	0.138 7	0.036 9	14
		文化空间保护 I_{25}	0.204 0	0.054 3	8

（续表）

一级指标	权重	二级指标	组内权重	综合权重	排序
产业化基础 I_3	0.387 7	产品定位 I_{31}	0.055 4	0.021 5	20
		产品创新 I_{32}	0.056 1	0.021 8	19
		生产成本 I_{33}	0.174 4	0.067 6	2
		产品价格 I_{34}	0.179 3	0.069 5	1
		销售渠道 I_{35}	0.154 6	0.059 9	6
		目标客户群 I_{36}	0.171 9	0.066 6	5
		人才资源 I_{37}	0.151 0	0.058 5	7
		竞品威胁 I_{38}	0.057 3	0.022 2	18
外部环境 I_4	0.167 3	区域经济 I_{41}	0.242 6	0.040 6	12
		地域环境 I_{42}	0.274 9	0.046 0	9
		集聚程度 I_{43}	0.137 8	0.023 0	17
		经营体制 I_{44}	0.097 6	0.016 3	23
		社会环境 I_{45}	0.122 9	0.020 6	22
		利益相关者 I_{46}	0.124 3	0.020 8	21

3. 一致性检验

为保障判断矩阵数据基本一致，需进行一致性检验。[①] 当判断矩阵中，$b_{ii}=1$，$b_{ij}=1/b_{ji}$，$b_{ij}=b_{ik}/b_{jk}$ 时，则数据完全一致。为此，引入一致性检验指标（CI）和随机一致性系数（CR）。

$$\lambda_m = \frac{1}{n}\sum_{i=1}^{n}\frac{(B\boldsymbol{\omega})_i}{\omega_i} = \frac{1}{n}\sum_{i=1}^{n}\frac{\sum_{j=1}^{n}b_{ij}\omega_j}{\omega_i} \tag{3}$$

$$CI = \frac{\lambda_{\max}-n}{n-1} \tag{4}$$

$$CR = \frac{CI}{RI} \tag{5}$$

---

① 指标重要性打分时，假设 B 指标/A 指标的重要性＝3（稍微重要），C 指标/A 指标的重要性 ＝9（极端重要），则 C 指标/B 指标重要性应该＝9/3＝3（稍微重要），此时数据一致。但如 果 C 指标/B 指标重要性数据打分成了 1/3，则为数据明显不一致。

式中:n 为判断矩阵的阶数;$\lambda_{\max}$ 为判断矩阵最大特征根;RI 为平均随机一致性指标。[①]

选取其中评价差距较大的 2 位重要专家打分意见,整理的一级指标权重示例如表 4 所示。

表 4　纺织类非遗产业化开发潜力一级评价指标判断矩阵(2 位专家)

一级指标	专家 1				专家 2			
	I_1	I_2	I_3	I_4	I_1	I_2	I_3	I_4
价值内涵 I_1	1	1/7	1/5	1	1	3	1	1
传承稳健性 I_2	7	1	3	7	1/3	1	1/3	1/3
产业化基础 I_3	5	1/3	1	5	1	3	1	1
外部环境 I_4	1	1/7	1/5	1	1	3	1	1
ω_i	0.411 1	2.877 9	2.055 7	0.411 1	1.316 1	0.438 7	1.316 1	1.316 1
ω_i	1	7	5	1	1	0.333 3	1	1
n	4	4						
CI	0.024 3				0.000 0			
RI	0.890 0				0.890 0			
CR	0.027 4				0.000 0			

经过计算,各专家打分基本遵循一致性标准,一级指标判断矩阵的 CR = 0.002 1 < 0.1,二级指标判断矩阵共 4 张,对应 CR 分别为 0.001 2、0.089 3、0.088 2、0.000 4,均小于 0.1,故数据均满足一致性标准。

4. 权重赋值

设第 $k-1$ 层上 n_{k-1} 个元素对总目标的排序权重向量为

$$\boldsymbol{\omega}^{(k-1)} = \left(\omega_1^{k-1}, \omega_2^{k-2}, \cdots, \omega_{n_{k-1}}^{(k-1)}\right)^{\mathrm{T}} \tag{6}$$

第 k 层上 n_k 个元素对上一层(第 $k-1$ 层)第 j 个元素的权重向量为

$$\boldsymbol{P}_j^{k-1} = \left(p_{1j}^{(k)}, p_{2j}^{(k)}, \cdots, p_{n_k j}^{(k)}\right)^{\mathrm{T}} \qquad j=1,2,\cdots,n_{k-1} \tag{7}$$

---

① 当判断矩阵阶数 n 确定,RI 为固定值,如 $n=4$,RI $=0.90$;$n=5$,RI $=1.12$;$n=6$,RI $=1.24$;$\cdots$;$n=8$,RI $=1.41$。

$$\boldsymbol{p}^{(k)}=\left[\,p_1^{(k)},p_2^{(k)},\cdots,p_{n_{k-1}}^{(k)}\,\right] \tag{8}$$

则矩阵 $\boldsymbol{p}^{(k)}$ 是 $n_k \times n_{k-1}$ 矩阵,表示第 k 层上的元素对第 $k-1$ 层各元素的排序权重向量,那么第 k 层上的元素对目标层总排序权重向量为

$$\boldsymbol{\omega}^{(k)}=\boldsymbol{P}^{(k)}\boldsymbol{\omega}^{(k-1)}=\left[\,p_1^{(k)},p_2^{(k)},\cdots,p_{n_{k-1}}^{(k)}\,\right]\boldsymbol{\omega}^{(k-1)}=\left(\omega_1^{(k)},\omega_2^{(k)},\cdots,\omega_{n_k}^{(k)}\right)^{\mathrm{T}} \tag{9}$$

经过计算,一级指标、二级指标的综合权重向量如表 3 所示。

三、浙江省典型纺织类非遗的评价实证

浙江省经济发达、文化资源丰富、拥有大量的纺织类非遗,也是全国非遗保护综合试点省。截至 2021 年,浙江省现有省级及以上纺织类非遗项目达 76 项,18 项入选国家级,1 项入选联合国教科文组织公布的人类非物质文化遗产名录,集中在传统技艺、传统美术、民俗(少数民族服饰)三类。浙江的纺织类非遗不仅历史悠久,品类全面,而且在数字化建设、传承人培养、商品化、市场化等方面也积累了丰富的经验,初步形成了"美丽非遗"的浙江品牌,实实在在地为浙江巩固脱贫攻坚成果、助力乡村振兴、共同富裕先行示范区的打造做出了贡献。

与此同时,随着纺织新技术、新工艺的发展和当代文化的冲击,浙江纺织类非遗保护和传承也遇到前所未有的挑战,部分技艺已经或濒临失传,由此,浙江省相关政府部门、传承主体单位、科研院所、高校充分整合资源,不断推动纺织类非遗的传承保护与创新,通过文旅融合、创意产品、数字保护、非遗小镇等多种模式,实现纺织类非遗的产业开发。本文将选择湖州绫绢、辑里湖丝、温州瓯绣 3 个典型的国家级纺织类非遗项目作为评价对象,结合指标体系,通过模糊综合评价法进行评价,确定和说明参数表的应用方法,得出不同纺织类非遗项目产业开发潜力值。

(一)浙江典型纺织类非遗简介

湖州绫绢织造技艺和辑里湖丝手工制作技艺都属于传统蚕桑丝织技艺大类。浙江丝织文化历史悠久、底蕴深厚,浙江省湖州市钱山漾发现的 4 700 多年前的丝织绢片,被誉为"世界丝绸之源"。湖州绫绢是产业化频度较高的纺织类非遗项目,广泛应用于书籍装帧、书画制作、文物保护、外贸旅游、装饰工艺、服装服饰等领域,但产业规模总体偏小,呈现分布散、质效低的特点。如何更好保护纺织类非遗,进一步加强扶持力度,通过对产业化现状的科学评估,是相关部门关注的重点。辑里湖丝,起源于湖州南浔镇辑里村,它色泽洁白、丝身柔润,是世界上最好的蚕丝之

一。1851 年,辑里湖丝在英国伦敦首届世界博览会上获得金奖,曾经是丝绸界的骄傲。但近几年,劳动力成本的提升、丝绸行业整体的效益下滑、衍生产品少且生产效率低等诸多因素,使得辑里湖丝的生存发展、保护传承的工作也面临极大的挑战。

温州瓯绣是中国六大名绣之一,是浙江温州地区传统刺绣艺术,已具有千年历史,瓯绣的技艺结合了诗词文化、书法字画,将文化和刺绣之美进行充分融合,不仅有刺绣的技艺之美,也有文化的融合之美。从产业化视角看,温州瓯绣从家庭层面开始的,慢慢出现各类工厂和对外展示的门面形式,初步形成了艺术价值挖掘充分,具有一定规模的,与区域经济同频共振的产业链,但销售渠道单一、传承人严重不足、收入水平低、生产企业总体规模小的问题依然是阻碍瓯绣传承、保护和发展的重要现实问题。

(二)浙江典型纺织类非遗的实证评价案例

结合前文所进行的纺织类非遗产业化开发潜力的指标和权重分析结果,本文将运用模糊综合评价法进行潜力评价。模糊综合评价是来源于模糊数学理论衍生的评价方法,适宜于对非量化指标进行评价。本文对于浙江省纺织品非遗项目产业化开发潜力评价指标皆为定性指标,因此适宜采用模糊综合评价方法进行评价。评价指标的指标因素集即由表 2 所示的指标体系构成,包括 4 个一级指标和 27 个二级指标。首先根据 AHP 法确定权重集 $\boldsymbol{\omega}^i$:

$$\boldsymbol{\omega}^i = (\omega_m, \omega_{m+1}, \cdots, \omega_n)$$

一级指标权重向量为:

$$\tilde{\boldsymbol{\omega}} = (\bar{\omega}_1, \bar{\omega}_2, \bar{\omega}_3, \bar{\omega}_4) = (0.178\ 9, 0.266\ 1, 0.387\ 7, 0.167\ 3)$$

4 组二级指标权重向量分别为:

$$\boldsymbol{\omega}^1 = (0.048\ 9, 0.146\ 7, 0.189\ 4, 0.047\ 4, 0.050\ 5, 0.048\ 9, 0.231\ 4, 0.236\ 8)$$

$$\boldsymbol{\omega}^2 = (0.151\ 8, 0.252\ 7, 0.252\ 8, 0.138\ 7, 0.204\ 0)$$

$$\boldsymbol{\omega}^3 = (0.055\ 4, 0.056\ 1, 0.174\ 4, 0.179\ 3, 0.154\ 6, 0.171\ 9, 0.151\ 0, 0.057\ 3)$$

$$\boldsymbol{\omega}^4 = (0.242\ 6, 0.274\ 9, 0.137\ 8, 0.097\ 6, 0.122\ 9, 0.124\ 3)$$

同步确定评语集,$V_i = \{v_1, v_2, v_3\}$,其中 v_1、v_2、v_3 分别对应产业化开发潜力低、中、高三个层次。

1. 建立模糊综合评价矩阵

先建立一级指标的评价矩阵,10 位专家在 4 个一级指标基础上,建立一级指标综合模糊评价矩阵。再按照频度法,对每个项目,共 10 位专家在 27 个指标上选择不同评语出现的频率,建立二级指标模糊综合评级矩阵。

一级指标的评价矩阵如下:

$$\begin{bmatrix} 1 & 0.65 & 0.45 & 1.00 \\ 1.53 & 1 & 0.68 & 1.53 \\ 2.24 & 1.46 & 1 & 2.24 \\ 1.00 & 0.65 & 0.45 & 1 \end{bmatrix}$$

二级指标的评价矩阵为:

$$\boldsymbol{R} = \begin{bmatrix} \boldsymbol{R}_1 \\ \boldsymbol{R}_2 \\ \boldsymbol{R}_3 \\ \boldsymbol{R}_4 \end{bmatrix} = \begin{bmatrix} r_{11} & r_{12} & r_{13} \\ r_{21} & r_{22} & r_{23} \\ \vdots & \vdots & \vdots \\ r_{27,1} & r_{27,2} & r_{27,3} \end{bmatrix}$$

式中:$\boldsymbol{R}_1 = (r_{ij})_{8\times3}$,$\boldsymbol{R}_2 = (r_{ij})_{5\times3}$,$\boldsymbol{R}_3 = (r_{ij})_{8\times3}$,$\boldsymbol{R}_4 = (r_{ij})_{6\times3}$。

每一个非遗项目都是一个综合评价矩阵 $\boldsymbol{R}$,其中 $r_i = (r_{i1}, r_{i2}, r_{i3})$ 是第 i 个指标 u_i 的综合评价,所以 r_{ij} 表示第 $i (1 \leqslant i \leqslant 27)$ 个指标 u_i 在第 $j (1 \leqslant j \leqslant 3)$ 个评语 v_j 上的频率分布。

2. 合成模糊综合评价结果向量

选择合适的算子将权重集与模糊综合评判矩阵进行合成,得到各二级评价指标的模糊评价结果向量 $\boldsymbol{R}^i$,即

$$\boldsymbol{R}^i = \boldsymbol{\omega}^i \cdot \boldsymbol{R}_i = (\omega_m, \omega_{m+1}, \cdots, \omega_n) \begin{bmatrix} r_{m1} & r_{m2} & r_{m3} \\ r_{m+1,1} & r_{m+1,2} & r_{m+1,3} \\ \vdots & \vdots & \vdots \\ r_{n1} & r_{n2} & r_{n3} \end{bmatrix} = (r_1^i, r_2^i, r_3^i)$$

浙江省三个纺织品非遗项目的二级指标模糊评价向量 $\boldsymbol{R}^i$ 分别如表 2—4 所示。

再将 4 组评价指标的模糊评价向量与一级评价指标的权重集进行合成,得到最终的模糊评价结果向量 $\boldsymbol{R}'$:

$$\boldsymbol{R}' = \bar{\boldsymbol{\omega}} \cdot \boldsymbol{R}^i = (\bar{\omega}_1, \bar{\omega}_2, \bar{\omega}_3, \bar{\omega}_4) \begin{bmatrix} R^1 \\ R^2 \\ R^3 \\ R^4 \end{bmatrix} = (r_1', r_2', r_3')$$

浙江省三个纺织品非遗项目中,最终的模糊评价结果向量 R' 分别为"辑里湖丝":(0.393 5,0.341 5,0.267 1)、"湖州绫绢":(0.371 7,0.406 9,0.221 4)、"温州瓯绣":(0.292 9,0.349 3,0.358 7)。

对最终的模糊评价结果向量进行分值量化,将[0,100]区间三等分后产业化开发潜力评分区间为:低(0—100×1/3 分,即[0,33])、中(100×1/3—100×2/3 分,即(33,66])、高(100×2/3—100 分,(66,100]),则选取的评估分值向量应该为 $X=((0+100×1/3)/2,(100×1/3+100×2/3)/2,(100×2/3+100)/2)^{\mathrm{T}}=(100/6,50,500/6)^{\mathrm{T}}$,得到最终产业化开发潜力评估分值:

$$Y=R' \cdot X=(r'_1,r'_2,r'_3)\begin{bmatrix}100/6\\50\\500/6\end{bmatrix}$$

根据产业化开发潜力评估分值,产业化开发潜力低的分值区间为[0,33],产业化开发潜力中的分值区间为(33,66],产业化开发潜力高的分值区间为(66,100]。浙江省三个纺织品非遗技艺中,最终产业化开发潜力评估分值如表5—7 所示。可以看出,辑里湖丝产业化开发潜力评估分值为 31.67,落在[0,33]区间,产业化开发潜力为低;湖州绫绢产业化开发潜力评估分值为 44.99,落在(33,66]区间,产业化开发潜力为中;温州瓯绣产业化开发潜力评估分值为 52.24,落在(33,66]区间,产业化开发潜力为中。

表 5 辑里湖丝产业化开发潜力评估结果

	评价向量			产业化开发评估分值	产业化开发适宜性
	低	中	高		
价值内涵	0.346 7	0.276 0	0.377 2		
传承稳健性	0.347 9	0.433 0	0.219 1		
产业化基础	0.491 3	0.341 4	0.167 3	31.67	低
外部环境	0.289 4	0.266 0	0.457 0		
隶属度	0.393 5	0.341 5	0.267 1		

表6　湖州绫绢产业化开发潜力评估结果

	评价向量			产业化开发评估分值	产业化开发适宜性
	低	中	高		
价值内涵	0.232 2	0.507 1	0.260 8	44.99	中
传承稳健性	0.423 0	0.417 5	0.159 6		
产业化基础	0.407 3	0.409 3	0.183 4		
外部环境	0.356 7	0.277 6	0.365 9		
隶属度	0.371 7	0.406 9	0.221 4		

表7　温州瓯绣产业化开发潜力评估结果

	评价向量			产业化开发评估分值	产业化开发适宜性
	低	中	高		
价值内涵	0.189 1	0.360 9	0.454 9	52.24	中
传承稳健性	0.179 6	0.300 3	0.520 1		
产业化基础	0.393 3	0.333 5	0.273 2		
外部环境	0.351 4	0.451 4	0.197 3		
隶属度	0.292 9	0.349 3	0.358 7		

(三) 基于评价结果的浙江纺织类非遗开发或保护模式分析

将评价指标体系运用到浙江省纺织类非遗项目具体评价中,可以得到项目产业化开发潜力的大小,结合分类保护的原则,可以根据产业化开发潜力的大小采取不同的开发或保护模式。一是产业化开发潜力评价结果为"低"的纺织类非遗项目,如本文中的案例——缉里湖丝,此类项目暂时不适宜进行产业化开发。从现实情况看,与评估结果也高度一致,该类项目进入市场的吸引力相对一般且产业化基础薄弱、外部环境支撑力差、传承稳健性比较弱,但纺织类非遗本身的价值内涵始终存在。因此,应该以政府抢救性保护为主,在保护过程中,以保护纺织类非遗技艺的原真性、整体性和传承性为基本底线,注重文化价值,不能包含任何经济目标。二是产业化开发潜力评价结果为"中"的纺织类非遗项目,如本文的案例"温州瓯绣"和"湖州绫绢",可以进行适度地产业化开发。从这两类非遗产业化开发的调研情况看,与评估的结果也完全一致。该类项目具备一定的市场吸引力,初步的产业化基础和外部环境支撑力,形成了初步的产品链和产业带,但产生的经济效益不高,更多以社会效益为主。因此,这类纺织类非遗的开发和保护模式更偏向于公益事业类,必须在以守住项目的核心技艺和文化根脉不变的前提下,适度投入财政资金确保产业化的稳定发展,实现纺织类非遗的活态保护。同时,对可能出现的过度开发、资源浪费、环境破坏等建立负面清单,引导非遗企业和传承人在立足保护和传承的基础上,发挥主体优势,培育"造血"功能,提升保护和传承的效率,确保项目传承的稳定性和文化价值内涵的传播推广。三是产业化开发潜力评价结果为"高"的纺织类非遗项目,按照前文评价指标的设计,该类项目具备较高的经济价值,与市场深度融合并产生了可观的经济利润,适宜进行产业化开发。针对这类纺织类非遗项目,还是要清晰认识到生产性保护、产业化的方式将项目的文化价值转化为经济价值,最终的目的还是为了保护和传承,让更多的社会主体关注纺织类非遗的保护工作并积极参与进来,这始终是产业化的基本原则和底线。同时,由于该类项目产业化基础和外在环境都比较好,在开发过程中,不仅要让非遗产品成为区域的品牌象征,更要推广到全国甚至全世界,将非遗的文化价值充分放大,成为真正有影响力的世界非遗品牌。

四、浙江典型纺织类非遗的产业开发的政策建议

在建立纺织类非遗产业化开发潜力评估指标体系模型的基础上,通过对浙江省 3 个典型纺织类非遗项目产业化开发潜力进行评估,结合评估结果,可以为政府部门对非遗项目实施精准扶持、分类施策提供政策参考。

(一)"湖州绫绢"的适度产业开发

湖州绫绢的产业化开发潜力为"中",是适宜进行适度产业化开发的纺织类非遗项目。从调研情况看,虽然湖州绫绢在产业化开发中有一定成效,但随着国内外环境的变化、产业结构调整等因素影响,规模小、分布散、价格乱、保护意识不强、经营理念落后、产业后继乏人等问题始终存在,为保护和加快绫绢产业的发展,必须加快形成以政府牵头协调、企业主体运作、行业坚守原则、市场调节配置、媒体大力宣传、社会多方支持的总格局。

具体包括,一是政府层面。首先需要强化湖州绫绢的保护意识,全面摸清湖州绫绢的家底,包括遗址、遗物、遗技、遗人、遗文等,设定产业开发和保护的红线,支持通过现代信息技术,进行建档管理。其次,需积极营造良好的外部环境,强化保障体系。如制定湖州绫绢的地方工艺标准;整合文旅、工商、质检、商贸、科技、金融等部门,做好市场环境治理、规范市场行为,推动企业科技创新、拓宽企业融资驱

动,为湖州绫绢产业开发保驾护航。最后,要聚焦传承人的培养和培训,强化人才培养工作,如依托地方高校资源开设专业学科或课程,为产业开发培养、输送人才;同时,定期调研和建立传承人的动态数据库,制定配套激励政策并保持政策的长期稳定性,让更多年轻人参与到非遗的保护和传承工作中去。二是企业主体层面,要做到保护、传承、创新、融合相结合。湖州绫绢的传承单位和传承人,要承担引领产业发展的职责和使命,在政府的支持和指导下,更好做好非遗项目的保护、传承和推广,不能仅仅只关注个体利益。相关企业要将融合创新作为企业发展的长期愿景,立足长远、放大格局,如与科技融合,通过采用高新技术对传统绫绢产业进行改造,包括新材料、新产品、批量定制、个性开发等,提高产业附加值;与文化融合,通过与湖州的湖笔文化、茶文化、丝绸文化等融合,借力文化产业的发展,实现文化弘扬与绫绢发展的互利共荣。与信息技术融合,通过众筹营销、网上个性化定制等新兴营销方式,打造专门针对湖州绫绢的网络综合服务和资源共享平台。三是湖州绫绢产业开发要主动打造具有区域辨识度的非遗品牌文化。如建设湖州绫绢文化艺术博物馆、双林倪家滩绫绢发迹点、善琏传统绫绢织造户等品牌文旅基地,主动融入"一带一路"倡议,发挥绫绢可以用于书籍装帧、书画制作、外贸旅游、工艺产品等领域的优势,将产品推向和融入国际市场,传播绫绢文化,打响国际品牌。

(二)"温州瓯绣"的适度产业开发

温州瓯绣的产业化开发潜力为"中",也是适宜进行适度产业化开发的纺织类非遗项目。温州是民营经济非常发达的地市,温州瓯绣的产业发展状况也非常吻合区域特质,主要有门店、个人工作室、代样加工、高校合作等模式,虽然在省内外也有一定影响力,但产业处于零散状态,也给非遗的保护和传承带来了一些困难,具体包括传承方式局限性强、技艺难度大、传承人严重不足、社会知名度不大、存在感不高等。因此,针对这类有中度开发潜力的纺织类非遗项目,可以在坚守技艺完整性和文件价值内涵不走偏的基础上,坚持政府主导、集聚主体企业、行业协会、高等院校、科研院所、服务中介等多方资源,系统实施产业化开发和保护工作。

具体包括,一是从政府层面。在政策制定上,需从村镇整体的视角精准施策,比如针对温州瓯绣产业相对发达的瑞安陶山、平阳北港、苍南金乡等乡镇,开展温州瓯绣保护特色乡镇、优秀传承人、技艺大师等评比,激发产业整体活力。同时,针对乡镇愿意参加瓯绣培训的人群,要实施培训费用和生活费用的双重补贴,免除她们生活上的后顾之忧。最后,对企业进行温州瓯绣的产品研发、现代信息技术融合、院校合作、品牌建设与维护等工作,出台专门扶持政策。二是从企业主体层面,应重点做好产品多样化设计、功能性开发和营销资源整合、努力实现由自我造血功能。结合时代热点，设计特色鲜明的瓯绣作品，通过与现代技术结合、百姓需求等结合，不断开发温州瓯绣的新产品、新功能，如家居产品、礼品、特色民俗工艺品、收藏品等。借助温州商人遍及全球各地的营销网络，利用互联网技术和信息资源，不断打开市场。三是应积极推进支撑温州瓯绣产业开发的外在环境建设，如建造温州瓯绣的博物馆、在高校及中小学开设地方非遗课程、文旅融合打造温州瓯绣体验区等方式，不断提升知名度、美誉度和品牌实力。同时，由政府牵头及企业、高校、行业协会等多方参与，打造专属温州瓯绣的非遗文化节，并做成区域文化的重要品牌活动。最后，要营造全民共同参与的非遗保护意识，让更多的人了解瓯绣、喜欢瓯绣，让瓯绣传承人实现价值感和获得感。

（三）缉里湖丝的抢救性保护

缉里湖丝的产业化开发潜力为"低"，不适合进行产业化开发。从历史的视角看，缉里湖丝是湖州南浔的高端产业代表，见证了南浔富甲一方的辉煌年代。但近几年来，传承人年龄老化、劳动力成本的提升、丝绸行业整体的效益下滑、衍生产品少且生产效率低等问题，使得缉里湖丝的传承有中断的风险，调研中发现，专门用于缉里湖丝制作的传统手工缫丝机几乎无人会使用。因此，必须采取完全由政府主导的抢救性保护模式，并积极引导民间资本、民间力量参与其中。

从政府层面看，一是全面调研和分析目前缉里湖丝的情况，包括原材料生产制作、技艺传承人、民间保护志愿者、遗址分布、相关的文物保存情况、生产企业等，加快建设综合或专项博物馆，将现有的缉里湖丝的技艺和文化元素尽快进行保护、梳理和分类，这是重中之重的工作。二是要建立工作组或组建专门的部门进行抢救性保护工作，制订工作计划，形成持续的推进机制。如面向传承人，给予足够的经济补贴，让他能安心做好传承和保护工作；加大政府采购力度，确保活态传承的效率；制定专门的法律或规则，确保保护工作有据可查，有法可依。三是主动参与民间对缉里湖丝相关非遗元素的寻访工作，设置专门的缉里湖丝研究课题，鼓励科研机构、专家学者参与保护和研究工作，确保缉里湖丝的文化价值充分挖掘不遗漏。从全社会引导和参与层面看，主要从文旅融合和品牌维护两个方面进行发力，比如通过文化和旅游进行结合，通过建立各种展示馆、现场体验馆等。据了解，湖州现有的辑里湖丝博物馆是由民间人士王一士创办，他通过自费创办的博物馆默默进行非遗的传承和保护工作。对于这些爱心人士，政府和社会各界要给予更多的关注和激励。从品牌维护的角度看，主要是通过在中小学生非遗研学、高校研发合作、展会、各类自媒体推广等方面,政府要给予更多的项目或资金支持。

参考文献

[1] 张礼敏.自洽衍变:"非遗"理性商业化的必然性分析——以传统手工艺为例[J].民俗研究,2014(2):66-74.

[2] 王松华,廖嵘.产业化视角下的非物质文化遗产保护[J].同济大学学报(社会科学版),2008(1):107-112.

[3] 刘锡诚.非遗产业化:一个备受争议的问题[J].河南教育学院学报(哲学社会科学版),2010,29(4):1-7.

[4] STEFANO M L . Practical considerations for safeguarding intangible cultural heritage [M]. Taylor and Francis,2021.

[5] PETRONELA T. The importance of the intangible cultural heritage in the economy [J]. Procedia Economics and Finance,2016,39:731-736.

[6] KWON Y K. A study on design for intangible cultural heritage of humanity: concentrating the intangible cultural heritage of Korea[J]. Bulletin of Korean Society of Basic Design & Art,2014(15).

[7] JESÚS H C, MARTOS L P, AGUADO L F. How to measure intangible cultural heritage value? The case of Flamenco in Spain[J]. Empirical Studies of the Arts,2021,39(1). DOI:10.1177/0276237420907865.

[8] FEDERICO L. Intangible cultural heritage:The living culture of peoples[J]. European Journal of International Law,2011,22(1):101-120.

[9] 王焯.非物质文化遗产产业化原则的界定与模式构建[J].江西社会科学,2010(8):214-218.

[10] 刘鑫.非物质文化遗产的经济价值及其合理利用模式[J].学习与实践,2017(1):118-125.

[11] 黄永林.非物质文化遗产特征的文化经济学阐释[J].文化遗产,2018(1):5-13.

[12] 张秉福.我国非物质文化遗产产业化的科学发展[J].甘肃社会科学,2017(6):244-248.

[13] 杨亚庚,陈亮,陈文俊,等.论宜产型非物质文化遗产的产业化[J].河南社会科学,2014,22(1):118-122.

[14] 宋俊华,白雪筱.新时代非遗保护研究的路向选择[J].文化遗产,2021(1):153-158.

[15] 宋俊华.基于供给侧结构性改革的非遗保护机制创新[J].文化遗产,2016(4):57-

64,158.

　　[16] 赵宏,曹明福. 中国纺织类非物质文化遗产概论[M]. 北京:中国纺织出版社,2015.

　　[17] 孙梦阳,石美玉,易瑾. 非物质文化遗产旅游开发利益平衡模型研究[J]. 商业研究,2019(9):171 - 178.

　　[18] 刘金祥. 刍议非物质文化遗产产业化[J]. 江南大学学报(人文社会科学版),2012(4):89 - 94.

　　[19] 张希月,虞虎,陈田,等. 非物质文化遗产资源旅游开发价值评价体系与应用——以苏州市为例[J]. 地理科学进展,2016,35(8):997 - 1007.

　　[20] 陈炜,陈能幸,杨姗姗. 西部地区非物质文化遗产旅游开发适宜性评价指标体系与评价模型构建[J]. 社会科学家,2011(10):83 - 86.

　　[21] 陈炜,陈能幸,杨姗姗. 非物质文化遗产旅游开发适宜性评价实证研究——以西部地区为例[J]. 广西民族师范学院学报,2012,29(1):6 - 9.

　　[22] SUMIKO S. "Community" as a landscape of intangible cultural heritage: Basho-fu in Kijoka, a Japanese example of a traditional woven textile and its relationship with the public[J]. International Journal of Intangible Heritage, 2013,8:136 - 152.

　　[23] ZHAO Hong, CAO Xiaoxi. Analysis on the value composition of textile intangible cultural heritage[J]. Scientific and Social Research, 2020, 2(3). DOI:10. 36922/ssr. v2i3. 986.

　　[24] 邵陆芸,温润. 湖州绫绢文化创意开发路径研究[J]. 丝绸,2018,55(4):77 - 81.

　　[25] 胡雪彬,曾泽华,王立群. 以辑里湖丝为例探讨湖丝非遗的保护与发展——从内外部因素分析[J]. 今古文创,2021(6):121 - 124.

　　[26] 朱珏. 试论近代"辑里湖丝"之兴衰[J]. 丝绸,2008(3):47 - 49.

　　[27] 陆士虎,马俊. 辑里湖丝甲天下[J]. 收藏,2016(11):116 - 123.

　　[28] 刘藏岩. 瓯绣的困境与出路——基于国家级非物质文化遗产的保护、传承和发展[J]. 温州大学学报(社会科学版),2015,28(3):100 - 105.

　　[29] 苑利,顾军. 非物质文化遗产的产业化开发与商业化经营[J]. 河南社会科学,2009,17(4):20 - 21,219.

作者简介

　　何　研(1987—　　),湖南永州人,佛山科学技术学院人文与教育学院特聘青年研究员,博士。研究方向为非物质文化遗产学。

　　潘百翔(1978—　　),浙江湖州人,湖州职业技术学院副教授。研究方向为产业经济学。

Evaluation Research on Industrialization Development Potential of Textile Intangible Cultural Heritage — A Case Study of Zhejiang Province

He Yan   Pan Baixiang

Abstract: Industrialization development is the inevitable way to protect and inherit textile intangible cultural heritage on the basis of maintaining its whole technological process and the authenticity of core skills (manual). Evaluating the industrialization development potential of the textile intangible cultural industry is an important means to upgrade its exploitation's success rate and efficiency. The paper adapts the Delphi method, principal component analysis, and analytic hierarchy process to establish the evaluation index system of the industrialization development potential of textile intangible cultural heritage comprised of 4 first level indexes value connotation, inheritance robustness, the foundation of industrialization, and external environment, and 27 second-level indexes such as historical value, artistic value, etc. It takes three typical state-level projects of textile intangible cultural heritage—Huzhou's silk damask, Jili's silk, and Wenzhou's ou embroidery, as the evaluation object, then evaluate them via the fuzzy comprehensive evaluation method. The results demonstrate that Huzhou's silk damask and Wenzhou's ou embroidery have medium industrialization development potential, which is superior to Jili's silk. Finally, the paper proposes policy suggestions for industrialization development and protection of the above textile intangible cultural heritage on the grounds of evaluation results.

Key words: textile intangible cultural heritage; industrialization; evaluation index

裂变与再造:产业化背景下南康木工技艺的活态传承研究*
——基于江西省南康家具手艺人群体的田野调查

席志武　黄　婕

摘　要:传统手工技艺根植于过去的生产与生活方式。工业化与产业化对传统技艺赖以生存的经济与文化生态进行了重塑,促使手艺人群体出现裂变和分化。手工技艺的活态传承面临新的挑战与机遇。文章以江西省赣州市南康区 18 位家具手艺人为研究对象,通过田野调查与访谈研究法,考察了南康木工技艺在产业化背景中的活态传承状况。研究发现:南康传统的木工技艺于 20 世纪 90 年代后在农村地区出现衰落,新的工业技术给木工技艺的活态传承带来冲击,企业师徒制取代传统师徒制,产业化对传统木工技艺的活态传承形成了一种"反哺性"力量。

关键词:木工技艺;活态传承;手艺人;南康家具

一、引言

传统手工技艺的传承与发展,是非物质文化领域的一项重要议题。一方面,传统手工艺有赖于过去的生产与生活方式,对其进行传承,需尊重和保护原初的"文化基因"与文化生态;另一方面,受工业化、产业化甚至信息化的技术驱动,传统生活方式已发生重大变革,这不仅引发了手艺人群体的生存困境,也给手工技艺的活态传承带来挑战。在此背景下,传统技艺及手艺人群体出现"裂变"与"分化",推动着技艺传承衍生出一种新的升级与再造的发展形态。高小康(2016)指出,对于活态传承的认识中一直存在着关于非遗保存的本真性与发展演变之间的冲突问题的争论,而"保存与发展"已构成非遗活态传承的一种"悖论"。作为非遗的一项重要

* 基金项目:国家社会科学基金青年项目"平台化社会的信任危机与信任机制建构研究"(20CXW023)的阶段性研究成果。

内容,木工制艺在我国有着悠久的历史,并随着人们生活方式的改变不断发生变迁。唐代以前,我国古人多是席地而坐,家具主要以案、席子、床等为主,其样式、功能与陈设方式在较长时间里未有太大变化。"桌椅在唐代后期广泛使用,这使人们改变了过去几千年来席地而坐的习惯,也引起了许多生活用具的变化。"①唐代之后,传统家具不仅出现了桌、椅、几、案、挟轼、箱、柜、屏风等多样化的品类,其工艺如雕刻、图案、陈设方式等,也"经历了由简陋到繁美、由低型到高型、由侧重使用到美和用结合的演变过程"②。

　木质家具的制作与使用,是传统社会中一种重要的活态文化。自改革开放以来,我国城镇化与工业化进程不断推进,经济结构发生重大调整,这给过去依托于传统生活方式的手工技艺及手工艺人群体的生存带来前所未有的挑战。与此同时,受工艺新技术和产业新模式的影响,传统手工技艺走向集约化、机械化和产业化,加剧了手工艺人群体的分化:有些人迅速适应了手工制艺的产业化趋势,成为家具产业的拓荒者和领头羊,并对传统手艺进行了一种"再造";有些人则因失去了过去赖以生存的经济文化空间,被动沦为"打零活者"或行业技工。后者通常是传统社会中年龄较长、经验丰富但又是易被忽视的群体。时过境迁,手工技艺对他们而言,日渐丧失基本的谋生功能,其活态传承也因此多了一种"落幕英雄"般的悲剧感。

　不过,传统手艺人群体的"失落",并未影响家具产业的高速发展。相反,在产业转型和技术升级的驱动下,家具产业规模不断扩大,走向一种新的"再造"。以江西省赣州市南康区为例,该县域在改革开放以前,交通闭塞、经济落后,产业结构比较单一。该县域的传统木制家具,过去多是以满足日常生活之用的门窗桌椅箱柜等为主,传承形态以家族或传统师徒形式进行。20世纪90年代后,南康家具产业进入快速发展期,如今已成为该县域的支柱产业之一。据2020年的"区情介绍",南康已是全国最大的实木家具制造基地。③ 中国家具协会副理事长屠祺于2020年10月在"第七届家具产业博览会"指出,南康家具"在现今中国家具产业发展版图上,有着'执牛耳者'的地位"④。南康家具制艺呈现出全新的传承形态。

---

① 卞宗舜,周旭,史玉琢. 中国工艺美术史[M]. 北京:中国轻工业出版社,2007:274.

② 徐勤. 新编中国工艺美术简史[M]. 上海:学林出版社,2007:58.

③ 南康区情简介(2019)[EB/OL]. (2020 - 03 - 16). http://www. nkjx. gov. cn/nkqxxgk/nk2012/2020 - 03/16/content_aa677952ec564139b951a898ce8ee075. shtml.

④ 李永华. 江西南康的家具产业神话是怎样炼成的[J]. 中国经济周刊,2020(20):82 - 85.

　　南康木工技艺从家庭手工小作坊走向产业集群化生产，反映出我国区域经济在改革开放后发生的结构性变化。本文以南康木工手艺人群体为研究对象，通过田野调查和访谈研究的方法，考察了传统木工技艺在产业化背景下的活态传承状况，并就产业化对传统木工技艺形成的重构与再造进行了探讨。

二、理论回顾

（一）"活态传承"的内涵

　　"活态传承"是非物质文化遗产（Intangible Cultural Heritage，ICH）领域中的核心概念。它与非遗的现实处境密切相关。"非遗"是一个"时代性的新概念"[①]，它在联合国教科文组织发布的《保护非物质文化遗产公约》（2003）中，具体指的是"被各社区、群体，有时为个人，视为其文化遗产组成部分的各种社会实践、观念表述、表现形式、知识技能及相关的工具、实物、手工艺品和文化场所"[②]。作为传统生活的一项有机构成，非遗在社会转型时期遭遇到工具理性的巨大冲击，因其在现代社会中缺乏实际的功能，面临着衰落或被遗弃的命运。由此，对非遗进行抢救、记录、保护和传承，受到学界和业界的广泛关注。

　　目前学界对"活态传承"的界定，主要立足于当下"非遗后"的时代背景，对非遗的"活态"传承和保护方式进行讨论。"活态"是与"固态""静态"相对的概念，它强调非遗需在"其生成发展的环境中进行保护，要在人民群众生产生活过程当中进行传承与发展"[③]。从这一意义上说，非遗虽是过去社会生活的产物，有着特定的历史文化蕴涵，但它在社会转型时期，仍体现一定的活态性、日常性、区域性及流变性等特点。祁庆富立足于非遗的"传统的延续"与"现代的生成"的身份双重性特点，指出"活态流变性是非物质文化遗产区别于物质文化遗产的一种特殊属性"。[④] 非遗的"活态性"指的是通过人们的日常生产与生活来进行展示和传播。从传播学视角来说，它具体体现为传承主体（受众）、传承场域、传承媒介、传承动机、传承效果等方面的活态性。

---

① 　冯骥才. 为文化保护立言［M］. 北京：文化艺术出版社，2017：139－140.
② 　汪欣. 中国非物质文化遗产保护十年（2003—2013）［M］. 北京：知识产权出版社，2015：175.
③ 　聂丽君. 丽江华坪傈僳族民间歌舞的当代传承研究［M］. 厦门：厦门大学出版社，2017：100.
④ 　祁庆富. 存续"活态传承"是衡量非物质文化遗产保护方式合理性的基本准则［J］. 中南民族大学学报（人文社会科学版），2009（3）：1－4.

（二）活态传承的两种模式："原生性保护"与"生产性保护"

我国非遗保护工作起步于 20 世纪 90 年代。2003 年,国家文化部、财政部、国家民委、中国文联等部门联合推出"中国民族民间文化遗产保护工程"①,标志着我国非遗保护工作的全面推进。如今,我国非遗保护已经"从'物质'层面上升到了'非物质'层面,从'静态保护'层面上升到了'活态保护'层面,从'器物保护'层面上升到了对器物制作者——'人的保护'层面"。②

非遗的"知识技能"是手工技艺传承的重要内容。关于手工技艺的活态传承,学界主要有两种代表性观点:一是立足于非遗的历史认识价值,认为非遗传承需"原生性保护"。如苑利将非遗视为"一个民族最稳定的文化 DNA",因此,传承人的工作"不是让非遗加速变化,而是创造条件让它们在走出濒危后尽量保持不变"。③ 齐易也持类似观点,认为非遗"积淀了厚重丰富的历史文化内涵,包含了我们民族文化最基本的 DNA,因此对它的原样保护至关重要,绝不可以轻易更动"。④

另一种观念则是面向时代变迁及产业化大势,强调非遗的开发、利用与经济价值,并提出了"生产性保护"和"生活性保护"观点。如安葵(2009)、吕田品(2009)等人立足于不同的非遗类型,对"生产性保护"展开论述,强调非遗需适应当下的生产与生活方式,应与经济社会协同发展。宋俊华指出,非遗保护的核心在于"确保其生命力","生产性保护"就是从非遗的"发生本质即生产中去探索保护方法,是一种符合非物质文化遗产本质的可持续性的保护方式"。⑤ 张毅认为,非遗"不是凝固的和不变的文化形态",而是"动态和活态的文化,与时俱进的创新是其发展的主线"。⑥ 与"生产性保护"相关的是"生活性保护"。胡惠林、王媛认为,非遗是文化,也是生活,对非遗进行生产性保护,"本质上是要推动传统文化生活样式的传承、延续乃至创新的同时,寻求民族国家现代文化发展的精神内核,要在文化意义的生产

---

① 冯骥才. 中国民间文化遗产抢救工程档案 2001—2011[M]. 银川:宁夏人民教育出版社,2015,2:37.

② 苑利,顾军. 非物质文化遗产保护前沿话题[M]. 北京:文化艺术出版社,2017:98.

③ 苑利. 救命的"脐带血"千万要保住——从非遗传承人培训说开去[N]. 光明日报,2016-1-22(5).

④ 齐易. 非物质文化遗产:"尊重、保护"与"提升、改造"孰是孰非[J]. 文化遗产,2016(5):16-22.

⑤ 宋俊华. 文化生产与非物质文化遗产生产性保护[J]. 文化遗产,2012(1):1-5.

⑥ 张毅. 非遗保护与传承的历史使命是推动其可持续发展[J]. 文化遗产,2016(5):8-11.

层面推动传统向现代的转型与变迁"。① 李荣启(2016)亦认为,非遗的"生活性保护",不是要求民众回到过去的生活状态,而是要在动态发展过程中,形成非遗与人们生活的融通关系。

(三)活态传承与传承主体

非遗的活态传承以人为主体,以人为中心。然而,传承人的流失与断层,又成为当前非遗活态传承最主要也是最普遍的现实性困境。范周(2019)指出,"文化传承人断层加重了遗产传播困境。"这具体体现为:传承人老龄化严重和新生力量较为薄弱。

针对"传承人断层"的原因,唐月民(2014)做了具体分析,认为有三个方面:一是受市场经济大潮的冲击,传承人失去了凭借其传统技能维持生计的条件;二是传承人的社会价值不受重视,文化生存空间日渐萎缩;三是传承人缺乏外部环境(如财政、技术、法律)的保障和支持。

技艺因人而存在,由此,"对传承人的保护,是非物质文化遗产保护工作的关键所在"②。学者们从不同视角探讨了非遗传承人的保护策略。马知遥等人提出:"必须意识到身体对'非遗'的作用,认识到'非遗'保护中作为第一物质性的身体的关键性。"③夏华丽(2018)提出完善非遗传承人制度的建议:一是构建完善的传承人认定制度,二是加大对传承人扶持的广度和力度,三是废止传承人的资格取消制度等。吴岳军(2019)则立足于职业技术人才培养角度,探讨了传统手工艺"现代传承人"的培养模式。

值得注意的是,有论者还结合当前信息化与数字化技术背景,提出"数字传承人"概念,认为那些"掌握并利用数字化技术对文化遗产进行数字化加工、处理、再现、解读、保存、共享和传播的主体",是一种新型主体(阮艳萍,2011)。学者们一致认为,数字化技术为非遗保护和传承提供了新手段和新契机,能够有助于实现非遗的真实、系统和全面的记录,而这也是"全面深入推进非物质文化遗产保护工作的必然要求"(黄永林,2015)。

---

① 胡惠林,王媛.非物质文化遗产保护:从"生产性保护"转向"生活性保护"[J].艺术百家,2013(4):19-25.

② 刘锡诚.民间文艺学学科建设讲演录选[M].上海:上海文艺出版社,2019:309.

③ 马知遥,张加万,潘刚."非遗"保护前沿问题研究[M].天津:天津社会科学院出版社,2016:195.

三、调研内容与方法

南康位于江西省南部,是"赣南十八县区"之一,隶属赣州市。因行政区划调整,1993年撤县设市,2013年撤市设区。南康区多山,地少人多,资源匮乏,经济发展水平相对落后,在20世纪八九十年代仍以自给自足的小农经济为主,2019年4月摆脱"贫困县"。从历史上看,南康是有着千年历史的客家古邑,三国时立南安县,晋太康元年(280年)更名南康,自古享"木匠之乡"美誉。据《赣州府志》记载,"旧传有木客,自云秦时造阿房宫,采木避隐于此"。"木客"指的是秦时造阿房宫的伐木人。这也成为后世文人充满想象性的歌咏对象。苏轼有诗云:"谁向空山弄明月,山中木客解吟诗。"清代诗人王思轼《木客吟》写道:"上洛诸峰何岑崿,木客穷年寄岩壑。自言身是秦时人,亲见咸阳土开拓。……"在明代,南康木匠参与过明故宫的修建。如今在赣南地区留存的客家围屋,多出自南康木匠之手。① 南康悠久的木匠文化积淀,培养了大量木匠手艺人。改革开放后,"外出务工成南康人的首选,而做木匠又是他们职业的首选,造就了外出务工的'木匠大军'"②。20世纪90年代后,一批在沿海地区掌握了现代家具生产和经营技术的南康人陆续返乡创业,迅速推动家具产业的本地化发展,其经济规模由最初几万元的"草根经济",如今已形成千亿规模的产业集群。相关数据显示,2020年南康家具业产值突破2 000亿元③,全区拥有家具生产及销售相关企业超万家,创造了40多万就业岗位。南康家具工艺的传承呈现全新形态。

本文通过田野调查和访谈研究法,以南康区18位家具手艺人群体为研究对象,对南康木工技艺的活态传承状况进行调研。调研时间为2020年11月至2021年5月,调研对象涵盖了当前南康家具行业内不同年龄、不同工种以及不同学艺来源的人群,每人/次的访谈时间均在30分钟以上。受访者基本情况如表1表示。为便于文章叙述,笔者对受访手艺人进行编码,依次为A—R。当前南康的家具手艺人群因年龄结构差异,呈现三种不同的传承形态:家族传承、传统师徒制和企业师徒制。这反映出南康传统木工技艺向现代家具产业转型的一种"空间共在"关系。

---

① 中国国家品牌网."木匠之乡"南康的前生今世[EB/OL].(2020 - 08 - 25). http://www.chinanationalbrand. org. cn/n/news/13455. html.

② 赣州市南康区地方志办公室编. 南康年鉴 2014[M]. 合肥:黄山书社,2014:28.

③ 中国木业网. 2020年南康家具产业总产值突破2000亿[EB/OL].(2021 - 04 - 02). https://baijiahao. baidu. com/s? id=16958958768882565838&wfr=spider&for=pc.

表 1　受访者基本信息表

手艺人	年龄	性别	现有工作	工种	收入/元	手艺来源	学徒时长
A	72	男	务农		不固定	家族传承	
B	63	女	务农		不固定	家族传承	
C	65	男	务农		不固定	家族传承	
D	60	男	制作寿木		不固定	传统师徒制	3 年
E	57	男	家具厂工人	组装	约 7 000	传统师徒制	3 年
F	63	男	装修		不固定	传统师徒制	3 年
G	48	男	家具厂工人	打磨	约 9 000	传统师徒制	3 年
H	53	男	家具厂工人	组装	6 500	企业师徒制	3 个月
I	55	男	家具厂老板		不固定	企业师徒制	2 个月
J	53	男	家具厂老板		不固定	企业师徒制	1 年
K	54	男	家具厂老板		不固定	企业师徒制	3 个月
L	53	男	家具厂老板		不固定	企业师徒制	6 个月
M	22	男	家具厂工人	数控雕花	6 000	企业师徒制	3 个月
N	25	男	家具厂工人	数控雕花	6 000	企业师徒制	7 天
O	48	男	家具厂工人	打磨	约 9 000	企业师徒制	1 个月
P	27	男	家具厂工人	扪皮	7 500	企业师徒制	2 个月
Q	25	男	家具厂工人	扪皮	约 6 000	企业师徒制	3 个月
R	48	男	家具厂工人	打磨	约 6 000	企业师徒制	1 个月

四、研究结果

（一）传统木工技艺在农村地区的失落

木匠号称"百工之首"，在传统农耕社会，木匠是一个非常古老的职业。据《礼记·曲礼下》记载："天子有六工，曰：土工、木工、金工、石工、兽工、草工。"木工技艺的使用范围非常广泛，除了修筑房屋外，人们生产生活必需的农具、家具、车船、棺木甚至军用器械等，无不需要木匠。"木匠在古代属于典型的有一技在身之人"①，他们虽在传统"四民"社会处于下层，但在乡村却备受尊敬。当地民间流传一首歌

① 斗南.国学知识全知道[M].北京:北京联合出版公司,2018:470.

谣:"日头出山一点黄,思思想想想木匠。嫁个木匠真正好,一有橱柜二有箱,还有火笼烤衣裳。"这反映了木匠在当地的社会地位。直到 20 世纪 90 年代前后,南康木匠文化仍非常盛行,"南康本地人多以学习木匠为传承,南康本地有人学习木匠手艺的家庭就占了八九成之多"①。

木工是一项实用性技艺,掌握木工技艺需较长时间的积累与训练。在过去,多数木匠并无太高文化水平,他们的技艺属"经验型知识"。在日积月累的出工做活中,师傅口传心授,徒弟耳濡目染,一代一代将木工技艺传承下来。这是传统社会中手工技艺的主要传承方式。A 是一位 72 岁的老木匠,手艺承袭自其父辈,他说:"我自小跟随父亲做工,后来慢慢学着做一些日常家具。至今家里所有的木质家具,门、窗、桌、凳、橱、柜等都是自己做的。样式跟上一辈差不太多。"

D 和 E 曾是专职木匠,早期经过 3 年的学徒阶段。D 过去的主业是帮人建造房屋,"以前主要是帮师傅打下手,出师后,自己接活,出一次活的收入足够全家两三个月的开支"。E 的主业是打家具,"农村人结婚,会置办新家具,我手艺不错,村里人都会请我去打家具,不愁没事做"。

不过,这种状况在 20 世纪 90 年代中期以后发生了变化。工业化和产业化时代的到来,打破了传统木工技艺依存的生活空间。"工业化"被认为是人类文明进步的标志,也被视为产业变革和经济创造的技术力量。它不仅改变了人们的生产方式,也极大改变了人们的思想观念和生活方式。"发展和工业化已经改变了人们的生活方式"②,同时使得传统手工技艺的活态传承遭遇前所未有的挑战。

1. 传承环境:手工家具遭到现代家具市场的倾轧

我国现代家具工业起步于 20 世纪 80 年代初,广东深圳等地率先引入合资企业,为我国带来先进的制作理念、设备、工艺、材料、结构和款式。随后,"我国家具企业又先后引进了 200 多条板式家具生产线,这给中国家具带来了生机"③。相较传统手工技艺,现代化的板式家具不仅生产周期短、组合便捷,而且价格低、样式多,很快赢得中国消费者的喜爱,并在 90 年代后迅速占领农村市场。E 说:"大概在 20 世纪 90 年代后,镇上突然开了几家家具店,家具简单大方,上了漆,价格实

① 喻双双.传统产业集群的转型升级之路——以南康区家具产业集群为例[J].经济师,2018 (6):32 - 34.

② 大卫·克里斯蒂安,辛西娅·斯托克斯·布朗,克雷格·本杰明.大历史:虚无与万物之间[M].刘耀辉,译.北京:北京联合出版公司,2016:405.

③ 江功南.家具生产制造工艺[M].北京:中国轻工业出版社,2009:124.

惠,性价比好,还送货上门。"F 年轻时曾跟师傅学过 3 年手艺,从事木匠行业有 10 多年,1993 年后行业不景气,便外出打工,"市场需求变了,现在都不需要手工家具,人家家具厂的东西,物美价廉,款式一年一变,咱们跟不上"。现代家具产业的不断发展,扩大了人们的消费需求,更新了人们的审美观念。G 说:"我是 1992 年出师的,那时就基本很少有人请木匠去家里打家具了。"正是受到现代家具的冲击,过去那种周期长、产量低、成本高,且款式相对固化的家具在日新月异的家具市场中逐渐被人们遗忘。

木工制艺过去是传统自然经济的一项有机组成部分,它依赖的生存空间主要是基于乡村环境所形成的"熟人社会"。木工的手艺活,最初是为了适应村庄和周边地区的一些基本的生产与生活需要,市场规模较小。多数木匠仍需从事农业劳动,木工手艺作为对农业生产生活的一种补充,是家具手艺人群体的一项重要的经济收入来源。家具产业化的出现,一方面改变了过去相对固化和单一的家具形式,刺激了人们对于生活品质和家居生活的更高需求;另一方面,严重挤占了传统木工所依赖的经济空间,打破了木工与过去生活空间之间的稳定性与平衡关系。家具产业的冲击,导致传统木工技艺丧失了市场需求,最终无法在新环境中得到很好的传承。

2. 传承人:传统木匠手艺人的流失与传承人断层

现代家具迅速占领农村市场,打破了传统木匠与过去生活空间的依赖性,他们迫于生计,不得不另谋生路。这进一步使得传统木工技艺的传承形态开始解体。D 说,"过去农村盖房子很多工程都是由木匠完成,现在清一色楼房,都是钢筋混凝土,木匠的活越来越少,也更难做。"E 说:"90 年代中后期以后,接的活越来越少,没办法,要养家,只好去家具厂打工。"F 在 1993 年南下广东,"最开始跟着别人干装修,现在回到南康,还是干的装修"。手艺人的纷纷转行,在 20 世纪 90 年代中期以后成为南康木匠群体的普遍现象。与此同时,传统木工技艺的传承也面临着断层危机。A 说:"现在谁还愿意学木匠? 脏累不说,还找不到饭吃!"C 认为,"买家具多方便,便宜! 没必要再请人做了。"在南康地区,人们对传统技艺的传承,主要将功利实用性目的摆在首要位置,年轻群体对于传统木匠技艺之所以不感兴趣,其中一个重要因素是木工技艺无法获得较好的经济收益。M 只有 22 岁,当我们问及他是否会一直干木工时,他说:"干这个是实在因为找不到别的事,也没读什么书,以后有别的赚钱机会可能会转行。"即便是一些出身木匠世家的年轻人,也常常由于木工技艺的繁杂、琐细,以及对品质和技艺要求严格,因此对木匠技艺与文化并未有文化上与情感上的认同。

包括木工技艺在内的非遗文化,需倚赖人的观念和实践才能得以传承。从这一意义上说,非遗保护的核心在保护传承人。然而,"传承人断层"又是传统非遗技艺失传的普遍困境。在南康广大农村地区,木工技艺传承人的断层,主要有以下两方面的原因:一是现代家具产业的冲击,传统木制家具无法产生较大的经济价值,市场空间缺失使得传统手艺人要么转行,要么无力适应新产业形态,最终成为产业时代的遗弃者。二是市场经济的驱动以及农村经济结构的变化,大量年轻劳动力离开农村,去往城市务工,使得传统木工技艺丧失对于年轻人的吸引力,青壮年的外流也激化了木工技艺传承人的断层危机。

3. 传承观念:农村匠人的品牌意识与传承观念欠缺

作为"木匠之乡",南康有着源远流长的木匠历史和文化。农村地区,木工技艺主要以一种"经验型知识"进行传承。传统手艺人常常囿于知识水平和实践层次的局限,未能将相关技艺上升至"理论型知识",也未能将木匠技艺的传承推向一种新的实践创新高度。笔者接触到的一些老木匠,常常介于(做)"工"和(务)"农"的双重身份,没有时间和精力对木匠技艺进行总结和创新。他们制作的家具,在款式和功能上,要么沿袭上一辈"实用为上"的观念和方法,要么是根据雇主需求,做一些相应的调整改变。面对产业化冲击,过去以功能型为主的家具制艺显得相形见绌。由此而言,农村匠人对于木工制艺品牌意识的欠缺,制约了手工家具的品牌塑造与品质提升。而在传统技艺遭遇"断层"危机时,农村匠人虽感惋惜,但更多的是一种无可奈何、听之任之的态度。当我们询问老木匠 A 如何看待木工技艺的"断代"的问题时,他无奈地表示:"大形势如此,没办法的事。"G 也认为,"以后(木匠)这门手艺很可能会在农村消失。"可以看出,面对产业化冲击,农村匠人普遍缺乏一种传承人的主体意识,对于手工技艺及其文化失落的重要性与紧迫性也未有足够的认知。①

在过去,传统木工技艺的传承分散在各个乡村,手艺人群体未能形成对木工技艺进行传承的一种"文化合力"。加之现代家具产业的冲击,许多木工手艺人生存在社会的底层,他们一无资金,二不懂市场规律,三不具备生产规模,四品牌意识不足等,这些都导致他们最终无法凭借自身力量在市场经济与文化传承中找到生存

---

① 潘锡杨,朱圣兰. 客家文化(赣南)生态保护实验区建设中的困境与对策[J]. 老区建设,2020 (20):1-6.

空间,从而使得一些木工"绝活"与木匠文化面临传承危机,这另一方面也加剧了传承观念的失落。

(二)家具制艺的产业化转型与传承形态重塑

传统木工技艺在农村地区的失落,并不意味着市场对于家具需求的降低,相反,受家具产业化影响,市场不断对家具款式和质量品质提出更高的要求,这也不断激发了家具产业制艺的转型升级。

南康家具的产业化之路,起步于 20 世纪 90 年代。1993 年,南康注册了第一家现代意义上的家具厂。之后,每年都有超 3 000 人从沿海地区返乡创业,他们多为早期的南康木匠,积累了第一桶金,学习了先进的产业技术和管理经验。20 世纪 90 年代至 21 世纪初,作坊式的手工生产与半机械化的加工制造,共同构成了南康家具粗放型的发展形态。1997 年,南康出台《家具产业发展五年规划》。2005 年,家具产业被列为南康重点扶植的支柱产业之一。① 官方政策的出台,为南康家具产业链集群的形成提供了助力。随着国家层面对赣南原苏区振兴的政策扶持,南康家具凭借独特的产业优势,打造成为中国最大的实木家具产业集群。时至今日,南康家具通过赣州国际陆港远销海外 100 多个国家和地区。

1. 传承内容:产业化对于木工制艺的重构

对非遗进行保护和传承,已成为学界和业界的共识。但是关于保护的路径与方法,却一直众说纷纭。特别是针对非遗的"产业化",至今仍是一个"备受争议"的话题。② 从现实层面看,非遗"产业化"已是一种不可阻挡的趋势和潮流。有观点甚至认为,"非遗产业化才是对非遗最大的保护"。③

南康家具的产业化,一方面重塑了传统木匠倚赖的生活空间,另一方面则对木工制艺传承形态进行了重构。过去,每一位匠人主体必须系统掌握独立生产与制作的技能。具体而言,传统木匠须同时具备刨、锯、凿、砍等基本功,以及识木、测量、画线、卯榫结构的制作等技能。凭借以上技能,木匠方能在熟人社会的农村站稳脚跟,形成一定的口碑。E 说:"你给人家做家具,木工活一定要好,不然名声坏了,就没人请你了。"G 说:"我们那时学木匠,什么都得学,样样都得精,那时根本没这么多的电动工具,全是靠手艺。"自 20 世纪 90 年代以来,受工业化和产业化影

---

① 章临婧,俞好爱,肖平,等.贯彻新发展理念,融入新发展格局——南康发展家具产业的做法与启示[J].老区建设,2020(23):82 - 85.

② 刘锡诚.非物质文化遗产保护的中国道路[M].北京:文化艺术出版社,2015:144.

③ 本刊编辑部.非遗产业化才是对非遗最大的保护[J].全球商业经典,2015(11):112 - 117.

响,传统木匠倚赖的社会关系随之瓦解。"技术产业化导致了人与人之间社会关系的重大变革"①,过去木工制作的独立传承形态,让位于协作式的产业化合作机制。在现代产业模式的推动下,木质家具的独立生产与制作工序,被拆解为一系列精细的、流水线式的操作工序,每一环节都对应着相关技能。通过对几位家具厂老板(I、J、K、L)进行访谈得知,当前家具的制作工序具体包括开料、切割、拼板、锣机、数控雕花、排钻、打磨、扪皮、组装等。从这一意义上说,产业化转型带来了精细化的社会分工,推进了"整个生产体系的变革"②。

产业化技术力量将传统复合型的木工手艺,转变成为一系列流水线型的技术工序。这极大解决了过去家具生产的周期长、产量低、成本高等问题,同时也降低了技艺工人的准入门槛,提升了家具制作的生产效益。与此同时,传统手艺与新兴产业技术的融合,进一步推进了家具制作的标准化、规模化,促进了相关产业链的形成。

2. 传承形态:从传统师徒制到企业师徒制

传统木工技艺是一项门槛较高、技术性很强、制作工序复杂且要求较为精细的手艺。南康木匠的早期传承主要以家族传承和传统师徒制形式进行,而且传男不传女。要想成为一名名副其实的"南康木匠",必须经过 3 年以上的跟师学习。这种传承关系具有一种深刻的儒家伦理色彩。师傅亦称师父,有着和父亲一样的权威。徒弟须绝对服从师傅的管教和驱使,在师傅门下学技艺、掌本领,同吃住、同劳动。徒弟因此在师傅的耳濡目染下习得了一种工匠品格。G 在接受访谈时说,"不学满 3 年就意味着手艺不精,而且那时学徒是没有工钱的。现在你看看谁还愿意去这样当学徒的?"产业化打破了传统手工艺的生产模式,使得过去木工的传承形态被瓦解。通过对家具厂的手艺人群体进行采访得知,除了 E 和 G 之外,其他人基本是以企业师徒制形式进入现代家具工厂,学徒期限短的仅 7 天,长的达 1 年。

"企业师徒制"指的是"企业中富有经验的、有良好技术和管理技能的自身管理者或技术专员,与学员或经验不足但有发展潜力的员工建立的支持性关系"。③ 企业师徒制是建立在现代企业组织的运营模式下,围绕着企业发展和具体生产任务而形成的一种新的技艺传承形态。师傅和徒弟同属企业的员工,双方各司其职。

---

① 张功耀. 自然辩证法概论[M]. 北京:现代教育出版社,2013:106.
② 张培培. 互联网时代工匠精神回归的内在逻辑[J]. 浙江社会科学,2017(1):75-81.
③ 韩翼. 师徒关系结构维度、决定机制及多层次效应机制研究[M]. 武汉:武汉大学出版社,2016:22.

在共同协作的过程中,师傅对徒弟的工作方式和技能内容进行管理与指导,进而提升徒弟的工作能力,实现企业的增产增效。在产业化大行其道的今天,南康家具的产业化发展,越来越倚赖于工厂自身的组织形态,这也有效地推进了家具制作技艺的知识传承与品质创新。

尽管说过去主要依靠人力手工来制作家具的大量程序已被机器取代,但现代家具制作,仍少不了传统木匠的手工环节,其中一些特殊工序,如雕花,就对木工的手工活提出了更高要求。也因为此,一些现代家具厂的手艺人,通过企业师徒制的形态,对传统制艺的特定手艺进行新的活态传承。有论者据此认为,"有从业者在进行某一项传统手工艺的基础操作并能生产一定的产品即保持了活态传承。"①

在南康家具行业,企业师徒制取代传统师徒制,并成为家具制艺的最主要传承形态。这无疑是受到了产业化力量的巨大推动,是在现代家具工厂的生产模式和管理制度下得以完成的。在产业化背景下,企业师徒制构成了一项基础性的人才培养模式和技艺传承制度。作为人力资源管理的一个重要范畴,企业师徒制要充分发挥技艺传承的价值和功能,还需相关产业不断完善企业管理制度、推进企业文化建设,进而实现企业的良性发展,保持企业在产业竞争中的优势。

3. 传承机制:产业化对木匠文化的反哺与再造

在过去,南康木匠文化的传承是基于传统生活方式而形成的一种自发自为的代际更替行为。家具产业化崛起,一方面导致传统手工家具的市场需求日益萎缩,其传承也无法延续原有模式;另一方面,家具产业化还带来了"生产性保护"和"创造性传承"的新业态,进一步激发了地方政府和行业自身的品牌意识与传承观念。笔者发现,南康家具的产业化,强化了地方政府、家具行业以及木工群体之间的"协作式"传承观念,进一步推动了自官方至民间对木匠文化的培育与保护的"反哺"机制。具体而言:① 南康政府自 2013 年起,面向全县(区)家具行业的匠人群体,以举办"木工技能大赛"②的方式来提升人们对传统工艺的重视和保护意识。这种方式延续至今。2021 年 5 月,南康区在第八届家具博览会木工技能大赛中③,重点对参赛者的刨、锯、凿等传统基本功以及榫卯制作能力进行考核,评选出"木匠大师"

---

① 吴南.传统手工艺的活态传承[J].民艺,2021(1):55-59.

② 大江网.南康举行首届木匠工艺师评选赛近百名能手同台竞技[EB/OL].(2013-01-14).https://jxgz.jxnews.com.cn/system/2013/01/14/012250459.shtml.

③ 中国新闻网.363 名能工巧匠"实木家居之都"江西南康比拼木工技能[EB/OL].(2021-04-25).https://baijiahao.baidu.com/s?id=16980068110084686848&wfr=spider&for=pc.

"星级木匠"等诸多奖项,建立起了传承木匠文化的长效培育机制。② 南康对于木匠文化的培育,还体现在地方对于木匠文化的认同以及对于木匠文化空间的营建。当地政府于 2016 年重点打造出富于木匠文化特色的家居小镇——唐风书院。2019 年,"中国家具学院""中国鲁班大学"以及"南康家具学院"等行业机构在唐风小镇揭牌。① 如今,该小镇已成为开展木工实践、展示木匠历史、传播木匠知识、推广家居产品的一个集产、学、研于一体的实训基地和家具高端人才的聚集高地。③ 南康 为了"讲好南康木匠故事""塑造南康木匠形象",推出了系列文化产品。如:数字电影《木匠王子》(又名南康木匠)、文艺作品《客家文化,南康木匠》等,这对于提升南康木匠群体的"文化自信"、培育南康当地人的"文化认同"、传播南康区域的"木匠之乡"品牌,产生了积极的意义。

近年来,木工技艺与木匠文化之所以能在南康地区得到弘扬,并被打造成为当地的一张"名片",其直接动力源自家具产业化为木匠文化"再造"出的物质基础与现实空间。产业化不仅有效激活了传统木工技艺与市场之间的内在联系,而且也反哺了传统木匠文化在当代的发掘和保护,进一步推进了非遗文化传承机制的建立。

五、结论与讨论

通过对南康家具手艺人群体的田野调查,可以看出,传统手工技艺的生成与传承,虽根植自传统社会的生产与生活方式,但它在被新技术、新产业全面重构的时空环境中,仍能以一种新的传承形态焕发出生生不息的活力,实现手工技艺与当下生产生活方式的有机融合。从这一意义上说,"手工技艺"与"生产生活方式"之间自始至终构成一种"共生"与"互构"关系。以历史的眼光来看,传统生产生活方式是流动着的,手工技艺也随着时代与技术的变革在发生变迁,两者虽在特定历史阶段出现"裂变",但它们也能在新的技术条件下走向一种新的"再造"。基于这样的历史与现实,笔者认为,对待非遗产业化问题,或可以持一种更为开放和包容的立场,坚信产业化可以让非遗活起来、传下来。事实上,南康家具的产业化,不仅通过一种新的社会关系再造实现了"生产性保护"和"生活性保护",而且进一步反哺了

---

① 南康党务网.中国家具学院、中国鲁班大学、江西环境工程职业学院(南康分院)、南康家具学院、淘宝大学集体揭牌仪式举行[EB/OL].(2019 - 05 - 28).http://www.nkdw.gov.cn/n496737/n496741/c23485741/content.html.

传统手艺的技术传承与文化弘扬。

不过,也应认识到的是,传统木工技艺首先是一种经济生产活动,对于物质利益的追求,是传统手工技艺在民间得以传承的关键性要素。当新的产业模式对原有经济环境带来冲击时,必然加剧非遗文化的现实性冲突,容易引发"技艺失落"与"传承人断层"等危机。与此同时,产业化对传统技艺的传承带来了一种新的变革动力,形成了产业重构与文化再造的外在力量。南康现代家具产业从无到有、从有到优,不仅体现了传统手艺人群体在新技术环境下因时而变的时代精神,而且进一步彰显了传统技艺通过产业化来实现经济发展与文化建设的现实价值。

传统木工技艺还是一种文化样态,是传统文化的物质载体,蕴涵着人们丰富的生活观念、审美意识、文化习俗甚至宇宙观念。传统木工技艺的活态传承,始终离不开传承人主体的文化自觉与主体自觉。这里所谓的"主体",或可从更广义的层面进行理解。它不仅包括传统的手工艺人群体,同时包括政府主体,以及在新技术赋权环境中的产业主体,其内部构成了一种新的社会空间与产业协同关系。高小康(2016)在谈到"活态传承"时指出,所谓活态传承,不是单纯地保存原始特征,而是要保护、培育成长机制,保护文化群体的生命力延续与表达。传统木工技艺的传承是一项系统性工程。在产业化和信息化时代,要有效推进传统手工技艺的活态传承,应建立起政府、企事业和手艺人群体等各方面的协同发展机制。笔者认为,结合相关技艺的自身特点与生成逻辑,充分借助现代科技力量和信息传播方式,合理推进非遗与现代生产与生活的融合发展,可以探索出一条既能适应现代市场规律又能有效推进非遗产业与文化传承、创新与发展的新型之路。

参考文献

[1] 安葵.传统戏剧的生产性保护[N].中国文化报,2009-11-27(3).

[2] 范周.中国文化产业研究丛书中国文化产业40年回顾与展望[M].北京:商务印书馆,2019.

[3] 高小康.非遗活态传承的悖论:保存与发展[J].文化遗产,2016(5):1-7.

[4] 黄永林.数字化背景下非物质文化遗产的保护与利用[J].文化遗产,2015(1):1-10.

[5] 李荣启.非物质文化遗产生活性保护的理念与方法[J].艺术百家,2016(5):38-43.

[6] 吕品田.重振手工与非物质文化遗产生产性方式保护[J].中南民族大学学报(人文社会科学版),2009(4):4-5.

[7] 阮艳萍.数字传承人:一类遗产表述与生产的新型主体[J].西南民族大学学报(人文社会科学版),2011(2):50-54.

[8] 唐月民.文化资源学[M].济南:山东大学出版社,2014.

[9] 吴岳军.传统手工技艺"现代传承人"培养研究[J].教育学术月刊,2019(4):49-54.

[10] 夏华丽.论非物质文化传承人的保护[M].长春:东北师范大学出版社,2018.

作者简介

席志武(1985—),江西高安人,南昌大学新闻与传播学院副教授,硕士生导师,复旦大学新闻学院博士后。研究方向为新媒体文化与平台社会。

黄　婕(1999—),江西南康人,南昌大学新闻与传播学院硕士生。研究方向为乡村传播。

Fission and Reconstruction: Research on the Live Transmission of Nankang Woodworking Skills Under the Background of Industrialization
— Based on the Fieldwork of Furniture Craftsmen in Nankang, Jiangxi Province

Xi Zhiwu   Huang Jie

Abstract: Traditional handicraft skills originate from ancient production and lifestyle. Industrialization has reshaped the economic and cultural ecology on which traditional skills depend for survival, promoting the fission and differentiation of craftsman groups. There are new challenges and opportunities for the live transmission of manual skills. Taking 18 furniture craftsmen in Nankang District, Ganzhou City, Jiangxi Province as the research object, this paper investigates the live transmission situation of Nankang woodworking skills in industrialization through research methods of fieldwork and interview. It finds that traditional Nankang woodworking skills declined in rural areas after the 1990s, as new industrial technologies shocked the live transmission of woodworking skills. Enterprise apprenticeship has replaced the traditional apprenticeship. At the same time, industrialization carries out the regurgitation-feeding to the live transmission of traditional woodworking skills.

Key words: woodworking skills; live transmission; craftsman; Nankang furniture

试探澳门非物质文化遗产保护中的文化空间保护[*]

王一鸣　陈　震

摘　要:澳门在开放赌权实现经济腾飞以来,对文化遗产的保护方面的投入不遗余力,也取得了巨大的成果。然而在非物质文化遗产保护方面,仍存在碎片化保护的问题。因此本文针对该问题,创新性地提出应采取文化空间的整体保护方式来统筹澳门的非物质文化遗产保护工作。文章通过分析澳门非物质文化遗产的现状和现存问题,并结合文化空间保护的时空活态属性和整体性方面的特征和重要性,提出应采取文化空间整体保护方式,让文化空间保护意识在澳门非物质文化遗产保护中发挥更大作用,使之能得到更高效和全面的保护。

关键词:非物质文化遗产;文化空间;保护方式;澳门

一、引言

澳门是一座以世界旅游休闲中心为定位的国际都市。在回归后开放赌权和开放自由行等政策支持的背景下,澳门社会以博彩业为产业龙头带动相关产业,经济得到迅速发展,在多次填海造地扩充博彩休闲相关产业规模的同时,也一直在寻求产业多元化。在主体经济产业中,旅游业作为宣传澳门文化特色的产业,得到政府的大力扶持发展,目前来看除了相关的硬件设施建设之外,仍然需要挖掘和宣传弘扬本地的特有的文化特色,达到将澳门建设成为世界旅游和休闲中心的目标。

在此目标下,政府重视并大力保护修葺文化遗址和相关建筑,力求将澳门传统的东西文化交融的历史风貌保存并展示给游客。2005年澳门历史城区申请加入世界文化遗产名录成功,使得澳门旅游业迈上一个崭新的历史台阶,同时也为澳门

---

* 基金项目:澳门基金会"澳门文化产业创新生态系统研究"项目(MF2011)的阶段性研究成果。

的文化遗产保护提供了动力和新的发展方向。然而，全球化和商业化的浪潮使得传统文化受到挤压、边缘化甚至变质，近年传统老店倒闭的现象也层出不穷。在此背景前提下，活态传承的非物质文化遗产成为澳门文化遗产保护的最紧迫的课题。澳门社会也意识到了这一点，对于非物质文化遗产（简称非遗）保护措施和政策的研究成为社会关注的热点之一。

二、澳门非物质文化遗产保护现状与问题分析

2005 年获列入世界文化遗产名录的澳门历史城区，是一片以澳门旧城区为核心的历史街区，其间以相邻的广场和街道连接而成，包括 22 座建筑及 8 个广场前地。其中除三街会馆、卢家大屋、哪吒庙和妈阁庙及其前地外，基本上都是葡萄牙殖民时期所遗留下的西方式建筑群，充分显示了澳门在东西方文化交流历史中的特殊地位。而非遗保护也在随后加快了保护的步伐。自 1976 年首次以法律对文化遗产保护做出规定后，2008 年，文化局订立《澳门非物质文化遗产申报评定暂行办法》，作为当时澳门非遗项目申报和评定的规范。2013 年澳门特区政府公布了第 11/2013 号法律《文化遗产保护法》并于 2014 年正式实施，标志着澳门的整体文化遗产保护进入了崭新的发展期。该法律不仅涵盖了考古遗产和历史建筑，即被评定的不动产，还对非遗规定为其保护类别，确定了非遗作为澳门文化遗产的重要组成部分和急需保护的对象。在此过程中，澳门特区政府、民间社团与学术机构三者紧密合作，形成了以特区政府主导、民间社团实施配合与学者谏言的非遗立体保护力量格局。特区政府通过行政政策和财政支援主导非遗保护并整理和申报非遗保护清单，本地社团通过组织成员和社区居民参与举办各种庆典仪式和活动，而各学术机构则通过组织本地及非本地的学术活动来为澳门的非遗保护措施提供理论基础和提出具体建议。

2006 年，联合国教科文组织通过的《保护非物质文化遗产公约》经第 32/2006 号行政长官公告在澳门正式生效后，文化局随即开展非物质文化遗产保护工作。截至 2021 年 6 月，澳门将 70 个专案列入其非遗清单，而列入澳门的《非物质文化遗产名录》的项目共有 12 个，如表 1 所示。在申报方面，国务院自 2006 年至今先后公布了五批国家级非物质文化遗产代表性项目，目前澳门共有 11 个项目列入名录，包括由粤、港、澳共同申报的粤剧和凉茶制作技艺；由澳门独立申报的木雕——神像雕刻、道教科仪音乐、鱼行醉龙节、南音说唱、妈祖信俗、哪吒信俗以及 2021 年 6 月新增列入的土生葡人美食烹饪技艺、土生土语话剧和土地信俗，如表 2 所示。

非遗项目除了部分在宗教方面与历史城区建筑群有交叉关联之外,主要注重于急需保护和传承的当地独特文化现象。

表1　澳门非遗保护清单数量统计表

类别	非遗包含清单总体	口头和表现形式(包括作为非遗媒介的语言)	艺术表现形式及属表演性质的项目	社会实践、宗教实践、礼仪及节庆	传统手工艺技能	有关自然界和宇宙的知识和实践
总数	70	0	9	37	21	3
中国传统非遗	58	0	8	30	17	3
葡国传统非遗	12	0	1	7	4	0

资料来源:澳门文化局(https://www.icm.gov.mo/cn/)。

表2　澳门国家级非遗代表专案

国家级非物质文化遗产代表性项目	分类
粤剧	艺术表现形式及属表演性质的项目
南音说唱	
道教科仪音乐	
土生土语话剧	
鱼行醉龙节	社会实践、宗教实践、礼仪及节庆
妈祖信俗	
哪吒信俗	
土地信俗	
凉茶制作	传统手工艺技能
木雕——神像雕刻	
土生葡人美食烹饪技艺	

资料来源:澳门文化局(https://www.icm.gov.mo/cn/)。

澳门《文化遗产保护法》就非遗分类基本沿用 UNESCO《保护非物质文化遗产公约》中的五分法,即口头传统和表现形式,包括作为非物质文化遗产媒介的语言;表演艺术;社会实践、仪式、节庆活动;有关自然界和宇宙的知识和实践;传统手工艺。在此基础上,在"表演艺术"和"社会实践、仪式、节庆活动"这两大类中,分别添加了"艺术表现形式"和"宗教实践",丰富了适合当地文化特色的内容。这些分类在澳门非遗保护初期显然取得了相当大的成果,然而,从长远保护来看,澳门非遗保护仍存在碎片化保护的问题。总体而言,这些项目主要是通过社团所参加的庆典仪式活动和技艺性手工行业的分类来进行调查和申报的结果,这些分类法和申报方法导致了申报项目的碎片化的现象,各个社团各自活动,项目功能和参与民众互相重叠,无法通过整合保护资源来达到非遗保护的效率化和综合化。

纵观非遗保护清单的 70 项内容,虽然涵盖了除"传统及口头表现形式"外的其他四种,然而在 11 项入选国家级非遗代表项目中只占据其中 3 类。除此之外,大部分的清单项目集中在节庆仪式类别和手工艺类别,侧面反映了澳门非遗保护缺乏整体性保护的问题,只是采取申报列入一项是一项的方式来申报和保护。尤其是中国传统节日的春节、元宵节、冬至以及葡国天主教节日等以单独形式纳入清单,无法体现澳门中西文化交融的特征。另外,澳门人口并不多,实际参与传统文化活动的本地居民数量相对而言就更少了,现阶段的保护清单恰恰反映了非遗项目参与的社区民众在各个项目中极高的重叠性。尤其是民众的多种信仰特性,是澳门东西文化交融的历史体现,反映了文化在社会中的多元性和包容性。然而,整体保护措施的缺乏是目前澳门非遗保护传承工作一片繁荣景象背后存在的问题。

三、文化空间保护及其特性

澳门非遗的碎片化保护问题,应该通过引入和加强"文化空间"保护意识来进行有效的针对性解决。文化空间是非遗保护中常见的术语,在整个非遗保护中具有重要的地位,但由于该名词相当直观而并非抽象化和学术化,导致其容易与文化场所这种地理概念混为一谈,而被误理解成为文化遗址或固定地点举办的文化仪式,这也是近年来非遗申报类型倾向于庆典仪式的原因之一。现有对于文化空间保护的深入研究并不太多,尤其是澳门并没有关于文化空间的专门研究。国内学者对于文化空间本身的概念和理论的研究,主要集中在三大方面:争论文化空间是否属于非遗、通过分析文化空间的类型和特征来对文化空间定义概念进行解读以及在文化空间保护的具体方法,例如地理分级和建构时空数据模型等。相关研究并没有深入探讨对于文化空间的整体保护。

社区整体保护是非遗保护的重要形式,但在之后被文化空间的表述所替代。在非遗保护初期,社区整体保护被视为非遗保护的代名词。"口头和非物质遗产"

的概念在 1998 年公布的《人类口头和非物质遗产代表作条例》中被定义为"某一文化社区的全部创作"①。这个定义强调的"全部"体现了非遗保护的初衷是要对整个社区文化进行整体而全面细致的保护。同样的,1999 年 UNESCO 提出文化保护中社区整体才是保护的重点②,这也清楚地反映了整体的社区性保护正是非遗保护的真正含义。

2003 年《保护非物质文化遗产公约》的非遗定义中加入了文化空间的表述,所强调的是具有非物质文化内涵的文化遗产形式和具体可界定的保护对象和范围,并附加了"代代相传"的表达来体现活态传承的特征。文化空间不应该被理解成单纯的地理性场所,而是 UNESCO 一直提倡的社区性质的人文活动的"文化空间",整体的活态文化传承和保护才是其本意。UNESCO 官员埃德蒙·木卡拉曾对文化空间做出了更为详细的解释,他首先肯定了文化空间作为一个文化人类学概念,是指"传统的或民间的文化表达形式规律性地进行的地方或一系列地方"。同时也表明,文化空间是"某个民间或传统文化活动集中的地区,或某种特定的、定期的文化事件所选定的事件"。他的解释确定了文化空间概念在人类学概念上的时空兼具的属性,也基本成了包括我国在内的各国对文化空间的认识和解读的基础。因此,文化空间的时空属性中,时间指的是该空间所特有的传统文化形式具有其历史传承性而且定期举行,空间是指该传统文化现象和活动具有一定范围的活动场所和地域性。文化空间的这一时空兼具的属性,体现了其非物质文化性的特征以及该特定文化社区所拥有和蕴藏的历史传统和文化传承的抽象性。文化空间所具有的这种活态传承的时空双重文化属性正是文化人类学概念的视角的反应,充分体现了非遗保护的群体鲜活传承性。

文化空间是连接物质文化遗产保护和非遗保护的桥梁。非遗的抽象性必然需要通过分析其所依附的可见和可描述的具体物质文化遗产来认识,同样的,非遗保护更多的是要保护人文社会生活的传统,也需要通过物质文化遗产的保护来进行。具有社区整体性的文化空间,因兼具活态的人和静态的环境物质的因素,被赋予连接物质文化遗产和非遗之间的桥梁作用,既可以发挥各个物质文化遗产的单独特

---

① 本文中所引用的联合国教科文组织的资料均来自其官网(https://www.un.org/)及其文件查询系统以及 UNESCO 的数字图书馆(https://unesdoc.unesco.org/home)。
② 1999 年 UNESCO 与史密森尼学会在华盛顿举办的国际会议"《保护民间创作建议案》全球评估:在地赋权与国际合作"上提出以上呼吁。早期的文化社区的表述其实可以看作文化空间的表达形式。

色,也能通过连接它们之间的文化内涵,形成世界文化遗产保护的有机整体体系。

四、文化空间保护视角下的澳门非遗保护策略

引入文化空间的整体性保护方式,以解决现存的澳门非遗保护碎片化现象是一个值得探讨的方向。前文所提到的碎片化现象的原因主要在于缺乏整体保护意识的问题上,而这与澳门非遗保护的相关政策制定和执行者缺乏对非遗的初衷的理解有关。整体社区保护,即文化空间保护方式才是非遗的重点和初衷。因此,有必要重新正视和理解文化空间,并将其引入澳门非遗保护的方式中。澳门非遗清单中的"艺术表现形式"和"宗教实践"类别是与文化空间紧密相连的,所以常常出现将这些类型,特别是节庆仪式当成文化空间的误解和倾向。然而这些类型其实是文化空间的一部分,因而并不等同于文化空间。从申报和入选专案的非遗项目清单来看,相当大一部分是按照该类型来申报的。因此更有必要将文化空间保护类别明确化,并加入非遗的保护分类中,成为一种整体社区非遗保护类型。

碎片化保护虽然在抢救文化遗产的初期会有立竿见影的效果,但是,从长远保护和整体文化活态传承方面而言,整体保护更能有效进行全面综合保护,凸显澳门文化的最基本的历史定位和多元融合的特征,尤其是将中国传统文化和西方传统文化的单项分开保护形式,值得重新审视和商榷。中西文化在澳门经过长期的融合,已经无法区分华人、葡国人或是混血者等的参与者成分,再加上澳门本地居民对于多种宗教形式都具有认同和抱有包容的态度。因此,碎片化区分无法达到保护资源投入的高效率,也无法真正保护澳门文化的精髓,即包容和融合。过度区分中葡传统文化并没有太大的意义,许多文化形式已经成为澳门的公共节日和共同参与的庆典仪式。文化遗产本身具有抽象性和具体性,物质性和非物质性,两者密不可分。列入世界文化遗产名录的澳门历史城区内,同样存在着大量的非物质文化遗产,设立文化空间保护类型,对于凸显澳门东西文化交融和多元文化包容的特性更具效果。不仅可以将物质文化遗产保护扩展到尚未申报的地区,也可以将扎根于澳门整体社区的非物质文化遗产得以全面和细致的保护。

澳门文化遗产特色在于地域狭小、人口数量不多却集中、文化多样交融而特殊,因此有必要重新对保护方式提出新的思考,而重新将文化空间列为澳门的非遗保护种类,不失为一种可行的选项。正如前文指出的,文化空间类型注重传承和整体保护,主要强调社区和群体的文化土壤,即与时空和人的要素相结合的保护形态,而这正与澳门非遗保护的特色相吻合。首先,澳门的历史街区本身就是旧城区

的一部分,非遗项目与澳门本地居民的生活和文化活动息息相关。既然物质文化遗产是作为一个整体性来保护的,那么将非物质文化遗产也视为一个有机整体的文化空间来保护,会是更加合理和有效的方法,这有利于将物质文化遗产和非遗紧密结合使之成为一体化保护。将这种文化特色作为整体来保护不但彰显非遗保护的原意,也能更全面地保护澳门文化遗产。因此,将文化空间保护作为澳门非遗保护和申报的方式不仅可以更好地对其进行全方位保护,还能激发澳门非物质文化遗产的生命力。

在整体文化空间保护的框架内,一方面可以把列表内的所有项目统合起来,而不是孤立地进行单项保护,不但可以整合资源,也能将一些交叉关联项目进行整体保护。另一方面,也能将物质与非物质文化遗产进行整体保护。比如妈祖信俗、哪吒信俗等宗教习俗和仪式,本身是多神信仰和宗教融合的部分,信众也多有重叠,将其分割保护无法体现澳门的文化群体实际状况,反而会使其碎片化。被联合国教科文组织列为濒危语言土生葡语,虽然是极其小众语言,目前能说该种语言的人数极为稀少,不到 50 人,由于该语言的历史特殊性和群体代表性,更应该列入非遗清单和名录。本地的土生葡国人数只有数千人,而且由于通常不会汉语书写,一般都是倾向于参加集体活动。而葡国传统文化项目在 70 项的清单中一共占 12 项,整合资源将土生葡国传统文化作为一个社群整体来保护和传承,既能全面综合地保护土生葡国传统文化,又能实现社群的文化活性传承,以达到非遗保护的根本目的。

文化空间的时空属性决定了文化空间保护的整体性和活态性。对于面临破坏和消失威胁的少数群体的非遗文化,重要的是对其进行原生态的保育,这需要所有相关社区的共同努力。文化空间保护作为整体性保护方式,也更有利于一些急需保护的项目得到综合保存和发扬。例如,其中被联合国教科文组织列为濒危语言土生葡语,虽然是极其小众语言,由于该语言的特殊性和群体代表性,其优先保护的重要性不言而喻。然而目前并未列入非遗保护清单,可以将土生葡人文化作为一个整体性的文化空间来保护,包含急需保护的语言到饮食、话剧及宗教习俗等,既可以保护其本真性,也可以通过小区保护来体现以传承群体为特征的非遗生命力,同时也可以在保护的基础上让更多对之有兴趣者参与其中。

社区即居民区,文化是小区居民代代相传的共同生活方式,是其生活的重要部分,非遗保护就是保护传统文化中的特殊文化现象和文化形式。澳门的文化遗产的保存和传承必然需要整个澳门社会整体的文化土壤来维护。这也需要整个社会的居民共同配合和形成保护意识。无论社区和文化,群体居民是保护传承的主体,以群体居民为中心的保护形式更应该作为非遗保护的重要形式,而在许多单项文化现象和形式上,居民的成分都有其重叠性;正如人为去区分澳门居民的组成一样,单项切割进行非遗保护并不能起到良好的保护效果,反之,如果在整体框架内进行申请认定和保护,就能体现其文化特色而不破坏其整体有机结构。而且,将澳门本身作为一个完整的文化空间进行保护,不仅可以让本地居民了解到澳门的文化内容,进一步激发他们的参与欲,也可以让游客可以全面感受澳门的历史传统和文化精髓。因此,通过明确并设立文化空间保护类型,对澳门非遗文化遗产进行整体性申报认定和实施整体有效保护是值得思考和进一步研究的非遗保护方向和措施。

五、结论

澳门的非遗保护中碎片化保护的现状背后是保护效率和活态性保护方面的问题,现阶段有必要引入文化空间整体保护的意识和方法,对单项的文化现象和形式进行有效和有机整合。文化空间的概念体现了非遗保护的重要初衷,即传统文化在社区中的活态保护和整体保护,兼具文化抽象性也有具体对象性。只有重新理解非遗保护中文化空间的生态整体性和活态传承自然性的特性,并将其与单项的文化表现形式保护区别开,重新且明确作为一种整体文化土壤保育的非遗保护方式,才能对面临生活方式破坏和价值崩溃威胁的非遗进行全面和合理的保护,真正体现非遗保护的初衷。澳门作为特色鲜明的中西融合文化遗产集中地域,更加需要回归非遗保护的初衷,通过增加文化空间保护类型、实现整体社区保护来确立群体保护在非遗保护乃至与物质文化遗产保护的地位和作用,才能让非遗保护全面而健康地实施和发展。

参考文献

[1] 张春丽,李星明.非物质文化遗产概念研究述论[J].中华文化论坛,2007(2):137-140.

[2] 齐爱民.非物质文化遗产系列研究(一)——非物质文化遗产的概念与构成要件[J].电子知识产权,2007(4):17-21.

[3] 向云驹.论"文化空间"[J].中央民族大学学报(哲学社会科学版),2008,35(3):81-88.

[4] 伍乐平,张晓萍.国内外"文化空间"研究的多维视角[J].西南民族大学学报(人文社科

版),2016,37(3):7-12.

　　[5]陈虹.试谈文化空间的概念与内涵[J].文物世界,2006(1):44-46,64.

　　[6]张博.非物质文化遗产的文化空间保护[J].青海社会科学,2007(1):33-36.

　　[7]李玉臻.非物质文化遗产视角下的文化空间研究[J].学术论坛,2008(9):178-181.

　　[8]饶箐.非物质文化遗产"文化空间"的思考[J].湖南农机,2008(1):52-53.

　　[9]阚如良,汪胜华,梅雪.非物质文化遗产的文化空间分级保护初探[J].商业时代,2010(34):102-103.

　　[10]谈国新,张立龙.非物质文化遗产文化空间的时空数据模型构建[J].图书情报工作,2018,62(15):102-111.

　　[11]SMITH L,AKAGAWA N. Intangible heritage[M]. London:Routledge,2008.

作者简介

　　王一鸣(1992—),山东滕州人,澳门城市大学人文社会科学学院、文化产业研究在读博士。研究方向为非物质文化遗产保护、演艺管理。

　　陈　震(1973—),福建福清人,澳门城市大学人文社会科学学院助理教授。研究方向为非物质文化遗产保护、中西方文化。

Discuss the Cultural Space Protection in Macao's Intangible Cultural Heritage Conservation

Wang Yiming   Chen Zhen

Abstract: Since Macao opened up its gambling rights to accomplish economic booms, it has done its utmost to protect cultural heritage and has made remarkable achievements. However, it still exists fragmentation in the safeguarding of intangible cultural heritage. Hence, this paper proposes a creative way to deal with the problem: Adapting the overall protection mode to properly protect Macao's intangible cultural heritage. By analyzing the current situation and issues of Macao's intangible cultural heritage conservation, this paper comes up with the overall protection mode of cultural space combined with characteristics and importance of the space-time living attribute and integrity of cultural space protection to make greater use of the consciousness of cultural space protection in Macao's intangible cultural heritage conservation, and then gain a higher level of efficient and comprehensive protection.

Key words: intangible cultural heritage; cultural space; protection mode; Macao

城市地方文化的识别和多元述说：
节日品牌化的形成机制[*]
——基于浙东慈城"中华慈孝节"的研究

陈　蕾　张伊铭

摘　要：城市高质量发展的内涵逐渐从经济层面扩展到社会层面，在城市化进程的转型时期，实现城市在社会文化层面的有机联结与更新成为城市建设和全球城市竞争的关键一步。近年来，打造节日越来越成为政府提升城市形象、实现文旅产业融合的手段。本文基于浙东慈城2009—2021年十二届"中华慈孝节"的策划方案以及访谈资料探索节日的生成与节日品牌化的形成机制。通过地方文化的再挖掘与重新演绎，地方政府构建节日平台，通过与社会媒介、民众共同述说的方式打破了地方—国家的二元藩篱，构建了新的地方认同和国家归属。在此过程中，节日的文化意义得以成为一种文化象征和符号，从而塑造了节日的品牌化效应，在城市中的物理—虚拟双重空间中实现了传统的再现与现代化再造。

关键词：传统节日；节日品牌化；城市竞争；标识

一、引言

中国的城市竞争已经走到了一个转折点：即从人口扩张和土地兼并的粗放型城市发展进程向经济、文化、社会协调进步的高质量内涵发展阶段转变。挖掘城市的文化潜力，通过文化创新与节日举办促进城市文化更新、经济复苏成为全球城市竞争中的新方式。西方许多传统工业城市在面临转型阵痛时采取了举办艺术节的

---

*　基金项目：国家社科基金重点项目"全球化变迁及其转型研究"（17ASH002）的阶段性研究成果。

方式,以此作为重塑城市形象和激发城市经济活力的"快速装置"。① 以爱丁堡的国际艺术节为例,它与城市发展相互依存、相互促进,印证了芒福德所言城市的三个基本使命所在,即"贮存文化、流传文化、创造文化"②。

反观国内的城市节日建设,基本上经历了由少到多、由政治性向商业性转变的特点,大体可以分为三个发展阶段。第一阶段:以传统、法定假日为主。新中国建立到改革开放初期,我国的节日体系以国家法定节假日为主要构成部分,商业性节日发展有限。第二阶段:商业性、地方性节日快速发展。早在 2003 年底,中国几乎各级城市都开始举办名目繁多的节日活动,且数量不断增加③,特别是近十年来各大网络平台推出的购物节、消费节,地方上的旅游节,使得节日呈现商业化色彩。第三阶段:节日整顿后的平稳发展时期。2012 年,中共中央办公厅发布《关于节日活动管理办法(试行)》的通知,严格规范地方节庆活动的审批和举办,纠正盲目造节的弊端,这反映了政府对文化内涵与经济利益失衡的关注。在扩大节日外部影响的同时注重节日内部文化生态的营造和内涵的挖掘,同时吸纳多元主体真正参与到节日活动中,大量基层社区文化节、邻里节就在这一背景下应运而生。

在日益激烈的全球竞争和城市趋同背景下,城市如何利用其文化底蕴培育独特的竞争优势是其城市发展规划中的关键,对文化空间和内涵的过度商业化运作势必伤害其传统的基础。本文将基于浙东慈城对传统文化的品牌化运作过程,探析当代城市中经济开发逻辑与文化传承逻辑的协调之道。

二、节日品牌化:前提、核心与运作基础

传统节日的产生常常与气候、历法、农事活动及原始信仰联系在一起④,服从农业生产的节律,成为农耕文明集体生活的表征。⑤ 随着民族国家的建立和生产生活向现代化转变,节日突破了自然时间的限制融入了现代资本主义时间体系当

① 周正兵.艺术节与城市——西方艺术节的理论与实践[J].经济地理,2010,30(1):59-63,74.

② 刘易斯·芒福德.城市发展史:起源、演变和前景[M].宋俊岭,倪文彦,译.北京:中国建筑工业出版社,2005:14.

③ 姜华,张京祥.从回忆到回归——城市更新中的文化解读与传承[J].城市规划,2005(5):77-82.

④ 刘宗迪.从节气到节日:从历法史的角度看中国节日系统的形成和变迁[J].江西社会科学,2006(2):15-18.

⑤ 萧放,董德英.中国近十岁时节日研究综述[J].民俗研究,2014(2):75-89.

中,出现了节日的日常化,与社会生活的方方面面紧密相连。① 列斐伏尔认为前现代社会的节日庆典与日常生活有鲜明的对比,节日以狂欢的形式释放欲望、超越身心②,而现代日常生活已经全面异化,节日去差异化地融入社会生活,受到生产和消费的全面支配。狂欢的情感和节日中的消费主义倾向在这里被批判性地对立起来,文化取向和经济取向似乎成为不可兼容的两极。

(一)品牌化运作的前提:商业性和文化性的融合

节日承载了文化、情感、记忆等多重含义,特纳指出节日的创造其实是一种人类对意义的创造。③ 传统节日通过文化记忆共享的方式在群体间实现文化身份认同,在个体、家庭、区域乃至民族的范围内建立起一种文化与心理认同机制④,这是节日的一种内在价值。同时节日有很强的"溢出效应"⑤,能在不同程度上直接促进包括住宿和餐饮支出在内的区域经济增长⑥,因此需要商业化的规划与运作。现代的节日生成不仅仅是一个文化过程,除了表达文化和情感本身,还深深地嵌于社会政治和经济的生态当中,这是经济发展的必然要求,也是文化传承的社会语境。节日开发已经成为推动全球性旅游与经济发展的新的方式,讨论的重点在于在城市空间内,如何平衡商业利益获取与文化本真的理想。在现代性不断增长的语境下,观众、文化设施及建筑、各种类型的活动构成了节日的基础,因此全盘抹杀节日的经济特性并不可能。节日的文化性和经济性并不是非此即彼或是"相互分离"的关系⑦,而应当是有机的融合和交织。

---

① 张青仁. 节日日常化与日常节日化:当代中国的节日生态——以 2015 年为案例[J]. 北京社会科学,2019(1):4-12.

② LEFEBVRE H. Critique of everyday life[M]. London·New York:Verso,1991:54.

③ TURNER W V. The ritual process:Structure and anti-structure[M]. Ithaca, NY:Cornell University Press,1977:7.

④ RYAN C. Economic impacts of small events:Estimates and determinants—A New Zealand example[J]. Tourism Economics,1998,4(4):339-352.

⑤ CHHABRA D,SILLS E,CUBBAGE F W. The significance of festivals to rural economies:Estimating the economic impacts of Scottish Highland games in North Carolina[J]. Journal of Travel Research,2003,41(4):421-427.

⑥ BURR A. The freedom of the slaves to walk the streets:Celebration, spontaneity, and revelry versus logistics at the Notting Hill Carnival[M]//Festivals, Tourism, and Social Change. Clevedon, UK:Channel View Publications,2006:10.

⑦ ZELIZER V A. The purchase of intimacy[J]. Law & Social Inquiry,2000,25(3):817-848.

（二）节日品牌化的核心：符号标志

Dinardi 指出与节日打造有关的品牌化是以节日标志为核心的一系列过程和活动，它是赋予产品和服务以品牌的力量。[①] 它根植于现实，反映了消费者的感知和特质。[②] 节日品牌化往往与固定时间、与特定的地理位置相联系，包括产品、服务、宣传以及衍生的文化活动和服务[③]，凸显了本地的优势资本，是城市营销的起点并且有助于提升地方的形象[④]。因此，节日的符号标志将确立节日的独特地位，并传达超越地理边界的共同情感，实现文化、经济、社会三方的共赢。

（三）节日品牌化的运作基础：地方性和全球性的互动

在地方文化和全球竞争之间，节日品牌化过程各有侧重。对于地方来说，节日的品牌价值首先在于其地方性和独特性，这是城市居民共有的信仰和象征，维系着城市的核心情感和价值[⑤]，它能够加强本地居民的身份感知和公民对其城市的认同，并激活社会力量以避免社会排斥和动荡[⑥]。它还可以改善区域形象，吸引高水平的投资者和高素质的就业者，促进区域经济增长。节日及相关文化产业的快速发展将提升和重塑区域文化资源，提升文化资源的历史和艺术吸引力，吸引更多的游客。

地方文化的独特性在全球语境下得以放大，成为城市打造自身标志、彰显城市自信和提升国际形象的重要手段。以本文研究的个案"中华慈孝节"为例，这一文化节日有深厚的文化和历史渊源，地理上依托于慈城千年古县城的历史文化建筑，历史上以浙东慈城的慈孝文化为母本，共同营造了慈孝传承的城市品牌。因此，政府往往将空间治理与城市营销相结合，以保持城市在发展道路上的领先地位。而

① DINARDI C. Cities for Sale：Contesting city branding and cultural policies in Buenos Aires[J]. Urban Studies，2017,54(1):85-101.
② KAVARATZIS M. From city marketing to city branding：Towards a theoretical framework for developing city brands[J]. Place Branding, 2004, 1(1):58-73.
③ 单霁翔. 城市文化遗产保护与文化城市建设[J]. 城市规划，2007(5):9-23.
④ ZALI N, EBRAHIMZADEH I, ZAMANI-POOR M. City branding evaluation and analysis of cultural capabilities of Isfahan city[J]. European Spatial Research and Policy，2015，21(2):213-234.
⑤ HELBRECHT I. Conflict, consent, cooperation：Comprehensive planning in Germany beyond market and state in Braun[M]//Managing and Marketing of Urban Development and Urban Life. Berlin：Dietrich Reimer Verlag，1994:35.
⑥ ZHANG L, ZHAO S X. City branding and the Olympic effect：A case study of Beijing[J]. Cities，2009，26:245-254.

城市品牌(city branding)的打造就是一种将想法、资本和地方性知识集聚和整合的过程。① 在节日品牌化的过程中,它已经不可避免地被纳入全球资本主义的景观。②

三、案例介绍与研究框架:浙东慈城"中华慈孝节"的运作过程

(一) 慈城历史与"中华慈孝节"发展过程

慈城镇位于浙东 N 市 J 区西北部,城南环绕姚江、慈江,慈江也是京杭大运河的最南端。慈城镇设治始于先秦时期,旧称句章。唐代时在句章故地设县,房琯为首任县令。相传"慈城"名字的由来与董黯"汲水奉母"故事有关。

慈城历史文化悠久,特别是以孝文化闻名于世,先后被授予中国历史文化名镇、中国年糕之乡、全国文明镇、全国特色小镇、联合国教科文组织亚太地区文化遗产保护荣誉奖等称号。慈城拥有江南保存最完好的古县城建筑群,反映明清时期建筑风格和生活气息,约 2.17 平方公里,2006 年被国务院公布为第六批全国重点文物保护单位。

1. 平台打造:确立节日标志

自浙江省提出建设"文化大省"的战略以来,N 市和 J 区政府积极挖掘本地文化资源,以慈城古县城的保护性开发为基础开展了系列慈孝文化建设活动。2005年,时任浙江省委书记的习近平同志在慈城进行专题调研并指明了古县城下一阶段的发展方向是充分发掘文化内涵,奠定了 J 区发展慈孝文化的信心和方向。J区于 2008 年被正式授予"中国慈孝文化之乡"之名,成为全国首个获此称号的区(县、市)。

为进一步发挥慈孝文化对于当地经济发展、县城开发与旅游及打造城市形象的作用,J 区政府抓住了首个"中国慈孝文化之乡"的称号优势,开始积极筹备举办中华慈孝节,并由区委、区政府牵头筹办了中华慈孝节组委会。自 2009 年起,J 区政府把每年 10 月作为慈孝文化月,成功举办首届"中华慈孝节",至今连续举办了十二届中华慈孝节。每一届慈孝节开幕前,组委会向全国征集特色活动和方案,将民众的想法和诉求融入节日建设当中。

---

① ZHELEZNYAK O Y, KORELINA M V. City and festival: Spaces of "site" identity, territorial development and branding[J]. Earth and Environmental Science, 2021, 751(1): 751012038.

② 李娌."乌镇戏剧节"与旅游节庆活动品牌化发展[J]. 戏剧文学,2015(12):24 - 26.

2. 多元述说：扩大节日影响

慈孝节一般于重阳节前后开幕，涵盖了文化旅游、家庭社区文化活动、慈孝主题赛事等多个项目，慈城古县城成为慈孝节举办活动的重要地理载体，承办了慈孝节期间的系列活动，J 区采取了多样化的渠道进行节日的宣传和推广。如表 1 所示，历届中华慈孝节的举办联合了多部门的沟通与协作。

表 1　第 7—12 届中华慈孝节支持单位

时间	地方企业	高校、社会团体（群众组织）	媒体
第 7 届	N 市市区信用联社浙报集团		人民网、现代金报
第 8 届	N 市报业集团	各市合唱协会 浙江省音乐家协会 浙江省合唱协会 北京国际微电影组委会	中国青年报、光年时代、冰点暖闻、中国青年报暖闻周刊、中青在线暖闻频道、青年观察家、浙江新闻客户端、甬派
第 9 届	N 市音乐港文化发展有限公司	中国合唱协会 浙江省音乐家协会 浙江省舞蹈家协会 N 市摄影家协会	青年观察家、浙江新闻客户端、甬派
第 10 届	N 市音乐港文化发展有限公司	中国合唱协会 中华吟诵学会 北京大学廉政建设研究中心 清华大学廉政与治理研究中心 N 市廉政文化研究会	青年观察家、甬派
第 11 届	慈开公司	N 市文学艺术界联合会 中国伦理学会	甬派
第 12 届	区开发投资集团有限公司	J 区文联 中国伦理学会 N 市文学艺术界联合会	甬派

资料来源：笔者根据被访者提供的第 7—12 届中华慈孝节活动方案整理。

J 区政府作为节日的主办方，投入了大量资金进行节日打造。从现有资料来看，J 区政府从 2013 年慈孝节投入不到 70 万元，到 2019 年投入超过了 240 万元，仅 2019 年第十一届中华慈孝节—慈城庙会系列活动，J 区政府就投入了 130 万元进行公开招标,用于活动的策划设计和后续宣传。① 除直接的资金投入,J区政府相关部门与各地区旅行社、同程等网络科技公司开展合作,多次举办旅游产品对接会、慈孝节宣传会等活动,引入社会资本和企业力量。J区政府联合本区开发投资集团进行古县城慈城的修缮与开发,引入许多文旅产业、民宿品牌,建设特色图书馆等。在文化传播层面,除了慈孝节系列活动的宣传,J区政府及合作企业召开了多次"慈城论坛""慈孝论坛",邀请海内外专家就慈孝文化的传承、慈城历史文化街区的建设等问题展开研讨。

(二)研究框架

根据J区政府对"中华慈孝节"的运作过程,本文建立起节日品牌化过程模型,如图1所示。在节日发展的起步阶段,以政府牵头建造出供特定群体或社会公众参与的节日平台(包括以网络平台为代表的虚拟空间和以文化景观为代表的地方空间)。而在节日后续的发展中,以本区企业为代表的市场力量、协会和团体以及民众参与到节日的建设中来,参与者在体验过程中完成对节日的述说。在多方的共同体验与述说下,节日获得其符号象征意义,从而拥有从地方性走向全球性的可能,也就是品牌化的可能。

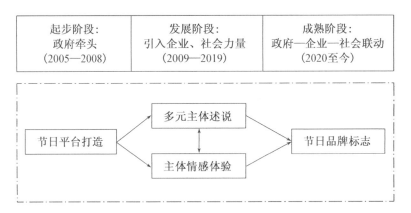

图1 节日品牌化过程模型

---

① 资料来源:宁波市江北区人民政府官方网站(http://www.nbjb.gov.cn/)。

四、节日标志的形成路径

(一)家国一体:节日品牌内涵的延伸

慈孝节传承了中华民族绵延至今的人伦关系核心,具有深厚的文化底蕴。正因其超越地域的民族特点,在节日的运作中应当彰显本地的文化内涵,进行地域文化的深入研究和解读筛选,感召真实的情感共鸣而非虚假的表演化和伪俗化。① 通过整理、分析第1—12届中华慈孝节的活动方案,结合与中华慈孝节组委会核心负责人的访谈,这一节日品牌内涵呈现出以慈孝文化为主的城市建设逐渐走向以慈孝文化为重的国家建设。

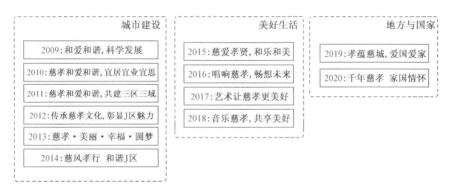

图2　2009—2020 中华慈孝节历届主题及类型图
资料来源:笔者整理自绘。

根据第1—12届中华慈孝节的主题发展,我们可将其概括为三个核心方向:城市建设、美好生活以及地方与国家。在时间顺序上,J区中华慈孝节的核心主题从着眼于品牌化的过程正是从地方性走向国家性、个体走向集体的过程。不难看出,前6届中华慈孝节主要聚焦在"爱""和谐""J区建设""J区魅力"等基于地方社会发展与区域家庭和谐的主题上;第7届至第10届的节日主题则开始尝试将慈孝文化与音乐、书法等艺术领域相结合,强化"美""美好"等面向个人精神世界的主题;第11届和第12届的节日主题则突显了"国""城""家"三者间的关系,在主题设置上将国的宏大叙事纳入以地方文化为基础的节日叙事中,开始了从地方到国家的延伸。这是中华慈孝节品牌发展的一种尝试,亦是多数节日品牌化过程的共性。

---

① 甘代军,李银兵.金钱、权力与文化:节日现代性的建构与解析[J].广西民族研究,2014(6):106－112.

品牌的创建实际上是一系列识别符号的设置,在商业过程中表现为商标、商品和品牌故事。独特的地方性产生独特的节日,同样,城市的节日将使得地方更具有可识别性。当被识别对象是地区或国家时,这一过程便成为城市营销的一部分,是政府、企业、社会机构等多方共谋的符号生产过程。

(二)仪式展演:节日情感体验

由表2可见,中华慈孝节对"慈孝文化"的集中强调,主要是通过每年一次的慈孝模范评选活动、慈孝节开幕式及文艺演出来完成的。通过各类仪式性的展演活动,强化节日的情感叙事和品牌的可识别性。慈孝模范评选活动依托网络平台,面向全球华人、N市市民、J区居民征集慈孝故事,并通过颁奖仪式、影像记录等方式呈现慈孝模范的"慈"与"孝"。一方面通过公共平台触及广大受众,传播中华慈孝节的节日理念与孝文化的积极意义,增强该节日的可识别性;另一方面通过重复与展演,强化了节日本身的仪式性,建立了中华慈孝节的意义感与氛围感。前者通过打造易于公众参与的网络平台,让更多人参与到慈孝模范的评选中,并在评选过程中通过对各自家庭、自身的讲述联结各个家庭与中国社会,令"慈孝"在交流中获得意义的默认。后者则将"慈孝"舞台化、视觉化,通过对慈孝模范的颁奖仪式赋予其道德象征性,同时也令慈孝节获得了某种神圣感与敬畏感,成为地方慈孝文化的标志与集中象征。

表2 2009—2020 中华慈孝节主要活动类型表

活动类型	举办届次	活动核心区域
慈孝模范评选	每届	海内外线上;J区;N市
开幕式与文艺演出	每届	慈城中学操场;N市大剧院
慈孝论坛	1,2,3,4,7,9,10,11	N市某大酒店;慈城孔庙;慈城布政坊
慈孝文化旅游	每届	慈城;慈城古县城
慈孝文化景观建设	2,3,5,11,12	慈城;慈城古县城
公众参与类赛事/征集活动	1,3,4,7,8,10	网络平台

资料来源:笔者根据第1—12届中华慈孝节活动方案整理。

慈孝文化旅游与慈孝文化景观建设则是对地方文化空间的改造与实践,令"节日"获得了可感知、可体验的实体,即品牌建设所需的"产品"。与更注重意义设置的模范评选和文艺演出不同,文化旅游与景观建设对地方空间的依赖性很强,其活动区域十分固定。历届中华慈孝节都设计了"慈城文化旅游活动",鼓励本区、本市居民、全国人民、海外华侨前往J区慈城旅游观光，体验本地深厚的慈孝文化底蕴。慈孝节还邀请了本地的海外家庭前往参与，既扩大了国际影响，又加强了地区融合。第 2、3、5 届慈孝节在不同规模上新建了一系列的文化景观，例如中华慈孝文化主题公园、慈城非物质文化遗产博物馆、中国（慈城）文化展览馆群、慈城慈孝广场等。第 11、12 届慈孝节结合"城市更新""古镇保护开发"等理念，对慈城内标志性古建筑进行了修缮，启动了慈孝文化实践样板基地建设。这些地方文化空间的设置以慈孝文化命名，将节日内涵具象化为对空间的凝视和体验，亦是令节日品牌有所依托的必要过程。

当多元群体进入并体验地方空间、参与并表达自身对相关活动与地方空间的感受时，地方空间也将逐渐获得符号意义，成为节日与地方文化的象征，并反过来为文化赋值。例如，为强调慈城之于中华慈孝节的意义，首届开幕式文艺演出在慈城中学操场搭设露天舞台进行，但此后每届开幕式会演都在 N 市大剧院举办。这在一定程度上是考虑到了大剧院作为文化中心对现代节日的文化赋值功能。①

（三）三方联动：节日打造的组织基础

在 1—12 届中国慈孝节的活动策划中，J 区的组委会承担了重要的组织和领导功能，主要负责活动流程的设置和线上、线下活动的牵头。而由于慈孝节的主要举办场地慈城古县城年代久远，需要定时修缮，本区政府引入了本区开发投资集团有限公司进行统一地保护性开发和日常运营。此外，与民营旅游公司的合作进一步扩大了市场的活力，使得节事活动催发了经济效应。尽管由政府牵头举办慈孝节，但政府每年都会向公众征集活动创意，使公众参与到节日建设中去，这样节日便越具备群众基础、越容易被识别和获得共识。专家学者、商业人士、政府官员等是慈孝论坛的核心成员，而论坛通常是在封闭空间中举办的，不对外开放的内部交流平台是节日设计者之间的思想狂欢。

通过政府—市场—社会三方力量的协同，使得节日的品牌化过程既具有主体的合法性，具备参与的社会基础；又有效激发了市场积极性，实现了文化性和经济性的双赢。

五、多主体协同下的节日品牌建设

节日品牌化并非一个静态的结果，而是多元主体协同共建的动态过程。在新

---

① 卢向东. 中国剧场的大剧院时代[J]. 世界建筑，2011(1)：111 - 115.

传媒工具和信息技术融合的时代背景之下,新媒体的使用对于城市文化的传播和形象打造具有不可比拟的重要性。城市管理者也将媒体宣传作为影响大众认知、建构城市话语权的重要手段。① 自媒体时代的政府已经不能关起门来制定公共政策,公共政策的形成不仅是政策议程与传统媒体议程的互动,还要考虑到新兴媒体议程的影响。② 媒介呈现可以很好地展现节日建设过程中的多元主体性。因此,为进一步分析节日品牌化过程中不同主体对节日符号的管理与运营,深入解析该过程中节日文化内涵的表现形式,笔者以 3 个官方媒体("行走慈城""句章是座城""甬派")和 2 个社会媒体("青年观察家""中旅慈城古县城旅游")为数据池。以"慈孝节"为关键词进行检索,共获得文章 160 篇,去除一些无效信息后,留下了 56 篇历届中华慈孝节期间的相关报道,同时结合对慈孝节筹办委员会的相关官员的访谈资料进行辅助论证。这些媒体大多是慈孝节活动的支持单位,具体信息参看表3。其中 32 篇来自官方媒体,24 篇来自社会媒体,由于相关媒体平台的创立时间各不相同,加上新媒体时代相对晚些,这些报道主要发布于 2016—2021 年。

表 3　媒体的基本信息

名称	创办时间	创办单位	慈孝节相关文章篇数	总原创文章数
句章是座城	2017.2.22	宁波市江北区全媒体中心	25	775
青年观察家	2013.7.13	北京中青在线网络信息技术有限公司	24	386
行走慈城	2016.12.13	宁波市江北区慈城镇人民政府	33	429
中旅慈城古县城旅游	2017.2.16更名	宁波市中旅慈城古县城旅游发展有限公司	14	43
甬派(手机 App)	2015.7.8	宁波日报报业集团	64	

　　本文选择了文本分析的方法来深入挖掘多元主体在节日品牌塑造中的作用及其对节日文化内涵的影响。文本分析是话语分析的重要组成部分,其主要结合结构主义、语言学和符号学的方法来解释文本的结构和意义,是研究者挖掘文本内

---

① 莫智勇.创意新媒体文化背景下城市形象传播策略研究[J].暨南学报(哲学社会科学版),2013,35(7):148-154.
② 邓喆,孟庆国.自媒体的议程设置:公共政策形成的新路径[J].公共管理学报,2016,13(2):14-22,153.

涵、解读潜在意识形态力量的重要方法。① 文本分析的方式可以更加深入地呈现事件背后的意义、媒介构建的形象和政府、民间力量之间的互动。这 56 篇报道主要围绕中华慈孝节、慈孝文化等内容展开,提供了多角度、多主体的话语文本。本文通过对 56 篇报道进行了细致的文本编码,并将同类编码进行归类,再在各类话语中选择核心文本进行细读、比较与分析。基于上一章中提出的理论模型,对节日品牌化的运营和管理再作探讨。

通过比较,我们观察到不同主体对于节日品牌的表述有一定的相似性与差异性。相似性主要在于对慈孝文化地方性与国家性的正当性挖掘,在节日符号的打造中突破了地方—国家二元对立的观点,都积极促使中华慈孝节获得扎根本土又面向全社会的可识别性。

(一)官方和民间的共同叙事

官媒在完成慈孝模范游慈城活动的内容报道后,以诗行的形式写下了这样几句话:"慈城/是当代慈孝文化传承与发扬的热土/慈孝理念在这片大地上/薪火相传、遍地开花"。这段话以诗歌的形式,将慈城象征化为当代慈孝文化的"热土"。"当代"一词将慈城与"传统"慈孝文化/儒家文化的象征地曲阜进行了微妙的区分,暗示此处的慈孝理念所独具的地方性,增强了慈城慈孝文化孕育出的中华慈孝节之品牌特性,呈现了某种不可替代性。社会媒体亦通过强调慈孝文化与地方文化遗址的关联,强调慈孝文化在慈城的历史正当性与深远意义:"……保留完整的慈孝文化遗址与这剪不断的慈孝渊源以地标名称慈城、慈江、慈湖一样传播文化,在深厚与悠久的历史中,将自己呈现于世"。特殊历史空间作为一种文化印记具有特殊的品牌价值,其以慈孝为中心的地方命名亦作为特殊的文化"招牌"获得知名度。这些话语的表述都强调了慈孝文化在 J 区的地方性特点,并为其建立地方意义。

对中华慈孝节的重视及对慈孝文化的倡导,通常又具有极强的国家化叙述,且这一叙述是官方与民间共通的。

……该单元以家庭为出发点,弘扬孝道,打牢青年人的道德底色,倡导青年回归中国传统文化,在传承传统文化中唤醒社会道德和文化发展的原动力,重塑国民自信。活动采用寓教于乐的方式,吸引青年广泛参与互动,用创新鲜活的时代语言

---

① FAIRCLOUGH N. Analysing discourse. Textual analysis for social research[M]. London: Routledge, 2003:90.

解读传统文化,打造网上精神家园。

——摘自"青年观察家",2016

　　这则引文同样出现在了官方媒体中,是中华慈孝节相关征集活动的群众动员文章。聚焦家庭生活与代际关系的慈孝文化在这里呈现为一种道德化与国家化的理念,是"道德底色""文化发展的原动力""国民自信"。在中国,慈孝文化本就是儒家文化的重要组成部分,一直以来都具有深厚的民族象征性。对普世道德与民族的强调,显示出无论是民间还是官方,都默认慈孝文化对于道德提振和民族自信的作用,认为这是一个值得且应当培育的公共品牌。而在多方报道中对慈孝文化国家意义的重复,也可视作加深中华慈孝节品牌意义的方式之一,为节日品牌走出去打下认知的基础。

(二)差异化视角的融合

　　在述说者视角、文化故事引用等方面,不同类型的媒体又有着明显的话语差异,这也是不同参与者基于多样化的体验而做出的差异化述说。官方媒体几乎共享着一套节日品牌故事即慈孝文化故事的讲述模式,皆强调"三孝子""三孝乡""三娘教子"等历史典故与传说。

　　正所谓"百善孝为先,孝为德之本",慈城这个以慈孝闻名于世的古县城,有着许许多多感人至深的孝子孝女故事。从东汉孝子董黯与其母的经典慈孝故事传说开始,慈城的山山水水就与"慈孝"结下了剪不断的渊源。还有张家孝子张无择、孙家孝子孙之翰,此二人与董黯并称"三孝子"。

——摘自"甬派",2020

　　社会媒体也同样强调慈城历史上多孝子孝女、曾命名为"孝中镇"等。但它们强调"孝"文化则从更加多元的文化背景中凸显文化内涵和品牌故事。

　　影片从始至终流露的都是对待老人除了要满足他们的物质需求外,要尽可能多地去关爱他们的精神需求。王导说:"就像关爱孩子一样,从小到大老人的关爱都没有变,但年轻人的时代感不一样了,自身工作压力的原因让我们往往会忽视对老人的关爱。"王导希望通过描写一个家庭的小故事,以小见大,最终引发社会的关注。

——摘自"青年观察家",2016

　　这则引文来自社会媒体青年观察家,是第八届中国慈孝节"指尖正能量"全国高校移动网络作品传播工程之"微孝行动"微博话题征集活动过程中发布的关于慈孝影片的影评。媒体通过一种映照现实的方式将历史中的孝的情感放到每个人的眼前,唤起人们心中的共同的对孝的认同,也更强调慈孝文化在现实中的功能性。以当下真实故事组成当代慈孝文化的内核,将历史感与现实感融合,节日的品牌化更具有现实的意义。

　　慈孝文化渗透到家庭、社会、国家的各个层面,或许在不同地区有着各自的形态,但其"爱人"的精神内核具有超越地理边界的全人类的意义。家庭作为社会的基本单元,家庭观念构成社会生活中的一种普遍共享的文化意识形态①,慈孝教育在家庭的渗透也成为品牌化建设的关键部分。

六、结论与讨论

　　节日在城市形象打造中具有无可比拟的作用,它承载着城市的独特文化形态和地方记忆,特纳指出节日通过仪式化的象征手段进行意义的表达,意义的一端是"理念极"(conceptual pole),在于观念上的引领和控制;另一端是"感觉极"(sensory pole),则唤醒人们的自然欲望。② 对于本地居民而言,节日体验可以强化地方的认同,对于游客则是直观的文化感知。"文化认同总是产生于特定的社会历史情境,复制这种过程其实构造了潜在的认同形态的全球舞台",弗里德曼道出了这种认同产生的机制和节日潜在的全球化的倾向。③ 但必须指出的是,这种认同依旧是基于对地方文化的深刻理解和感受。

　　节日品牌化是城市文化竞争力的重要体现,同时也是对城市经济建设与文化发展共进的挑战与回应。一个具有包容性的城市才更可能成功,但前提是城市的文化与商业建设是人人参与其中的,人们既是文化品牌的外在利益相关者,又是节

---

① 张少春."做家":一个技术移民群体的家庭策略与跨国实践[J]. 开放时代,2014(3):198 – 210,9.

② TURNER W V. The forest of symbols:Aspects of Ndembu Ritual[M]. Ithaca, NY:Cornell University Press,1970.

③ 乔纳森·弗里德曼. 文化认同与全球性过程[M]. 郭建如,译. 北京:商务印书馆,2003:177.

日文化的承载者和传播者。① 人们在行动中创造出独有的文化空间②,体验文化情感,这才使得城市成为大多数人的而非为了少数人利益而存在的。③

　　本文基于对浙东慈城"中华慈孝节"的案例分析,对这一地方节日的品牌化的形成机制进行探索,试图提出节日品牌化的模型。由政府主导、联合企业等团体形成节日的平台,从依托于城市的地理空间建筑到发展出虚拟的文化空间和心灵空间。节日标志是节日品牌化和城市形象打造中的核心,标志一方面是通过对地方性的再认识和再呈现,参与者通过自身情感体验、表达、诉说产生一种文化认同或我群认同;另一方面则是扩展了地方的边界,打通了地方—国家—全球的通道,在活动内容的营造、宣传等方面加强营造国家性,塑造并强化城市的文化形象,达到了节日的象征作用,真正完成节日品牌化从地方性走向国家性的过程。

　　慈孝文化的品牌化建设过程体现了文化强大的生命力,其背后的"人本主义"和"父子一体""母子一体"的意识是我们理解费老所提出的差序格局概念以及当今诸多社会现象的理论基础。④ 尽管在竞争日益激烈的今天,节日成为城市品牌的一部分是一个不可逆的趋势,但节日的价值却在于通过文化的渗透唤醒人们对于家庭、社区乃至国家的深刻情感,在于对所处时代的社会关系的感受与把握。

参考文献

　　[1] 周正兵. 艺术节与城市——西方艺术节的理论与实践[J]. 经济地理,2010,30(1):59 - 63,74.

　　[2] 刘易斯·芒福德. 城市发展史:起源、演变和前景[M]. 宋俊岭,倪文彦,译. 北京:中国建筑工业出版社,2005.

　　[3] 姜华,张京祥. 从回忆到回归——城市更新中的文化解读与传承[J]. 城市规划,2005(5):77 - 82.

　　[4] 刘宗迪. 从节气到节日:从历法史的角度看中国节日系统的形成和变迁[J]. 江西社会科

---

① STAMENKOVIĆ I, BLESIC I, BESERMENJI S. Festival branding: Case study the Dragacevo Trumpet Festival in Guca[J]. Turizam, 2013, 17(1):29 - 37.

② HARVEY D. From managerialism to entrepreneurialism: The transformation in urban governance in late capitalism[J]. Geografiska Annaler, 1989, 71(1):3 - 17.

③ AMIN A, MASSEY D, THRIFT N. Cities for the many not the few[M]. Bristol: Policy Press, 2000:47.

④ 周飞舟. 一本与一体:中国社会理论的基础[J]. 社会,2021,41(4):1 - 29.

学,2006(2):15‐18.

[5] 萧放,董德英.中国近十岁时节日研究综述[J].民俗研究,2014(2):75‐89.

[6] 张青仁.节日日常化与日常节日化.当代中国的节日生态——以 2015 为案例[J].北京社会科学,2019(1):4‐12.

[7] LEFEBVRE H. Critique of everyday life[M]. London·New York:Verso,1991.

[8] TURNER W V. The ritual process:Structure and anti-structure[M]. Ithaca,NY:Cornell University Press,1977.

[9] RYAN C. Economic impacts of small events:Estimates and determinants—A New Zealand example[J]. Tourism Economics,1998,4(4):339‐352.

[10] CHHABRA D,SILLS E,CUBBAGE F W. The significance of festivals to rural economies:Estimating the economic impacts of Scottish Highland games in North Carolina[J]. Journal of Travel Research,2003,41(4):421‐427.

[11] BURR A. The freedom of the slaves to walk the streets:Celebration,spontaneity,and revelry versus logistics at the Notting Hill Carnival[M]//Festivals,Tourism,and Social Change. Clevedon,UK:Channel View Publications,2006.

[12] ZELIZER V A. The purchase of intimacy[J]. Law & Social Inquiry,2000,25(3):817‐848.

[13] DINARDI C. Cities for sale:Contesting city branding and cultural policies in Buenos Aires[J]. Urban Studies,2017,54(1):85‐101.

[14] KAVARATZIS M. From city marketing to city branding:Towards a theoretical framework for developing city brands[J]. Place Branding,2004,1(1):58‐73.

[15] 单霁翔.城市文化遗产保护与文化城市建设[J].城市规划,2007(5):9‐23.

[16] ZALI N,EBRAHIMZADEH I,ZAMANI-POOR M. City branding evaluation and analysis of cultural capabilities of Isfahan city[J]. European Spatial Research and Policy,2015,21(2):213‐234.

[17] HELBRECHT I. Conflict,consent,cooperation:Comprehensive planning in germany beyond market and state in Braun[M]//Managing and Marketing of Urban Development and Urban Life. Berlin:Dietrich Reimer Verlag,1994.

[18] ZHANG L,ZHAO S X. City branding and the Olympic effect:A case study of Beijing [J]. Cities,2009,26:245‐254.

[19] 李娳."乌镇戏剧节"与旅游节庆活动品牌化发展[J].戏剧文学,2015(12):24‐26.

[20] ZHELEZNYAK O Y,KORELINA M V. City and festival:Spaces of "site" identity,territorial development and branding [J]. Earth and Environmental Science,2021,751

(1):751012038.

[21] 甘代军,李银兵.金钱、权力与文化:节日现代性的建构与解析[J].广西民族研究,2014(6):106-112.

[22] 卢向东.中国剧场的大剧院时代[J].世界建筑,2011(1):111-115.

[23] 莫智勇.创意新媒体文化背景下城市形象传播策略研究[J].暨南学报(哲学社会科学版),2013,35(7):148-154.

[24] 邓喆,孟庆国.自媒体的议程设置:公共政策形成的新路径[J].公共管理学报,2016,13(2):14-22,153.

[25] FAIRCLOUGH N. Analysing discourse: Textual analysis for social research[M]. London: Routledge, 2003.

[26] 张少春."做家":一个技术移民群体的家庭策略与跨国实践[J].开放时代,2014(3):198-210,9.

[27] TURNER W V. The forest of symbols: Aspects of Ndembu Ritual[M]. Ithaca, NY: Cornell University Press, 1970.

[28] 乔纳森·弗里德曼.文化认同与全球性过程[M].郭建如,译.北京:商务印书馆,2003.

[29] STAMENKOVIĆ I, BLESIC I, BESERMENJI S. Festival branding: Case study the Dragacevo Trumpet Festival in Guca[J]. Turizam, 2013, 17(1):29-37.

[30] HARVEY D. From managerialism to entrepreneurialism: The transformation in urban governance in late capitalism[J]. Geografiska Annaler, 1989, 71(1):3-17.

[31] AMIN A, MASSEY D, THRIFT N. Cities for the many not the few[M]. Bristol: Policy Press, 2000.

[32] 周飞舟.一本与一体:中国社会理论的基础[J].社会,2021,41(4):1-29.

作者简介

陈　蕾(1995—),浙江宁波人,南京大学社会学院博士研究生。研究方向为城市社会学、经济社会学。

张伊铭(1995—),重庆人,德国比勒费尔德大学历史与社会学院博士研究生。研究方向为城市社会学、文化社会学。

Recognition and Diversified Narrations of Local Cultures in Cities: the Festival Branding Formation Mechanism — Based on the Study of "Chinese Ci-xiao Festival" in Cicheng, Eastern Zhejiang Province

Chen Lei   Zhang Yiming

Abstract: The connotation of high-quality urban development has gradually extended from the economic level to the social level. In the transition process of urbanization, realizing the organic connection and renewal of cities at the socio-cultural level has become a crucial part of urban construction and global urban competition. Over the years, creating festivals has become a way for the government to improve the city image and achieve the integration of cultural and tourism industries. The paper probes into the festival generation and its branding formation mechanism according to planning schemes and interview materials of the 12-year "Chinese Ci-xiao Festival" (from 2009 to 2021) in Cicheng, eastern Zhejiang Province. The local government sets up the festival platform by means of re-excavating and re-interpreting native cultures. New local identity and national sense of belonging are formed through common narrations of social media and citizens, which breaks the local-state dual barrier. In this process, the festival can become a cultural symbol and sign, thus shaping the brand effect of the festival and realizing the reappearance of the tradition and the reconstruction of modernization in the physical-virtual space of cities.

Key words: traditional culture; festival branding; urban competition; identification

传统文人山水画时空叙事的
文化语境研究 *

杨莉萍

摘　要:传统文人山水画的"时空"语言,体现了空间、时间在意识和图像叙事方面的特征及其与绘画实践文化语境的关系。传统文人的时空观念承载着文人独特的精神内涵,这种内隐的观念必然通过特定的文化符号即图像特征来展现。因此,本文运用图像叙事的视角研究传统文人山水画对时间和空间的表达,并深入探讨传统文人山水画创作的文化语境及其特点,系统地阐释了传统文人山水画的"时空"叙事的特点。

关键词:传统文人山水画;时空叙事;文化语境

一、引言

时间与空间是人们感知客观世界的方式,古代文人通过山水画的创作来体现对自然界山水的感知与理解。传统文人山水画采取了移步换景、仰观俯察的多视角观照的方法,将所观察到的景观全部汇于一幅画面中,空间在时间的流转中得到了完美的统一,创造性地突破了空间的限制,时空在相互的转换中得到了延展,形成了无限自由的宇宙之美。本文着重分析传统文人山水画缘何产生这种时空叙事的特点,与"文人"群体有着怎样的关联,其山水画的基本图式有哪些,并提出了传统文人山水画对于时空的叙事方式折射的是文人群体在特定的文化语境下的对于宇宙世界的一种感知方式,所呈现的图像叙事特征就是传统文人精神内涵的物化。

---

*　基金项目:山东省社会科学规划研究项目"民国时期中国山水画的时空嬗变研究"(2014CWYJ02)的阶段性研究成果。

二、传统文人山水画图像叙事的语言

传统文人山水画擅长表现连续、持久、立体的时空观,对时空的表达依托于具体的图像来传达,这种图像叙事的语言有着独特的面貌。

(一)图像叙事的特征

图像是指"人类创造或复制出来的原型的替代品(原型既可以是实存物,也可以是想象的产物)"[①]。图像与原型有时容易混淆,贡布里希认为:"如果原型的信息实际上完全被传达了,我们便称之为摹真或复制","如果摹真与原型具有完全同样的特征,包括使用了同样的材料,那么它便不能算是图像"。因此,"植物课上使用的花卉标本不是图像,而一朵用于例证的假花则应该算是图像"[②]。

绘画属于图像的范畴,并且是一种创造性图像,即便是写实的绘画也离不开画家的主观创造性和情感。图像叙事可分为单幅图像叙事和系列图像叙事。在绘画领域,图像叙事的方式则通过单幅的绘画作品和长卷、册页类绘画作品来表现。

绘画是在二维的平面空间里反映现实空间的一种艺术形式。绘画也是时间的艺术,是通过表现瞬间的"现在"以达到永恒的象征性行为。长卷形式的绘画作品把既相对独立又相互联系的场景表现在一起,更有利于表现时间的流动和空间的转换。单幅的绘画作品在表现时间的问题上虽然不像长卷形式的绘画作品那般易于理解,但并不代表单幅的绘画作品中没有时间要素。关于这个问题,18 世纪德国的美学家莱辛就曾经做过阐释:"绘画由于材料的限制,只能把它的全部模仿局限于某一顷刻……绘画在它的同时并列的构图里,只能运用动作的某一顷刻,所以就要选择最富于孕育性的那一顷刻,使得前前后后都可以从这一顷刻中得到最清楚的理解"[③]。可见,"最富于孕育性顷间"的表述是对绘画中"时间性"表现的合理阐释。这种"最富于孕育性顷间"在中国古代文人画里类似于对"意境"的追求和表达,即作品通过图像展示的并不仅是此刻的表象,更重要的是下一刻的想象与韵味。

---

① 龙迪勇.空间叙事学[M].北京:生活·读书·新知三联书店,2015:413.
② 贡布里希·E. H. 视觉图像在信息交流中的地位[M].//范景中选编.贡布里希论设计.长沙:湖南科技出版社,2001:111.
③ 莱辛·拉奥孔[M].朱光潜,译.北京:人民出版社,1984:23.

（二）传统文人山水画的基本图式

1. 散点式

古代文人在山水画创作中不仅满足于"搜尽奇峰打草稿"，更注重"外师造化，中得心源"。可见，文人作画不以对客观景物描绘的真实性为目的，而依据内心对世界的认知并根据画面的需要经营山、水、树木的位置。

古代文人山水画画面上的视点不是停留在一个位置，而是仿佛人游走在画面中，观察画面就像是电影的镜头推拉切换，由近及远、由高转深、按照画家主体的意志并根据画面整体的需求安排景物。这种不立足一个视角的表现方式被称为"散点透视"或者"移动视角"，散点透视不同于西方绘画技法理论中的"焦点透视"，是在多个视角的情景下表现客观自然界的事物。

古代文人绘画善用散点透视的多视点原理，巧妙地处理空白、疏密、虚实之间的关系。突破焦点透视的限定，将所见与心中所想相结合。众多较小的人物形象形成延绵之势，生动再现了较大的故事场景。

传统文人山水画擅长用长卷立轴的形式表现山水，可以把仰视、俯视、远视、平视巧妙地结合在一起，还可以把内心想画的物象精心组织安排，创造出"咫尺千里"的辽阔视域，这种别具一格的处理空间关系的方式，彰显了文人独到的观察自然的方式，也体现了传统文人的自然观。同时，山水画由于讲究移动视角，视角移动本身就带有时间性。因此，观赏者可以通过画面视角的移动、时间的流转，看见事物的全貌。散点透视在传统文人山水画中反映的时间性和空间性尤为明显。

2. 全景式

山水画中全景式图式在视域空间的表现上更为开阔。北宋郭熙在《林泉高致》中谈及山水画的"三远"法："山有三远：自山下而仰山巅谓之高远；自山前而窥山后谓之深远；自近山而望远山谓之平远。"[①]山水画中的三远法，就是以仰视、俯视和平视等不同角度的视点全景式地刻画画面中的景物，突破了以局部观察景物的局限。"三远"是传统文人山水画中对于自然空间的认知，体现了传统文人山水画对于表现博大的空间有着独到的一面。

全景式图式通常描绘的是整体性场面或集体性事件，所描绘的形象众多，一般不刻画或不设定主要对象。因为要在有限的画面中绘制众多的客观形象，所以山水、树木、人物等形象也就较小。这种大场景中描绘小巧人物形象，一定程度上继

---

① 郭熙.林泉高致[M].上海：上海书画出版社，1992：50.

承了中国传统绘画中"以大观小"的图绘方法。宋代沈括在其《梦溪笔谈》中写道："大都山水之法,盖以大观小,如人观假山耳;若同真山之法,以下望上,只合见一重山,岂可重重悉数见? 兼不应见溪谷间事。又如屋舍,亦不应见中庭及后巷之事。"①

三、传统文人山水画时空叙事的特点

传统文人山水画所展示的空间,其实不是科学定义上的空间,也不是现实生活中的空间,而是一种心灵的境界,是"灵想之所独辟,总非人间所有"。

(一)突破时空,营造主观的时空境界

中国传统绘画中时空经营的形式有丘壑内营、经营位置和移步换景等。董其昌在《画禅室随笔》中写道:"读万卷书,行万里路,胸中脱去尘浊,自然丘壑内营,立成鄄鄂,随手写出,皆为山水传神矣。"②中国传统绘画在师法造化的基础上更追求内心情感的表达,对素材进行主观的选取和剪裁,崇尚一种人与环境相融合的超越时空,从有限到无限,并领悟其内在联系的把握与表现,即"意"。绘画的创作从开始的"立象取意"到后来的"舍象取意"的境界,无论是画意还是诗情,都从实景中抽离出来,追求境生于象外的表现方式,突破时间与空间的界限,把天地日月、四时变化与人物的感受都融入"象"的主体观念之中,以达到"形与神合、神与意合"的理想境界。古代文人在这种"天人合一"的宇宙观的影响下,把"人化"了的自然界,借助笔墨的运用,通过"似与不似"的形象塑造从而创造出一种无限的心理时空。

传统文人山水画不停留在固定的时间或空间,而是以主观的感受和绘画创作的法则,把处于不同时空中的物象,依照画家的想法重新布置。四时朝暮、风晴雨雪、南山北水都可以出现在同一幅画中,营造出一种文人理想中的时空境界。文人画的代表人物王维在画景中则常把不同季节生长的物象并置在一幅作品中,"王维《袁安卧雪图》有雪中芭蕉,此乃得心应手,意到便成,故造理入神,迥得天意。此难可与俗人论也"③。惠洪《冷斋夜话》也说:"王维作画雪中芭蕉,法眼观之,知其神情寄寓于物、俗论则讥以为不知寒暑。"④所以,对王维的画要"以神会",并不着眼于存形写照、达于事理这一角度来解读他的绘画。他的绘画正是发之情思,表心达

---

① 沈括. 梦溪笔谈[M]. 北京:中华书局,2012:182.

② 董其昌. 画禅室随笔[M]. 上海:华东师范大学出版社,2012:61.

③ 沈括. 梦溪笔谈[M]. 上海:上海古籍美术出版社,1983:19.

④ 惠洪. 冷斋夜话[M]. 上海:上海古籍美术出版社,1982:8.

理、抒情写意之作。

郭熙在他的《林泉高致》中提出中国山水画平远、深远和高远的空间构图观念，实际上表达的是用一种心灵俯仰的眼光来观看世间万物。俯仰随意，远近自由，这便是古代文人画家在创作山水画时如诗一般旷达、空灵、自由的时间与空间观念。

（二）图文并置、跨越时空的交融

随着文人画的发展，在时空叙事的方式上文人画家已不满足于绘画本体的研究，而是关注绘画之外的元素的作用，把诗、书、印等其他元素融入绘画的图像中去，形成了诗文、书法、绘画、印章在同一时空出现并相得益彰地融为一体，形成了特殊的绘画样式。在这种情况下，诗、书、画、印分别成为画面时空叙事要考虑的重要元素，这种独特的文人画叙事方式，形成了独具传统文人意识的形式美风格。

随着文人画的逐步发展，文人画家在实现造境的过程中，不但以充满个性的笔墨结构来呈现，并且更自觉地借鉴诗词、书法、印学来共同实现笔墨的状物写心功能，其中一部分有较高文化修养的画家已经不满足于前代士大夫文人偏重于蕴藉含蓄的卧游或寓兴，而更多的是侧重于满怀激情式的传情达意，并且能够自觉地以诗书画印综合的方式来实现个体造境的各种精神内涵。

用书法题诗写款在画面上，与画面协调搭配。这正是文人画的构图中融合书法因素的一种形式，题跋本身成为画面经营位置的一个元素。在画上题跋盛行的同时，文人画家更重视在画上题诗，以诗境阐发画境，并引申出画外之意，使诗与画相得益彰。写诗讲究要有"言外之意""诗有余味""言有尽而意无穷"。作画也讲"画外意""求之于形象之外""笔有尽而意无穷"。有言外之意的题画诗，是达到这种境界的最好手段。

诗、画本是两种不同的艺术形式，各有优势。绘画对于客观事物的表现更为直观和真实，更易于观赏者领会画中的意境，但绘画因为受到时间和空间的限制，为了达到最好的艺术效果，只能选取某一瞬间的静止状态。而诗的形式可以脱离时间和空间的局限，能够表达事物在不同的时间、不同的地点的样态，诗的内容比绘画的容量大得多。因此，古代文人把诗、画两种艺术形式结合起来，扩充了画面的内涵，使原本静止的画面仿佛流动了起来。画面上的题诗款与画面中的意境相得益彰，不仅起到点题的作用，还可以弥补画面的象外之意，拓展画面想象的空间。有时，欣赏者面对一幅山水画的作品，不一定能完全领会和把握作者的意图和审美理想，这个时候也许通过画面中的题诗款就能理解其中的深意了。

中国画中的印章有"名章""闲章"之分，"名章"以姓名字号为主，"闲章"可以根

据画意确定印章的内容,既可言志抒情,也可记事述物,内容十分宽泛。印章刻法有"阴刻""阳刻"之别。阳刻为朱文印,阴刻为白文印。名章、闲章则除此而外还有以年月、生肖等为主的图形印。这些各式各样的朱砂大印,有方有圆,或整或残,以其大小不同的式样根据画面内容与构图形式的需要,或引首,或压角,丰富均衡着画面,成为中国画艺术的一个重要组成部分。

随着文人画的发展及诗书画印综合元素的运用,印章已不仅仅是信物标记,而成为画面必不可少的组成部分。画家在绘画上巧妙地运用书法题款,并加盖印章,印章的大小、形状和色彩在画面中既可平衡构图,又起到活跃画面气氛的作用;既可弥补绘画未尽之意,又增添了绘画的文学趣味,同时也使画面更具独特的形式感。

(三)长卷铺陈,彰显时空的交错

中国传统绘画采用卷轴形式,事实上已经突破了绘画是空间艺术的静止性、瞬间性的思维框框。它创造性地运用一个画面接一个画面的长卷铺陈手段,通过运动事物在空间依次(顺序性)连续(延续性)展开的形式来表现空间事物的时间流动性,展现时空交错变换。

郭熙在《林泉高致》中说:"山水有可行者,有可望者,有可游者,有可居者,但可行可望不如可居、可游为得。"[①]这种"可居可游"的审美趣味,表达的就是文人对山水画的创作并不是拘泥于表现对象本身,对绘画表现的手法也是不立足于一个固定的视角,画面的构成也是任意添加、随意安排,并达到近看、远看都可以,随意自如。长卷铺陈的表现形式不仅在形式上使得山水画有利于展示"可行"与"可望",即创造了空旷而恢宏的画面空间,还有利于彰显文人对山水世界的认知,即"可居"与"可游",也就是说文人笔下的山水并不是真实的自然界,而是文人心目中理想的心灵栖息地。

山水画的时空观对于宇宙万物是一种能动的、散点似的流动关照,并不仅用眼睛去观察世界,同时还需要调动情感、理解与想象等审美心理要素,全方位地观察、感受和体悟宇宙自然之美才能实现"造化入笔端,笔端夺造化"的审美理想。古代文人正是秉承着这种时空观,在长卷铺陈的画面上,在笔墨的运动中,表现自然界山水的形象,在流动的时间中展示出旷达无极的空间。

---

① 郭思.林泉高致集 1 卷[M].上海神州国光社排印美术丛书本,1936 年.

四、传统文人山水画时空叙事的文化语境

传统文人山水画通过画面虚实的表现、构图和透视的空间构成关系、时空的相互转换及观察的方式等角度彰显了传统文人山水画时空叙事的特点。文人画家所创造的山水空间,并不是科学意义上的空间,也不是现实意义上的空间,而是一种心灵的境界。这种时空叙事的特点离不开传统文人画创作的文化语境,如哲学基础、文人群体的特点、文人画的审美追求等。

(一)传统文人山水画时空叙事的哲学基础

传统中国绘画的精神多来源于老庄的"道"、儒家的"天"和佛家的"境"。在古代哲学中探讨时空问题的文献也很多,如《庄子·庚桑楚》中"有实而无乎处者,宇也"①。意思是客观现实在空间上是无限的,在时间上是无极的。《墨子·经上》提出"宇,弥异所也",具体的空间组成了无限的空间;"久(时间)合古今旦暮",个体的时间组成了无穷的时间。

从哲学美学角度研究时空观在绘画中的渊源也有一些代表性的观点,如崔树强在《中国画的特点与老庄哲学中的时空观念》中论述中国画的时空观是敞开的、流转的、无限的,在老庄哲学的时空观中可以找到它的理论渊源,明确了时空观是人们对于宇宙世界的一种主观认识。宗白华论述了中国人的时空观更倾向于一种内在认识,中国人认识自然更侧重于个人的内心感受,中国绘画更多的是从人伦自然出发。

传统文人山水画受到了儒家思想、道家思想和禅宗思想的影响与渗透。儒家美学重个人与社会的和谐统一;道家美学重生命意义的抒发,强调人与自然的和谐统一,突出"自由"作为最高审美层次的意义;禅宗以超脱客观的思维去认知世界,主张"自心是佛"。中国古代思想家对生命和宇宙的认知和思想是文人山水画时空叙事的基础。

以孔孟为首的儒家思想是属于社会学和伦理学范畴的人伦思想。儒家的美学思想是通过"人为"而求"尽美"和"充实"。孔子对文艺思想内容的要求是"尽善",对艺术的要求是"尽美",强调美与善的高度统一。为了达到"尽美",孔子提倡修身,所谓修身,是要使人格完美。文人画家受儒家思想的影响,通过各种手段来完善自身的修养,文学的作用可成教化助人伦,由文学扩展至绘画,也毋庸置疑地成

---

① 姜宝昌.墨经训释[M].济南:齐鲁书社,2009:45.

为修身的工具。正因为文人画家以道之心去观照世界,绘画的目的是追求自身品格情操的完善,所以文人画家在认识论和方法论上就远离了追求客观形似的法则,不苟求所画之物时空的真实性,而注重追求意象的思想和表现方法,不似之似,超越时空便成了文人画家追求的目标。

老庄之道是道家之道,即天地自然之道,老庄之道作为宇宙万物运动变化规律,是认识客观世界的本源。老子云:"人法地,地法天,天法道,道法自然。"①庄子所推崇的理想人格是"真人""神人"。庄子认为,"无待"才是真正的自由,即不依附于任何外在的条件。要达到"无待"就需要"坐忘",即彻底地"忘",不仅忘掉客观世界,而且要忘掉一切认识活动。老庄之道以"自然"为最高,"自然"就是"以不假乎人力而万物以生也"②的本真状态。因此,追求忘我、忘记时空的界限,以自己内心世界的时空认知成为文人画家信奉的准则。

禅宗与传统文人山水画也有着密切的关系。禅宗以"无念为宗,无相为体,无住为本"③,核心是"无念"。无念,不是心如死灰,而是"于诸境上心不染"④,不沾染玷污于杂念,是于境而不执着境,离境而不舍境,对境不执有无。禅宗对中国传统文人画的美学影响,从本体论上说,是要达到超越现实的身心自由意境;从方法论上说,是要通过人的明心见性、直觉妙悟、静观默照,到达觉悟哲理的自由愉悦的审美境界。"文人画受到禅宗的影响最深,许多历史文人画都带有浓厚的禅境、禅意、禅貌,蜚声中外"⑤。文人士大夫参禅之风兴起,他们与禅师来往密切,亲自参禅,领悟禅宗文化的精华,并从禅理、禅趣中,获得超然物外的精神安慰。

传统的文人画正是由于禅宗的美学影响,才超越规鉴、劝诫、忠、孝、节义的绘画题材,转而寻求生命力量的自由解放,不为物累,不为利诱,从利欲熏心、钩心斗角的污浊中走出。"文人士大夫放情林壑,投入洁净怡悦的审美境界,从尘嚣缰锁中脱出,啸傲于泉石间,欣赏渔樵烟霞,无非是为了求得适合生命存在与发展的本源"⑥。王维是一位半官半隐的人物,深受老庄、禅学及儒家思想的影响,曾拜南宗道光禅师为师。据《宣和画谱》记载,王维曾创作了约 68 幅的佛道人物画。王维的

---

① 老子. 道德经[M]//老庄新论. 北京:中央编译出版社,2014:14.
② 王安石. 王安石老子注辑本[M]. 北京:中华书局,1979:19.
③ 吴正荣. 坛经大生命观论纲[M]. 北京:人民出版社,2014:58.
④ 吴正荣. 坛经大生命观论纲[M]. 北京:人民出版社,2014:59.
⑤ 见忍. 见忍法师文集[M]. 香港:香港文艺出版社,2012:76.
⑥ 王世德. 王世德文艺审美学文集[M]. 成都:巴蜀书社,2013:611.

诗句:"空山不见人,但闻人语响。返景入深林,复照青苔上"①"江流天地外,山色有无中"②"行到山穷处,坐看云起时"③,受到苏轼的极力推崇。苏轼赞扬王维"诗中有画""画中有诗"。再加之王维画含禅意,绘画意趣更加丰富。"文人画道、禅的境界,更具有影响和魅力,使画者与赏者在'静思冥想''凝神观照'中忽然领悟其中的趣味"④。

王维以诗入画,创立了简淡抒情的意境,他画的《雪中芭蕉图》曾引起争议,因雪与芭蕉不同时。宋僧惠洪为之辩护说:"法眼观之,知其神情寄于物。俗论则讥以为不知寒暑。"⑤说明王维追求的意境,是通过"法眼"观悟到的神趣,也即意韵,于苍茫幽渺中透出诗意。

范宽的《雪景寒林图》于皑皑白雪中的远山树林隐含静远意韵。郭熙的《早春图》、李成的《秀润山川图》、黄公望的《富春山居图》、王蒙的《清卞隐居图》等,都可以看出禅宗对山水画意境的影响。禅宗讲"四大皆空",持"大空观"。画家要师造化,以笔墨营造胸中丘壑,并不拘束于形似物象,而是借此悟道、悟空,直入地证悟自心。苏轼说要"空且静"。山水画家在画面常留很多空白,于不画处更见画意。如南宋马远的《踏歌图》,画面上无处不洋溢着空灵澄澈的气韵和意境。此后,文人山水画对时空的表达是否诗意化、是否有书卷气,成了评判文人画的重要标准。

(二)传统文人画家群体的特殊性

文人画的创作群体中可谓大家辈出,从画家构成而言,大多数为野逸人士,也有半官半隐者,还有如苏轼、董其昌等为朝廷官员者。文人绘画逐渐占据了中国绘画史的主流,不仅因其独特的绘画理论,更因为庞大的文人数量和文人画家优越的社会地位决定了他们掌握社会文化的主导权,能够为绘画实践的践行推波助澜。载入史册的文人画家占据了中国绘画史的半壁江山,有着影响绘画发展方向的巨大力量,宋代具有代表性的文人画家有苏轼、米芾、李公麟、王诜等大都出身名门权贵,有着一定的社会地位。因此,他们对文人画理论的相互唱和必然会形成一种强势的集体意识。

苏轼是宋代文人墨戏的倡导者和实践者,他的画作着意追求"荒怪怪意家外"

① 王维.鹿柴(全唐诗)[M].上海:上海古籍出版社,1986:1300.
② 王维.汉江临泛(全唐诗)[M].上海:上海古籍出版社,1986:1457.
③ 王维.鸟鸣涧(全唐诗)[M].上海:上海古籍出版社,1986:1511.
④ 刘亚谏.中国画道论[M].北京:中国书社,2012:110.
⑤ 释惠洪.冷斋夜话10卷(卷四)[M].明崇祯虞山毛氏汲古阁刻清初汇印津逮秘书本.

的情趣,给人以生涩、枯索、怪状虬屈之感。他在提倡文人画的努力中,起到了领袖的作用。他在画论方面的独到见解以及他的艺术美学思想,如"论画以形似,见与儿童邻""绚烂至极归于平淡"、诗画一律、成竹在胸等绘画理论被文人士大夫所推崇并在绘画的创作中不断地践行、推广。可以说,文人画的发展与苏轼的理论主张紧密相关。许多文人学士因此纷纷拿起画笔,抒发胸中意气,不断扩大文人画的表现内容。

传统文人画家多以读书取仕为人生理想,他们的主要身份是文人或官吏,只是有的隐退官场,把绘画当作自娱自乐、抒发性灵的手段。他们与画工明显不同的是,绘画并不是他们的主业,只是他们优雅的业余生活的一部分。他们也自诩不同于寻常描摹的画匠,而是通过绘画追求在笔墨之中彰显一种超脱于画面本身的意象或情感,这种意象或情感又只有文化素养相当的受众才能欣赏和意会。

从事绘画者的非专业化,尤其是在元后期包括"元末四大家"在内的从事文人画的文士,都强调这种绘画的业余性质,并得到当时及后代文士的普遍认可。例如倪瓒在《书次韵惟寅高士姑苏钱塘怀古六诗跋》中讲:"赋诗翰墨,特其余事耳。"①《题高尚书秋山暮霭图》中写道:"房山高尚书以清介绝俗之标,而和同光尘之内,盖千载人也。俶居余杭,暇日策杖携酒壶、诗册,坐钱塘江滨,望越中诸山冈垅之起伏,云烟之出没,若有得于中也。其政事文章之余,用以作画,亦以写其胸次之磊落者欤?"②孙承泽《庚子销夏记》卷二"吴仲圭鸳湖图"上云:"梅花道人,品地绝高,不专志于画,故传世者多简略而愈增其韵致。"③可见,文人们都把绘画视为副业,认为是聊以自娱的方式。

元后期的文士之所以要强调文人绘画的业余性,是为了便于将文士和画工区别开来,也就是明何良俊《何氏语林》卷十三所载倪瓒之言:"倪元镇不能为王门画师",从而突出其文士的身份,保持画的雅和逸的特点,去除绘画的功利性和依附性,使绘画成为表情性写逸气的方式之一。

正因为文人画家不以绘画为主业,而是他们实现自我人格和人生价值的"遣兴",所以他们不像专业的绘画家具备专业的修为,也不以技法的纯熟和形的精准为绘画的目的,而是通过绘画达到"悟道""畅神"和逸情自娱的目的。"绘画可以遣

---

① 李修生. 全元文 46 册[M]. 南京:江苏古籍出版社,2004:590.
② 李修生. 全元文 46 册[M]. 南京:江苏古籍出版社,2004:592.
③ 孙承泽. 庚子销夏记·吴仲圭鸳湖图[M]. 杭州:浙江人民美术出版社,2019:40.

兴,有烟云供养,能体现道家的'清静无为',体现儒家的'中庸中和',体现禅宗的静虑证悟,十分符合文人的处世哲学,'大道'与画道融为一体,文人何乐而不为呢?"①

文人士大夫将绘画视为畅神怡情的手段,绘画创作只是一种抒情达意的过程。因此,文人山水画不以物役、不被法拘。文人用凝练的笔墨语言、自由的表现形式传达内心最真实的感受。文人画推崇"不求形似""无求于世,不以赞毁挠怀"等观点,借助绘画表达情感逸趣、彰显自己不同于职业画家的格调与品位。

文人绘画的初衷就是追求内心世界的自由,在绘画创作中跨越时空的束缚纵情地想象,展示独特的个性气质和运用绘画语言的能力。文人生活也无不多姿多彩,既执着于生命,又能无所系念,任性逍遥,潇洒旷达。文人画家通过绘画创作并不能解决文人士大夫所面临的社会问题,但是通过这种创作的途径和方式能够宣泄和疏导文人们人生中的遭遇和痛苦,使他们对现实境遇的忧愤得到缓解和慰藉,为欣赏者提供精神的审美愉悦。如古诗十九首所说:"人生不满百,常怀千岁忧。"对于文人来说,由于读的书多、见识广、阅历丰富,生命体验的痛苦和焦虑,往往融进了绘画中对社会和人生的思考,成为一种忧患意识,显得尤为沉重和深远。

(三)传统文人画家推崇的审美的宗旨

传统绘画的品评标准在历史的不同时期,有着不同的社会主流思潮和审美趣味,以致绘画品评有了不同的侧重点,从而使绘画的品评标准以不同的形态呈现出来,并引领了创作的风潮。

中国绘画发展至宋代发生了转变,审美观念由外部对象转移向内心世界,强调创作主体的文化修养和气质禀性。由此,"逸品"被文人们提到首位,文人学士的审美趣味占据了上风,北宋黄休复在《益州名画录》中提出了推崇"逸"品为首的"逸、神、妙、能"四格,并对"逸品"做了详尽的解释:"拙规矩于方圆,鄙精研于彩绘","逸品"的评价标准逐渐被社会认可。由宋至元,从"逸品"到"逸气",文人画得到了进一步的发展,"逸"的品评标准逐渐被社会认可,成为文人画家极力推崇的审美旨趣,并对后世产生了极大的影响。文人画家重视文学修养,把绘画作为表现情感的载体,寄寓笔墨以情感,强调神韵,笔、墨的挥写是情动的具体落实,绘画中的造型法度已退居次要位置,关键在于"聊写胸中逸气",对画中意境的表达以及水墨、写意等技法的发展有相当的影响。"文人画"所倡导的美学精神、思想情趣、形式风

---

① 刘亚谏.中国画道论[M].北京:中国书社,2012:109.

格、写意抒情、笔墨渲淡等文化内涵和外延一直影响到近现代中国画艺术的创作和发展。

正是这种不以客观世界的真实表达为目的的绘画创作理念，才使得文人山水画不满足于对真实自然的描绘，而是超越时间、跨越空间的自由创造，画面中的山水意境，时空叙事是可游、可居的胜景，更是画家心灵的栖息地，是文人内心向往的世界。

作者简介

杨莉萍（1980—　），安徽淮北人，江苏师范大学历史文化与旅游学院副教授、硕士生导师，南京大学经济学院博士后。研究方向为艺术产业管理。

Research on the Cultural Context of Space-Time Narration of Traditional Literati Landscape Paintings

Yang Liping

Abstract: Space-time language of traditional literati landscape paintings reifies the characteristics of space and time in terms of consciousness and image narration and their relationships with the cultural context of painting practice. Traditional literatus' space-time concepts embody their unique spiritual intention. These implicit concepts are inevitably displayed through specific cultural symbols (image features). The paper dissects the expressions of time and space in traditional literati landscape paintings from the viewpoint of image narration, dives into the cultural context of their creation and characteristics, and systematically illustrates the traits of space-time narration in traditional literati landscape paintings.

Key words: traditional literati landscape paintings; space-time narration; cultural context